NAPOLÉON.

TYPOGRAPHIE DE H. FIRMIN DIDOT. — MESNIL (EURE).

NAPOLÉON,

RECUEIL PAR ORDRE CHRONOLOGIQUE

DE SES

LETTRES, PROCLAMATIONS, BULLETINS, DISCOURS SUR LES MATIÈRES CIVILES ET POLITIQUES, ETC.

FORMANT

UNE HISTOIRE DE SON RÈGNE,

ÉCRITE PAR LUI-MÊME

ET ACCOMPAGNÉE DE NOTES HISTORIQUES ;

PAR M. KERMOYSAN.

TOME TROISIÈME.

PARIS,

LIBRAIRIE DE FIRMIN DIDOT FRÈRES, FILS ET Cⁱᵉ,

IMPRIMEURS DE L'INSTITUT DE FRANCE,

RUE JACOB, 56.

1857.

NAPOLÉON
ŒUVRES CHOISIES

GUERRE, — POLITIQUE, — ADMINISTRATION.

DIXIÈME ÉPOQUE.

CAMPAGNE DE 1813.

Les rigueurs d'un hiver prématuré avaient fait ce que n'avaient pu faire depuis vingt-cinq ans les forces de l'Europe réunies contre nous. L'armée française était détruite : une nouvelle coalition allait se former. L'empereur était revenu à Paris pour préparer les moyens de résistance et demander au pays les sacrifices qu'exigeait la situation. Il n'y avait pas à se tromper sur les dispositions de la Prusse : dès le commencement d'avril elle annonça par un manifeste qu'elle faisait cause commune avec la Russie. D'un autre côté, la défection de nos alliés ne se fit pas attendre longtemps : bientôt ce fut la Suède, peu après la Bavière et la plupart des petits États de l'Allemagne. Enfin l'Autriche, après avoir essayé de faire acheter une alliance toujours douteuse à des conditions plus dures que la défaite, se déclara au mois d'août. La campagne avait commencé à la fin d'avril. Elle fut illustrée par les journées de Lutzen, de Bautzen, de Wurtchen, de Dresde, d'Hanau, etc., journées glorieuses qui, si elles n'empêchaient pas l'invasion, sauvaient du moins l'honneur, ce bien plus précieux et plus nécessaire peut-être à la vie des nations que l'intégrité même de leur territoire.

14 février 1813.

Discours de l'Empereur au Corps législatif.

« MM. les députés des départements au Corps législatif, la
« guerre allumée dans le nord de l'Europe offrait une occa-
« sion favorable aux projets des Anglais sur la péninsule ; ils ont
« fait de grands efforts. Toutes leurs espérances ont été déçues

« leur armée a échoué devant la citadelle de Burgos et a dû,
« après avoir essuyé de grandes pertes, évacuer le territoire de
« toutes les Espagnes.

« Je suis moi-même entré en Russie ; les armes françaises ont
« été constamment victorieuses aux champs d'Ostrowno, de
« Polotzk, de Mohilow, de Smolensk, de la Moskowa, de
« Molo-Jaroslawitz. Nulle part les armées russes n'ont pu tenir
« devant nos aigles : Moscou est tombé en notre pouvoir.

« Lorsque les barrières de la Russie ont été forcées et que
« l'impuissance de ses armes a été reconnue, un essaim de
« Tartares ont tourné leurs mains parricides contre les plus bel-
« les provinces de ce vaste empire, qu'ils avaient été appelés à
« défendre. Ils ont en peu de semaines, malgré les larmes et le
« désespoir des infortunés Moscovites, incendié plus de quatre
« mille de leurs plus beaux villages, plus de cinquante de leurs
« plus belles villes, assouvissant ainsi leur ancienne haine
« sous le prétexte de retarder notre marche en nous entourant
« d'un désert ; nous avons triomphé de tous ces obstacles. L'en-
« cendie même de Moscou, où, en quatre jours ils ont anéanti
« le fruit des travaux et des épargnes de quarante générations,
« n'avait rien changé à l'état prospère de mes affaires ; mais la
« rigueur excessive et prématurée de l'hiver a fait peser sur mon
« armée une affreuse calamité. En peu de nuits, j'ai vu tout chan-
« ger. J'ai fait de grandes pertes. Elles auraient brisé mon âme
« si, dans ces grandes circonstances, j'avais dû être accessible à
« d'autres sentiments qu'à l'intérêt, à la gloire et à l'avenir
« de mes peuples.

« A la vue des maux qui ont pesé sur nous, la joie de l'An-
« gleterre a été grande ; ses espérances n'ont pas eu de bornes.
« Elle offrait nos plus belles provinces pour récompense à la
« trahison. Elle mettait pour condition à la paix le déchirement
« de ce bel empire : c'était, sous d'autres termes, proclamer la
« guerre perpétuelle.

« L'énergie de mes peuples dans ces grandes circonstances,
« leur attachement à l'intégrité de l'empire, l'amour qu'ils m'ont
« montré ont dissipé toutes ces chimères et ramené nos ennemis
« à un sentiment plus juste des choses.

« Les malheurs qu'a produits la rigueur des frimas ont fait
« ressortir dans toute leur étendue la grandeur et la solidité de
« cet empire, fondé sur les efforts et l'amour de cinquante mil-
« lions de citoyens et sur les ressources territoriales des plus
« belles contrées du monde.

« C'est avec une vive satisfaction que nous avons vu nos peu-
« ples du royaume d'Italie, ceux de l'ancienne Hollande et des
« départements réunis rivaliser avec les anciens Français et
« sentir qu'il n'y a pour eux d'espérance, d'avenir et de bien
« que dans la consolidation et le triomphe du grand empire.

« Les agents de l'Angleterre propagent chez tous nos voisins
« l'esprit de révolte contre les souverains. L'Angleterre voudrait
« voir le continent entier en proie à la guerre civile et à toutes
« les fureurs de l'anarchie ; mais la Providence l'a elle-même
« désignée pour être la première victime de l'anarchie et de la
« guerre civile.

« J'ai signé directement avec le pape un concordat qui ter-
« mine tous les différends qui s'étaient malheureusement élevés
« dans l'Église ; la dynastie française règne et régnera en Espagne.
« Je suis satisfait de la conduite de tous mes alliés ; je n'en aban-
« donnerai aucun. Les Russes rentreront dans leur affreux climat.

« Je désire la paix, elle est nécessaire au monde ; quatre fois,
« depuis la rupture qui a suivi le traité d'Amiens, je l'ai proposée
« dans des démarches solennelles. Je ne ferai jamais qu'une paix
« honorable et conforme aux intérêts et à la grandeur de mon
« empire. Ma politique n'est point mystérieuse ; j'ai fait con-
« naître les sacrifices que je pouvais faire.

« Tant que cette guerre maritime durera, mes peuples doivent
« se tenir prêts à toute espèce de sacrifices ; car une mauvaise
« paix nous ferait tout perdre, jusqu'à l'espérance ; et tout serait
« compromis, même la prospérité de nos neveux.

« L'Amérique a recouru aux armes pour faire respecter la
« souveraineté de son pavillon. Les vœux du monde l'accom-
« pagnent dans cette glorieuse lutte. Si elle la termine en obli-
« geant les ennemis du continent à reconnaître le principe que
« le pavillon couvre la marchandise et l'équipage, et que les
« neutres ne doivent pas être soumis à des blocus sur le papier,

« le tout conformément aux stipulations du traité d'Utrecht, « l'Amérique aura bien mérité de tous les peuples. La postérité « dira que l'ancien monde avait perdu ses droits et que le nou- « veau les a reconquis.

« Mon ministre de l'intérieur vous fera connaître, dans l'ex- « posé de la situation de l'empire, l'état prospère de l'agriculture, « des manufactures et de notre commerce intérieur, ainsi que « l'accroissement toujours constant de notre population. Dans « aucun siècle l'agriculture et les manufactures n'ont été, en « France, à un plus haut degré de prospérité.

« J'ai besoin de grandes ressources pour faire face à toutes « les dépenses qu'exigent les circonstances; mais moyennant « différentes mesures que vous proposera mon ministre des fi- « nances, je ne devrai imposer aucune nouvelle charge à mes « peuples. »

L'Empereur partit le 15 avril de Paris.

Mayence, 24 avril 1813.

S. M. l'Empereur a passé le 22 du mois la revue de quatre beaux régiments de la vieille garde; il a témoigné sa satisfaction du bel état de ces troupes; elles sont arrivées à Mayence en poste et n'ont mis que six jours pour faire la route; elles étaient si peu fatiguées, qu'elles ont passé le Rhin sur-le-champ. Le général Curial est arrivé à Mayence avec les cadres des douze nouveaux régiments de la jeune garde qui s'organisent dans cette ville. Toutes les fournitures destinées à l'équipement de ces troupes sont arrivées à Mayence par les transports accélérés.

Le duc de Castiglione a été nommé gouverneur militaire des grands duchés de Francfort et de Wurtzbourg. La citadelle de Wurtzbourg a été armée et approvisionnée.

Les bruits qui avaient été répandus sur une prétendue défaite du général Sébastiani et sur la mort de ses aides-de-camp sont faux et controuvés; au contraire, se proposant d'attirer l'ennemi à lui, il ordonna au général Morin d'évacuer Celle : douze cents Cosaques s'y jetèrent sur-le-champ; le 18 le général Morin rentra précipitamment dans Celle pêle mêle avec l'ennemi, qui fut mis dans une déroute complète et perdit une cinquantaine de tués, grand nombre de blessés et une centaine de prisonniers. Pendant ce temps le général Sébastiani se portait sur Uelzen; il chassa de Grosœsingen un parti de six cents Cosaques, qui se reploya sur Sprakenselh, où l'ennemi avait réuni quinze cents cavaliers. Le général Sébastiani les fit aussitôt charger et enfoncer; on leur a tué vingt-cinq hommes, blessé beaucoup plus et pris une vingtaine de Cosaques; les fuyards ont été poursuivis jusque près de Uelzen.

Le général Vandamme commande à Bremen; il a sous ses ordres les trois divisions Dufour, Saint-Cyr et Dumonceau.

L'effervescence des esprits se calme dans la 32ᵉ division militaire; la quantité des forces qu'on voit arriver de tous côtés, les exemples sévères qu'on a faits sur les chefs des complots, mais surtout le peu de monde que l'ennemi a pu montrer sur ce point ont comprimé la malveillance.

Le duc de Reggio est parti le 23 de Mayence pour prendre le commandement du 12ᵉ corps de la grande armée.

Au 24 la plus grande partie de l'armée avait passé les montagnes de la Thuringe.

Le roi de Saxe, ayant jugé convenable de s'approcher le plus près possible de Dresde, s'est porté sur Prague.

S. M. est partie le 24 à huit heures du soir de Mayence.

Le duc de Dalmatie a repris les fonctions de colonel général de la garde. S. M. a envoyé à Wetzlar le duc de Trévise pour organiser le corps polonais du général Dombrowski et en former deux régiments d'infanterie, deux régiments de cavalerie et deux batteries d'artillerie. S. M. a pris ce corps à sa solde depuis le 1ᵉʳ janvier.

Le prince d'Eckmulh s'est rendu dans la 32ᵉ division militaire pour y exercer, vu les circonstances, les pouvoirs extraordinaires délégués par le sénatus-consulte du 3 avril.

25 avril 1813.

La place de Thorn a capitulé; la garnison retourne en Bavière; elle était composée de six cents Français et de deux mille sept cents

Bavarois ; dans ce nombre de deux mille trois cents hommes douze cents étaient aux hôpitaux. Aucun préparatif n'annonçait encore le commencement du siége de Dantzick ; la garnison était en bon état et maîtresse du dehors. Modlin et Zamosk n'étaient point sérieusement inquiétées. A Stettin, un combat très-vif avait eu lieu. L'ennemi avait voulu s'introduire entre Stettin et Dam ; il avait été culbuté dans les marais, et quinze cents Prussiens y avaient été pris ou tués.

Une lettre reçue de Glogau faisait connaître que cette place, au 12 avril, était dans le meilleur état. Il n'y avait rien de nouveau à Custrin. Spandau était assiégé ; un magasin à poudre y avait sauté, et l'ennemi, ayant cru pouvoir profiter de cette circonstance pour donner l'assaut, avait été repoussé après avoir perdu mille hommes tués ou blessés. On n'a point fait de prisonniers parce qu'on était séparé par des marais.

Les Russes ont jeté des obus dans Wittemberg et brûlé une partie de la ville. Ils ont voulu tenter une attaque de vive force, qui ne leur a point réussi. Ils y ont perdu cinq à six cents hommes.

La position de l'armée russe paraissait être la suivante : un corps de partisans commandé par un nommé Dorneberg, qui, en 1809, était capitaine des gardes du roi de Wetsphalie et qui, l'ayant trahi lâchement, était à Hambourg et faisait des courses entre l'Elbe et le Weser. Le général Sébastiani était parti pour lui couper l'Elbe.

Les corps prussiens des généraux Lecoq et Blucher paraissaient occuper, le premier la rive droite de la basse Saale, le second la rive droite de la haute Saale.

Les généraux russes Wintzingerode et Wittgenstein occupaient Leipsick ; le général Barclay de Tolly était sur la Vistule, observant Dantzick ; le général Sacken était devant le corps autrichien, dans la direction de Cracovie, sur la Sélica.

L'empereur Alexandre, avec la garde russe, et le général Kutusow, ayant une vingtaine de mille hommes, paraissaient être sur l'Oder ; ils s'étaient fait annoncer à Dresde pour le 12 avril ; ils s'y étaient fait annoncer depuis pour le 20 ; aucune de ces annonces ne s'est réalisée.

L'ennemi paraissait vouloir se maintenir sur la Saale.

Les Saxons étaient dans Torgau.

La garde est à Erfurt, où l'Empereur est arrivé le 25 à onze heures du soir. Le 26 S. M. a passé la revue de la garde et a visité les fortifications de la ville et de la citadelle. Elle a fait désigner des locaux pour y établir des hôpitaux qui pussent contenir six mille malades ou blessés, ayant ordonné qu'Erfurt serait la dernière ligne d'évacuation.

Toute l'armée paraissait en mouvement. Déjà tous les partis que l'ennemi avait sur la rive gauche de la Saale se sont repliés : trois mille hommes de cavalerie s'étaient portés sur Nordhausen pour pénétrer dans le Hartz, et un autre parti sur Heiligenstadt pour menacer Cassel : tout cela s'est replié avec précipitation, en laissant des malades, des blessés et des traînards, qui ont été faits prisonniers. Depuis les hauteurs d'Ebersdorf jusqu'à l'embouchure de la Saale il n'y a plus d'ennemis sur la rive gauche.

La jonction entre l'armée de l'Elbe et l'armée du Mein doit s'opérer le 27 entre Naumbourg et Marsebourg.

28 avril 1813.

Le quartier général de l'Empereur était le 28 à Naumbourg; le prince de la Moskowa avait passé la Saale. Le général Souham avait culbuté une avant-garde de deux mille hommes qui avait voulu s'opposer au passage de la rivière. Tout le corps du prince de la Moskowa était en bataille au delà de Naumbourg.

Le général Bertrand occupait Iéna et avait son corps rangé sur le fameux champ de bataille d'Iéna.

Le duc de Reggio, avec le 12e corps, arrivait à Saalfeldt. Le vice-roi débouchait par Hall et Marsebourg.

Le général Sébastiani s'était porté le 24 sur Velzen; il avait culbuté un corps de mille aventuriers, commandés par le général russe Czernicheff; il avait dispersé son infanterie; il avait pris une partie de ses bagages et de son artillerie, et le poursuivait l'épée dans les reins sur Lunebourg.

30 avril 1813.

Le 30 l'Empereur avait porté son quartier général à Naumbourg.

Le prince de la Moskowa s'était porté sur Weissenfeld. Son avant-garde, commandée par le général Souham, arriva près de cette ville à deux heures après midi et se trouva en présence du général russe Lanskoï, commandant une division de six à sept mille hommes de cavalerie, d'infanterie et d'artillerie. Le général Souham n'avait pas de cavalerie; mais, sans en attendre, il marcha à l'ennemi et le culbuta de ses différentes positions. L'ennemi démasqua douze pièces de canon. Le général Souham en fit mettre un pareil nombre en batterie. La canonnade devint vive et fit des ravages dans les rangs russes, qui étaient à cheval et à découvert, tandis que nos pièces étaient soutenues par des tirailleurs placés dans des ravins et dans des villages. Le général de brigade Chemineau s'est fait remarquer. L'ennemi essaya plusieurs charges de cavalerie; notre infanterie le reçut en carré et par un feu de file qui couvrit le champ de bataille de cadavres russes et de chevaux. Le prince de la Moskowa dit qu'il n'avait jamais vu plus d'enthousiasme et de sang-froid dans l'infanterie. Nous entrâmes dans Weissenfeld; mais, voyant que l'ennemi voulait tenir près de la ville, l'infanterie marcha à lui au pas de charge, les scakos au bout du fusil et aux cris de *Vive l'Empereur!* La division ennemie se mit en retraite. Notre perte en tués et en blessés a été d'une centaine d'hommes.

Le 27 le comte Lauriston s'était porté sur Weltin, où l'ennemi avait un pont. Le général Maison fit placer une batterie qui obligea l'ennemi à brûler ce pont, et s'empara de la tête de pont que l'ennemi avait construite.

Le 28 le comte Lauriston se porta vis-à-vis de Halle, où un corps prussien occupait une tête de pont, culbuta l'ennemi et l'obligea d'évacuer cette tête de pont et de couper le pont. Une canonnade très-vive s'en était suivie d'une rive à l'autre. Notre perte a été de soixante-sept hommes; celle de l'ennemi a été bien plus considérable.

Le vice-roi avait ordonné au maréchal duc de Tarente de se porter sur Marsebourg. Le 29, à quatre heures après midi, ce maréchal arriva devant cette ville; il y trouva deux mille Prussiens, qui voulurent s'y défendre; ces Prussiens étaient du corps d'York, de ceux mêmes que le maréchal commandait en chef et qui l'avaient abandonné sur le Niémen. Le maréchal entra de vive force, leur fit deux cents prisonniers, parmi lesquels se trouve un major, et s'empara de la ville et du pont.

. . . .
. . . .

Ce combat de Weissenfeld est remarquable, parce que c'est une lutte d'infanterie et de cavalerie en égal nombre et en rase campagne et que l'avantage y est resté à notre infanterie. On a vu de jeunes bataillons se comporter avec autant de sang-froid et d'impétuosité que les plus vieilles troupes.

Ainsi, pour début de cette campagne, l'ennemi est chassé de tout ce qu'il occupait sur la rive gauche de la Saale; nous sommes maîtres de tous les débouchés de cette rivière; la jonction entre les armées de l'Elbe et du Mein est opérée, et les villes importantes de Naumbourg, de Weissenfeld et de Marsebourg ont été occupées de vive force.

S. M. l'Empereur et roi a passé à Weymar le 28 à deux heures de l'après-midi. Le duc de Weymar et le prince Bernard avaient été à sa rencontre jusqu'aux limites du territoire. S. M. est descendue au palais et s'est entretenue près de deux heures avec la duchesse, après quoi elle est montée à cheval pour se rendre à six lieues d'ici, à Eckarsberg, où était son quartier général.

La quantité de troupes qui passe ici est innombrable. Jamais on n'a vu de plus beaux trains d'artillerie ni de convois d'équipages militaires en meilleur état.

1er mai 1813.

L'Empereur avait porté son quartier général à Weissenfeld; le vice-roi avait porté le sien à Marsebourg; le général Maison était entré à Halle; le duc de Raguse avait son quartier général à Naumbourg; le comte Bertrand était à Stosshen; le duc de Reggio avait son quartier général à Iéna.

Trois ponts avaient été jetés sur la Saale, à Weissenfeld: des ouvrages de campagne avaient été commencés à Naumbourg.

Quinze grenadiers du 13e de ligne, se trouvant entre Saalfeld et Iéna, furent entourés par quatre-vingt-quinze hussards prussiens.

Le commandant, qui était un colonel, s'avança en disant : *Français, rendez vous!* Le sergent l'ajusta et le jeta par terre roide mort Les autres grenadiers se pelotonnèrent, tuèrent sept Prussiens, et les hussards s'en allèrent plus vite qu'ils n'étaient venus.

Les différents partis de la vieille garde se sont réunis à Weissenfeld ; le général de division Roguet les commande.

L'Empereur a visité tous les avant-postes, malgré le mauvais temps. S. M. jouit d'une très-bonne santé.

Le premier coup de sabre qui a été donné à ce renouvellement de campagne, à Weymar, a coupé l'oreille au fils du général Blucher, général major. C'est par un maréchal des logis du 10ᵉ hussards que ce coup de sabre a été donné. Les habitants de Weymar ont remarqué que le premier coup de sabre donné dans la campagne de 1806, à Saalfeld, et qui a tué le prince Louis de Prusse, a été donné aussi par un maréchal de logis de ce même régiment.

1ᵉʳ mai 1813.

COMBAT DE LUTZEN (1).

Le 1ᵉʳ mai l'Empereur monta cheval à neuf heures du matin, avec le prince de la Moskowa et le général Souham. La division Souham se mit en mouvement vers la belle plaine qui commence sur les hauteurs de Weissenfeld et s'étend jusqu'à l'Elbe. Cette division se forma entre quatre carrés de quatre bataillons chacun, chaque carré à cinq cents toises l'un de l'autre et ayant quatre pièces de canon. Derrière les carrés se plaça la brigade de cavalerie du général Laboissière, sous les ordres du comte de Valmy, qui venait d'arriver. Les divisions Gérard et Marchand venaient derrière en échelons et formées de la même manière que la division Souham. Le maréchal duc d'Istrie tenait la droite avec toute la cavalerie de la garde.

A onze heures, ces dispositions faites, le prince de la Moskowa, en présence d'une nuée de cavalerie ennemie qui couvrait la plaine, se mit en mouvement sur le défilé de Poserna. On s'em-

---

(1) Ce combat précéda la grande bataille qui eut lieu le jour suivant.

para des différents villages sans coup férir. L'ennemi occupait sur les hauteurs les plus belles positions qu'on puisse voir; il avait six pièces de canon et présentait trois lignes de cavalerie.

Le premier carré passa le défilé au pas de charge et aux cris de *Vive l'Empereur!* longtemps prolongés sur toute la ligne. On s'empara de la hauteur. Les quatre carrés de la division Souham dépassèrent le défilé.

Deux autres divisions de cavalerie vinrent alors renforcer l'ennemi avec vingt pièces de canon. La canonnade devint vive ; l'ennemi ploya partout ; la division Souham se dirigea sur Lutzen ; la division Girard prit la direction de la route de Pegau. L'Empereur, voulant renforcer les batteries de cette dernière division, envoya douze pièces de la garde sous les ordres de son aide de camp le général Drouot, et ce renfort fit merveille. Les rangs de la cavalerie ennemie furent culbutés par la mitraille.

Au même moment le vice-roi débouchait à Marsebourg avec le 11ᵉ corps, commandé par le duc de Tarente, et le 5ᵉ, commandé par le général Lauriston : le corps du général Lauriston tenait la gauche sur la grande route de Marsebourg à Leipsick ; celui du duc de Tarente, où était le vice-roi, tenait la droite. Le vice-roi, ayant entendu la vive canonnade qui avait lieu près de Lutzen, fit un mouvement à droite, et l'Empereur se trouva presque au même moment au village de Lutzen.

La division Marchant et successivement les divisions Brenier et Ricard passèrent le défilé; mais l'affaire était décidée quand elles entrèrent en ligne.

Quinze mille hommes de cavalerie ont donc été chassés de ces belles plaines à peu près par un pareil nombre d'infanterie. C'est le général Wintzingerode qui commandait ces trois divisions, dont l'une était celle du général Lanskoï : l'ennemi n'a montré qu'une division d'infanterie. Devenu plus prudent par le combat de Weissenfeld et étonné du bel ordre et du sang-froid de notre marche, l'ennemi n'a osé aborder d'aucune part l'infanterie et il a été écrasé par notre mitraille. Notre perte se monte à trente-trois hommes tués et cinquante-cinq blessés. Cette perte pourrait être considérée comme extrêmement légère en comparaison de celle de l'ennemi, qui a eu trois colonels, trente officiers et quatre cents hommes tués ou blessés, outre un grand nombre de chevaux ; mais, par une de ces fatalités dont l'histoire de la guerre est pleine, le premier coup de canon qui fut tiré dans cette journée coupa le poignet au duc d'Istrie, lui perça la poitrine et le jeta roide mort. Il s'était avancé à cinq cents pas du côté des tirailleurs pour bien reconnaître la plaine. Ce maréchal, qu'on peut à juste titre nommer brave et juste, était recommandable autant par son coup d'œil militaire, par sa grande expérience de l'arme de la cavalerie que par ses qualités civiles et son attachement à l'Empereur. Sa mort sur le champ d'honneur est la plus digne d'envie ; elle a été si rapide qu'elle a dû être sans douleur. Il est peu de pertes qui puissent être plus sensibles au cœur de l'Empereur ; l'armée et la France partageront la douleur que S. M. a ressentie.

Le duc d'Istrie, depuis ses premières campagnes d'Italie, c'est-à-dire depuis seize ans, avait toujours, dans différents grades, commandé la garde de l'Empereur, qu'il avait suivi dans toutes ses campagnes et toutes ses batailles.

Le sang-froid, la bonne volonté et l'intrépidité des jeunes soldats étonne les vétérans et tous les officiers ; c'est le cas de dire *qu'aux âmes bien nées la vertu n'attend pas le nombre des années.*

. . . .

A Dantzick la garnison a obtenu de grands avantages et fait une sortie si heureuse qu'elle a fait prisonnier un corps de trois mille Russes.

. . . .
. . . .

2 mai 1813 (Lutzen).

L'Empereur fait connaître à S. M. l'impératrice régente qu'il a remporté la victoire la plus complète sur l'armée russe et prussienne, commandée en personne par l'empereur Alexandre et le roi de Prusse ; qu'on a tiré en cette bataille plus de cent cinquante mille coups de canon ; que les troupes s'y sont couvertes de gloire, et que, malgré l'immense infériorité de cavalerie qu'avait l'armée française, la bonne volonté et le courage naturels aux Français ont suppléé à tout. L'ennemi était vivement poursuivi.

2 mai 1813.

BATAILLE DE LUTZEN.

Les combats de Weissenfeld et de Lutzen n'étaient que le prélude d'événements de la plus haute importance. L'empereur de Russie et le roi de Prusse, qui étaient arrivés à Dresde avec toutes leurs forces, dans les derniers jours d'avril, apprenant que l'armée française avait débouché de la Thuringe, adoptèrent le plan de lui livrer bataille dans les plaines de Lutzen, et se mirent en marche pour en occuper la position; mais ils furent prévenus par la rapidité des mouvements de l'armée française. Ils persistèrent cependant dans leurs projets, et résolurent d'attaquer l'armée pour la déposter des positions qu'elle avait prises.

La gauche de notre armée s'appuyait sur l'Elster; elle était formée par le vice-roi, ayant sous ses ordres les 5e et 11e corps. Le centre était commandé par le prince de la Moskowa, au village de Kaïa. L'Empereur, avec la jeune et la vieille garde, était à Lutzen.

Le duc de Raguse était au défilé de Poserna, et formait la droite avec ses trois divisions. Enfin le général Bertrand, commandant le 4e corps, marchait pour se rendre à ce défilé. L'ennemi débouchait et passait l'Elster aux ponts de Zwenkau, Pegau et Zeitz. S. M., ayant l'espérance de le prévenir dans son mouvement et pensant qu'il ne pourrait attaquer que le 3, ordonna au général Lauriston, dont le corps formait l'extrémité de la gauche, de se porter sur Leipsick, afin de déconcerter les projets de l'ennemi et de placer l'armée française, pour la journée du 3, dans une position toute différente de celle où les ennemis avaient compté la trouver et où elle était effectivement le 2, et de porter ainsi de la confusion et du désordre dans leurs colonnes.

A neuf heures du matin S. M., ayant entendu une canonnade du côté de Leipsick, s'y porta au galop. L'ennemi défendait le petit village de Listenau et les ponts en avant de Leipsick. S. M. n'attendait que le moment où ces dernières positions seraient enlevées pour mettre en mouvement toute son armée dans cette direction, la faire pivoter sur Leipsick, passer sur la droite de l'Elster et prendre l'ennemi à revers; mais, à dix heures, l'armée ennemie déboucha vers Kaïa sur plusieurs colonnes d'une noire profondeur; l'horison en était obscurci. L'ennemi présentait des forces qui paraissaient immenses; l'Empereur fit sur-le-champ ses dispositions. Le vice-roi reçut l'ordre de se porter sur la gauche du prince de la Moskowa. Le duc de Raguse, avec ses trois divisions, occupait l'extrême droite. Le général Bertrand eut ordre de déboucher sur les derrières de l'armée ennemie au moment où la ligne se trouverait le plus fortement engagée. La fortune se plut à couronner du plus brillant succès toutes ces dispositions. L'ennemi, qui paraissait certain de la réussite de son entreprise, marchait pour déborder notre droite et gagner le chemin de Weissenfeld. Le général Compans, général de bataille du premier mérite, à la tête de la 1re division du duc de Raguse, l'arrêta tout court. Les régiments de marine soutinrent plusieurs charges avec sang-froid, et couvrirent le champ de bataille de l'élite de la cavalerie ennemie. Mais les grands efforts d'infanterie, d'artillerie et de cavalerie étaient sur le centre. Quatre des cinq divisions du prince de la Moskowa étaient déjà engagées. Le village de Kaïa fut pris et repris plusieurs fois. Ce village était resté au pouvoir de l'ennemi; le comte Lobau dirigea le général Ricard pour reprendre le village; il fut pris.

La bataille embrassait une ligne de deux lieues couvertes de feu, de fumée et de tourbillons de poussière. Le prince de la Moskowa, le général Souham, le général Girard étaient partout, faisaient face à tout. Blessé de plusieurs balles, le général Girard voulut rester sur le champ de bataille. Il déclara vouloir mourir en commandant et en dirigeant ses troupes, puisque le moment était venu pour tous les Français qui avaient du cœur de vaincre ou de périr.

Cependant on commença à apercevoir dans le lointain la poussière et les premiers feux du corps du général Bertrand. Au même moment le vice-roi entrait en ligne sur la gauche, et le duc de Tarente attaquait la réserve de l'ennemi et abordait au village où l'ennemi appuyait sa droite. Dans ce moment l'ennemi redoubla d'efforts sur le centre ; le village de Kaïa fut emporté de nouveau ; notre centre fléchit ; quelques bataillons se débandèrent ; mais cette valeureuse jeunesse, à la vue de l'Empereur, se rallia en criant *Vive l'Empereur!* S. M. jugea que le moment de crise qui décide du gain ou de la perte des batailles était arrivé : il n'y avait pas un moment à perdre. L'Empereur ordonna au duc de Trévise de se porter avec seize bataillons de la jeune garde au village de Kaïa, de donner tête baissée, de culbuter l'ennemi et de faire main basse sur tout ce qui s'y trouvait. Au même moment S. M. ordonna au général Drouot, son aide camp, officier d'artillerie de la plus grande distinction, de réunir une batterie de quatre-vingts pièces et de la placer en avant de la vieille garde, qui fut disposée en échelons, comme quatre redoutes, pour soutenir ce centre, toute notre cavalerie rangée en bataille derrière. Les généraux Dulauloy, Drouot et Devaux partirent au galop avec leurs quatre-vingts bouches à feu placées en un même groupe. Le feu devint épouvantable ; l'ennemi fléchit de tous côtés. Le duc de Tarente emporta sans coup férir le village de Kaïa, culbuta l'ennemi et continua à se porter en avant en battant la charge. Cavalerie, infanterie, artillerie de l'ennemi, tout se mit en retraite.

Le général Bonnet, commandant une division du duc de Raguse, reçut l'ordre de faire un mouvement par sa gauche sur Kaïa pour appuyer les succès du centre. Il soutint plusieurs charges de cavalerie dans lesquelles l'ennemi éprouva de grandes pertes.

Cependant le général comte Bertrand s'avançait et entrait en ligne. C'est en vain que la cavalerie caracola autour de ses carrés ; sa marche n'en fut pas ralentie. Pour le rejoindre plus promptement, l'Empereur ordonna un changement de direction en pivotant sur Kaïa. Toute la droite fit un changement de front la droite en avant.

DIXIÈME ÉPOQUE.

L'ennemi ne fit plus que fuir : nous le poursuivîmes une lieue et demie. Nous arrivâmes bientôt sur la hauteur que l'empereur Alexandre, le roi de Prusse et la famille de Brandebourg occupaient pendant la bataille. Un officier prisonnier qui se trouvait là nous apprit cette circonstance.

Nous avons fait plusieurs milliers de prisonniers. Le nombre n'a pu en être plus considérable vu l'infériorité de notre cavalerie et le désir que l'Empereur avait montré de l'épargner.

Au commencement de la bataille l'Empereur avait dit aux troupes : *C'est une bataille d'Égypte : une bonne infanterie soutenue par de l'artillerie doit savoir se suffire.*

Le général Gaussé, chef d'état-major du prince de la Moskowa, a été tué, mort digne d'un si bon soldat ! Notre perte se monte à dix mille tués ou blessés. Celle de l'ennemi peut être évaluée de vingt-cinq à trente mille hommes. La garde royale de Prusse a été détruite. Les gardes de l'empereur de Russie ont considérablement souffert ; les deux divisions de dix régiments de cavalerie russe ont été écrasées.

S. M. ne saurait trop faire l'éloge de la bonne volonté, du courage et de l'intrépidité de l'armée. Nos jeunes soldats ne considéraient pas le danger. Ils ont, dans cette circonstance, révélé toute la noblesse du sang français.

L'état-major général, dans sa relation, fera connaître les belles actions qui ont illustré cette brillante journée, qui, comme un coup de foudre, a pulvérisé les chimériques espérances et tous les calculs de destruction et de démembrement de l'empire. Les trames ténébreuses ourdies par le cabinet de Saint-James pendant tout un hiver se trouvent en un instant dénouées comme le nœud gordien par l'épée d'Alexandre.

Le prince de Hesse-Hombourg a été tué. Les prisonniers disent que le jeune prince royal de Prusse a été blessé, et que le prince de Mecklembourg Strelitz a été tué.

L'infanterie de la vieille garde, dont six bataillons seulement étaient arrivés, a soutenu par sa présence l'affaire avec ce sang-froid qui la caractérise. Elle n'a pas tiré un coup de fusil. La moitié de l'armée n'a pas donné ; car les quatre divisions du corps du général Lauriston n'ont fait qu'occuper Leipsick ; les trois divisions du duc de Reggio étaient encore à deux journées du champ de bataille ; le comte Bertrand n'a donné qu'avec une de ses divisions, et si légèrement qu'elle n'a pas perdu cinquante hommes ; ses seconde et troisième divisions n'ont pas donné. La seconde division de la jeune garde, commandée par le général Barrois, était encore à cinq journées ; il en est de même de la moitié de la vieille garde, commandée par le général Decouz, qui n'était encore qu'à Erfurt ; des batteries de réserve formant plus de cent bouches à feu n'avaient pas rejoint, et elles sont encore en marche depuis Mayence jusqu'à Erfurt ; le corps du duc de Bellune était aussi à trois jours du champ de bataille. Le corps de cavalerie du général Sébastiani, avec les trois divisions du prince d'Eckmülh, était du côté du bas Elbe. L'armée alliée, forte de cent quatre-vingts à deux cent mille hommes, commandée par les deux souverains, ayant un grand nombre de princes de la maison de Prusse à sa tête, a donc été défaite et mise en déroute par moins de la moitié de l'armée française.

Les ambulances et le champ de bataille offraient le spectacle le plus touchant : les jeunes soldats, à la vue de l'Empereur, faisaient trêve à leur douleur en criant *Vive l'Empereur! Il y a vingt ans*, a dit l'Empereur, *que je commande des armées françaises. Je n'ai pas encore vu autant de bravoure et de dévouement.*

L'Europe serait enfin tranquille si les souverains et les ministres qui dirigent leur cabinet pouvaient avoir été présents sur ce champ de bataille. Ils renonceraient à l'espérance de faire rétrograder l'étoile de la France ; ils verraient que les conseillers qui veulent démembrer l'empire français et humilier l'Empereur préparent la perte de leurs souverains.

5 mai à 9 heures du soir.

L'Empereur, à la pointe du jour du 3, avait parcouru le champ de bataille. A dix heures il s'est mis en marche pour suivre l'ennemi. Son quartier général, le 3 au soir, était à Pegau. Le vice-roi avait son quartier général à Wachstanden, à mi-chemin de Pegau à Borna. Le comte Lauriston, dont le corps n'avait pas pris part à la bataille, était parti de Leipsick pour se porter sur Zwemkau, où il était arrivé. Le duc de Raguse avait passé l'Elster au village de Liutzkowitz, et le comte Bertrand l'avait passé au village de Gredel. Le prince de la Moskowa était resté en position sur le champ de bataille. Le duc de Reggio de Naumbourg devait se porter sur Zeist.

L'empereur de Russie et le roi de Prusse avaient passé par Pegau dans la soirée du 2, et étaient arrivés au village de Loberstedt à onze heures du soir. Ils s'y étaient reposés quatre heures et en étaient partis le 3 à trois heures du matin se dirigeant sur Borna.

L'ennemi ne revenait pas de son étonnement de se trouver battu dans une si grande plaine par une armée ayant une si grande infériorité de cavalerie. Plusieurs colonels et officiers supérieurs faits prisonniers assurent qu'au quartier général ennemi on n'avait appris la présence de l'Empereur à l'armée que lorsque la bataille était engagée; ils croyaient tous l'Empereur à Erfurt.

Comme cela arrive toujours dans de pareilles circonstances, les Prussiens accusent les Russes de ne les avoir pas soutenus; les Russes accusent les Prussiens de ne s'être pas bien battus. La plus grande confusion règne dans leur retraite : plusieurs de ces prétendus volontaires qu'on lève en Prusse ont été faits prisonniers; ils font pitié. Tous déclarent qu'ils ont été enrôlés de force et sous peine de voir les biens de leurs familles confisqués.

Les gens du pays disent qu'un prince de Hesse-Hombourg a été tué, que plusieurs généraux russes et prussiens ont été tués ou blessés; le prince de Meklembourg-Strelitz aurait également été tué; mais toutes ces nouvelles ne sont encore que des bruits du pays.

La joie de ces contrées d'être délivrées des Cosaques ne peut se décrire. Les habitants parlent avec mépris de toutes les proclamations et de toutes les tentatives qu'on a faites pour les engager à s'insurger.

L'armée russe et prussienne était composée du corps des généraux prussiens York, Blucher et Bulow, de deux des généraux russes Wittgenstein, Wintzingerode, Miloradowitch et

Tormazow. Les gardes russes et prussiennes y étaient. L'empereur de Russie, le roi de Prusse, le prince royal de Prusse, tous les princes de la maison de Prusse étaient à la bataille.

L'armée combinée russe et prussienne est évaluée de cent cinquante à deux cent mille hommes.

5 mai, au soir.

Le quartier général de l'Empereur était à Colditz, celui du vice-roi à Harta, celui du duc de Raguse derrière Colditz, celui du général Lauriston à Wurtzen, du prince de la Moskowa à Leipsick, du duc de Reggio à Altenbourg et du général Bertrand à Rochlitz.

Le vice-roi arriva devant Colditz le 5 à neuf heures du matin. Le pont était coupé, et des colonnes d'infanterie, de cavalerie avec de l'artillerie défendaient le passage. Le vice-roi se porta avec une division à un gué qui est sur la gauche, passa la rivière et gagna le village de Komichau, où il fit placer une batterie de vingt pièces de canon. L'ennemi évacua alors la ville de Colditz dans le plus grand désordre et en défilant sous la mitraille de nos vingt pièces.

Le vice-roi poursuivit vivement l'ennemi; c'était le reste de l'armée prussienne, forte de vingt à vingt-cinq mille hommes, qui se dirigea partie sur Leissnig, et partie sur Gersdorff.

Arrivées à Gersdorff, les troupes prussiennes passèrent à travers une réserve qui occupait cette position; c'était le corps russe de Miloradowitch, composé de deux divisions formant à peu près huit mille hommes sous les armes, les régiments russes n'étant que de deux bataillons de quatre compagnies chaque, et les compagnies n'étant que de cent cinquante hommes. Mais n'ayant que cent hommes présents sous les armes, ce qui ne fait que sept à huit cents hommes par régiment, ces deux divisions de Miloradowitch étaient arrivées à la bataille au moment où elle finissait, et n'avaient pas pu y prendre part.

Aussitôt que la 36e division eut rejoint le 35e, le vice-roi donna ordre au duc de Tarente de former les deux divisions en trois colonnes et de déposter l'ennemi. L'attaque fut vive; nos braves se précipitèrent sur les Russes, les enfoncèrent et les poursuivirent sur Hasta. Dans ce combat nous avons eu cinq à six cents hommes blessés, et nous avons fait mille prisonniers. L'ennemi a perdu dans cette journée deux mille hommes.

Le général Bertrand, arrivé à Rochlitz, y a pris quelques convois de blessés, de malades et de bagages, et fait quelques prisonniers : plus de douze cents voitures de blessés avaient passé par cette route.

Le roi de Prusse et l'empereur Alexandre avaient couché à Rochlitz.

Un adjudant sous-officier du 17e provisoire, qui avait été fait prisonnier à la bataille du 2, s'est échappé, et a raconté que l'ennemi a fait de grandes pertes et se retire dans le plus grand désordre ; que, pendant la bataille, les Russes et les Prussiens tenaient leurs drapeaux en réserve, ce qui fait que nous n'en avons pas pu prendre ; qu'ils nous ont fait cent prisonniers, dont quatre officiers ; que ces prisonniers étaient conduits en arrière sous la garde d'un détachement laissé avec les drapeaux ; que les Prussiens ont fait éprouver de mauvais traitements aux prisonniers ; que deux principalement ne pouvant pas marcher par extrême fatigue, il leur ont passé le sabre au travers du corps ; que l'étonnement des Prussiens et des Russes d'avoir trouvé une armée aussi nombreuse, aussi bien exercée et munie de tout était à son comble ; qu'il y avait de la mésintelligence entre eux, et qu'ils s'accusaient respectivement de leurs pertes.

Le général comte Lauriston de Wurtzen s'est mis en marche sur la grande route de Dresde.

Le prince de la Moskowa s'est porté sur l'Elbe pour débloquer le général Thielmann, qui commande à Torgau, prendre position sur ce point et débloquer Wittenberg : il paraît que cette dernière place a fait une belle défense et repoussé plusieurs attaques qui ont coûté fort cher à l'ennemi.

Des prisonniers racontent que l'empereur Alexandre, voyant la bataille perdue, parcourait la ligne russe pour animer le soldat en disant : « Courage, Dieu est pour nous. »

Ils ajoutent que le général prussien Blucher est blessé, et qu'il y a cinq généraux de division et de brigade prussiens tués ou blessés.

Paris, le 11 mai.

Lettre de l'Empereur à la maréchale duchesse d'Istrie.

« Ma cousine, votre mari est mort au champ d'honneur. La
« perte que vous faites et celle de vos enfants est grande sans
« doute, mais la mienne l'est davantage encore. Le duc d'Istrie
« est mort de la plus belle mort et sans souffrir. Il laisse une
« réputation sans tache ; c'est le plus bel héritage qu'il ait pu lé-
« guer à ses enfants. Ma protection leur est acquise. Ils hériteront
« aussi de l'affection que je portais à leur père. Trouvez dans
« toutes ces considérations des motifs de consolation pour allé-
« ger vos peines, et ne doutez jamais de mes sentiments pour
« vous. Cette lettre n'étant à autre fin, je prie Dieu qu'il vous ait,
« ma cousine, en sa sainte et digne garde. En mon camp impé-
« rial de Colditz, ce 6 mai 1813. »

Situation des armées le 6 mai au soir.

Le quartier général de S. M. l'empereur et roi était à Wald-
heim, celui du vice-roi à Ertzdorf, celui du général Lauriston était à Oschatz, celui du prince de la Moskowa entre Leipsick
et Torgau, celui du comte Bertrand à Mitweydo, celui du duc
de Reggio à Penig.

L'ennemi avait brûlé à Wildheim un très-beau pont de bois à
une seule arche, ce qui nous avait retardé de quelques heures.
Son arrière-garde avait voulu défendre le passage, mais s'était
ployée sur Ertzdorf. La position de ce dernier point est fort
belle : l'ennemi a voulu la tenir. Le pont étant brûlé, le vice-roi
fit tourner le village par la droite et par la gauche. L'ennemi était
placé derrière des ravins. Une fusillade et une canonnade assez
vives s'engagèrent ; aussitôt on marcha droit à l'ennemi, et la position fut enlevée. L'ennemi a laissé deux cents morts sur le
champ de bataille.

Le général Vandamme avait le 1er mai son quartier général
à Harbourg. Nos troupes ont pris un cutter de guerre russe ar-

mé de vingt pièces de canon. L'ennemi a repassé l'Elbe avec tant de précipitation qu'il a laissé sur la rive gauche une infinité de barques propres au passage et beaucoup de bagages. Les mouvements de la grande armée étaient déjà connus et causaient une grande consternation à Hambourg. Les traîtres de Hambourg voyaient que le jour de la vengeance était près d'arriver.

9 mai 1813.

Le 7, le quartier général de l'Empereur était à Nossen.

Entre Nossen et Wilsdruf, le vice-roi a rencontré l'ennemi placé derrière un torrent et dans une belle position. Il l'en a déposté, lui a tué un millier d'hommes et fait cinq cents prisonniers.

Un Cosaque qui a été arrêté était porteur de l'ordre de brûler les bagages de l'arrière-garde russe. Effectivement huit cents voitures russes ont été brûlées; des bagages et vingt pièces de canon ont été ramassés par nous sur les routes; plusieurs colonnes de Cosaques sont coupées; on les poursuit.

Le 8, à midi, le vice-roi est entré à Dresde. L'ennemi, indépendamment du grand pont qu'il avait établi, avait jeté trois ponts sur l'Elbe. Le vice-roi ayant fait marcher des troupes dans la direction de ces ponts, l'ennemi y a mis le feu sur-le-champ; les trois têtes de pont qui les couvraient ont été enlevées.

Le même jour 8, à neuf heures du matin, le comte Lauriston est arrivé à Messein. Il y a trouvé trois redoutes avec des blockaus que les Prussiens y avaient construites; ils avaient brûlé le pont.

Toute la rive de l'Elbe est libre de l'ennemi. S. M. l'Empereur est arrivé à Dresde le 8, à une heure après midi. L'Empereur, en faisant le tour de la ville, s'est porté sur-le-champ au chantier de construction, à la porte de Pirna, et de là au village de Prielsnitz, où S. M. a ordonné qu'on jetât un pont. S. M. est revenue à sept heures du soir de sa reconnaissance au palais où elle est logée. La vieille garde a fait son entrée à Dresde à huit heures du soir.

Le 9, à trois heures du matin, l'Empereur a fait placer lui-même sur un des bastions qui domine la rive droite une batterie qui a chassé l'ennemi de la position qu'il occupait de ce côté.

. . . .

L'empereur de Russie a quitté Dresde hier matin.

Ce fameux Stein est l'objet du mépris de tous les honnêtes gens. Il voulait faire révolter la canaille contre les propriétaires. On ne revenait pas de surprise de voir des souverains comme le roi de Prusse, et surtout comme l'empereur Alexandre, que la nature a doués de tant de belles qualités, prêter l'appui de leur nom à des menées aussi criminelles qu'atroces.

Indépendamment des canons et des bagages pris à la poursuite de l'ennemi, nous avons fait à la bataille cinq mille prisonniers et pris dix pièces de canon. L'ennemi ne nous a pris aucun canon; mais il nous a fait cent onze prisonniers.

Le général en chef Kutusow est mort à Bautzen de la fièvre nerveuse il y a quinze jours. Il a été remplacé dans le commandement en chef par le général Wittgenstein, qui a débuté par la perte de la bataille de Lutzen.

12 mai 1813.

Le 12, à dix heures du matin, la garde impériale a pris les armes et s'est mise en bataille sur le chemin de Pirna jusqu'au Gross-Garten. L'Empereur en a passé la revue. Le roi de Saxe, qui avait couché la veille à Sedlitz, est arrivé à midi. Les deux souverains sont descendus de cheval et se sont embrassés. Ils sont ensuite entrés à la tête de la garde dans Dresde aux acclamations d'une immense population. Cela formait un très-beau spectacle.

. . . .

Proclamation de l'Empereur à l'armée.

Soldats,

« Je suis content de vous! Vous avez rempli mon attente!
« Vous avez suppléé à tout par votre bonne volonté et par votre
« bravoure. Vous avez, dans la célèbre journée du 2 mai, dé-

« fait et mis en déroute l'armée russe et prusienne commandée
« par l'empereur Alexandre et le roi de Prusse. Vous avez ajouté
« un nouveau lustre à la gloire de mes aigles; vous avez mon-
« tré tout ce dont est capable le sang français. La bataille de
« Lutzen sera mise au-dessus des batailles d'Austerlitz, d'Iéna,
« de Friedland et de la Moskowa. Dans la campagne passée
« l'ennemi n'a trouvé de refuge contre nos armes qu'en suivant
« la méthode féroce des barbares ses ancêtres. Des armées de
« Tartares ont incendié les campagnes, les villes, la sainte Moscou
« elle-même. Aujourd'hui ils arrivaient dans nos contrées, pré-
« cédés de tout ce que l'Allemagne, la France et l'Italie ont de
« mauvais sujets et de déserteurs, pour y prêcher la révolte,
« l'anarchie, la guerre civile, le meurtre. Ils se sont faits les
« apôtres de tous les crimes. C'est un incendie moral qu'ils
« voulaient allumer entre la Vistule et le Rhin, pour mettre, sui-
« vant l'usage des gouvernements despotiques, des déserts entre
« nous et eux. Les insensés! ils connaissaient peu l'attachement
« à leurs souverains, la sagesse, l'esprit d'ordre et le bons sens
« des Allemands! Ils connaissaient peu la puissance et la bra-
« voure des Français!

« Dans une seule journée vous avez déjoué ces complots par-
« ricides. Vous rejetterez ces Tartares dans leurs affreux climats,
« qu'ils ne doivent pas franchir. Qu'ils restent dans leurs déserts
« glacés, séjour d'esclavage, de barbarie et de corruption, où
« l'homme est ravalé à l'égal de la brute. Vous avez bien mérité
« de l'Europe civilisée. Soldats! l'Italie, la France, l'Allemagne
« vous rendent des actions de grâces.

« De notre camp impérial de Lutzen, le 3 mai 1813. »

19 mai.

La place de Spandau a capitulé. Cet événement étonne tous les militaires. S. M. a ordonné que le général Bruny, le comman-dant de l'artillerie, et le commandant du génie de la place, ainsi que les membres du conseil de défense qui n'auraient pas protesté fussent arrêtés et traduits devant une commission de maréchaux, présidés par le prince vice-connétable.

S. M. a également ordonné que la capitulation de Thorn fût l'objet d'une enquête.

Si la garnison de Spandau a rendu sans siége une place forte environnée de marais et a souscrit à une capitulation qui doit être l'objet d'un enquête et d'un jugement, la conduite de la garnison de Wittemberg a été bien différente. Le général Lapoype s'est parfaitement conduit et a soutenu l'honneur des armes dans la défense de ce point important, qui du reste est une mauvaise place, n'ayant qu'une enceinte à moitié détruite et qui ne pourait devoir sa résistance qu'au courage de ses défenseurs.

. . . .

Un nouveau courrier adressé de Vienne par M. de Stackelberg à M. de Nesselrode, à Dresde, vient d'être intercepté. Ce qu'il y a de singulier, c'est que ces dépêches sont datées du 8 au soir, et que pourtant elles contiennent les félicitations de M. de Stackelberg à l'empereur Alexandre sur la victoire éclatante qu'il vient de remporter et sur la retraite des Français au delà de la Saale.

La grande-duchesse Catherine a reçu a Tœplitz une lettre de son frère l'empereur Alexandre qui lui apprend cette grande victoire du 2. La grande-duchesse, comme de raison, a donné lecture de cette lettre à tous les buveurs d'eau de Tœplitz. Cependant, le lendemain, elle a appris que l'empereur Alexandre était revenu sur Dresde, et qu'elle-même devait se rendre à Prague. Tout cela a paru extrêmement ridicule en Bohême : on y a vu le nom d'un souverain compromis sans aucun motif que la politique pût justifier. Tout cela ne peut s'expliquer que comme une habitude russe, résultant de la nécessité qu'il y a en Russie d'en imposer à une populace ignorante et de la facilité qu'on trouve à tout lui faire croire. On aurait bien dû adopter un autre usage dans un pays civilisé comme l'Allemagne.

. . . .

Les débris de l'armée prussienne, conduits par le roi de Prusse, qui avaient passé à Meissen, se sont dirigés par Kœnigsbruck sur Bautzen pour se réunir à l'armée russe.

. . . .

On dit que les Russes conseillent aux Prussiens de brûler Postdam et Berlin et de dévaster toute la Prusse. Ils commencent eux-mêmes par donner l'exemple ; ils ont brûlé de gaieté de cœur la petite ville de Bischoffwerder.

Le roi de Saxe a dîné le 13 chez l'Empereur.

La 2ᵉ division de la jeune garde, commandée par le général Barrois, est attendue demain 15 à Dresde.

18 mai.

L'Empereur était toujours à Dresde. Le 15 le duc de Trévise était parti avec le corps de cavalerie du général Latour-Maubourg et la division d'infanterie de la jeune garde du général Dumoutier.

Le 16 la division de la jeune garde, commandée par le général Barrois, partait également de Dresde.

Le duc de Reggio, le duc de Tarente, le duc de Raguse et le comte Bertrand étaient en ligne vis-à-vis de Bautzen.

Le prince de la Moskowa et le général Lauriston arrivaient à Hoyers-Werda.

Le duc de Bellune, le général Sébastiani et le général Reynier marchaient sur Berlin. Ce qu'on avait prédit est arrivé. A l'approche du danger, les Prussiens se sont moqués du règlement du landstourm. Une proclamation a fait connaître aux habitants de Berlin qu'ils étaient couverts par le corps de Bulow ; mais que, dans tous les cas, si les Français arrivaient, il ne fallait pas prendre les armes, mais les recevoir suivant les principes de la guerre. Il n'est aucun Allemand qui veuille brûler ses maisons ou qui veuille assassiner personne. Cette circonstance fait l'éloge du peuple allemand. Lorsque des furibonds sans honneur et sans principes prêchent le désordre et l'assassinat, le caractère de ce bon peuple les repousse avec indignation. Les Schlegel, les Kotzebue et autres folliculaires aussi coupables voudraient transformer en empoisonneurs et en assassins les loyaux Germains. Mais la postérité remarquera qu'ils n'ont pu entraîner un seul individu, une seule autorité hors de la ligne du devoir et de la probité.

Le comte Bubner est arrivé le 16 à Dresde : il était porteur d'une lettre de l'empereur d'Autriche pour l'empereur Napoléon ; il est reparti le 17 pour Vienne.

L'empereur Napoléon a offert la réunion d'un congrès à Prague pour la paix générale. Du côté de la France arriveraient à ce congrès les plénipotentiaires de la France, ceux des États-Unis d'Amérique, du Danemark, du roi d'Espagne et de tous les princes alliés, et du côté opposé ceux de l'Angleterre, de la Russie, de la Prusse, des insurgés espagnols et de toute cette masse belligérante. Dans ce congrès seraient posées les bases d'une longue paix. Mais il est douteux que l'Angleterre veuille soumettre ses principes égoïstes et injustes à la censure et à l'opinion de l'univers ; car il n'est aucune puissance, si petite qu'elle soit, qui ne réclame au préalable les priviléges inhérents à sa souveraineté et qui sont consacrés par les articles du traité d'Utrecht sur la navigation maritime.

Si l'Angleterre, par ce sentiment d'égoïsme sur lequel est fondée sa politique, refuse de coopérer à ce grand œuvre de la paix du monde, parce qu'elle veut exclure l'univers de l'élément qui forme les trois quarts de notre globe, l'Empereur n'en propose pas moins la réunion à Prague des plénipotentiaires de toutes les puissances belligérantes pour régler la paix du continent. S. M. offre même de stipuler, au moment où le congrès sera formé, un armistice entre les différentes armées, afin de faire cesser l'effusion du sang humain.

Ces principes sont conformes aux vues de l'Autriche : reste à voir actuellement ce que feront les cours d'Angleterre, de Russie et de Prusse.

L'éloignement des États-Unis d'Amérique ne doit point être une raison pour les exclure ; le congrès pourrait toujours s'ouvrir, et les États-Unis auraient le temps d'arriver avant la conclusion des affaires pour stipuler leurs droits et leurs intérêts.

23 mai (Bautzen-Wurtchen).

L'empereur Alexandre et le roi de Prusse attribuaient la perte de la bataille de Lutzen à des fautes que leurs généraux avaient commises dans la direction des forces combinées, et surtout aux difficultés attachées à un mouvement offensif de cent cinquante à cent quatre-vingt mille hommes. Ils résolurent de prendre la position de Bautzen et de Hochkirch, déjà célèbre dans l'histoire de la guerre de sept ans; d'y réunir tous les renforts qu'ils attendaient de la Vistule et d'autres points en arrière; d'ajouter à cette position tout ce que l'art pouvait offrir de moyens, et là de courir les chances d'une nouvelle bataille, dont toutes les probabilités leur paraissaient être en leur faveur.

Le duc de Tarente, commandant le 11e corps, était parti de Bichoff-Werda le 15, et se trouvait le 15 au soir à une portée de canon de Bautzen, où il reconnut toute l'armée ennemie : il prit position.

Dès ce moment les corps de l'armée française furent dirigés sur le camp de Bautzen.

L'Empereur partit de Dresde le 18 : il coucha à Harta, et le 19 il arriva à dix heures du matin devant Bautzen; il employa toute la journée à reconnaître les positions de l'ennemi.

On apprit que les corps russes de Barclay de Tolly, de Langeron et de Sass et le corps prussien de Kleist avaient rejoint l'armée combinée, et que sa force pouvait être évaluée de cent cinquante à cent soixante mille hommes.

Le 19 au soir la position de l'ennemi était la suivante : sa gauche était appuyée à des montagnes couvertes de bois et perpendiculaires au cours de la Sprée, à peu-près à une lieue de Bautzen. Bautzen soutenait son centre : cette place avait été crénelée, retranchée et couverte de redoutes. La droite de l'ennemi s'appuyait sur des mamelons fortifiés qui défendaient les débouchés de la Sprée du côté du village de Niemenschütz : tout son front était couvert par la Sprée. Cette position, très-forte, n'était qu'une première position.

On apercevait distinctement, à trois mille toises en arrière, de la terre fraîchement remuée et des travaux qui marquaient leur seconde position. La gauche était encore appuyée aux mêmes montagnes, à deux mille toises en arrière de celles de la première position et fort en avant du village de Hochkirch. Le centre était appuyé à trois villages retranchés, où l'on avait fait tant de travaux qu'on pouvait les considérer comme des places fortes. Un terrain marécageux et difficile couvrait les trois quarts du centre. Enfin, leur droite s'appuyait en arrière de la première position à des villages et à des mamelons également retranchés.

Le front de l'armée ennemie, soit dans la première, soit dans la seconde position, pouvait avoir une lieue et demie.

Dans cette reconnaissance, il était facile de concevoir comment, malgré une bataille perdue comme celle de Lutzen et huit jours de retraite, l'ennemi pouvait encore avoir des espérances dans les chances de la fortune, selon l'expression d'un officier russe, à qui l'on demandait ce qu'ils voulaient faire. « *Nous ne voulons*, disait-il, *ni avancer ni reculer.* — *Vous êtes maîtres du premier point*, répondit un officier français; *dans peu de jours l'événement prouvera si vous êtes maîtres de l'autre.* » Le quartier général des deux souverains était au village de Natchen.

Au 19 la position de l'armée française était la suivante :

Sur la droite était le duc de Reggio, s'appuyant aux montagnes sur la rive gauche de la Sprée et séparé de la gauche de l'ennemi par cette vallée; le duc de Tarente était devant Bautzen, à cheval sur la route de Dresde; le duc de Raguse était sur la route de Bautzen, vis-à-vis du village de Niemenschütz; le général Bertrand était sur la gauche du duc de Raguse, appuyé à un moulin à vent et à un bois et faisant mine de déboucher de Gaselitz sur la droite de l'ennemi.

Le prince de la Moskowa, le général Lauriston et le général Reynier étaient à Oyers-Werda, sur la route de Berlin, hors la ligne et en arrière de notre gauche.

L'ennemi, ayant appris qu'un corps considérable arrivait par Oyers-Werda, se douta que les projets de l'Empereur étaient de tourner la position par la droite, de changer le champ de bataille, de faire tomber tous ces retranchements élevés avec tant de peine et l'objet de tant d'espérances. N'étant encore instruit que de l'arrivée du général Lauriston, il ne supposait pas que cette colonne fût de plus de dix à vingt mille hommes : il détacha donc contre elle, le 19, à quatre heures du matin, le général York avec douze mille Prussiens et le général Barclay de

Tolly avec dix-huit mille Russes. Les Russes se placèrent au village de Klix, et les Prussiens au village de Weissigs.

Cependant le comte Bertrand avait envoyé le général Péry avec la division italienne à Kœnigs-Wartha, pour maintenir notre communication avec les corps détachés. Arrivé à midi, le général Péry fit de mauvaises dispositions; il ne fit pas fouiller la forêt voisine. Il plaça mal ses postes, et à quatre heures il fut assailli par un hourra qui mit du désordre dans quelques bataillons : il perdit six cents hommes, parmi lesquels se trouve le général de brigade italien Balathier, blessé, deux canons et trois caissons; mais la division, ayant pris les armes, s'appuya au bois et fit face à l'ennemi.

Le comte de Valmy, étant arrivé avec de la cavalerie, se mit à la tête de la division italienne et reprit le village de Kœnigs-Wartha. Dans ce même moment le corps du comte de Lauriston, qui marchait en tête du prince de la Moskowa pour tourner la position de l'ennemi, partit de Oyers-Warda et arriva sur Weissigs. Le combat s'engagea, et le corps d'York aurait été écrasé sans la circonstance d'un défilé à passer qui fit que nos troupes ne purent arriver que successivement. Après trois heures de combat le village de Weissigs fut emporté, et le corps d'York, culbuté, fut rejeté de l'autre côté de la Sprée.

Le combat de Weissigs serait seul un événement important; un rapport détaillé en fera connaître les circonstances.

Le 19 le comte de Lauriston coucha donc sur la position de Weissigs, le prince de la Moskowa à Mankersdorf et le comte Reynier à une lieue en arrière. La droite de la position de l'ennemi se trouvait évidemment débordée.

Le 20, à huit heures du matin, l'Empereur se porta sur la hauteur en arrière de Bautzen. Il donna ordre au duc de Reggio de passer la Sprée et d'attaquer les montagnes qui appuyaient la gauche de l'ennemi; au duc de Tarente de jeter un pont sur chevalet sur la Sprée, entre Bautzen et les montagnes; au duc de Raguse de jeter un autre pont sur chevalet sur la Sprée dans l'enfoncement que forme cette rivière sur la gauche, à une demi-lieue de Bautzen; au duc de Dalmatie, auquel S. M. avait donné le commandement supérieur du centre, de passer la Sprée pour inquiéter la droite de l'ennemi ; enfin, au prince de la Moskowa, sous les ordres duquel étaient le 3ᵉ corps, le comte Lauriston et le général Reynier, de se rapprocher sur Klix, de passer la Sprée, de tourner la droite de l'ennemi et de se porter sur son quartier général de Wurtchen et de là sur Weissemberg.

A midi la canonnade s'engagea. Le duc de Tarente n'eut pas besoin de jeter son pont sur chevalet : il trouva devant lui un pont de pierres, dont il força le passage. Le duc de Raguse jeta son pont ; tout son corps d'armée passa sur l'autre rive de la Sprée. Après six heures d'une vive canonnade et plusieurs charges que l'ennemi fit sans succès, le général Compans fit occuper Bautzen ; le général Bonnet fit occuper le village de Niedkoyn, et enleva au pas de charge un plateau qui le rendit maître de tout le centre de la position de l'ennemi ; le duc de Reggio s'empara des hauteurs ; et à sept heures du soir l'ennemi fut rejeté sur sa seconde position. Le général Bertrand passa un des bras de la Sprée ; mais l'ennemi conserva les hauteurs qui appuyaient sa droite, et par ce moyen se maintint entre le corps du prince de la Moskowa et notre armée.

L'Empereur entra à huit heures du soir à Bautzen, et fut accueilli par les habitants et par les autorités avec les sentiments que devaient avoir des alliés heureux de se trouver délivrés des Stein, des Kotzebue et des Cosaques. Cette journée, qu'on pourrait appeler, si elle était isolée, *la bataille de Bautzen*, n'était que le prélude de la bataille de Wurtchen.

Cependant l'ennemi commençait à comprendre la possibilité d'être forcé dans sa position. Ses espérances n'étaient plus les mêmes, et il devait avoir dès ce moment le présage de sa défaite. Déjà toutes ses dispositions étaient changées. Le destin de la bataille ne devait plus se décider derrière ses retranchements. Ses immenses travaux et trois mille redoutes avaient été inutiles. La droite de sa position, qui était opposée au 4ᵉ corps, devenait son centre, et il était obligé de jeter sa droite, qui formait une bonne partie de son armée, pour l'opposer au prince de la Moskowa dans un lieu qu'il n'avait pas étudié et qu'il croyait hors de sa position.

Le 21, à cinq heures du matin, l'Empereur se porta sur

les hauteurs, à trois quarts de lieue en avant de Bautzen.

Le duc de Reggio soutenait une vive fusillade sur les hauteurs qui défendent la gauche de l'ennemi. Les Russes, qui sentaient l'importance de cette position, avaient placé là une forte partie de leur armée. L'Empereur ordonna aux ducs de Reggio et de Tarente d'entretenir ce combat, afin d'empêcher la gauche de l'ennemi de se dégarnir, et de lui masquer la véritable attaque dont le résultat ne pouvait pas se faire sentir avant midi ou une heure.

A onze heures le duc de Reggio marcha à mille toises en avant de sa position, et engagea une épouvantable canonnade devant les redoutes et tous les retranchements ennemis.

La garde et la réserve de l'armée, infanterie et cavalerie, masquées par un rideau, avaient des débouchés faciles pour se porter en avant par la gauche ou par la droite, selon les vicissitudes que présenterait la journée. L'ennemi fut tenu ainsi incertain sur le véritable point d'attaque.

Pendant ce temps le prince de la Moskowa culbutait l'ennemi au village de Klix, passait la Sprée, et menait battant ce qu'il avait devant lui jusqu'au village de Preilitz. A dix heures il enleva ce village; mais les réserves de l'ennemi s'étant avancées pour couvrir le quartier général, le prince de la Moskowa fut ramené et perdit le village de Preilitz. Le duc de Dalmatie commença à déboucher une heure après. L'ennemi, qui avait compris tout le danger dont il était menacé par la direction qu'avait prise la bataille, sentit que le seul moyen de soutenir avec avantage le combat contre le prince de la Moskowa était de nous empêcher de déboucher. Il voulut s'opposer à l'attaque du duc de Dalmatie. Le moment de décider la bataille se trouvait dès lors bien indiqué. L'Empereur, par un mouvement à gauche, se porta en vingt minutes avec la garde, les quatre divisions du général Latour-Maubourg et une grande quantité d'artillerie sur le flanc de la droite de la position de l'ennemi, qui était devenue le centre de l'armée russe.

La division Morand et la division wurtembergeoise enlevèrent le mamelon dont l'ennemi avait fait son point d'appui.

Le général Devaux établit une batterie dont il dirigea le feu sur les masses qui voulaient reprendre la position. Les généraux Dulauloy et Drouot, avec soixante pièces de batterie de réserve, se portèrent en avant. Enfin le duc de Trévise, avec les divisions Dumoutier et Barrois de la jeune garde, se dirigea sur l'auberge de Klein-Baschwitz, coupant le chemin de Wurtchen à Bautzen.

L'ennemi fut obligé de dégarnir sa droite pour passer à cette nouvelle attaque. Le prince de la Moskowa en profita et marcha en avant. Il prit le village de Preisig, et s'avança, ayant débordé l'armée ennemie, sur Wurtchen. Il était trois heures après midi, et lorsque l'armée était dans la plus grande incertitude du succès et qu'un feu épouvantable se faisait entendre sur une ligne de trois lieues, l'empereur annonça que la bataille était gagnée.

L'ennemi, voyant sa droite tournée, se mit en retraite, et bientôt la retraite devint une fuite.

A sept heures du soir, le prince de la Moskowa et le général Lauriston arrivèrent à Wurtchen. Le duc de Raguse reçut alors l'ordre de faire un mouvement inverse de celui que venait de faire la garde, occupa tous les villages retranchés et toutes les redoutes que l'ennemi était obligé d'évacuer, s'avança dans la position d'Hochkirch, et prit ainsi en flanc toute la gauche de l'ennemi, qui se mit alors dans une épouvantable déroute. Le duc de Tarente, de son côté, poussa vivement cette gauche et lui fit beaucoup de mal.

L'Empereur coucha sur la route au milieu de la garde, à l'auberge de Klein-Baschwitz. Ainsi l'ennemi, forcé dans toutes les positions, laissa en notre pouvoir le champ de bataille couvert de ses morts et de ses blessés, et plusieurs milliers de prisonniers.

Le 22, à quatre heures du matin, l'armée française se mit en mouvement. L'ennemi avait fui toute la nuit par tous les chemins et dans toutes les directions. On ne trouva les premiers postes qu'au delà de Weissenberg, et il n'opposa de résistance qu'en arrière de Reichenbach. L'ennemi n'avait pas encore vu notre cavalerie.

Le général Lefebvre-Desnouettes à la tête de quinze cents chevaux de lanciers polonais et des lanciers rouges de la garde, chargea dans la plaine de Reichenbach la cavalerie ennemie et la culbuta. L'ennemi, croyant qu'ils étaient seuls, fit avancer une division de cavalerie et plusieurs divisions s'engagèrent successivement. Le général Latour-Maubourg, avec les quatorze mille chevaux et les cuirassiers français et saxons, arriva à leur secours et plusieurs charges de cavalerie eurent lieu. L'ennemi, tout surpris de trouver devant lui quinze à seize mille hommes de cavalerie quand il nous en croyait dépourvus, se retira en désordre. Les lanciers rouges de la garde se composent en grande partie des volontaires de Paris et des environs. Le général Lefebvre-Desnouettes et le général Colbert, leur colonel, en font le plus grand éloge. Dans cette affaire de cavalerie le général Bruyère, général de cavalerie légère de la plus haute distinction, a eu la jambe emportée par un boulet.

Le général Reynier se porta avec le corps saxon sur les hauteurs au delà de Reichenbach et poursuivit l'ennemi jusqu'au village de Haltendorff. La nuit nous prit à une lieue de Goerlitz. Quoique la journée eût été extrêmement longue, puisque nous nous trouvions à huit lieues du champ de bataille, et que nos troupes eussent éprouvé tant de fatigues, l'armée française aurait couché à Goerlitz; mais l'ennemi avait placé sur la hauteur en avant de cette ville un corps d'arrière-garde, et il avait fallu une demie heure de jour de plus pour la tourner par la gauche. L'Empereur ordonna donc qu'on prît position.

Dans les batailles du 20 et du 21 le général wurtembergeois Franguemont et le général Lorencer ont été blessés. Notre perte dans ces deux journées peut s'évaluer à onze ou douze mille hommes. Le soir de la journée du 22, à sept heures, le grand maréchal duc de Frioul étant sur une petite éminence à causer avec le duc de Trévise et le général Kirgener, tous les trois pied à terre et assez éloignés du feu, un des derniers boulets de l'ennemi rasa de près le duc de Trévise, ouvrit le bas ventre au grand maréchal, et jeta roide mort le général Kirgener. Le duc de Frioul se sentit aussitôt frappé à mort; il expira deux heures après. Dès que les postes furent placés et que l'armée eut pris ses bivouacs l'Empereur alla voir le duc de Frioul. Il le trouva avec toute sa connaissance et montrant le plus grand sang-froid. Le duc serra la main de l'Empereur, qu'il porta sur ses lèvres. *Toute ma vie,* lui dit-il, *a été consacrée à votre service, et je ne la regrette* qu'autant qu'elle pouvait encore vous être utile. — *Duroc*, lui dit l'Empereur, *il est une autre vie. C'est là que vous irez m'attendre et que nous nous retrouverons un jour!* — *Oui, Sire, mais ce sera dans trente ans, quand vous aurez triomphé de vos ennemis et réalisé les espérances de notre patrie. . . . . J'ai vécu en honnête homme; je ne me reproche rien. Je laisse une fille: V. M. lui servira de père.* L'Empereur, serrant la main droite du grand maréchal, resta un quart d'heure la tête appuyée sur sa main gauche dans le plus profond silence. Le grand maréchal rompit le premier le silence! — *Ah! Sire, allez-vous-en! ce spectacle vous fait mal!* L'Empereur, s'appuyant sur le duc de Dalmatie et sur le grand écuyer, quitta le duc de Frioul sans pouvoir lui dire autre chose que ces mots : *Adieu donc, mon ami.* S. M. se retira dans sa tente et ne reçut personne pendant toute la nuit.

. . . .

Un parlementaire envoyé par l'ennemi portait plusieurs lettres où l'on croit qu'il est question de négocier un armistice.

Toute la Saxe est délivrée de ses ennemis; demain l'armée française sera en Silésie.

L'ennemi a brûlé beaucoup de bagage, fait sauter beaucoup de parcs, disséminé dans les villages une grande quantité de blessés. Ceux qu'il a pu emmener sur des charrettes n'étaient pas pansés; les habitants en portent le nombre à plus de dix-huit mille. Il en est resté plus de dix mille en notre pouvoir.

. . . .

La ville de Dresde et le ministre saxon ont mis la plus grande activité à approvisionner l'armée, qui n'a jamais été dans une plus grande abondance.

. . . .

Ce récit de la bataille de Wurtchen ne peut être considéré que comme une esquisse. L'état-major général recueillera les rapports qui feront connaître les officiers, soldats et les corps qui se sont distingués.

Dans le petit combat du 22, à Reichenbach, nous avons acquis la certitude que notre jeune cavalerie est, à nombre égal, supérieure à celle de l'ennemi.

Nous n'avons pu prendre de drapeaux : l'ennemi les retire toujours du champ de bataille. Nous n'avons pris que dix-neuf canons, l'ennemi ayant fait sauter les parcs et les caissons. D'ailleurs l'Empereur tient sa cavalerie en réserve, et, jusqu'à ce qu'elle soit assez nombreuse, il veut la ménager.

27 mai 1813.

Le 26 le quartier général du comte Lauriston était à Haynau. Un bataillon du général Maison a été chargé inopinément, à cinq heures du soir, par trois mille chevaux, et a été obligé de se replier sur un village. Il a perdu deux pièces de canon et trois caissons qui étaient sous sa garde. La division a pris les armes ; l'ennemi a voulu charger sur le 153ᵉ régiment ; mais il a été chassé du champ de bataille, qu'il a laissé couvert de morts. Parmi les tués se trouvent un colonel et une douzaine d'officiers des gardes du corps de Prusse, dont on a apporté les décorations.

. . . .

On ramasse bon nombre de prisonniers ; les villages sont pleins de blessés ennemis.

Leignitz est une assez jolie ville de dix mille habitants. Les autorités l'avaient quittée par ordre exprès, ce qui mécontente fort les habitants et les paysans du cercle. Le comte Daru a été chargé en conséquence de former de nouvelles magistratures.

Tous les gens de la cour et toute la noblesse qui avaient évacué Berlin s'étaient retirés à Breslau ; aujourd'hui ils évacuent Breslau, et une partie se retire en Bohême.

Les lettres interceptées ne parlent que de la consternation de l'ennemi et des pertes énormes qu'il a faites à la bataille de Wurtchen.

. . . .
. . . .

Le 29, à dix heures du matin, le comte Schouwaloff, aide de camp de l'empereur de Russie, et le général Kleist, général de division prussien, se sont présentés aux avant-postes. Le duc de Vicence a été parlementer avec eux. On croit que cette entrevue est relative à la négociation de l'armistice.

Les ouvrages qui défendaient le champ de bataille de Wurtchen sont très-considérables; aussi l'ennemi avait-il dans ces retranchements la plus grande confiance. On peut s'en faire une idée quand on saura que c'est le travail de dix mille ouvriers pendant trois mois; car c'est depuis le mois de février que les Russes travaillaient à cette position, qu'ils considéraient comme inexpugnable.

Il paraît que le général Wittgenstein a quitté le commandement de l'armée combinée : c'est le général Barclay de Tolly qui la commande.

L'armée est dans le plus beau pays possible; la Silésie est un jardin continu, où l'armée se trouve dans la plus grande abondance de tout.

30 mai 1813.

Un convoi d'artillerie d'une cinquantaine de voitures, parti d'Augsbourg, s'est éloigné de la route de l'armée et s'est dirigé d'Augsbourg sur Bayreuth : les partisans ennemis ont attaqué ce convoi entre Zwickau et Chemnitz, ce qui a occasionné la perte de deux cents hommes et de trois cents chevaux qui ont été pris, de sept à huit pièces de canon et de plusieurs voitures qui ont été détruites; les pièces ont été reprises. S. M. a ordonné de faire une enquête pour savoir qui a pris sur soi de changer la route de l'armée; que ce soit un général ou un commissaire des guerres, il doit être puni selon la rigueur des lois militaires, la route de l'armée ayant été ordonnée d'Augsbourg par Wurtzbourg et Fulde.

Le général Poinsot, venant de Brunswick avec un régiment de marche de cavalerie fort de quatre cents hommes, a été attaqué par sept à huit cents hommes de cavalerie ennemie près de Halle; il a été fait prisonnier avec une centaine d'hommes; deux cents hommes sont revenus à Leipsick.

Le duc de Padoue est arrivé à Leipsick, où il réunit sa cavalerie pour balayer toute la rive gauche de l'Elbe.

31 mai au soir.

Le duc de Vicence, le comte Schouwaloff et le général Kleist ont eu une conférence de dix-huit heures au couvent de Wahtstadt, près de Liegnitz. Ils se sont séparés hier 30 à cinq heures après midi. Le résultat n'est pas encore connu : on est convenu, dit-on, du principe d'un armistice ; mais on ne paraît pas d'accord sur les limites qui doivent former la ligne de démarcation. Le 31, à six heures du soir, les conférences ont recommencé du côté de Striegau.

Le quartier général de l'Empereur était à Neumarkt ; celui du prince de la Moskowa, ayant sous ses ordres le général Lauriston et le général Reynier, était à Lissa ; le duc de Tarente et le comte Bertrand étaient entre Jauer et Striegau ; le duc de Raguse était entre Moys et Neumarkt ; le duc de Bellune était à Steinau sur l'Oder. Glogau était entièrement débloqué ; la garnison a eu constamment du succès dans ses sorties. Cette place a encore pour sept mois de vivres.

Le 28 le duc de Raguse, ayant pris position à Hoyerswerda, fut attaqué par le corps du général Bulow, fort de quinze à dix-huit mille hommes. Le combat s'engagea. L'ennemi fut repoussé sur tous les points, et poursuivi l'espace de deux lieues. Le rapport de cette affaire est ci-joint.

Le 12 mai le lieutenant-général Vandamme s'est emparé de Wilhemsburg, devant Hambourg.

Le 24 le quartier général du prince d'Eckmülh était à Harbourg. Plusieurs bombes étaient tombées dans Hambourg, et les troupes russes paraissent évacuer cette ville. Les négociations s'étaient ouvertes pour la reddition de cette place ; les troupes danoises faisaient cause commune avec les troupes françaises.

Il devait y avoir le 25 une conférence avec les généraux danois pour régler le plan d'opérations. M. le comte de Kaus, ministre de l'intérieur du roi de Danemark et chargé d'une mission auprès de l'Empereur, était parti pour se rendre au quartier général.

2 juin.

Le quartier général de l'Empereur était toujours à Neumarkt, celui du prince de la Moskowa était à Lissa ; le duc de Tarente et le comte Bertrand étaient entre Jauer et Striegau, le duc de Raguse au village d'Eisendorf, le 3ᵉ corps au village de Titersdorf, le duc de Bellune entre Glogau et Liegnitz.

Le comte de Bubna était arrivé à Liegnitz, et avait des conférences avec le duc de Bassano.

Le général Lauriston est entré à Breslau le 1ᵉʳ juin à six heures du matin : une division prussienne de six à sept mille hommes, qui couvrait cette ville en défendant le passage de la Lohe, a été enfoncée au village de Neukirchen.

Le bourgmestre et quatre députés de la ville de Breslau ont été présentés à l'Empereur, à Neumarkt, le 1ᵉʳ juin, à deux heures après-midi.

S. M. leur a dit qu'ils pouvaient rassurer les habitants ; que, quelque chose qu'ils eussent faite pour seconder l'esprit d'anarchie que les Stein et les Scharnhorst voulaient exciter, elle pardonnait à tous.

La ville est parfaitement tranquille, et tous les habitants y sont restés. Breslau offre de très-grandes ressources.

Le duc de Vicence et les plénipotentiaires russe et prussien, le comte Schouwaloff et le général de Kleist, avaient échangé leurs pleins pouvoirs et avaient neutralisé le village de Peicherwitz : quarante hommes d'infanterie et vingt hommes de cavalerie, fournis par l'armée française, et le même nombre d'hommes fournis par l'armée alliée occupaient respectivement les deux entrées du village. Le 2 au matin les plénipotentiaires étaient en conférence pour convenir de la ligne qui pendant l'armistice, doit déterminer la position des deux armées. En attendant, des ordres ont été donnés des deux quartiers généraux, afin qu'aucunes hostilités n'eussent lieu. Ainsi, depuis le 1ᵉʳ juin, à deux heures de l'après-midi, il n'a été commis aucune hostilité de part et d'autre.

3 juin.

La suspension d'armes subsiste toujours. Les plénipotentiaires respectifs continuent leurs négociations pour l'armistice.

Le général Lauriston a saisi sur l'Oder plus de soixante bâtiments chargés de farine, de vin et de munitions de guerre qui avaient été destinés pour l'armée qui assiégeait Glogau ; tous ces approvisionnements viennent d'être dirigés sur cette place.

Nos avant-postes sont jusqu'à mi-chemin de Brieg.

Le général Hogendorp a été nommé gouverneur de Breslau. Le plus grand ordre règne dans cette ville. Les habitants paraissent très-mécontents et même indignés des dispositions faites relativement au landstourm ; on attribue ces dispositions au général Scharnhorst, qui passe pour un jacobin-anarchiste. Il a été blessé à la bataille de Lutzen.

Les princesses de Prusse, qui s'étaient retirées en toute hâte de Berlin pour se réfugier à Breslau, ont quitté cette dernière ville pour se réfugier plus loin.

Le duc de Bassano s'est rendu à Dresde, où il recevra le comte de Kaus, ministre de Danemark.

4 au soir.

L'armistice a été signé le 4, à deux heures après midi. Ci-joint les articles.

S. M. l'Empereur part le 5, à la pointe du jour, pour se rendre à Liegnitz. On croit que pendant la durée de l'armistice S. M. se tiendra une partie du temps à Glogau et la plus grande partie à Dresde, afin d'être plus près de ses États.

Glogau est approvisionné pour un an.

7 juin.

Le quartier général de S. M. l'Empereur était à Bunzlau. Tous les corps d'armée étaient en marche pour se rendre dans leurs cantonnements. L'Oder était couvert de bateaux qui descendaient de Breslau à Glogau, chargés d'artillerie, d'outils, de farine et d'objets de toute espèce pris à l'ennemi.

La ville de Hambourg a été reprise le 30, de vive force. Le prince d'Eckmühl se loue spécialement de la conduite du général Vandamme. Hambourg avait été perdu pendant la campagne précédente par la pusillanimité du général Saint-Cyr. C'est à la vigueur qu'a déployée le général Vandamme, du moment de son arrivée dans la 32e division militaire, qu'on doit la conservation de Brême et aujourd'hui la prise de Hambourg. On y a fait plusieurs centaines de prisonniers. On a trouvé dans la ville deux ou trois cents pièces de canon, dont quatre-vingts sur les remparts; on avait fait des travaux pour mettre la ville en état de défense.

Le Danemark marche avec nous. Le prince d'Eckmühl avait le projet de se porter sur Lubeck. Ainsi la 32e division militaire et tout le territoire de l'Empire sont entièrement délivrés de l'ennemi.

Des ordres ont été donnés pour faire de Hambourg une place forte : elle est environnée d'un rempart bastionné, ayant un large fossé plein d'eau et pouvant être couvert en partie par des inondations. Les travaux sont dirigés de manière que la communication avec Harbourg se fasse par les îles en tout temps.

L'Empereur a ordonné la construction d'une autre place sur l'Elbe, à l'embouchure du Havel. Kœnigstein, Torgau, Wittemberg, Magdebourg, la place de Havel et Hambourg compléteront la défense de la ligne de l'Elbe.

Les ducs de Cambridge et de Brunswick, princes de la maison d'Angleterre, sont arrivés à temps à Hambourg pour donner plus de relief au succès des Français. Leur voyage se réduit à ceci : ils sont arrivés et ils se sont sauvés.

Les derniers bataillons des cinq divisions du prince d'Eckmühl, lesquelles sont composées de soixante-dix bataillons au grand complet, sont partis de Wesel.

Depuis le commencement de la campagne l'armée française a délivré la Saxe, conquis la moitié de la Silésie, réoccupé la 32e division militaire, confondu les espérances de nos ennemis.

10 juin.

L'Empereur était arrivé le 10, à quatre heures du matin, à Dresde. La garde à cheval y était arrivée à midi; la garde à pied y était attendue le lendemain 11.

S. M., arrivée au moment où on s'y attendait le moins, avait ainsi rendu inutiles les préparatifs faits pour sa réception.

A midi le roi de Saxe est venu voir l'Empereur, qu'on a logé au faubourg dans la belle maison Marcolini, où il y a un grand appartement au rez-de-chaussée et un beau parc, le palais du roi qu'habitait précédemment l'Empereur n'ayant pas de jardin.

A sept heures du soir l'Empereur a reçu M. de Kaas, ministre de l'intérieur et de la justice du roi de Danemark. Une brigade danoise de la division auxiliaire mise sous les ordres du prince d'Eckmühl avait, le 2 juin, pris possession de Lubeck.

Le prince de la Moskowa était le 10 à Breslau, le duc de Trévise à Glogau, le duc de Bellune à Grossen, le duc de Reggio sur les frontières de la Saxe et de la Prusse, du côté de Berlin. L'armistice avait été publié partout. Les troupes faisaient des préparatifs pour asseoir leurs baraques et camper dans leurs positions respectives, depuis Glogau et Leignitz jusqu'aux frontières de la Bohême et à Goerlitz.

13 juin.

Toutes les troupes sont arrivées dans leurs cantonnements. On élève des baraques et l'on forme les camps.

L'Empereur a paradé tous les jours à dix heures.

Quelques partisans ennemis sont encore sur les derrières. Il y en a qui font la guerre pour leur compte, à la manière de Schill, et qui refusent de reconnaître l'armistice. Plusieurs colonnes sont en mouvement pour les détruire.

14 juin.

Le baron de Kaas, ministre de l'intérieur de Danemark et envoyé avec des lettres du roi, a été présenté à l'Empereur.

Après les affaires de Copenhague, un traité d'alliance fut conclu entre la France et le Danemark. L'Empereur garantissait l'intégrité du Danemark.

Dans le courant de 1812, la cour de Suède fit connaître à Paris le désir qu'elle avait de réunir la Norwége à la Suède, et demanda l'assistance de la France. L'on répondit que, quelque désir qu'eût la France de faire une chose agréable à la Suède, un traité d'alliance ayant été conclu avec le Danemark et garantissant l'intégrité de cette puissance, S. M. ne pouvait jamais donner son consentement au démembrement du territoire de son allié.

Dès ce moment la Suède s'éloigna de la France et entra en négociation avec ses ennemis.

Depuis la guerre devint imminente entre la France et la Russie. La cour de Suède proposa de faire cause commune avec la France, mais en renouvelant la proposition relative à la Norwége. C'est en vain que la Suède fit entrevoir que des ports de Norwége une descente en Écosse était facile ; c'est en vain que l'on fit valoir toutes les garanties que l'ancienne alliance de la Suède donnerait à la France de la conduite qu'on tiendrait envers l'Angleterre. La réponse du cabinet des Tuileries fut la même : on avait les mains liées par le traité avec le Danemark.

Dès ce moment la Suède ne garda plus de mesure ; elle contracta une alliance avec l'Angleterre et la Russie ; et la première stipulation de ce traité fut l'engagement commun de contraindre le Danemark à céder la Norwége à la Suède.

Les batailles de Smolensk et de la Moskowa enchaînèrent l'activité de la Suède ; elle reçut quelques subsides, fit quelques préparatifs, mais ne commença aucune hostilité. Les événements de l'hiver de 1812 arrivèrent ; les troupes françaises évacuèrent Hambourg. La situation du Danemark devint périlleuse : en guerre avec l'Angleterre, menacée par la Suède et par la Russie, la France paraissait impuissante pour le soutenir. Le roi de Danemark, avec cette loyauté qui le caractérise, s'adressa à l'Empereur pour sortir de cette situation. L'Empereur, qui veut que sa politique ne soit jamais à charge à ses alliés, répondit que le Danemark était maître de traiter avec l'Angleterre pour sauver l'intégrité de son territoire, et que son estime et son amitié pour le roi ne recevraient aucun refroidissement des nouvelles liaisons que la force des circonstances obligeait le Danemark à contracter. Le roi témoigna toute sa reconnaissance de ce procédé.

Quatre équipages de très-bons matelots avaient été fournis par le Danemark, et montaient quatre vaisseaux de notre flotte de l'Escaut. Le roi de Danemarck ayant témoigné sur ces entrefaites le désir que ces marins lui fussent rendus, l'Empereur les lui renvoya avec la plus scrupuleuse exactitude, en témoignant aux officiers et aux matelots la satisfaction qu'il avait de leurs bons services.

Cependant les événements marchaient.

Les alliés pensaient que le rêve de Burke était réalisé. L'empire français, dans leur imagination, était déjà effacé du globe; et il faut que cette idée ait prédominé à un étrange point, puisqu'ils offraient au Danemark, en indemnité de la Norwége, nos départements de la 32e division militaire, et même toute la Hollande, afin de recomposer dans le Nord une puissance maritime qui fît système avec la Russie.

Le roi de Danemark, loin de se laisser surprendre à ces appâts trompeurs, leur dit : « Vous voulez donc me donner des « colonies en Europe, et cela au détriment de la France ? »

Dans l'impossibilité de faire partager au roi de Danemark une idée aussi folle, le prince Dolgorouki fut envoyé à Copenhague pour demander qu'on fît cause commune avec les alliés, moyennant quoi les alliés garantissaient l'intégrité du Danemark et même de la Norwége.

L'urgence des circonstances, les dangers imminents que courait le Danemark, l'éloignement des armées françaises, son propre salut firent fléchir la politique du Danemark. Le roi consentit, moyennant la garantie de l'intégrité de ses États, à couvrir Hambourg et à tenir cette ville à l'abri même des armées françaises pendant tout le temps de la guerre. Il comprit tout ce que cette stipulation pouvait avoir de désagréable pour l'Empereur; il y fit toutes les modifications de rédaction qu'il était possible d'y faire, et même ne la signa qu'en cédant aux instances de tous ceux dont il était entouré, qui lui représentaient la nécessité de sauver ses États; mais il était loin de penser que c'était un piége qu'on venait là de lui tendre : on voulait ainsi le mettre en guerre avec la France, et, après lui avoir fait perdre de cette façon un appui naturel dans cette circonstance, on voulait lui manquer de parole et l'obliger de souscrire à toutes les conditions honteuses qu'on voudrait lui imposer.

M. de Bernstorf se rendit à Londres; il croyait y être reçu avec empressement et n'avoir plus qu'à renouveler le traité contracté avec le prince Dolgorouki; mais quel fut son étonnement lorsque le prince régent refusa de recevoir la lettre du roi, et que lord Castelreag lui fit connaître qu'il ne pouvait y avoir de traité entre le Danemark et l'Angleterre si, au préalable, la Norwége n'était cédée à la Suède : peu de jours après le comte de Bernstorf reçut ordre de retourner en Danemark.

Au même moment, on tint le même langage au comte de Molèke, envoyé de Danemark auprès de l'empereur Alexandre. Le prince Dolgorouki fut désavoué comme ayant dépassé ses pouvoirs; et, pendant ce temps, les Danois faisaient leur notification à l'armée française et quelques hostilités avaient lieu.

C'est en vain qu'on ouvrirait les annales des nations pour y voir une politique plus immorale. C'est au moment où le Danemark se trouve ainsi engagé dans un état de guerre avec la France, que le traité auquel il croit se conformer est à la fois désavoué à Londres et en Russie et qu'on profite de l'embarras où cette puissance est placée pour lui présenter comme *ultimatum* un traité qui l'engageait à reconnaître la cession de la Norwége.

Dans ces circonstances difficiles, le roi montra la plus grande confiance dans l'Empereur; il déclara ce traité nul. Il rappela ses troupes de Hambourg. Il ordonna que son armée marcherait avec l'armée française, et enfin il déclara qu'il se considérait toujours comme allié de la France et qu'il s'en reposait sur la magnanimité de l'Empereur.

Le président de Kaas fut envoyé au quartier général français avec des lettres du roi.

En même temps le roi fit partir pour la Norwége le prince

héréditaire de Danemark, particulièrement aimé des Norwégiens. Il partit déguisé en matelot, se jeta dans une barque de pêcheur et arriva en Norwége le 22 mai.

Le 30 mai les troupes françaises entrèrent à Hambourg, et une division danoise, qui marchait avec nos troupes, entra à Lubeck.

Le baron de Kaas, se trouvant à Altona, eut à essuyer une autre scène de perfidie égale à la première.

Les envoyés des alliés vinrent à son logement et lui firent connaître que l'on renonçait à la cession de la Norwége, et que sous la condition que le Danemark fît cause commune avec les alliés il n'en serait plus question ; qu'ils le conjuraient de retarder son départ. La réponse de M. de Kaas fut simple : « J'ai mes ordres, je dois les exécuter. » On lui dit que les armées françaises étaient défaites ; cela ne l'ébranla pas davantage, et il continua sa route.

Cependant, le 31 mai, une flotte anglaise parut dans la rade de Copenhague. Un des vaisseaux de guerre parut devant la ville, et M. Thointon se présenta. Il fit connaître que les alliés allaient commencer les hostilités si, dans quarante-huit heures, le Danemark ne souscrivait à un traité dont les principales conditions étaient : de céder la Norwége à la Suède, en remettant sur-le-champ en dépôt la province de Drontheim, et de fournir vingt-cinq mille hommes pour marcher avec les alliés contre la France et conquérir les indemnités qui devaient être la part du Danemark. On déclarait en même temps que les ouvertures faites à M. de Kaas, à son passage à Altona, étaient désavouées et ne pouvaient être considérées que comme des pourparlers militaires.

Le roi rejeta avec indignation cette injurieuse sommation.

Cependant le prince royal, arrivé en Norwége, y avait publié la proclamation suivante.

« Norwégiens !

« Votre roi connaît et apprécie votre fidélité inébranlable pour lui et la dynastie des rois de Norwége et de Danemark qui, depuis des siècles, règne sur vos pères et sur vous. Son désir paternel est de resserrer encore davantage le lien indissoluble de l'amitié *Fraternelle* et de l'union qui lie les peuples des deux royaumes. Le cœur de Frédéric VI est toujours avec vous, mais ses soins pour toutes les branches de l'administration de l'État le privent de se voir entouré de son peuple norwégien. C'est pour cela qu'il m'envoie près de vous, comme gouverneur, pour exécuter ses volontés comme s'il était présent : ses ordres seront mes lois, mes efforts seront de gagner votre confiance. Votre estime et votre amitié seront ma récompense. Peut-être que des épreuves plus dures nous menacent. Mais ayant confiance dans la Providence, j'irai sans crainte au-devant d'elles ; et avec votre aide, fidèles Norwégiens, je vaincrai tous les obstacles. Je sais que je puis compter sur votre fidélité pour le roi, que vous voulez conserver l'ancienne indépendance de la Norwége, et que la devise qui nous réunit est : *Pour Dieu, le roi et la patrie!*

« Signé CHRISTIAN FRÉDÉRIC,
« prince de Danemark et de Norwége,
gouverneur du royaume de Norwége,
et général en chef. »

La confiance que le roi de Danemark a eue dans l'Empereur se trouve entièrement justifiée, et tous les liens entre les deux peuples ont été rétablis et resserrés.

L'armée française est à Hambourg ; une division danoise en suit le mouvement pour la soutenir. Les Anglais ne retirent de leur politique que honte et confusion. Les vœux de tous les gens de bien accompagnent le prince héréditaire de Danemark en Norwége. Ce qui rend critique la position de la Norwége, c'est le manque de subsistances ; mais la Norwége restera danoise ; l'intégrité du Danemark est garantie par la France.

Le bombardement de Copenhague pendant qu'un ministre anglais était encore auprès du roi, l'incendie de cette capitale et de la flotte sans déclaration de guerre, sans aucune hostilité préalable paraissaient devoir être la scène la plus odieuse de l'histoire moderne ; mais la politique tortueuse qui porte les Anglais à demander la cession d'une province heureuse depuis tant d'années sous le sceptre de la maison de Holstein et la série d'intrigues où ils descendent pour arriver à cet odieux résultat, seront considérées comme plus immorales et plus outrageantes encore que l'incendie de Copenhague. On y reconnaîtra la politique dont les maisons de *Timor* et de *Sécile* ont été victimes et qui les a dépouillées de leurs États. Les Anglais se sont accoutumés dans l'Inde à n'être jamais arrêtés par aucune idée de justice : ils suivent cette politique en Europe.

Il paraît que dans tous les pourparlers que les alliés ont eus avec l'Angleterre les puissances les plus ennemies de la France ont été soulevées par l'exagération des prétentions du gouvernement anglais. Les bases mêmes de la paix de Lunéville, les Anglais les déclaraient inadmissibles comme trop favorables à la France. Les insensés ! ils se trompent de latitude et prennent les Français pour des Indous.

21 juin.

Le 8ᵉ corps, commandé par le prince Poniatowski, qui a traversé la Bohême, est arrivé à Zittau en Lusace.

Ce corps est fort de dix-huit mille hommes, dont six mille de cavalerie. Tous les ordres ont été donnés pour compléter son habillement et pour lui fournir tout ce qui pourrait lui manquer.

S. M. a été le 20 à Pirna et à Kœnigstein.

Le président de Kaas, envoyé par le roi de Danemark, a reçu son audience de congé, et est parti de Dresde.

Les corps francs prussiens, levés à l'instar de celui de Schill, ont continué, depuis l'armistice, à mettre des contributions et à arrêter les hommes isolés. On leur a fait signifier l'armistice dès le 8 ; et comme ils continuaient la même conduite, on a fait marcher contre eux plusieurs colonnes. Le capitaine Lutzow, qui commandait une de ces bandes, a été tué ; quatre cents des siens ont été tués ou pris, et le reste dispersé. On ne croit pas que cent de ces brigands soient parvenus à repasser l'Elbe. Une autre bande, commandée par un capitaine Colombe, est entièrement cernée, et on a l'espoir que sous peu de jours la rive gauche de l'Elbe sera tout à fait purgée de la présence de ces bandes, qui se portaient à toute espèce d'excès envers les malheureux habitants.

L'officier envoyé à Custrin est de retour. La garnison de cette place est d'environ cinq mille hommes et n'a que cent cinquante malades. La place est dans le meilleur état et est approvisionnée pour six mois en blé, riz, légumes, viandes fraîches et tous les objets nécessaires.

La garnison a toujours été maîtresse des dehors de la place jusqu'à mille toises. Pendant ces quatre mois le commandant n'a pas cessé de travailler à augmenter les moyens de son artillerie et les fortifications de la place.

Toute l'armée est campée. Ce repos fait le plus grand bien à nos troupes. Les distributions régulières de riz contribuent beaucoup à entretenir la santé du soldat.

Dresde, le 24 juin 1813.

Le capitaine Planat, officier d'état-major chargé de porter l'armistice, est arrivé à Dantzick. Il a eu peine à pénétrer dans la place, parce que le général Rapp, gouverneur, ennuyé du grand nombre de parlementaires que l'ennemi lui envoyait tous les jours, avait déclaré qu'il n'en recevrait plus. L'officier a donc eu beaucoup de peine à se faire reconnaître. On se peindrait difficilement la joie que sa présence a causée à cette belle et nombreuse garnison, qui est loin d'avoir la contenance d'une garnison de place assiégée; elle est maîtresse de tous les environs. Les rations qu'on doit lui fournir pendant la durée de l'armistice ont été fixées à vingt mille par jour, ce qui excite avec raison des réclamations de la part du gouverneur.

Plusieurs fois cette garnison, dans les cinq mois de blocus, a été jeter des obus dans le quartier général ennemi et pour ainsi dire l'assiéger.

Le général Rapp avait réuni un bon bataillon de la garde à pied qui se composait d'hommes fatigués ou gelés qui s'étaient réfugiés dans la place.

La place avait ses vivres assurés pour une année; les gens de l'art estiment qu'elle pourrait soutenir plus de trois mois de tranchée ouverte, en supposant même que l'ennemi eût un équipage de siége de deux cents pièces de canon, et sans évaluer le retard que les sorties de la garnison pourraient apporter dans les travaux du siége. Mais jusqu'à cette heure l'ennemi n'avait manifesté en aucune façon l'intention de tenter une aussi difficile entreprise.

23 juin.

. . . .

Le 25 l'Empereur a parcouru les différents débouchés des forêts de Dresde et a fait une vingtaine de lieues. S. M., partie à cinq heures après midi, est revenue à dix heures du soir.

Deux ponts ont été jetés sur l'Elbe, vis-à-vis de la forteresse de Kœnigstein. Le rocher de Lilienstein, qui est sur la rive droite à une demi-portée de canon de Kœnigstein, a été occupé et fortifié. Des magasins et autres établissements militaires sont préparés dans cette position. Un camp de soixante mille hommes appuyé ainsi à la forteresse de Kœnigstein et pouvant manœuvrer sur les deux rives serait inattaquable par quelque force que ce fût.

. . . .

Les circonstances étaient si urgentes au commencement de la campagne que les bataillons d'un même régiment se trouvaient disséminés dans différents corps : tout a été régularisé, et chaque régiment a réuni ses bataillons. Chaque jour il arrive une grande quantité de bataillons de marche qui passent l'Elbe à Magdebourg, à Wittemberg, à Torgau, à Dresde. S. M. passe tous les jours la revue de ceux qui arrivent par Dresde.

. . . .

S. M. a été extrêmement satisfaite des rois et des grands-ducs de la confédération. Le roi de Wurtemberg s'est particulièrement distingué. Il a fait, proportion gardée, des efforts égaux à ceux de la France; et son armée, infanterie, cavalerie et artillerie, a été portée au grand complet. Le prince de Hesse-Darmstadt, qui commande le contingent de Hesse-Darmstadt, s'est constamment fait distinguer dans la campagne passée et dans celle-ci par beaucoup de sang-froid et d'intrépidité. C'est un jeune prince d'espérance, que l'Empereur affectionne beaucoup. Les seuls princes de la Saxe sont en arrière pour leur contingent.

. . . .

Le Congrès n'est pas encore réuni; on espère pourtant qu'il le sera sous quelques jours. Si on a perdu un mois, la faute n'en est pas à la France.

L'Angleterre, qui n'a pas d'argent, n'a pu en fournir aux coalisés; mais elle vient d'imaginer un expédient nouveau. Un traité a été conclu entre l'Angleterre, la Russie et la Prusse moyennant lequel il sera créé pour plusieurs centaines de millions d'un papier garanti par les trois puissances. C'est sur cette ressource que l'on compte pour faire face aux frais de la guerre.

Dans les articles séparés l'Angleterre garantit le tiers de ce papier, de sorte qu'en réalité c'est une nouvelle dette ajoutée à la dette anglaise. Il reste à savoir dans quels pays on émettra ce nouveau papier. Lorsque cette idée lumineuse a été conçue, on espérait probablement que cette émission aurait lieu aux dépens de la confédération du Rhin et même de la France, notamment dans la Hollande, dans la Belgique et dans les départements du Rhin. Cependant le traité n'en a pas moins été ratifié depuis l'armistice. La Russie fait la dépense de son armée avec du papier que les habitants de la Prusse sont obligés de recevoir; la Prusse elle-même fait son service avec du papier. L'Angleterre aussi a son papier. Il paraît que chacun de ces papiers isolé n'a plus de crédit suffisant, puisque ces puissances prennent le parti d'en créer un en commun. C'est aux négociants et aux banquiers à nous faire connaître s'il faut multiplier le crédit du nouveau papier par le crédit des trois puissances, ou bien si ce crédit doit être le quotient.

La Suède seule paraît avoir reçu de l'argent de l'Angleterre ; à peu près cinq à six cent mille livres sterling.

. . . .

L'Empereur a pris à sa solde l'armée du prince Poniatowski, et lui a donné une nouvelle organisation : des ateliers sont établis pour fournir à ses besoins : avant vingt jours elle sera équipée à neuf et remise en bon état.

Quelque brillante que soit cette situation et quoique S. M. ait réellement plus de puissance militaire que jamais, elle n'en désire la paix qu'avec plus d'ardeur.

. . . .

20 août.

Les ennemis ont dénoncé l'armistice le 11 à midi, et fait connaître que les hostilités commenceraient le 17 après midi.

En même temps une note de M. le comte de Metternich, ministre des relations extérieures d'Autriche, adressée à M. le comte de Narbonne, lui a fait connaître que l'Autriche déclarait la guerre à la France.

L'armée ennemie était, autant qu'on en peut juger, dans la position suivante :

Quatre-vingt mille Russes et Prussiens étaient entrés, dès le 10 au matin, en Bohême, et devaient arriver vers le 21 sur l'Elbe. Cette armée est commandée par l'empereur Alexandre et le roi de Prusse, les généraux russes Barclay de Tolly, Wittgenstein et Miloradowitch et le général prussien Kleist. Les gardes russe et prussienne en font partie ; ce qui, joint à l'armée du prince Schwartzenberg, formait la grande armée et une force de deux cent mille hommes. Cette armée devait opérer sur la rive gauche de l'Elbe, en passant ce fleuve en Bohême.

L'armée de Silésie, commandée par les généraux prussiens Blucher et Yorck et par les généraux russes Sacken et Langeron, paraissait se réunir à Breslaw ; elle était forte de cent mille hommes.

Plusieurs corps prussiens, suédois et des troupes d'insurrection couvraient Berlin, et étaient opposés à Hambourg et au duc de Reggio. L'on portait la force de ces armées, qui couvraient Berlin, à cent dix mille hommes.

Toutes les opérations de l'ennemi étaient faites dans l'idée que l'Empereur repasserait sur la rive gauche de l'Elbe.

La garde impériale, partie de Dresde, se porta le 15 à Bautzen et le 18 à Goerlitz.

Le 19 l'Empereur se porta à Zittau, fit marcher sur-le-champ les troupes du prince Poniatowski, força les débouchés de la Bohême, passa la grande chaîne des montagnes qui séparent la Bohême de la Lusace et entra à Gobel pendant le temps que le général Lefebvre-Desnouettes, avec une division d'infanterie et de cavalerie de la garde, s'emparait de Rumbourg, franchissait le col des montagnes à Georgenthal et que le général polonais Reminski s'emparait de Friedland et de Reichenberg.

Cette opération avait pour but d'inquiéter les alliées sur Prague et d'acquérir des notions certaines sur leurs projets. On apprit là ce que nos espions avaient déjà fait connaître, que l'élite de l'armée russe et prussienne traversait la Bohême, se réunissant sur la rive gauche de l'Elbe.

Nos coureurs poussèrent jusqu'à seize lieues de Prague.

L'Empereur était de retour de Bohême à Zittau le 20 à une heure du matin; il laissa le duc de Bellune avec le 2e corps à Zittau, pour appuyer le corps du prince Poniatowski; il plaça le général Vandamme, avec le 1er corps, à Rumbourg, pour appuyer le général Lefebvre-Desnouettes, ces deux généraux occupant en force le col et faisant construire des redoutes sur le mamelon qui domine sur le col. L'Empereur se porta par Lauban en Silésie, où il arriva le 20 avant sept heures du soir.

L'armée ennemie de Silésie avait violé l'armistice, traversé le territoire neutre dès le 12. Ils avaient, le 15, insulté tous nos avant-postes et enlevé quelques vedettes.

Le 16 un corps russe se plaça entre le Bober et le poste de Spiller, occupé par deux cents hommes de la division Charpentier. Ces braves, qui se reposaient sur la foi des traités, coururent aux armes, passèrent sur le ventre des ennemis et les dispersèrent. Le chef de bataillon La Guillermie les commandait.

Le 18 le duc de Tarente donna l'ordre au général Zucchi de prendre la petite ville de Lahn; il s'y porta avec une brigade italienne; il exécuta bravement son ordre et fit perdre à l'ennemi plus de cinq cents hommes : le général Zucchi est un officier d'un mérite distingué. Les troupes italiennes ont attaqué à la baïonnette les Russes, qui étaient en nombre supérieur.

Le 19 l'ennemi est venu camper à Zobten. Un corps de

douze mille Russes a passé le Bober et a attaqué le poste de Sichenicken, défendu par trois compagnies légères. Le général Lauriston fait prendre les armes à une partie de son corps, part de Lœwenberg, marche à l'ennemi et le culbute dans le Bober. La brigade du général Lafitte, de la division Rochambeau, s'est distinguée.

Cependant l'Empereur, arrivé le 20 à Lauban, était le 21, à la pointe du jour, à Lœwenberg, et faisait jeter des ponts sur le Bober. Le corps du général Lauriston passa à midi. Le général Maison culbuta, avec sa valeur accoutumée, tout ce qui voulut s'opposer à son passage, s'empara de toutes les positions et mena l'ennemi battant jusqu'auprès de Goldberg. Le 5ᵉ et le 11ᵉ corps l'appuyèrent. Sur la gauche, le prince de la Moskowa faisait attaquer le général Sacken par le 3ᵉ corps, en avant de Bunzlau, le culbutait, le mettait en déroute et lui faisait des prisonniers.

L'ennemi se mit en retraite.

Un combat eut lieu le 23 août devant Goldberg. Le général Lauriston s'y trouvait à la tête des 5ᵉ et 11ᵉ corps. Il avait devant lui les Russes, qui couvraient la position de Flensberg, et les Prussiens, qui s'étendaient à droite sur la route de Liegnitz. Au moment où le général Gérard débouchait par la gauche sur *Nieder-au*, une colonne de vingt-cinq mille Prussiens parut sur ce point; il la fit attaquer au milieu des baraques de l'ancien camp; elle fut enfoncée de toutes parts; les Prussiens essayèrent plusieurs charges de cavalerie, qui furent repoussées à bout portant; ils furent chassés de toutes leurs positions, et laissèrent sur le champ de bataille près de cinq mille morts, des prisonniers, etc. A la droite, *le Flensberg* fut pris et repris plusieurs fois; enfin le 135ᵉ régiment s'avança sur l'ennemi et le culbuta entièrement. L'ennemi a perdu sur ce point mille morts et quatre mille blessés.

L'armée des alliés se retira en désordre et en toute hâte sur Jauer.

L'ennemi ainsi battu en Silésie, l'Empereur prit avec lui le prince de la Moskowa, laissa le commandement de l'armée de Silésie au duc de Tarente et arriva le 25 à Stolpen. La garde vieille et jeune, infanterie, cavalerie et artillerie, fit ces quarante lieues en quatre jours.

Le 28 août 1813.

A S. M. l'Impératrice reine et régente. Bataille de Dresde.

Le 26, à huit heures du matin, l'Empereur entra dans Dresde. La grande armée russe, prussienne et autrichienne, commandée par les souverains, était en présence; elle couronnait toutes les collines qui environnent Dresde, à la distance d'une petite lieue par la rive gauche. Le maréchal Saint-Cyr, avec le 14ᵉ corps et la garnison de Dresde, occupait le camp retranché et bordait de tirailleurs les palanques qui environnaient les faubourgs. Tout était calme à midi; mais, pour l'œil exercé, ce calme était le précurseur de l'orage : une attaque paraissait imminente.

A quatre heures après midi, au signal de trois coups de canon, six colonnes ennemies, précédées chacune de cinquante bouches à feu, se formèrent, et peu de moments après descendirent dans la plaine; elles se dirigèrent sur les redoutes. En moins d'un quart d'heure la canonnade devint terrible. Le feu d'une redoute étant éteint, les assiégeants l'avaient tournée et faisaient des efforts au pied de la palanque des faubourgs, où un bon nombre trouvèrent la mort.

Il était près de cinq heures : une partie des réserves du 14ᵉ corps était engagée. Quelques obus tombaient dans la ville; le moment paraissait pressant. L'Empereur ordonna au roi de Naples de se porter avec le corps de cavalerie du général Latour-Maubourg sur le flanc droit de l'ennemi, et au duc de Trévise de se porter sur le flanc gauche. Les quatre divisions de la jeune garde, commandées par les généraux Dumoutier, Barrois, Decouz et Roguet, débouchèrent alors, deux par la porte de Pirna et deux par la porte de Plauen. Le prince de la Moskowa déboucha à la tête de la division Barrois. Ces divisions culbutèrent tout devant elles; le feu s'éloigna sur-le-champ du centre à la circonférence, et bientôt fut rejeté sur les collines. Le champ de bataille resta couvert de morts, de canons et de débris. Le général Dumoutier est blessé, ainsi que les généraux Boyeldieu, Tindal et Combelles. L'officier d'ordonnance Béranger est blessé à mort ; c'était un jeune homme d'espérance. Le général Gros, de la garde, s'est jeté le premier dans le fossé d'une redoute où les sapeurs ennemis travaillaient déjà à couper des palissades : il est blessé d'un coup de baïonnette.

La nuit devint obscure et le feu cessa, l'ennemi ayant échoué dans son attaque et laissé plus de deux mille prisonniers sur le champ de bataille, couvert de blessés et de morts.

Le 27 le temps était affreux ; la pluie tombait par torrents. Le soldat avait passé la nuit dans la boue et dans l'eau. A neuf heures du matin l'on vit distinctement l'ennemi prolonger sa gauche et couvrir les collines qui étaient séparées de son centre par le vallon de Plauen.

Le roi de Naples partit avec le corps du duc de Bellune et les divisions de cuirassiers, et déboucha sur la route de Freyberg pour attaquer cette gauche. Il le fit avec le plus grand succès. Les six divisions qui composaient cette aile furent culbutées et éparpillées. La moitié, avec les drapeaux et les canons, fut faite prisonnière, et dans le nombre se trouvent plusieurs généraux.

Au centre une vive canonnade soutenait l'attention de l'ennemi ; et des colonnes se montraient prêtes à l'attaquer sur la gauche.

Le duc de Trévise, avec le général Nansouty, manœuvrait dans la plaine, la gauche à la rivière et la droite aux collines.

Le maréchal Saint-Cyr liait notre gauche au centre, qui était formé par le corps du duc de Raguse.

Sur les deux heures après midi l'ennemi se décida à la retraite ; il avait perdu sa grande communication de Bohême par sa gauche et par sa droite.

Les résultats de cette journée sont vingt-cinq à trente mille prisonniers, quarante drapeaux et soixante pièces de canon.

On peut compter que l'ennemi a soixante mille hommes de moins. Notre perte se monte, en blessés, tués ou pris, à quatre mille hommes.

La cavalerie s'est couverte de gloire. L'état-major de la cavalerie fera connaître les détails et ceux qui se sont distingués.

La jeune garde a mérité les éloges de toute l'armée. La vieille garde a eu deux bataillons engagés ; ses autres bataillons étaient dans la ville, disponibles en réserve. Les deux bataillons qui ont donné ont tout culbuté à l'arme blanche.

La ville de Dresde a été épouvantée et a couru de grands dangers.

La conduite des habitants a été ce qu'on devait attendre d'un peuple allié. Le roi de Saxe et sa famille sont restés à Dresde et ont donné l'exemple de la confiance.

Le 30 août 1813.

A S. M. l'Impératrice reine et régente.

Le 28, le 29 et le 30 nous avons poursuivi nos succès. Les généraux Castex, Doumerc et d'Audenarde, du corps du général Latour-Maubourg, ont pris plus de mille caissons ou voitures de munitions et ramassé beaucoup de prisonniers. Les villages sont pleins de blessés ennemis ; on en compte plus de dix mille.

L'ennemi a perdu, suivant les rapports des prisonniers, huit généraux tués ou blessés.

Ce début de la campagne est des plus brillants et fait concevoir de grandes espérances. La qualité de notre infanterie est de beaucoup supérieure à celle de l'ennemi.

Le 1er septembre 1813.

A S. M. l'Impératrice reine et régente

Le 28 août le roi de Naples a couché à Freyberg avec le duc de Bellune, le 29 à Lichtenberg, le 30 à Zittau, le 31 à Seyda.

Le duc de Raguse, avec le 6e corps, a couché le 28 à Dippoldiswalda, où l'ennemi a abandonné douze cents blessés ; le 29 à Falkenhain, le 30 à Altenberg et le 31 à Zinnwald.

Le 14e corps, sous les ordres du maréchal Saint-Cyr, était le 28 à Maxen, le 29 à Reinhards-Grimma, le 30 à Dittersdorff et le 31 à Liebenau.

Le 1ᵉʳ corps, sous les ordres du général Vandamme, était le 28 à Hollendorff et le 29 à Peterswalde, occupant les montagnes.

Le duc de Trévise était en position, le 28 et le 29, à Pirna.

Le général Pajol, commandant la cavalerie du 14ᵉ corps, a fait des prisonniers.

L'ennemi se retira dans la position de Dippoldiswalda et Altenberg. Sa gauche suivit la route de Plauen, et se replia par Tharandt sur Dippoldiswalda, ne pouvant faire sa retraite par la route de Freyberg. Sa droite, ne pouvant se retirer par la chaussée de Pirna ni par celle de Dohna, se retira sur Maxen, et de là sur Dippoldiswalda. Tout ce qui était en partisan et détaché de Meissen se trouva coupé. Les bagages russes, prussiens, autrichiens s'étaient entassés sur la chaussée de Freyberg; on y prit plusieurs milliers de voitures.

Arrivé à Altenberg, où le chemin de Tœplitz à Dippoldiswalda devient impraticable, l'ennemi prit le parti de laisser plus de mille voitures de munitions et de bagages. Cette grande armée rentra en Bohême après avoir perdu partie de son artillerie et de ses bagages.

Le 29 le général Vandamme passa avec huit ou dix bataillons le col de la grande chaîne et se porta sur Kulm : il y rencontra l'ennemi, fort de huit à dix mille hommes; il s'engagea : ne se trouvant plus assez fort, il fit descendre tout son corps d'armée; il eut bientôt culbuté l'ennemi. Au lieu de rentrer et de se replacer sur la hauteur, il resta et prit position à Kulm sans garder la montagne; cette montagne commande la seule chaussée; elle est haute. Ce n'était que le 30 au soir que le maréchal Saint-Cyr et le duc de Raguse arrivaient au débouché de Tœplitz. Le général Vandamme ne pensa qu'au résultat de barrer le chemin de l'ennemi et de tout prendre. A une armée qui fuit il faut *faire un pont d'or ou opposer une barrière d'acier :* il n'était pas assez fort pour former cette barrière d'acier.

Cependant l'ennemi voyant, que ce corps d'armée de dix-huit mille hommes était seul en Bohême, séparé par de hautes montagnes, et que tout le reste était encore au pied en deçà des monts, se vit perdu s'il ne le culbutait. Il conçut l'espoir de l'attaquer avec succès, sa position étant mauvaise. Les gardes russes étaient en tête de l'armée qui battait en retraite : on y joignit deux divisions autrichiennes fraîches; le reste de l'armée ennemie s'y réunit à mesure qu'elle débouchait, suivie par les 2e, 6e et 14e corps. Ces troupes débordèrent le 1er corps. Le général Vandamme fit bonne contenance, repoussa toutes les attaques, enfonça tout ce qui se présentait et couvrit de morts le champ de bataille. Le désordre gagna l'armée ennemie, et l'on voyait avec admiration ce que peut un petit nombre de braves contre une multitude dont le moral est affaibli.

A deux heures après midi la colonne prussienne du général Kleist, coupée dans sa retraite, déboucha par Peterswalde pour tâcher de pénétrer en Bohême; elle ne rencontra aucun ennemi, arriva sur le haut de la montagne sans résistance, s'y plaça, et là vit l'affaire qui était engagée. L'effet de cette colonne sur les derrières de l'armée décida l'affaire.

Le général Vandamme se porta sur-le-champ contre cette colonne, qu'il repoussa : il fut obligé d'affaiblir sa ligne dans ce moment délicat. La chance tourna : il réussit cependant à culbuter la colonne du général Kleist, qui fut tué; les soldats prussiens jetaient leurs armes et se précipitaient dans les fossés et les bois. Dans cette bagarre le général Vandamme a disparu; on le croit frappé à mort.

Les généraux Corbineau, Dumonceau et Philippon se déterminèrent à profiter du moment et à se retirer partie par la grande route et partie par des chemins de traverse, avec leur division, en abandonnant tout le matériel, qui consistait en trente pièces de canon et trois cents voitures de toute espèce, mais en ramenant tous les attelages. Dans la position où étaient les affaires, ils ne pouvaient pas prendre un meilleur parti. Les tués, blessés et prisonniers doivent porter notre perte dans cette affaire à six mille hommes. L'on croit que la perte de l'ennemi ne peut être moindre que de quatre à cinq mille hommes.

Le 1er corps se rallia, à une lieue du champ de bataille, au 14e corps. On dresse l'état des pertes éprouvées dans cette catastrophe, due à une ardeur guerrière mal calculée.

Le général Vandamme mérite des regrets : il était d'une rare intrépidité. Il est mort sur le champ d'honneur, mort digne d'envie pour tout brave.

Le 2 septembre 1813.

A. S. M. l'Impératrice reine et régente.

Le 21 août l'armée russe, prussienne et autrichienne, commandée par l'empereur Alexandre et le roi de Prusse, était entrée en Saxe, et s'était portée le 22 sur Dresde, forte de cent quatre-vingts à deux cent mille hommes, ayant un matériel immense et pleine de l'espérance non-seulement de nous chasser de la rive droite de l'Elbe, mais encore de se porter sur le Rhin et de nourrir la guerre entre le Rhin et l'Elbe. En cinq jours de temps elle a vu ses espérances confondues : trente mille prisonniers, dix mille blessés tombés en notre pouvoir, ce qui fait quarante mille; vingt mille tués ou blessés et autant de malades par l'effet de la fatigue et du défaut de vivres (elle a été cinq à six jours sans pain) l'ont affaiblie de près de quatre-vingt mille hommes.

Elle ne compte pas aujourd'hui cent mille hommes sous les armes; elle a perdu plus de cent pièces de canon, des parcs entiers, quinze cents charrettes de munitions d'artillerie, qu'elle a fait sauter ou qui sont tombées en notre pouvoir; plus de trois mille voitures de bagages, qu'elle a brûlées ou que nous avons prises. On avait quarante drapeaux ou étendards. Parmi les prisonniers, il y a quatre mille Russes. L'ardeur de l'armée française et le courage de l'infanterie fixent l'attention.

Le premier coup de canon tiré des batteries de la garde impériale dans la journée du 27 août a blessé mortellement le général Moreau, qui était revenu d'Amérique pour prendre du service en Russie.

Le 6 septembre au soir.

A. S. M. l'Impératrice reine et régente.

Le 2 septembre l'Empereur a passé, à Dresde, la revue du 1er corps, et en a conféré le commandement au comte de Lobau.

Ce corps se compose des trois divisions Dumonceau, Philippon et Teste. Ce corps a moins perdu qu'on ne l'avait cru d'abord, beaucoup d'hommes étant rentrés.

Le général Vandamme n'a pas été tué ; il a été fait prisonnier. Le général du génie Haxo, qui avait été envoyé en mission auprès du général Vandamme, se trouvant dans ce moment avec ce général, a été fait également prisonnier. L'élite de la garde russe a été tuée dans cette affaire.

Le 3 l'Empereur a été coucher au château de Harta, sur la route de Silésie, et le 4 au village de Hochkirch (au delà de Bautzen). Depuis le départ de S. M. de Lœwenberg des événements importants s'étaient passés en Silésie.

Le duc de Tarente, à qui l'Empereur avait laissé le commandement de l'armée de Silésie, avait fait de bonnes dispositions pour poursuivre les alliés et les chasser de Jauer : l'ennemi était poussé de toutes ses positions ; ses colonnes étaient en pleine retraite : le 26 le duc de Tarente avait pris toutes ses mesures pour le faire tourner ; mais, dans la nuit du 26 au 27, le Bober et tous les torrents qui y affluent débordèrent ; en moins de sept à huit heures les chemins furent couverts de trois à quatre pieds d'eau et tous les ponts emportés. Nos colonnes se trouvèrent isolées entre elles. Celle qui devait tourner l'ennemi ne put arriver. Les alliés s'aperçurent bientôt de ce changement de circonstances.

Le duc de Tarente employa les journées du 28 et du 29 à réunir ses colonnes séparées par l'inondation. Elles parvinrent à regagner Bunzlau, où se trouvait le seul pont qui n'eût pas été emporté par les eaux du Bober. Mais une brigade de la division Puthod ne put pas y arriver. Au lieu de chercher à se jeter du côté des montagnes, le général voulut revenir sur Lœwenberg. Là, se trouvant entouré d'ennemis et la rivière à dos, après s'être défendu de tous ses moyens, il a dû céder au nombre. Tout ce qui savait nager dans ses deux régiments se sauva ; on en compte environ sept à huit cents : le reste fut pris.

L'ennemi nous a fait dans ces différentes affaires trois à quatre mille prisonniers, et nous a pris deux aigles de deux régiments avec les canons de la brigade.

Après ces circonstances, qui avaient fatigué l'armée, elle repassa successivement le Bober, la Queisse et la Neisse. L'Empereur la trouva le 4 sur les hauteurs de Hochkirch. Il fit, le soir même, réattaquer l'ennemi, le fit débusquer des hauteurs du Wohlenberg et le poursuivit pendant toute la journée du 5, l'épée dans les reins, jusqu'à Gœrlitz. Le général Sébastiani exécuta des charges de cavalerie à Reichenbach et fit des prisonniers.

L'ennemi repassa en toute hâte la Neisse et la Queisse, et notre armée prit position sur les hauteurs de Gœrlitz, au delà de la Neisse.

Le 6, à sept heures du soir, l'Empereur était de retour à Dresde.

Le conseil de guerre du 3e corps d'armée a condamné à la peine de mort le général de brigade Jomini, chef d'état-major de ce corps, qui, du quartier général de Lieguitz, a déserté à l'ennemi au moment de la rupture de l'armistice.

Le 26 septembre 1813.

A. S. M. l'Impératrice-reine et régente.

. . . .

Le général comte Lefebvre-Desnouettes était, avec quatre mille chevaux, à la suite du transfuge Thielmann. Ce Thielmann est Saxon et comblé des bienfaits du roi. Pour prix de tant de bienfaits, il s'est montré l'ennemi le plus irréconciliable de son roi et de son pays. A la tête de trois mille coureurs, partie Prussiens, partie Cosaques et Autrichiens, il a pillé les haras du roi, levé partout des contributions à son profit et traité ses compatriotes avec toute la haine d'un homme qui est tourmenté par le crime. Ce transfuge, décoré de l'uniforme de lieutenant général russe, s'était porté à Nauembourg, où il n'y avait ni commandant ni garnison, mais où il avait surpris trois à quatre cents malades. Cependant le général Lefebvre-Desnouettes l'avait rencontré à Freybourg le 19, lui avait repris les trois ou quatre cents malades que ce misérable avait arrachés de leurs lits pour s'en faire un trophée ; lui avait fait quelques centaines de prisonniers, pris quelques bagages et repris quelques voitures dont il s'était emparé. Thielmann s'était alors réfugié sur Zeitz, où le colonel Munsdorff, partisan autrichien qui parcourait le pays, s'était réuni à lui : le général comte Lefebvre-Desnouettes les a attaqués le 24 à Altenbourg, les a rejetés en Bohême, leur a tué beaucoup de monde, entre autres un prince de Hohenzollern et un colonel.

La marche de Thielmann avait apporté quelques retards dans les communications d'Erfurt et de Leipsick.

L'armée ennemie de Berlin paraissait faire des préparatifs pour jeter un pont à Dessau.

Paris, 7 octobre 1813.

Discours de l'Impératrice au sénat[1].

« Sénateurs,

« Les principales puissances de l'Europe, révoltées des prétentions de l'Angleterre, avaient, l'année dernière, réuni leurs armées aux nôtres pour obtenir la paix du monde et le rétablissement des droits de tous les peuples. Aux premières chances de la guerre, des passions assoupies se réveillèrent. L'Angleterre et la Russie ont entraîné la Prusse et l'Autriche dans leur cause. Nos ennemis veulent détruire nos alliés pour les punir de leur fidélité. Ils veulent porter la guerre au sein de notre patrie pour se venger des triomphes qui ont conduit nos aigles victorieuses au milieu de leurs États. Je connais mieux que personne ce que nos peuples auraient à redouter s'ils se laissaient jamais vaincre. Avant de monter sur le trône où m'ont appelée le choix de mon auguste époux et la volonté de mon père, j'avais la plus grande opinion du courage et de l'énergie de ce grand peuple. Cette opinion s'est accrue tous les jours par tout ce que j'ai vu se passer sous mes yeux. Associée depuis quatre ans aux pensées les plus intimes de mon époux, je sais de quels

---

[1] Nous insérons le discours de Marie-Louise dans ce Recueil, parce que personne n'ignore qu'il fut dicté par Napoléon.

sentiments il serait agité sur un trône flétri et sous une couronne sans gloire.

« Français ! votre Empereur, la patrie et l'honneur vous appellent ! »

. . . .

Le 7 l'Empereur est parti de Dresde. Le 8 il a couché à Wurzen, le 9 à Eulenbourg et le 10 à Duben.

L'armée ennemie de Silésie, qui se portait sur Wurzen, a sur-le-champ battu en retraite et repassé sur la rive gauche de la Mulde; elle a eu quelques engagements où nous lui avons fait des prisonniers et pris plusieurs centaines de voitures de bagages.

Le général Reynier s'est porté sur Wittenberg, a passé l'Elbe, a marché sur Roslau, a tourné le pont de Dessau, s'en est emparé, s'est ensuite porté sur Aken et s'est emparé du pont. Le général Bertrand s'est porté sur les ponts de Wartenbourg et s'en est emparé. Le prince de la Moskowa s'est porté sur la ville de Dessau; il a rencontré une division prussienne; le général Delmas l'a culbutée, et lui a pris trois mille hommes et six pièces de canon.

Plusieurs courriers du cabinet, entre autres le sieur Kraft, avec des dépêches de haute importance, ont été pris.

Après s'être ainsi emparé de tous les ponts de l'ennemi, le projet de l'Empereur était de passer l'Elbe, de manœuvrer sur la rive droite, depuis Hambourg jusqu'à Dresde; de menacer Postdam et Berlin, et de prendre pour centre d'opérations Magdebourg qui, dans ce dessein, avait été approvisionné en munitions de guerre et de bouche. Mais le 13 l'Empereur apprit à Deiben que l'armée bavaroise était réunie à l'armée autrichienne et menaçait le bas Rhin. Cette inconcevable défection fit prévoir la défection d'autres princes et fit prendre à l'Empereur le parti de retourner sur le Rhin; changement fâcheux, puisque tout avait été préparé pour opérer sur Magdebourg; mais il aurait fallu rester séparé et sans communication avec la France pendant un mois, ce qui n'avait pas d'inconvénient au moment où l'Empereur avait arrêté ses projets; il n'en était plus de même lorsque l'Autriche allait se trouver avoir deux nouvelles armées disponibles, l'armée bavaroise et l'armée opposée à la Bavière. L'Empereur changea donc avec ces circonstances imprévues, et porta son quartier général à Leipsick.

Cependant le roi de Naples, qui était resté en observation à Freyberg, avait reçu le 7 l'ordre de faire un changement de front et de se porter sur Gernig et Frohbourg, opérant sur Wurzen et Wittenberg. Une division autrichienne, qui occupait Augustusbourg, rendant difficile ce mouvement, le roi reçut l'ordre de l'attaquer, la défit, lui prit plusieurs bataillons, et après cela opéra sa conversion à droite. Cependant la droite de l'armée ennemie de Bohême, composée du corps russe de Wittgenstein, s'était portée sur Altenbourg à la nouvelle du changement de front du roi de Naples. Elle se porta sur Frohbourg, et ensuite par la gauche sur Borna, se plaçant entre le roi de Naples et Leipsick. Le roi n'hésita pas sur la manœuvre qu'il devait faire; il fit volte-face, marcha sur l'ennemi, le culbuta, lui prit neuf pièces de canon, un millier de prisonniers, et le jeta au delà de l'Elster après lui avoir fait éprouver une perte de quatre à cinq mille hommes.

. . . .
. . . .

Les ponts de Wurzen et d'Eulenbourg sur la Mulde et la position de Taucha sur la Partha étaient occupés par nos troupes. Tout annonçait une grande bataille.

Le résultat de nos divers mouvements dans ces six jours a été cinq mille prisonniers, plusieurs pièces de canon et beaucoup de mal fait à l'ennemi. Le prince Poniatowski s'est dans ces circonstances couvert de gloire.

Le 16 octobre au soir.

A. S. M. l'impératrice reine et régente.

Le 15 le prince de Schwartzenberg, commandant l'armée ennemie, annonça à l'ordre du jour que le lendemain 16 il y aurait une bataille générale et décisive.

Effectivement le 16, à neuf heures du matin, la grande armée alliée déboucha sur nous. Elle opérait constamment pour s'étendre sur sa droite. On vit d'abord trois grosses colonnes se porter, l'une le long de la rivière de l'Elster, contre le village de Dœlitz ; la seconde contre le village de Wachau, et la troisième contre celui de Liberwolkowitz. Ces trois colonnes étaient précédées par deux cents pièces de canon.

L'Empereur fit aussitôt ses dispositions.

A dix heures la canonnade était des plus fortes, et à onze heures les deux armées étaient engagées aux villages de Dœlitz, Wachau et Liberwolkowitz. Ces villages furent attaqués six à sept fois ; l'ennemi fut constamment repoussé et couvrit les avenues de ses cadavres. Le comte Lauriston, avec le cinquième corps, défendait le village de gauche (Liberwolkowitz) ; le prince Poniatowski, avec ses braves Polonais, défendait le village de droite (Dœlitz), et le duc de Bellune défendait Wachau.

A midi la sixième attaque de l'ennemi avait été repoussée, nous étions maîtres des trois villages, et nous avions fait deux mille prisonniers.

A peu près au même moment le duc de Tarente débouchait par Holzhausen, se portant sur une redoute de l'ennemi, que le général Charpentier enleva au pas de charge, en s'emparant de l'artillerie et faisant quelques prisonniers.

Le moment parut décisif.

L'Empereur ordonna au duc de Reggio de se porter sur Wachau avec deux divisions de la jeune garde. Il ordonna également au duc de Trévise de se porter sur Liberwolkowitz avec deux autres divisions de la jeune garde et de s'emparer d'un grand bois qui est sur la gauche du village. En même temps il fit avancer sur le centre une batterie de cent cinquante pièces de canon, que dirigea le général Drouot.

L'ensemble de ces dispositions eut le succès qu'on en attendait. L'artillerie ennemie s'éloigna. L'ennemi se retira, et le champ de bataille nous resta en entier.

Il était trois heures après midi. Toutes les troupes de l'ennemi avaient été engagées. Il eut recours à sa réserve. Le comte de Merfeld, qui commandait en chef la réserve autrichienne, releva avec six divisions toutes les troupes sur toutes les attaques, et la

CAMPAGNE DE 1813.

la garde impériale russe, qui formait la réserve de l'armée russe, se releva au centre.

La cavalerie de la garde russe et les cuirassiers autrichiens se précipitèrent par leur gauche sur notre droite, s'emparèrent de Dœlitz et vinrent caracoler autour des carrés du duc de Bellune.

Le roi de Naples marcha avec les cuirassiers de Latour-Maubourg, et chargea la cavalerie ennemie par la gauche de Wachau dans le temps que la cavalerie polonaise et les dragons de la garde, commandés par le général Letort, chargeaient par la droite. La cavalerie ennemie fut défaite; deux régiments entiers restèrent sur le champ de bataille. Le général Letort fit trois cents prisonniers russes et autrichiens. Le général Latour-Maubourg prit quelques centaines d'hommes de la garde russe.

L'Empereur fit sur-le-champ avancer la division Curial de la garde, pour renforcer le prince Poniatowski. Le général Curial se porta au village de Dœlitz, l'attaqua à la baïonnette, le prit sans coup férir et fit douze cents prisonniers, parmi lesquels s'est trouvé le général en chef Merfeld.

Les affaires ainsi rétablies à notre droite, l'ennemi se mit en retraite, et le champ de bataille ne nous fut pas disputé.

Les pièces de la réserve de la garde, que commandait le général Drouot, étaient avec les tirailleurs; la cavalerie ennemie vint les charger. Les canonniers rangèrent en carré leurs pièces, qu'ils avaient eu la précaution de charger à mitraille, et tirèrent avec tant d'agilité qu'en un instant l'ennemi fut repoussé. Sur ces entrefaites, la cavalerie française s'avança pour soutenir ces batteries.

Le général Maison, commandant une division du cinquième corps, officier de la plus grande distinction, fut blessé. Le général Latour-Maubourg, commandant la cavalerie, eut la cuisse emportée d'un boulet. Notre perte, dans cette journée, a été de deux mille cinq cents hommes, tant tués que blessés. Ce n'est pas exagérer que de porter celle de l'ennemi à vingt-cinq mille hommes.

On ne saurait trop faire l'éloge de la conduite du comte Lauriston et du prince Poniatowski dans cette journée. Pour donner à ce dernier une preuve de sa satisfaction, l'Empereur l'a nommé sur le champ de bataille maréchal de France et a accordé un grand nombre de décorations aux régiments de son corps.

Le général Bertrand était en même temps attaqué au village de Lindenau par les généraux Giulay, Thielmann et Lichtenstein. On déploya de part et d'autre une cinquantaine de pièces de canon. Le combat dura six heures sans que l'ennemi pût gagner un pouce de terrain. A cinq heures du soir le général Bertrand décida la victoire en faisant une charge avec sa réserve, et non-seulement il rendit vains les projets de l'ennemi, qui voulait s'emparer des ponts de Lindenau et des faubourgs de Leipsick, mais encore il le contraignit à évacuer son champ de bataille.

Sur la droite de la Partha, à une lieue de Leipsick et à peu près à quatre lieues du champ de bataille où se trouvait l'Empereur, le duc de Raguse fut engagé. Par une de ces circonstances fatales qui influent souvent sur les affaires les plus importantes, le troisième corps, qui devait soutenir le duc de Raguse, n'entendant rien de ce côté, à dix heures du matin, et entendant au contraire une effroyable canonnade du côté où se trouvait l'Empereur, crut bien faire de s'y porter, et perdit ainsi sa journée en marches. Le duc de Raguse, livré à ses propres forces, défendit Leipsick et soutint sa position pendant toute la journée; mais il éprouva des pertes qui n'ont point été compensées par celles qu'il a fait éprouver à l'ennemi, quelque grandes qu'elles fussent. Des bataillons de canonniers de la marine se sont faiblement comportés. Les généraux Compans et Frederichs ont été blessés. Le soir le duc de Raguse, légèrement blessé lui-même, a été obligé de resserrer sa position sur la Partha. Il a dû abandonner dans ce mouvement plusieurs pièces démontées et plusieurs voitures.

Le 24 octobre 1813.

A. S. M. l'impératrice reine et régente.

La bataille de Wachau avait déconcerté tous les projets de l'ennemi; mais son armée était tellement nombreuse qu'il avait encore des ressources. Il rappela en toute hâte, dans la nuit, les corps qu'il avait laissés sur sa ligne d'opération et les divisions restées sur la Saale ; et il pressa la marche du général Benigsen, qui arrivait avec quarante mille hommes.

Après le mouvement de retraite qu'il avait fait le 16 au soir et pendant la nuit, l'ennemi occupa une belle position à deux lieues en arrière. Il fallut employer la journée du 17º à le reconnaître et à bien déterminer le point d'attaque. Cette journée était d'ailleurs nécessaire pour faire venir les parcs de réserve et remplacer les quatre-vingt mille coups de canon qui avaient été consommés dans la bataille. L'ennemi eut donc le temps de rassembler ses troupes, qu'il avait disséminées lorsqu'il se livrait à des projets chimériques, et de recevoir les renforts qu'il attendait.

Ayant eu avis de l'arrivée de ces renforts et ayant reconnu que la position de l'ennemi était très-forte, l'Empereur résolut de l'attirer sur un autre terrain. Le 18, à deux heures du matin, il se rapprocha de Leipsick de deux lieues, et plaça son armée la droite à Connewitz, le centre à Probstheide, la gauche à Stœtteritz, en se plaçant de sa personne au moulin de Ta.

De son côté, le prince de la Moskowa avait placé ses troupes vis-à-vis de l'armée de Silésie, sur la Partha ; le sixième corps à Schœnfeld, et le troisième et le septième le long de la Partha à Neutsch et à Teckla. Le duc de Padoue avec le général Dombrowski gardait la position et le faubourg de Leipsick, sur la route de Halle.

A trois heures du matin l'Empereur était au village de Lindenau. Il ordonna au général Bertrand de se porter sur Lutzen et Weissenfels, de balayer la plaine et de s'assurer des débouchés sur la Saale et de la communication avec Erfurt. Les troupes légères de l'ennemi se dispersèrent ; et à midi le général Bertrand était maître de Weissenfels et du pont sur la Saale.

Ayant ainsi assuré ses communications, l'Empereur attendit de pied ferme l'ennemi.

A neuf heures les coureurs annoncèrent qu'il marchait sur toute la ligne. A dix heures la canonnade s'engagea.

Le prince Poniatowski et le général Lefol défendaient le pont de Connewitz. Le roi de Naples, avec le deuxième corps, était à Probstheide, et le duc de Tarente à Holzhausen.

Tous les efforts de l'ennemi, pendant la journée, contre Connewitz et Probstheide, échouèrent. Le duc de Tarente fut débordé à Holzhausen. L'Empereur ordonna qu'il se plaçât au village de Stætteritz. La canonnade fut terrible. Le duc de Castiglione, qui défendait un bois sur le centre, s'y soutint toute la journée.

La vieille garde était rangée en réserve sur une élévation, formant quatre grosses colonnes dirigées sur les quatre principaux points d'attaque.

Le duc de Reggio fut envoyé pour soutenir le prince Poniatowski et le duc de Trévise pour garder les débouchés de la ville de Leipsick.

Le succès de la bataille était dans le village de Probstheide. L'ennemi l'attaqua quatre fois avec des forces considérables; quatre fois il fut repoussé avec une grande perte.

A cinq heures du soir l'Empereur fit avancer ses réserves d'artillerie, et reploya tout le feu de l'ennemi, qui s'éloigna à une lieue du champ de bataille.

Pendant ce temps l'armée de Silésie attaqua le faubourg de Halle. Ses attaques, renouvelées un grand nombre de fois dans la journée, échouèrent toutes. Elle essaya, avec la plus grande partie de ses forces, de passer la Partha à Schœnfeld et à Saint-Teckla. Trois fois elle parvint à se placer sur la rive gauche, et trois fois le prince de la Moskowa la chassa et la culbuta à la baïonnette.

A trois heures après-midi la victoire était pour nous de ce côté contre l'armée de Silésie, comme du côté où était l'Empereur contre la grande armée. Mais en ce moment l'armée saxonne, infanterie, cavalerie et artillerie, et la cavalerie wurtembergeoise passèrent tout entières à l'ennemi. Il ne resta de l'armée saxonne que le général Zeschau, qui la commandait en chef, et cinq cents hommes. Cette trahison non-seulement mit le vide dans nos lignes, mais livra à l'ennemi le débouché important confié à l'armée saxonne, qui poussa l'infamie au point de tourner sur-le-champ ses quarante pièces de canon contre la division Duruttc. Un moment de désordre s'ensuivit; l'ennemi passa la Partha et marcha sur Reidnitz, dont il s'empara : il ne se trouvait plus qu'à une demi-lieue de Leipsick.

L'Empereur envoya sa garde à cheval, commandée par le général Nansouty, avec vingt pièces d'artillerie, afin de prendre en flanc les troupes qui s'avançaient le long de la Partha pour attaquer Leipsick. Il se porta lui-même avec une division de la garde au village de Reidnitz. La promptitude de ces mouvements rétablit l'ordre; le village fut repris, et l'ennemi poussé fort loin.

Le champ de bataille resta en entier en notre pouvoir, et l'armée française resta victorieuse aux champs de Leipsick, comme elle l'avait été aux champs de Wachau.

A la nuit le feu de nos canons avait sur tous les points repoussé à une lieue du champ de bataille le feu de l'ennemi.

Les généraux de division Vial et Rochambeau sont morts glorieusement. Notre perte dans cette journée peut s'évaluer à quatre mille tués ou blessés; celle de l'ennemi doit avoir été extrêmement considérable. Il ne nous a fait aucun prisonnier, et nous lui avons pris cinq cents hommes.

A six heures du soir l'Empereur ordonna les dispositions pour la journée du lendemain. Mais à sept heures les généraux Sorbier et Dulauloy, commandant l'artillerie de l'armée et de la garde, vinrent à son bivouac lui rendre compte des consommations de la journée; on avait tiré quatre-vingt-quinze mille coups de canon : ils dirent que les réserves étaient épuisées, qu'il ne restait pas plus de seize mille coups de canon; que cela suffisait à peine pour entretenir le feu pendant deux heures, et qu'ensuite on serait sans munitions pour les événements ultérieurs; que l'armée, depuis cinq jours, avait tiré plus de deux cent vingt mille coups de canon, et qu'on ne pourrait se réapprovisionner qu'à Magdebourg ou à Erfurt.

Cet état de choses rendait nécessaire un prompt mouvement sur un de nos grands dépôts : l'Empereur se décida pour Erfurt par la même raison qui l'avait décidé à venir sur Leipsick, pour être à portée d'apprécier l'influence de la défection de la Bavière.

L'Empereur donna sur-le-champ les ordres pour que les bagages, les parcs, l'artillerie passassent les défilés de Lindenau ; il donna le même ordre à la cavalerie et à différents corps d'armée, et il vint dans les faubourgs de Leipsick, à l'hôtel de Prusse, où il arriva à neuf heures du soir.

Cette circonstance obligea l'armée française à renoncer aux fruits des deux victoires où elle avait, avec tant de gloire, battu des troupes de beaucoup supérieures en nombre et les armées de tout le continent.

Mais ce mouvement n'était pas sans difficulté. De Leipsick à Lindenau il y a eu un défilé de deux lieues, traversé par cinq ou six ponts. On proposa de mettre six mille hommes et soixante pièces de canon dans la ville de Leipsick, qui a des remparts, d'occuper cette ville comme tête de défilé et d'incendier ses vastes faubourgs, afin d'empêcher l'ennemi de s'y loger, et de donner jeu à notre artillerie placée sur les remparts.

Quelque odieuse que fût la trahison de l'armée saxonne, l'Empereur ne put se résoudre à détruire une des belles villes de l'Allemagne, à la livrer à tous les genres de désordre inséparables d'une telle défense, et cela sous les yeux du roi, qui, depuis Dresde, avait voulu accompagner l'Empereur et qui était si vivement affligé de la conduite de son armée. L'Empereur aima mieux s'exposer à perdre quelques centaines de voitures que d'adopter ce parti barbare.

A la pointe du jour tous les parcs, les bagages, toute l'artillerie, la cavalerie, la garde et les deux tiers de l'armée avaient passé le défilé.

Le duc de Tarente et le prince Poniatowski furent chargés de garder les faubourgs, de les défendre assez de temps pour laisser tout déboucher et d'exécuter eux-mêmes le passage du défilé vers onze heures.

Le magistrat de Leipsick envoya, à six heures du matin, une députation au prince de Schwartzenberg pour lui demander de ne pas rendre la ville le théâtre d'un combat qui entraînerait sa ruine.

A neuf heures l'Empereur monta à cheval, entra dans Leipsick et alla voir le roi. Il a laissé ce prince maître de faire ce qu'il voudrait et de ne pas quitter ses États, en les laissant exposés à cet esprit de sédition qu'on avait fomenté parmi les soldats. Un bataillon saxon avait été formé à Dresde et joint à la jeune garde. L'Empereur le fit ranger à Leipsick devant le palais du roi, pour lui servir de garde et pour le mettre à l'abri du premier mouvement de l'ennemi.

Une demi-heure après l'Empereur se rendit à Lindenau pour pour y attendre l'évacuation de Leipsick et voir les dernières troupes passer sur les ponts avant de se mettre en marche.

Cependant l'ennemi ne tarda pas à apprendre que la plus grande partie de l'armée avait évacué Leipsick et qu'il n'y restait qu'une forte arrière-garde. Il attaqua vivement le duc de Tarente et le prince Poniatowski; il fut plusieurs fois repoussé, et, tout en défendant les faubourgs, notre arrière-garde opéra sa retraite. Mais les Saxons restés dans la ville tirèrent sur nos troupes de dessus les remparts; ce qui obligea d'accélérer la retraite et mit un peu de désordre.

L'Empereur avait ordonné au génie de pratiquer des fougasses sous le grand pont qui est entre Leipsick et Lindenau, afin de le faire sauter au dernier moment, de retarder ainsi la marche de l'ennemi et de laisser le temps aux bagages de filer. Le général Dulauloy avait chargé le colonel Montfort de cette opération. Ce colonel, au lieu de rester sur les lieux pour la diriger et pour donner le signal, ordonna à un caporal et à quatre sapeurs de faire sauter le pont aussitôt que l'ennemi se présenterait. Le caporal, homme sans intelligence et comprenant mal sa mission, entendant les premiers coups de fusil tirés des remparts de la ville, mit le feu aux fougasses et fit sauter le pont : une partie de l'armée était encore de l'autre côté, avec un parc de quatre-vingts bouches à feu et de quelques centaines de voitures.

La tête de cette partie de l'armée, qui arrivait au pont, le voyant sauter, crut qu'il était au pouvoir de l'ennemi. Un cri d'épouvante se propagea de rang en rang : *L'ennemi est sur nos derrières, et les ponts sont coupés!* — Ces malheureux se débandèrent et cherchèrent à se sauver. Le duc de Tarente passa la rivière à la nage; le comte Lauriston, moins heureux, se noya ; le prince Poniatowski, monté sur un cheval fougueux, s'élança dans l'eau et n'a plus reparu. L'Empereur n'apprit ce désastre que lorsqu'il n'était plus temps d'y remédier ; aucun remède même n'eût été possible. Le colonel Montfort et la caporal de sapeurs sont traduits devant un conseil de guerre.

On ne peut encore évaluer les pertes occasionnées par ce malheureux événement ; mais on les porte, par approximation, à douze mille hommes et à plusieurs centaines de voitures. Les désordres qu'il a portés dans l'armée ont changé la situation des choses : l'armée française, victorieuse, arrive à Erfurt comme y arriverait une armée battue. Il est impossible de peindre les regrets que l'armée a donnés au prince Poniatowski, au comte Lauriston et à tous les braves qui ont péri par suite de ce funeste événement

On n'a pas de nouvelles du général Reynier ; on ignore s'il a été pris ou tué. On se figurera facilement la profonde douleur de l'Empereur, qui voit, par un oubli de ses prudentes dispositions, s'évanouir les résultats de tant de fatigues et de travaux.

. . . .
. . . .

Le 31 octobre 1813.

A S. M. l'Impératrice reine et régente.

Les deux régiments de cuirassiers du roi de Saxe faisant partie du premier corps de cavalerie étaient restés avec l'armée française. Lorsque l'Empereur eut quitté Leipsick, il leur fit écrire par le duc de Vicence, et les renvoya à Leipsick, pour servir de garde au roi.

Lorsqu'on fut certain de la défection de la Bavière, un bataillon bavarois était encore avec l'armée : S. M. a fait écrire au commandant de ce bataillon par le major-général.

L'Empereur est parti d'Erfurt le 25.

Notre armée a opéré tranquillement son mouvement sur le Mein. Arrivé le 29 à Gelnhausen, on aperçut un corps ennemi de cinq à six mille hommes, cavalerie, infanterie et artillerie, qu'on sut par les prisonniers être l'avant-garde de l'armée autrichienne et bavaroise. Cette avant-garde fut poussée et obligée de se retirer. On rétablit promptement le pont que l'ennemi avait coupé. On apprit aussi par les prisonniers que l'armée autrichienne et bavaroise, annoncée forte de soixante à soixante-dix mille hommes, venant de Braunau, était arrivée à Hanau et prétendait barrer le chemin à l'armée française.

Le 29 au soir les tirailleurs de l'avant-garde ennemie furent poussés au delà du village de Langensebolde; et à sept heures du soir l'Empereur et son quartier général étaient dans ce village au château d'Issenbourg.

Le lendemain 30, à neuf heures du matin, l'Empereur monta à cheval. Le duc de Tarente se porta en avant avec cinq mille tirailleurs sous les ordres du général Charpentier. La cavalerie du général Sébastiani, la division de la garde, commandée par le général Friant, et la cavalerie de la vieille garde suivirent; le reste de l'armée était en arrière d'une marche.

L'ennemi avait placé six bataillons au village de Ruchingen, afin de couper toutes les routes qui pouvaient conduire sur le Rhin. Quelques coups de mitraille et une charge de cavalerie firent reculer précipitamment ces bataillons.

Arrivés sur la lisière du bois, à deux lieues de Hanau, les tirailleurs ne tardèrent pas à s'engager. L'ennemi fut acculé dans le bois jusqu'au point de jonction de la vieille et de la nouvelle route. Ne pouvant rien opposer à la supériorité de notre infanterie, il essaya de tirer parti de son grand nombre; il étendit le feu sur sa droite. Une brigade de deux mille tirailleurs du deuxième corps, commandée par le général Dubreton, fut engagée pour le contenir, et le général Sébastiani fit exécuter avec succès, dans l'éclairci du bois, plusieurs charges sur les tirailleurs ennemis. Nos cinq mille tirailleurs continrent ainsi toute l'armée ennemie, en gagnant insensiblement du temps, jusqu'à trois heures de l'après-midi.

L'artillerie étant arrivée, l'Empereur ordonna au général Curial de se porter au pas de charge sur l'ennemi avec deux bataillons de chasseurs de la vieille garde, et de le culbuter au delà du débouché ; au général Drouot de déboucher sur-le-champ avec cinquante pièces de canon ; au général Nansouty, avec tout le corps du général Sébastiani et la cavalerie de la vieille garde, de charger vigoureusement l'ennemi dans la plaine.

Toutes ces dispositions furent exécutées exactement.

Le général Curial culbuta plusieurs bataillons ennemis. Au seul aspect de la vieille garde les Autrichiens et les Bavarois fuirent épouvantés.

Quinze pièces de canon et successivement jusqu'à cinquante furent placées en batterie avec l'activité et l'intrépide sang-froid qui distinguent le général Drouot. Le général Nansouty se porta sur la droite de ces batteries et fit charger dix mille hommes de cavalerie ennemie par le général Levêque, major de la vieille garde, par la division de cuirassiers Saint-Germain, et successivement par les grenadiers et les dragons de la cavalerie de la garde. Toutes ces charges eurent le plus heureux résultat. La cavalerie ennemie fut culbutée et sabrée ; plusieurs carrés d'infanterie furent enfoncés ; le régiment autrichien Jordis et les hulans du prince de Schwartzenberg ont été entièrement détruits. L'ennemi abandonna précipitamment le chemin de Francfort qu'il barrait et tout le terrain qu'occupait sa gauche. Il se mit en retraite et bientôt en complète déroute.

Il était cinq heures. Les ennemis firent un effort sur leur droite pour dégager leur gauche et donner le temps à celle-ci de se replier. Le général Friant envoya deux bataillons de la vieille garde à une ferme située sur le vieux chemin de Hanau. L'ennemi en fut promptement débusqué, et sa droite fut obligée de plier et de se mettre en retraite. Avant six heures du soir il repassa en déroute la petite rivière de la Kintzig.

La victoire fut complète.

L'ennemi, qui prétendait barrer tout le pays, fut obligé d'évacuer le chemin de Francfort et de Hanau.

Nous avons fait six mille prisonniers et pris plusieurs drapeaux et plusieurs pièces de canon. L'ennemi a eu six généraux tués ou blessés. Sa perte a été d'environ dix mille hommes tués, blessés ou prisonniers. La nôtre n'est que de quatre à cinq cents hommes tués ou blessés. Nous n'avons eu d'engagés que cinq mille tirailleurs, quatre bataillons de la vieille garde et à peu près quatre-vingts escadrons de cavalerie et cent vingt pièces de canon.

A la pointe du jour, le 31, l'ennemi s'est retiré, se dirigeant sur Aschaffenbourg. L'Empereur a continué son mouvement, et à trois heures après midi S. M. était à Francfort.

Les drapeaux pris à cette bataille et ceux qui ont été pris aux batailles de Wachau et de Leipsick sont partis pour Paris.

Les cuirassiers, les grenadiers à cheval, les dragons ont fait de brillantes charges. Deux escadrons de gardes d'honneur du troisième régiment, commandés par le major Saluces, se sont spécialement distingués, et font présumer ce qu'on doit attendre de ce corps au printemps prochain, lorsqu'il sera parfaitement organisé et instruit.

Le général d'artillerie de l'armée Nourrit et le général Devaux, major d'artillerie de la garde, ont mérité d'être distingués; le général Letort, major des dragons de la garde, quoique blessé à la bataille de Wachau, a voulu charger à la tête de son régiment et a eu son cheval tué.

Le 31 au soir le grand quartier général était à Francfort.

Le duc de Trévise, avec deux divisions de la jeune garde et le premier corps de cavalerie, était à Gelnhaussen. Le duc de Reggio arrivait à Francfort.

Le comte Bertrand et le duc de Raguse étaient à Hanau.

Le général Sébastiani était sur la Nida.

Francfort, le 1er novembre 1813.

Extrait d'une lettre de l'Empereur à l'Impératrice.

« Madame et très-chère épouse, je vous envoie vingt drapeaux pris par mes armées aux batailles de Wachau, de Leipsick et de Hanau; c'est un hommage que j'aime à vous rendre. Je désire que vous y voyiez une marque de ma grande satisfaction de votre conduite pendant la régence que je vous ai confiée.

« NAPOLÉON. »

Le 3 novembre 1813.

A S. M. l'Impératrice reine et régente.

Le 30 octobre, dans le moment où se livrait la bataille de Hanau, le général Lefebvre-Desnouettes, à la tête de sa division de cavalerie et du cinquième corps de cavalerie, commandé par le général Milhaud, flanquait toute la droite de l'armée, du côté de Bruckœbel et de Nieder-Issengheim. Il se trouvait en présence d'un corps de cavalerie russe et alliée de six à sept mille hommes : le combat s'engagea ; plusieurs charges eurent lieu, toutes à notre avantage ; et ce corps ennemi, formé par la réunion de deux ou trois partisans, fut rompu et vivement poursuivi. Nous lui avons fait cent cinquante prisonniers montés. Notre perte est d'une soixantaine d'hommes blessés.

Le lendemain de la bataille de Hanau l'ennemi était en pleine retraite ; l'Empereur ne voulut point le poursuivre, l'armée se trouvant fatiguée et S. M., bien loin d'y attacher quelque importance, ne pouvant voir qu'avec regret la destruction de quatre à cinq mille Bavarois, qui aurait été le résultat de cette poursuite. S. M. se contenta donc de faire poursuivre légèrement l'arrière-garde ennemie, et laissa le général Bertrand sur la rive droite de la Kintzig.

Vers les trois heures de l'après-midi l'ennemi, sachant que l'armée avait filé, revint sur ses pas, espérant avoir quelque avantage sur le corps du général Bertrand. Les divisions Morand et Guilleminot lui laissèrent faire ses préparatifs pour le passage de la Kintzig, et, quand il l'eut passée, marchèrent à lui à la baïonnette, et le culbutèrent dans la rivière, où la plus grande partie de ses gens se noyèrent. L'ennemi a perdu trois mille hommes dans cette circonstance.

Le général bavarois de Wrède, commandant en chef de cette armée, a été mortellement blessé ; et on a remarqué que tous les parents qu'il avait dans l'armée ont péri dans la bataille de Hanau, entre autres son gendre le prince d'Oettingen.

Une division bavaroise-autrichienne est entrée le 30 octobre, à midi, à Francfort ; mais à l'approche des coureurs de l'armée française, elle s'est retirée sur la rive gauche du Mein après avoir coupé le pont.

Le 2 novembre l'arrière-garde française a évacué Francfort, et s'est portée sur la Nidda.

Le même jour, à cinq heures du matin, l'Empereur est entré à Mayence.

On suppose, dans le public, que le général de Wrède a été l'auteur et l'agent principal de la défection de la Bavière. Ce général avait été comblé des bienfaits de l'Empereur.

On croyait que S. M. ne tarderait pas à se rendre à Paris.

S. M. l'Empereur est arrivée le 9, à cinq heures après midi, à Saint-Cloud.

S. M. avait quitté Mayence le 8, à une heure du matin.

Paris, 14 novembre 1813.

Réponse de l'Empereur à une députation du Sénat.

« Sénateurs,

« J'agrée les sentiments que vous m'exprimez.

« Toute l'Europe marchait avec nous il y a un an; toute l'Europe marche aujourd'hui contre nous : c'est que l'opinion du monde est faite par la France ou par l'Angleterre. Nous aurions donc tout à redouter sans l'énergie et la puissance de la nation.

« La postérité dira que, si de grandes et critiques circonstances se sont présentées, elles n'étaient pas au-dessus de la France et de moi. »

Paris, 19 décembre 1813.

Discours de l'Empereur à l'ouverture extraordinaire du Corps législatif.

« Sénateurs, conseillers d'État, députés des départements au Corps législatif,

« D'éclatantes victoires ont illustré les armes françaises dans cette campagne. Des défections sans exemple ont rendu ces victoires inutiles. Tout a tourné contre nous. La France même serait en danger sans l'énergie et l'union des Français.

« Dans ces grandes circonstances ma première pensée a été de vous appeler près de moi. Mon cœur a besoin de la présence et de l'affection de mes sujets.

« Je n'ai jamais été séduit par la prospérité : l'adversité me trouverait au-dessus de ses atteintes.

« J'ai plusieurs fois donné la paix aux nations lorsqu'elles avaient tout perdu. D'une part de mes conquêtes j'ai élevé des trônes pour des rois qui m'ont abandonné.

« J'avais conçu et exécuté de grands desseins pour la prospérité et le bonheur du monde!......... Monarque et père, je sens tout ce que la paix ajoute à la sécurité des trônes et à celle des familles. Des négociations ont été entamées avec les puissances coalisées. J'ai adhéré aux bases préliminaires qu'elles ont présentées. J'avais donc l'espoir qu'avant l'ouverture de cette session le congrès de Manheim serait réuni ; mais de nouveaux retards, qui ne sont pas attribués à la France, ont différé ce moment, que presse le vœu du monde.

« J'ai ordonné qu'on vous communiquât toutes les pièces originales qui se trouvent au portefeuille de mon département des affaires étrangères. Vous en prendrez connaissance par l'intermédiaire d'une commission. Les orateurs de mon Conseil d'État vous feront connaître ma volonté sur cet objet.

« Rien ne s'oppose de ma part au rétablissement de la paix. Je connais et je partage tous les sentiments des Français ; je dis des Français, parce qu'il n'en est aucun qui désirât la paix au prix de l'honneur.

« C'est à regret que je demande à ce peuple généreux de nouveaux sacrifices, mais ils sont commandés par ses plus nobles et ses plus chers intérêts. J'ai dû renforcer mes armées par de nombreuses levées : les nations ne traitent avec sécurité qu'en déployant toutes leurs forces. Un accroissement dans les recettes devient indispensable. Ce que mon ministre des finances vous proposera est conforme au système de finances que j'ai établi. Nous ferons face à tout sans emprunt, qui consomme l'avenir, et sans papier-monnaie, qui est le plus grand ennemi de l'ordre social.

« Je suis satisfait des sentiments que m'ont montrés dans cette circonstance mes peuples d'Italie.

« Le Danemark et Naples sont seuls restés fidèles à mon alliance.

« La république des États-Unis d'Amérique continue avec succès sa guerre contre l'Angleterre.

« J'ai reconnu la neutralité des dix-neuf cantons suisses.

« Sénateurs, conseillers d'État, députés des départements au Corps législatif,

« Vous êtes les organes naturels de ce trône : c'est à vous de donner l'exemple d'une énergie qui recommande notre génération aux générations futures. Qu'elles ne disent pas de nous :
« Ils ont sacrifié les premiers intérêts du pays! Ils ont reconnu
« les lois que l'Angleterre a cherché en vain, pendant quatre
« siècles, à imposer à la France! »

« Mes peuples ne peuvent pas craindre que la politique de leur Empereur trahisse jamais la gloire nationale. De mon côté, j'ai la confiance que les Français seront constamment dignes d'eux et de moi! »

Paris, 23 décembre 1813.

Lettre de l'Empereur au président du Corps législatif.

« Monsieur le duc de Massa, président du Corps législatif, nous vous adressons la présente lettre close pour vous faire connaître que notre intention est que vous vous rendiez demain, 24 du courant, heure de midi, chez notre cousin le prince archichancelier de l'Empire, avec la commission nommée hier par le Corps législatif, en exécution de notre décret du 20 de ce mois, laquelle est composée des sieurs Raynouard, Lainé, Gallois, Flaugergue et Biran ; et ce à l'effet de prendre connaissance des pièces relatives à la négociation, ainsi que de la déclaration des puissances coalisées, qui seront communiquées par le comte Regnaud, ministre d'État, et le comte d'Hauterive, conseiller d'État, attaché à l'office des relations extérieures, lequel sera porteur desdites pièces et déclaration.

« Notre intention est aussi que notre dit cousin préside la commission.

« La présente n'étant à d'autres fins, je prie Dieu qu'il vous ait, monsieur le duc de Massa, en sa sainte garde.

« NAPOLÉON. »

Paris, 30 décembre 1813.

Réponse de l'Empereur à une députation du Sénat.

« Je suis sensible aux sentiments que vous m'exprimez.

« Vous avez vu, par les pièces que je vous ait fait communiquer, ce que je fais pour la paix. Les sacrifices que comportent les bases préliminaires que m'ont proposées les ennemis et que j'ai acceptées, je les ferais sans regret; ma vie n'a qu'un but, le bonheur des Français.

« Cependant le Béarn, l'Alsace, la Franche-Comté, le Brabant sont entamés. Les cris de cette partie de ma famille me déchirent l'âme! J'appelle les Français au secours des Français! J'appelle les Français de Paris, de la Bretagne, de la Normandie, de la Champagne, de la Bourgogne et d'autres départements au secours de leurs frères! Les abandonnerons-nous dans leur malheur? Paix et délivrance de notre territoire doit être notre cri de ralliement. A l'aspect de tout ce peuple en armes, l'étranger fuira ou signera la paix sur les bases qu'il a lui-même proposées. Il n'est plus question de recouvrer les conquêtes que nous avions faites. »

Paris, 31 décembre 1813.

Réponse de l'Empereur à une députation envoyée par le Corps législatif.

Le Corps législatif, ayant ensuite de ce rapport présenté une adresse à l'Empereur, en a reçu une réponse où on remarque ces passages :

J'ai supprimé l'impression de votre adresse; elle était incendiaire. Les onze douzièmes du Corps législatif sont composés de bons citoyens, je le reconnais et j'aurai des égards pour eux; mais un autre douzième renferme des factieux, et votre commission est de ce nombre....... Ce n'est pas dans le moment où l'on doit chasser l'ennemi de nos frontières que l'on doit exiger de moi un changement dans la constitution; il faut suivre l'exemple de l'Alsace, de la Franche-Comté et des Vosges. Les habitants s'adressent à moi pour avoir des armes et que je leur donne des partisans; aussi j'ai fait partir des aides de camp. Vous n'êtes point les représentants de la nation, mais les députés des départements. Je vous ai rassemblés pour avoir des consolations; ce n'est pas que je manque de courage, mais j'espérais que le Corps législatif m'en donnerait; au lieu de cela, il m'a trompé; au lieu du bien que j'attendais, il a fait du mal, peu de mal cependant, parce qu'il n'en pouvait beaucoup faire. Vous cherchez dans votre adresse à séparer le souverain de la nation. Moi seul je suis le représentant du peuple. Et qui de vous pourrait se charger d'un pareil fardeau? Le trône n'est que du bois recouvert de velours. Si je voulais vous croire, je céderais à l'ennemi plus qu'il ne me demande : vous aurez la paix dans trois mois, ou je périrai. C'est ici qu'il faut montrer de l'énergie; j'irai chercher les ennemis, et nous les renverrons. Ce n'est pas au moment où Huningue est bombardé, Béfort attaqué qu'il faut se plaindre de la constitution de l'État et de l'abus du pouvoir. Le Corps législatif n'est qu'une partie de l'État qui ne peut pas même entrer en comparaison avec le Sénat et le conseil d'État; au reste je ne suis à la tête de cette nation que parce que la constitution de l'État me convient. Si la France exigeait une autre constitution et qu'elle ne me convînt pas, je lui dirais de chercher un autre souverain.

C'est contre moi que les ennemis s'acharnent plus encore que contre les Français; mais pour cela seul faut-il qu'il me soit permis de démembrer l'État?

Est-ce que je ne sacrifie pas mon orgueil et ma fierté pour obtenir la paix? Oui, je suis fier parce que je suis courageux; je suis fier parce que j'ai fait de grandes choses pour la

France. L'adresse était indigne de moi et du Corps législatif.
. . . .

Paris, 23 janvier 1814.

Lettres-patentes signées au palais des Tuileries le 23 janvier 1814 et par lesquelles l'Empereur confère à S. M. l'Impératrice et reine Marie-Louise le titre de régente.

Napoléon, par la grâce de Dieu et les constitutions, empereur des Français, roi d'Italie, protecteur de la confédération suisse, etc.

A tous ceux qui ces présentes verront, salut.

Voulant donner à notre bien-aimée épouse l'Impératrice et reine Marie-Louise des marques de la haute confiance que nous avons en elle, attendu que nous sommes dans l'intention d'aller incessamment nous mettre à la tête de nos armées pour délivrer notre territoire de la présence de nos ennemis, nous avons résolu de conférer, comme nous conférons par ces présentes, à notre bien-aimée épouse l'Impératrice et reine le titre de *régente*, pour en exercer les fonctions en conformité de nos intentions et de nos ordres, tels que nous les aurons fait transcrire sur le livre de l'État; entendant qu'il soit donné connaissance aux princes grands dignitaires et à nos ministres desdits ordres et instructions, et qu'en aucun cas l'Impératrice ne puisse s'écarter de leur teneur dans l'exercice de ses fonctions de régente. Voulons que l'Impératrice régente préside en notre nom le Sénat, le Conseil d'État, le conseil des ministres et le conseil privé, notamment pour l'examen des recours en grâce, sur lesquels nous l'autorisons à prononcer après avoir entendu les membres dudit conseil privé. Toutefois notre intention n'est point que, par suite de la présidence conférée à l'Impératrice régente, elle puisse autoriser par sa signature la présentation d'aucun sénatus-consulte ou proclamer aucune loi de l'État, nous référant à cet égard au contenu des ordres et intentions mentionnés ci-dessus.

Mandons à notre cousin le prince archichancelier de l'Empire, de donner communication des présentes lettres-patentes au Sénat, qui les transcrira sur ses registres, et à notre grand juge ministre de la justice de les faire publier au Bulletin des Lois et de les adresser à nos cours impériales pour y être lues, publiées et transcrites sur les registres d'icelles.

NAPOLÉON.

Paris, 24 janvier 1814.

S. M. l'Empereur et roi, devant partir incessamment pour se mettre à la tête de ses armées, a conféré pour le temps de son absence la régence à S. M. l'Impératrice reine, par lettres-patentes datées d'hier 23.

Le même jour S. M. l'Impératrice reine a prêté serment, comme régente, entre les mains de l'Empereur et dans un conseil composé des princes français, des grands dignitaires, des ministres du cabinet et des ministres d'État.

Paris, 25 janvier 1814.

Ce matin, à sept heures, S. M. l'Empereur et roi est parti pour se mettre à la tête de ses armées.

ONZIÈME ÉPOQUE.

CAMPAGNE DE FRANCE.

Saint-Dizier, 28 janvier 1814.

A. S. M. l'Impératrice reine et régente.

L'ennemi était ici depuis deux jours, commettant les plus affreuses vexations : il ne respectait ni l'âge ni le sexe; les femmes et les vieillards étaient en butte à ses violences et à ses outrages. La femme du sieur Canard, riche fermier, âgée de cinquante ans, est morte des mauvais traitements qu'elle a éprouvés : son mari, plus que septuagénaire, est à la mort. Il serait trop douloureux de rapporter la liste des autres victimes. L'arrivée des troupes françaises, entrées hier dans notre ville, a mis un terme à nos malheurs. L'ennemi, ayant voulu opposer quelque résistance, a été bientôt mis en déroute avec une perte considérable. L'entrée de S. M. l'Empereur a donné lieu aux scènes les plus touchantes. Toute la population se pressait autour de lui; tous les maux paraissaient oubliés. Il nous rendait la sécurité pour tout ce que nous avons de plus cher. Un vieux colonel, M. Bouland, âgé de soixante-dix ans, s'est jeté à ses pieds, qu'il baignait de larmes de joie. Il exprimait tout à la fois la douleur qu'un brave soldat avait ressentie en voyant les ennemis souiller le sol natal et le bonheur de les voir fuir devant les aigles impériales.

Nous apprenons que le même enthousiasme qui a éclaté ici s'est manifesté à Bar à l'arrivée de nos troupes. L'ennemi avait déjà pris la fuite.

ONZIÈME ÉPOQUE.

A. S. M. l'Impératrice reine et régente.

Après la prise de Saint-Dizier, l'Empereur s'est porté sur les derrières de l'ennemi à Brienne, l'a battu le 29, et s'est emparé de la ville et du château après une affaire d'arrière-garde assez vive.

Brienne, 31 janvier 1814.

A. S. M. l'Impératrice reine et régente.

Ce n'est pas seulement une arrière-garde, c'est l'armée du général Blücher, forte de quarante mille hommes, qui était ici lorsqu'elle a été attaquée le 29 par notre armée. Le combat a été très-vif. L'ennemi a laissé la grande avenue qui mène au château, les rues, les places et les vergers encombrés de ses morts. Sa perte est au moins de quatre mille hommes, non compris beaucoup de prisonniers.

Le général Blücher ne savait pas que l'Empereur était à l'armée.

M. de Hardenberg, neveu du chancelier de Prusse et commandant le quartier général, a été pris au bas de la montée du château. Le général Blücher descendait alors du château, à pied, avec son état-major. Il a été lui-même au moment d'être fait prisonnier.

L'ennemi, pour embarrasser la poursuite des Français, a mis le feu aux maisons de la grande rue, qui étaient les plus belles de la ville. Il y a bien peu de nos citoyens qui n'aient éprouvé des violences personnelles pendant le court séjour de l'ennemi; il n'en est aucun qui n'ait été dépouillé de tout ce qu'il possédait.

Notre armée a poursuivi l'ennemi jusqu'à trois lieues de Bar-sur-Aube. Elle est belle, nombreuse et pleine d'ardeur. On est occupé à rétablir les différents ponts sur l'Aube.

Le 3 février 1814.

A. S. M. l'Impératrice reine et régente.

L'Empereur est entré à Vitry le 26 janvier.

Le général Blücher, avec l'armée de Silésie, avait passé la Marne et marchait sur Troyes. Le 26 l'ennemi entra à Brienne et continua sa marche; mais il dut perdre du temps pour rétablir le pont de Lesmont, sur l'Aube.

Le 27 l'Empereur fit attaquer Saint-Dizier. Le duc de Bellune se présenta devant cette ville; le général Duhesme culbuta l'arrière-garde ennemie, qui y était encore, et fit quelques centaines de prisonniers. A huit heures du matin l'Empereur arriva à Saint-Dizier; il est difficile de se peindre l'ivresse et la joie des habitants dans ce moment. Les vexations de toute espèce que commettent les ennemis et surtout les Cosaques sont au-dessus de tout ce que l'on peut dire.

Le 28 l'Empereur se porta sur Montierender.

Le 29, à huit heures du matin, le général Grouchy, qui commande la cavalerie, fit prévenir que le général Milhaud, avec le cinquième corps de cavalerie, était en présence, entre Maizières et Brienne, de l'armée ennemie commandée par le général Blücher et qu'on évaluait à quarante mille Russes et Prussiens, les Russes commandés par le général Sacken.

A quatre heures la petite ville de Brienne fut attaquée. Le général Lefèbvre-Desnouettes, commandant une division de cavalerie de la garde, et les généraux Grouchy et Milhaud exécutèrent plusieurs belles charges sur la droite de la route, et s'emparèrent de la hauteur de Perthe.

Le prince de la Moskowa se mit à la tête de six bataillons en colonnes serrées, et se porta sur la ville par le chemin de Maizières. Le général Château, chef d'état-major du duc de Bellune, à la tête de deux bataillons, tourna par la droite, et s'introduisit dans le château de Brienne par le parc.

Dans ce moment l'Empereur dirigea une colonne sur la route de Bar-sur-Aube, qui paraissait être la retraite de l'ennemi;

l'attaque fut vive et la résistance opiniâtre. L'ennemi ne s'attendait pas à une attaque aussi brusque et n'avait eu que le temps de faire revenir ses parcs du pont de Lesmont, où il comptait passer l'Aube pour marcher en avant. Cette contre-marche l'avait fort encombré.

La nuit ne mit pas fin au combat. La division Decouz, de la jeune garde, et une brigade de la division Meusnier furent engagées. La grande quantité de forces de l'ennemi et la belle situation de Brienne lui donnaient bien des avantages; mais la prise du château, qu'il avait négligé de garder en force, les lui fit perdre.

Vers les huit heures, voyant qu'il ne pouvait plus se maintenir, il mit le feu à la ville, et l'incendie se propagea avec rapidité, toutes les maisons étant de bois.

Profitant de cet événement, il chercha à reprendre le château, que le brave chef de bataillon Henders, du cinquante-sixième régiment, défendit avec intrépidité. Il joncha de morts toutes les approches du château et spécialement les escaliers du côté du parc. Ce dernier échec décida la retraite de l'ennemi, que favorisait l'incendie de la ville.

Le 30, à onze heures du matin, le général Grouchy et le duc de Bellune le poursuivirent jusqu'au delà du village de la Rothière, où ils prirent position.

La journée du 31 fut employée par nous à réparer le pont de Lesmont-sur-Aube, l'Empereur voulant se porter sur Troyes pour opérer sur les colonnes qui se dirigeaient par Bar-sur-Aube et par la route d'Auxerre sur Sens.

Le pont de Lesmont ne put être rétabli que le 1er février au matin. On fit filer sur-le-champ une partie des troupes.

A trois heures après-midi l'ennemi, ayant été renforcé de toute son armée, déboucha sur la Rothière et Dienville, que nous occupions encore. Notre arrière-garde fit bonne contenance. Le général Duhesme s'est fait remarquer en conservant la Rothière, et le général Gérard en conservant Dienville. Le corps autrichien du général Giulay, qui voulait passer de la rive gauche sur la droite et forcer le pont, a eu plusieurs de ses bataillons détruits. Le duc de Bellune tint toute la journée au hameau de la Giberie malgré l'énorme disproportion de son corps avec les forces qui l'attaquaient.

Cette journée, où notre arrière-garde tint dans une vaste plaine contre toute l'armée ennemie et des forces quintuples, est un des beaux faits d'armes de l'armée française.

Au milieu de l'obscurité de la nuit, une batterie d'artillerie de la garde, suivant le mouvement d'une colonne de cavalerie qui se portait en avant pour repousser une charge de l'ennemi, s'égara et fut prise. Lorsque les canonniers s'aperçurent de l'embuscade dans laquelle ils étaient tombés et virent qu'ils n'avaient pas le temps de se mettre en batterie, ils se formèrent aussitôt en escadron, attaquèrent l'ennemi et sauvèrent leurs chevaux et leurs attelages. Ils ont perdu quinze hommes tués ou faits prisonniers.

A dix heures du soir le prince de Neufchâtel, visitant les postes, trouva les deux armées si près l'une de l'autre qu'il prit plusieurs fois les postes de l'ennemi pour les nôtres. Un de ses aides-de-camp, se trouvant à dix pas d'une vedette, fut fait prisonnier. Le même accident est arrivé à plusieurs officiers russes qui portaient le mot d'ordre et qui se jetèrent dans nos postes croyant arriver sur les leurs.

Il y a eu peu de prisonniers de part et d'autre. Nous en avons fait deux cent cinquante.

Le 2 février, à la pointe du jour, toute l'arrière-garde de l'armée était en bataille devant Brienne. Elle prit successivement des positions pour achever de passer le pont de Lesmont et de rejoindre le reste de l'armée.

Le duc de Raguse, qui était en position sur le pont de Rosnay, fut attaqué par un corps autrichien qui avait passé derrière les bois. Il le repoussa, fit trois cents prisonniers et chassa l'ennemi au delà de la petite rivière de Voire.

Le 3 février, à midi, l'Empereur est entré dans Troyes.

Nous avons perdu au combat de Brienne le brave général Baste. Le général Lefèvre-Desnouettes a été blessé d'un coup de baïonnette. Le général Forestier a été grièvement blessé. Notre perte dans ces deux journées peut s'élever de deux à trois mille hommes tués ou blessés. Celle de l'ennemi est au moins du double.

Une division tirée du corps d'armée ennemi qui observe Metz, Thionville et Luxembourg et forte de douze bataillons s'est portée sur Vitry. L'ennemi a voulu entrer dans cette ville, que le général Montmarie et les habitants ont défendue. Il a jeté en vain des obus pour intimider les habitants; il a été reçu à coups de canon et repoussé à une lieue et demie. Le duc de Tarente arrivait à Châlons et marchait sur cette division.

Le 4 au matin le comte de Stadion, le comte Razumowski, lord Castlereagh et le baron de Humboldt sont arrivés à Châtillon-sur-Seine, où était déjà le duc de Vicence. Les premières visites ont été faites de part et d'autre, et le soir du même jour la première conférence des plénipotentaires devait avoir lieu.

A. S. M. l'Impératrice reine et régente.

L'Empereur a attaqué, hier à Champaubert, l'ennemi, fort de douze régiments et ayant quarante pièces de canon.

Le général en chef Ousouwieff a été pris avec tous ses généraux, tous ses colonels, officiers, canons, caissons et bagages.

On avait fait six mille prisonniers; le reste avait été jeté dans un étang ou tué sur le champ de bataille.

L'Empereur suit vivement le général Sacken, qui se trouve séparé d'avec le général Blücher.

Notre perte a été extrêmement légère; nous n'avons pas deux cents hommes à regretter.

A. S. M. l'Impératrice reine et régente.

Le 11 février, au point du jour, l'Empereur, parti de Champaubert après la journée du 10, a poussé un corps sur Châlons, pour contenir les colonnes ennemies qui s'étaient rejetées de ce côté.

Avec le reste de son armée il a pris la route de Montmirail.

A une lieue au delà il a rencontré le corps du général Blücher, et après deux heures de combat toute l'armée ennemie a été culbutée.

Jamais nos troupes n'ont montré plus d'ardeur.

L'ennemi, enfoncé de toutes parts, est dans une déroute complète : infanterie, artillerie, munitions, tout est en notre pouvoir ou culbuté.

Les résultats sont immenses ; l'armée russe est détruite.

L'Empereur se porte à merveille, et nous n'avons perdu personne de marque.

A. S. M. l'Impératrice reine et régente.

Le 12 février l'Empereur a poursuivi ses succès. Blücher cherchait à gagner Château-Thierry. Ses troupes ont été culbutées de position en position.

Un corps entier qui était resté réuni et qui protégeait sa retraite a été enlevé.

Cette arrière-garde était composée de quatre bataillons russes, trois bataillons prussiens et trois pièces de canon. Le général qui la commandait a aussi été pris.

Nos troupes sont entrées pêle-mêle avec l'ennemi dans Château-Thierry, et suivent, sur la route de Soissons, les débris de cette armée, qui est dans une horrible confusion.

Les résultats de la journée d'aujourd'hui sont trente pièces de canon et une quantité innombrable de voitures de bagages.

On comptait déjà trois mille prisonniers ; il en arrive à chaque instant. Nous avons encore deux heures de jour.

On compte parmi les prisonniers cinq à six généraux, qui sont dirigés sur Paris.

On croit le général en chef Sacken tué.

Le 7 février 1814.

A. S. M. l'Impératrice reine et régente.

Le 3 février, deux heures après son entrée à Troyes, S. M. a fait partir le duc de Trévise pour les Maisons-Blanches. Une division autrichienne, commandée par le prince Lichtenstein, s'était portée sur ce point, qui est à deux lieues de la ville ;

elle a été vivement repoussée et rejetée à deux lieues plus loin.

Le 4 au soir le quartier général de l'empereur de Russie était à Lusigny, près de Vandœuvre, à deux lieues de Troyes, où se trouvaient la garde russe et l'armée ennemie. L'ennemi voulait entrer le soir dans Troyes. Il marcha sur le pont de la Guillotière ; il y éprouva une vive résistance. Sa première attaque fut repoussée. Des cavaliers prisonniers lui apprirent que l'Empereur était à Troyes. Il jugea alors devoir faire d'autres dispositions. Au même moment le duc de Trévise faisait attaquer le pont de Clerey, qu'occupait la division du général Bianchi. L'ennemi fut chassé. Le général de division Briche, avec ses dragons, fit une charge dans laquelle il prit cent soixante hommes et en tua une centaine à l'ennemi.

Le lendemain 5 l'Empereur se disposait à passer le pont de la Guillotière et à attaquer l'ennemi, lorsque S. M. apprit qu'il avait battu en retraite et rétrogradé d'une marche sur Vandœuvre.

Le 6 les dispositions furent faites pour menacer Bar-sur-Seine. Quelques attaques eurent lieu sur cette route. On prit à l'ennemi une trentaine d'hommes, une pièce de canon et un caisson.

Pendant ce temps l'armée se mettait en marche pour Nogent, afin de tomber sur les colonnes ennemies qui ont occupé Châlons et Vitry et qui menaçaient Paris par la Ferté-sous-Jouarre et Meaux.

Le 7 au matin le duc de Tarente avait son quartier général près de Chaville, entre Epernay et Châlons.

Les divisions de gardes nationales d'élite venues à Montereau, de Normandie et de Bretagne se sont mises en mouvement sous le commandement du général Pajol.

La division de l'armée d'Espagne commandée par le général Leval est arrivée à Provins ; les autres suivent. Ces troupes sont composées de soldats qui ont fait les campagnes d'Autriche et de Pologne. Elles sont remplacées à l'armée d'Espagne par les cinq divisions de réserve.

Aujourd'hui 7, à midi, l'Empereur est arrivé à Nogent.

Tout est en mouvement pour manœuvrer.

L'exaspération des habitants est à son comble. L'ennemi commet partout les plus horribles vexations.

Toutes les mesures sont prises pour qu'au premier mouvement rétrograde il soit enveloppé de tous côtés.

Des millions de bras n'attendent que ce moment pour se lever. La terre sacrée que l'ennemi a violée sera pour lui une terre de feu qui le dévorera.

Le 12 février 1814.

A. S. M. l'Impératrice reine et régente.

Le 10 l'Empereur avait son quartier général à Sézanne.

Le duc de Tarente était à Meaux, ayant fait couper les ponts de la Ferté et de Tréport.

Le général Sacken et le général Yorck étaient à la Ferté, le général Blücher à Vertus et le général Alsuffiew à Champaubert. L'armée de Silésie ne se trouvait plus qu'à trois marches de Paris. Cette armée, sous le commandement en chef du général Blücher, se composait des corps de Sacken et de Langeron, formant soixante régiments d'infanterie russe, et de l'élite de l'armée prussienne.

Le 10, à la pointe du jour, l'Empereur se porta sur les hauteurs de Saint-Prix, pour couper en deux l'armée du général Blücher. A dix heures le duc de Raguse passa les étangs de Saint-Gond, et attaqua le village de Baye. Le neuvième corps russe, sous le commandement du général Alsuffiew et fort de douze régiments, se déploya et présenta une batterie de vingt-quatre pièces de canon. Les divisions Lagrange et Ricart, avec la cavalerie du premier corps, tournèrent les positions de l'ennemi par sa droite. A une heure après midi nous fûmes maîtres du village de Baye.

A deux heures la garde impériale se déploya dans les belles plaines qui sont entre Baye et Champaubert. L'ennemi se reployait et exécutait sa retraite. L'Empereur ordonna au général Girardin de prendre, avec deux escadrons de la garde de service, la tête du premier corps de cavalerie et de tourner l'ennemi, afin de lui couper le chemin de Châlons. L'ennemi, qui s'aperçut de ce mouvement, se mit en désordre. Le duc de Raguse fit enlever le village de Champaubert. Au même instant les cuirassiers chargèrent à la droite, et acculèrent les Russes à un lac entre la route d'Épernay et celle de Châlons. L'ennemi avait peu de cavalerie; se voyant sans retraite, ses masses se mêlèrent. Artillerie, infanterie, cavalerie, tout s'enfuit pêle-mêle dans les bois; deux mille se noyèrent dans le lac. Trente pièces de canon et deux cents voitures furent prises. Le général en chef, les généraux, les colonels, plus de cent officiers et quatre cents hommes furent faits prisonniers.

Ce corps de deux divisions et douze régiments devait présenter une force de dix-huit mille hommes : mais les maladies, les longues marches, les combats l'avaient réduit à huit mille hommes : quinze cents à peine sont parvenus à s'échapper à la faveur des bois et de l'obscurité. Le général Blücher était resté à son quartier général des Vertus, où il a été témoin des désastres de cette partie de son armée sans pouvoir y porter remède.

Aucun homme de la garde n'a été engagé, à l'exception de deux des quatre escadrons de service, qui se sont vaillamment comportés. Les cuirassiers du premier corps de cavalerie ont montré la plus rare intrépidité.

A huit heures du soir le général Nansouty, ayant débouché sur la chaussée, se porta sur Montmirail avec les divisions de cavalerie de la garde des généraux Colbert et Laferrière, s'empara de la ville et de six cents Cosaques qui l'occupaient.

Le 11, à cinq heures du matin, la division de cavalerie du général Guyot se porta également sur Montmirail. Différentes divisions d'infanterie furent retardées dans leur mouvement par la nécessité d'attendre leur artillerie. Les chemins de Sézanne à Champaubert sont affreux. Notre artillerie n'a pu s'en tirer que par la constance des canonniers, et au moyen des secours fournis avec empressement par les habitants, qui ont amené leurs chevaux.

Le combat de Champaubert, où une partie de l'armée russe a été détruite, ne nous a pas coûté plus de deux cents hommes tués ou blessés. Le général de division comte Lagrange est du nombre de ces derniers; il a été légèrement blessé à la tête.

L'Empereur arriva le 11, à dix heures du matin, à une demi-lieue en avant de Montmirail. Le général Nansouty était en position avec la cavalerie de la garde, et contenait l'armée de Sacken, qui commençait à se présenter. Instruit du désastre d'une partie de l'armée russe, ce général avait quitté la Ferté-sous-Jouarre le 10 à neuf heures du soir, et marché toute la nuit. Le général Yorck avait également quitté Château-Thierry. A onze heures du matin, le 11, il commençait à se former, et tout présageait la bataille de Montmirail, dont l'issue était d'une si haute importance. Le duc de Raguse, avec son corps et le premier corps de cavalerie, avait porté son quartier général à Étoges, sur la route de Châlons.

La division Ricart et la vieille garde arrivèrent sur les dix heures du matin. L'Empereur ordonna au prince de la Moskowa de garnir le village de Marchais, par où l'ennemi paraissait vouloir déboucher. Ce village fut défendu par la brave division du général Ricart avec une rare constance; il fut pris et repris plusieurs fois dans la journée.

A midi l'Empereur ordonna au général Nansouty de se porter sur la droite, coupant la route de Château-Thierry, et forma les seize bataillons de la première division de la vieille garde, sous le commandement du général Friant, en une seule colonne le long de la route, chaque colonne de bataillon étant éloignée de cent pas.

Pendant ce temps nos batteries d'artillerie arrivaient successivement. A trois heures le duc de Trévise, avec les seize bataillons de la deuxième division de la vieille garde, qui étaient partis le matin de Sézanne, déboucha sur Montmirail :

L'Empereur aurait voulu attendre l'arrivée des autres divisions; mais la nuit approchait. Il ordonna au général Friant de marcher avec quatre bataillons de la vieille garde, dont deux du 2ᵉ régiment de grenadiers et deux du 2ᵉ régiment de chasseurs, sur la ferme de l'Épine-aux-Bois, qui était la clef de la position, et de l'enlever. Le duc de Trévise se porta avec six bataillons de la deuxième division de la vieille garde sur la droite de l'attaque du général Friant.

De la position de la ferme de l'Épine-aux-Bois dépendait le

succès de la journée. L'ennemi le sentait. Il y avait placé quarante pièces de canon; il avait garni les haies d'un triple rang de tirailleurs et formé en arrière des masses d'infanterie.

Cependant, pour rendre cette attaque plus facile, l'Empereur ordonna au général Nansouty de s'étendre sur la droite, ce qui donna à l'ennemi l'inquiétude d'être coupé et le força de dégarnir une partie de son centre pour soutenir sa droite. Au même moment il ordonna au général Ricart de céder une partie du village de Marchais, ce qui porta aussi l'ennemi à dégarnir son centre pour renforcer cette attaque, dans la réussite de laquelle il supposait qu'était le gain de la bataille.

Aussitôt que le général Friant eut commencé son mouvement et que l'ennemi eut dégarni son centre pour profiter de l'apparence d'un succès qu'il croyait réel, le général Friant s'élança sur la ferme de la Haute-Épine avec les quatre bataillons de la vieille garde. Ils abordèrent l'ennemi au pas de course et firent sur lui l'effet de la tête de Méduse. Le prince de la Moskowa marchait le premier, et leur montrait le chemin de l'honneur. Les tirailleurs se retirèrent épouvantés sur les masses qui furent attaquées. L'artillerie ne put plus jouer; la fusillade devint alors effroyable, et le succès était balancé; mais, au même moment, le général Guyot, à la tête du 1er de lanciers, des vieux dragons et des vieux grenadiers de la garde impériale, qui défilaient sur la grande route au grand trot et aux cris de *vive l'Empereur*, passa à la droite de la Haute-Épine; ils se jetèrent sur les derrières des masses d'infanterie, les rompirent, les mirent en désordre et tuèrent tout ce qui ne fut pas fait prisonnier. Le duc de Trévise, avec six bataillons de la division du général Michel, secondait alors l'attaque de la vieille garde, arrivait au bois, enlevait le village de Fontenelle et prenait tout un parc ennemi.

La division des gardes d'honneur défila après la vieille garde sur la grande route, et, arrivée à la hauteur de l'Epine-aux-Bois, fit un à gauche pour enlever ce qui s'était avancé sur le village de Marchais. Le général Bertrand, grand-maréchal du palais, et le maréchal duc de Dantzick, à la tête de deux bataillons de la vieille garde, marchèrent en avant sur le village et le mirent entre deux feux. Tout ce qui s'y trouvait fut pris ou tué.

En moins d'un quart d'heure un profond silence succéda au bruit du canon et d'une épouvantable fusillade. L'ennemi ne chercha plus son salut que dans la fuite : généraux, officiers, soldats, infanterie, cavalerie, artillerie, tout s'enfuit pêle-mêle.

A huit heures du soir, la nuit étant obscure, il fallut prendre position. L'Empereur prit son quartier général à la ferme de l'Épine-aux-Bois.

Le général Michel, de la garde, a été blessé d'une balle au bras. Notre perte s'élève au plus à mille hommes tués ou blessés. Celle de l'ennemi est au moins de huit mille tués ou prisonniers; on lui a pris beaucoup de canons et six drapeaux. Cette mémorable journée, qui confond l'orgueil et la jactance de l'ennemi, a anéanti l'élite de l'armée russe. Le quart de notre armée n'a pas été engagé.

Le lendemain 12, à neuf heures du matin, le duc de Trévise suivit l'ennemi sur la route de Château-Thierry. L'Empereur, avec deux divisions de cavalerie de la garde et quelques bataillons, se rendit à Vieux-Maisons, et de là prit la route qui va droit à Château-Thierry. L'ennemi soutenait sa retraite avec huit bataillons qui étaient arrivés tard la veille et qui n'avaient pas donné. Il les appuyait de quelques escadrons et de trois pièces de canon. Arrivé au petit village des Carquerets, il parut vouloir défendre la position qui est derrière le ruisseau et couvrir le chemin de Château-Thierry.

Une compagnie de la vieille garde se porta sur la Petite-Noue, culbuta les tirailleurs de l'ennemi, qui fut poursuivi jusqu'à sa dernière position. Six bataillons de la vieille garde, à toute distance de déploiement, occupaient la plaine, à cheval sur la grande route.

Le général Nansouty, avec les divisions de cavalerie des généraux Laferrière et Defrance, eut ordre de faire un mouvement à droite et de se porter entre Château-Thierry et l'arrière-garde ennemie. Ce mouvement fut exécuté avec autant d'habileté que d'intrépidité.

La cavalerie ennemie se porta de tous les points sur sa gauche pour s'opposer à la cavalerie française ; elle fut culbutée et forcée de disparaître du champ de bataille.

Le brave général Letort, avec les dragons de la seconde division de la garde, après avoir repoussé la cavalerie de l'ennemi, s'élança sur les flancs et les derrières de huit masses d'infanterie qui formaient l'arrière-garde ennemie. Cette division brûlait d'égaler ce que les chevau-légers, les dragons et les grenadiers à cheval du général Guyot avaient fait la veille. Elle enveloppa de tous côtés ces masses, et en fit un horrible carnage. Les trois pièces de canon, le général russe Frendenreich, qui commandait cette arrière-garde, ont été pris. Tout ce qui composait ces bataillons a été tué ou fait prisonnier. Le nombre de prisonniers faits dans cette brillante affaire s'élève à plus de deux mille hommes. Le colonel Curely, du 10e de hussards, s'est fait remarquer. Nous arrivâmes alors sur les hauteurs de Château-Therry, d'où nous vîmes les restes de cette armée fuyant dans le plus grand désordre et gagnant en toute hâte ses ponts. Les grandes routes leur étaient coupées ; ils cherchèrent leur salut sur la rive droite de la Marne. Le prince Guillaume de Prusse, qui était resté à Château-Thierry avec une réserve de deux mille hommes, s'avança à la tête des faubourgs pour protéger la fuite de cette masse désorganisée. Deux bataillons de la garde arrivèrent alors au pas de course. A leur aspect le faubourg et la rive gauche furent nettoyés ; l'ennemi brûla ses ponts, et démasqua sur la rive droite une batterie de douze pièces de canon : cinq cents hommes de la réserve du prince Guillaume ont été pris.

Le 12 au soir l'Empereur a pris son quartier-général au petit château de Nesle.

Le 13, dès la pointe du jour, on s'est occupé à réparer les ponts de Château-Thierry.

L'ennemi, ne pouvant se retirer ni sur la route d'Épernay, qui lui était coupée, ni sur celle qui passe par la ville de Soissons, que nous occupons, a pris la traverse dans la direction de Reims. Les habitants assurent que de toute cette armée il n'est pas passé à Château-Thierry dix mille hommes, dans le plus grand désordre, Peu de jours auparavant ils l'avaient vue florissante et pleine de jactance. Le général d'Yorck disait que dix obusiers suffiraient pour se rendre maître de Paris. En allant ces troupes ne parlaient que de Paris; en revenant c'est la paix qu'elles invoquaient.

On ne peut se faire une idée des excès auxquels se livrent les Cosaques; il n'est point de vexations, de cruautés, de crimes que ces hordes de barbares n'aient commis. Les paysans les poursuivent, les attaquent dans les bois comme des bêtes féroces, s'en saisissent et les mènent partout où il y a des troupes françaises. Hier ils en ont conduit plus de trois cents à Vieux-Maisons. Tous ceux qui se sont cachés dans les bois pour échapper aux vainqueurs tombent dans leurs mains et augmentent à chaque instant le nombre des prisonniers.

Le 15 février au matin.

A S. M. l'Impératrice reine et régente.

Le 13, à trois heures après midi, le pont de Château-Thierry fut raccommodé. Le duc de Trévise passa la Marne et se mit à la suite de l'ennemi, qui, dans un épouvantable désordre, paraît s'être retiré sur Soissons et sur Reims par la route de traverse de la Fère en Tardenois.

Le général Blücher, commandant en chef toute l'armée de Silésie, était constamment resté à Vertus pendant les trois jours qui ont anéanti son armée. Il recueillit douze cents hommes des débris du corps du général Alsuffiew, battu à Champaubert, qu'il réunit à une division russe du corps de Langeron, arrivée de Mayence et commandée par le lieutenant général Ouroussoff. Il était trop faible pour entreprendre quelque chose; mais le 13 il fut joint par un corps prussien du général Kleist, composé de quatre brigades. Il se mit alors à la tête de ces vingt mille hommes et marcha contre le duc de Raguse, qui occupait toujours Étoges. Dans la nuit du 13 au 14, ne jugeant pas ses forces suffisantes pour se mesurer contre l'ennemi, le duc de Raguse se mit en retraite et s'appuya sur Montmirail, où il était de sa personne le 14 à sept heures du matin.

L'Empereur partit le même jour de Château-Thierry à quatre

heures du matin, et arriva à huit heures à Montmirail. Il fit sur-le-champ attaquer l'ennemi, qui venait de prendre position avec le corps de ses troupes au village de Vauchamp. Le duc de Raguse attaqua ce village. Le général Grouchy, à la tête de la cavalerie, tourna la droite de l'ennemi par les villages et par les bois et se porta à une lieue au delà de la position de l'ennemi. Pendant que le village de Vauchamp était attaqué vigoureusement, défendu de même, pris et repris plusieurs fois, le général Grouchy arriva sur les derrières de l'ennemi, entoura et sabra trois carrés et accula le reste dans les bois. Au même instant l'Empereur fit charger par notre droite ses quatre escadrons de service, commandés par le chef d'escadron de la garde La Biffe. Cette charge fut aussi brillante qu'heureuse. Un carré de deux mille hommes fut enfoncé et pris. Toute la cavalerie de la garde arriva alors au grand trot, et l'ennemi fut poussé l'épée dans les reins. A deux heures nous étions au village de Fromentières; l'ennemi avait perdu six mille hommes faits prisonniers, dix drapeaux et trois pièces de canon.

L'Empereur ordonna au général Grouchy de se porter sur Champaubert, à une lieue sur les derrières de l'ennemi. En effet l'ennemi, continuant sa retraite, arriva sur ce point à la nuit. Il était entouré de tous côtés, et tout aurait été pris si le mauvais état des chemins avait permis à douze pièces d'artillerie légère de suivre la cavalerie du général Grouchy. Toutefois, quoique la nuit fût obscure, trois carrés de cette infanterie furent enfoncés, tués ou pris, et les autres poursuivis vivement jusqu'à Étoges; la cavalerie s'empara aussi de trois pièces de canon. L'arrière-garde ennemie était faite par la division russe; elle fut attaquée par le 1er régiment de marine du duc de Raguse, abordée à la baïonnette, rompue; on lui fit mille prisonniers, avec le lieutenant-général Ouroussoff, qui la commandait, et plusieurs colonels.

Les résultats de cette brillante journée sont dix mille prisonniers, dix pièces de canon, dix drapeaux et un grand nombre d'hommes tués à l'ennemi.

Notre perte n'excède pas trois ou quatre cents hommes tués ou blessés, ce qui est dû à la manière franche dont les troupes ont abordé l'ennemi et à la supériorité de notre cavalerie, qui le décida, aussitôt qu'il s'en aperçut, à mettre son artillerie en retraite, de sorte qu'il a marché constamment sous la mitraille de soixante bouches à feu et que des soixante pièces de canon qu'il avait il ne nous en a opposé que deux ou trois.

Le prince de Neufchâtel, le grand maréchal du palais comte Bertrand, le duc de Dantzick et le prince de la Moskowa ont constamment été à la tête des troupes.

Le général Grouchy fait le plus grand éloge des divisions de cavalerie Saint-Germain et Doumerc. La cavalerie de la garde s'est couverte de gloire ; rien n'égale son intrépidité. Le général Lion, de la garde, a été légèrement blessé. Le duc de Raguse fait une mention particulière du 1er régiment de marine ; le reste de l'infanterie, soit de la garde, soit de la ligne, n'a pas tiré un coup de fusil.

Ainsi cette armée de Silésie, composée des corps russes de Sacken et de Langeron, des corps prussiens d'Yorck et de Kleist et forte de près de quatre-vingt mille hommes, a été, en quatre jours, battue, dispersée, anéantie sans affaire générale et sans occasionner aucune perte proportionnée à de si grands résultats.

Le 17 février au matin.

A S. M. l'Impératrice reine et régente.

L'Empereur, en partant de Nogent le 9, pour manœuvrer sur les corps ennemis qui s'avançaient par la Ferté et Meaux sur Paris, laissa les corps du duc de Bellune et du général Gérard en avant de Nogent ; le 7e corps du duc de Reggio à Provins, chargé de la défense des ponts de Bray et de Montereau, et le général Pajol sur Montereau et Melun.

Le duc de Bellune, ayant eu avis que plusieurs divisions de l'armée autrichienne avaient marché de Troyes, dans la journée du 10, pour s'avancer sur Nogent, fit repasser la Seine à son corps d'armée, laissant le général Bourmont avec douze cents hommes à Nogent pour la défense de la ville.

L'ennemi se présenta le 11 pour entrer dans Nogent. Il renouvela ses attaques toute la journée, et toujours en vain ; il fut vivement repoussé avec perte de quinze cents hommes tués ou blessés.

Le général Bourmont avait barricadé les rues, crénelé les maisons et pris toutes ses mesures pour une vigoureuse défense. Ce général, qui est un officier de distinction, fut blessé au genou ; le colonel Ravier le remplaça. L'ennemi renouvela l'attaque le 12, mais toujours infructueusement. Nos jeunes troupes se sont couvertes de gloire.

Ces deux journées ont coûté à l'ennemi plus de deux mille hommes.

Le duc de Bellune, ayant appris que l'ennemi avait passé à Bray, jugea convenable de faire couper le pont de Nogent, et se porta sur Nangis. Le duc de Reggio ordonna de faire sauter les ponts de Montereau et de Melun et se retira sur la rivière d'Yères.

Le 16 l'Empereur est arrivé sur l'Yères, et a porté son quartier général à Guignes.

Le soir de la bataille de Vauchamp (le 14), le duc de Raguse fit attaquer l'ennemi à huit heures sur Étoges ; il lui a pris neuf pièces de canon, et il a achevé la destruction de la division russe : on a compté sur ce seul point, au champ de bataille, treize cents morts.

Les succès obtenus à la bataille de Vauchamp ont été beaucoup plus considérables qu'on ne l'a annoncé.

L'exaspération des habitants de la campagne est à son comble. Les atrocités commises par les Cosaques surpassent tout ce que l'on peut imaginer. Dans leur féroce ivresse, ils ont porté leurs attentats sur des femmes de soixante ans et sur des jeunes filles de douze ; ils ont ravagé et détruit les habitations. Les paysans, ne respirant que la vengeance, conduits par des vieux militaires réformés et armés avec des fusils de l'ennemi ramassés sur le champ de bataille, battent les bois et font main-basse sur tout ce qu'ils rencontrent : on estime déjà à plus de deux mille hommes ceux qu'ils ont pris ; ils en ont tué plusieurs centaines. Les Russes épouvantés se rendent à nos colonnes de prisonniers, pour y trouver un asile. Les mêmes causes produiront les mêmes effets dans tout l'empire ; et ces armées qui entraient, disaient-elles, sur notre territoire pour y porter la paix, le bonheur, les sciences et les arts, y trouveront leur anéantissement.

A S. M. l'Impératrice reine et régente.

L'Empereur a fait marcher, le 18 au matin, sur les ponts de Bray et de Montereau.

Le duc de Reggio s'est porté sur Provins.

S. M., étant informée que le corps du général de Wrede et des Wurtembergeois était en position à Montereau, s'y est portée avec les corps du duc de Bellune et du général Gérard, la garde à pied et à cheval.

De son côté, le général Pajol marchait de Melun sur Montereau.

L'ennemi a défendu la position.

Il a été culbuté si vivement que la ville et les ponts sur l'Yonne et la Seine ont été enlevés de vive force ; de sorte que ces ponts sont intacts, et nous les passons pour suivre l'ennemi.

Nous avons en ce moment environ trois mille prisonniers bavarois et wurtembergeois, dont un général, et cinq pièces de canon.

Le 19 février 1814.

A S M. l'Impératrice reine et régente.

Le duc de Raguse marchait sur Châlons lorsqu'il apprit qu'une colonne de la garde impériale russe, composée de deux divisions de grenadiers, se portait sur Montmirail. Il fit volte-face, marcha à l'ennemi, lui prit trois cents hommes, le repoussa sur Sézanne, d'où les mouvements de l'Empereur ont obligé ce corps à se porter à marches forcées sur Troyes.

Le comte Grouchy, avec la division d'infanterie du général Leval et trois divisions du 2e corps de cavalerie, passait à la Ferté-sous-Jouarre.

Les avant-postes du duc de Trévise étaient entrés à Soissons.

Le 17, à la pointe du jour, l'Empereur a marché de Guignes sur Nangis. Le combat de Nangis a été des plus brillants.

Le général en chef russe Wittgenstein était à Nangis avec trois divisions qui formaient son corps d'armée.

Le général Pahlen, commandant les 3e et 14e divisions russes et beaucoup de cavalerie, était à Mormant.

Le général de division Gérard, officier de la plus haute espérance, déboucha au village de Mormant sur l'ennemi. Un bataillon du 32e régiment d'infanterie, toujours digne de son ancienne réputation, qui le fit distinguer il y a vingt ans par l'Empereur aux batailles de Castiglione, entra dans le village au pas de charge. Le comte de Valmy, à la tête des dragons du général Treilhard venant d'Espagne et qui arrivaient à l'armée, tourna le village par sa gauche. Le comte Milhaud, avec le 5e corps de cavalerie, le tourna par sa droite. Le comte Drouot s'avança avec de nombreuses batteries. Dans un instant tout fut décidé. Les carrés formés par les divisions russes furent enfoncés. Tout fut pris, généraux et officiers : six mille prisonniers, dix mille fusils, seize pièces de canon et quarante caissons sont tombés en notre pouvoir. Le général Wittgenstein a manqué d'être pris : il s'est sauvé en toute hâte sur Nogent. Il avait annoncé au sieur Billy, chez lequel il logeait à Provins, qu'il serait le 18 à Paris. En retournant il ne s'arrêta qu'un quart d'heure, et eut la franchise de dire à son hôte : « J'ai été bien battu; deux de mes divisions ont été prises; dans deux heures vous verrez les Français. »

Le comte de Valmy se porta sur Provins avec le duc de Reggio; le duc de Tarente sur Donnemarie.

Le duc de Bellune marcha sur Villeneuve-le-Comte. Le général de Wrede, avec ses deux divisions bavaroises, y était en position. Le général Gérard les attaqua et les mit en déroute. Les huit ou dix mille hommes qui composaient le corps bavarois étaient perdus si le général Lhéritier, qui commande une division de dragons, avait chargé comme il le devait; mais ce général, qui s'est distingué dans tant d'occasions, a manqué celle qui s'offrait à lui. L'Empereur lui en a fait témoigner son mécontentement. Il ne l'a pas fait traduire à un conseil d'enquête, certain que, comme à Hoff en Prusse et à Znaïm en Moravie, où il commandait le 10ᵉ regiment de cuirassiers, il méritera des éloges et réparera sa faute.

S. M. a témoigné sa satisfaction au comte de Valmy, au général Treilhard et à sa division, au général Gérard et à son corps d'armée.

L'Empereur a passé la nuit du 17 au 18 au château de Nangis.

Le 18, à la pointe du jour, le général Château s'est porté sur Montereau. Le duc de Bellune devait y arriver le 17 au soir. Il s'est arrêté à Salins : c'est une faute grave. L'occupation des ponts de Montereau aurait fait gagner à l'Empereur un jour et permis de prendre l'armée autrichienne en flagrant délit.

Le général Château arriva devant Montereau à dix heures du matin ; mais dès neuf heures le général Bianchi, commandant le 1ᵉʳ corps autrichien, avait pris position avec deux divisions autrichiennes et la division wurtembergeoise sur les hauteurs en avant de Montereau, couvrant les ponts et la ville. Le général Château l'attaqua : n'étant pas soutenu par les autres divisions du corps d'armée, il fut repoussé. Le sieur Lecouteulx, qui avait été envoyé le matin en reconnaissance, ayant eu son cheval tué, a été pris. C'est un intrépide jeune homme.

Le général Gérard soutint le combat pendant toute la matinée. L'Empereur s'y porta au galop. A deux heures après midi il fit attaquer le plateau. Le général Pajol, qui marchait par la route de Melun, arriva sur ces entrefaites, exécuta une belle charge, culbuta l'ennemi et le jeta dans la Seine et dans l'Yonne. Les braves chasseurs du 7ᵉ débouchèrent sur les ponts, que la mitraille de plus soixante pièces de canon empêcha de faire sauter, et nous obtînmes le double résultat de pouvoir passer les ponts au pas de charge, de prendre quatre mille hommes, quatre drapeaux, six pièces de canon et de tuer quatre à cinq mille hommes à l'ennemi.

Les escadrons de service de la garde débouchèrent dans la plaine. Le général Duhesme, officier d'une rare intrépidité et d'une longue expérience, déboucha sur le chemin de Sens ; l'ennemi fut poussé dans toutes les directions, et notre armée défila sur les ponts. La vieille garde n'eut qu'à se montrer ; l'ardeur des troupes du général Gérard et du général Pajol l'empêcha de participer à l'affaire.

Les habitants de Montereau n'étaient pas restés oisifs ; des coups de fusil tirés par les fenêtres augmentèrent les embarras de l'ennemi. Les Autrichiens et les Wurtembergeois jetèrent leurs armes. Un général wurtembergeois a été tué. Un général autrichien a été pris, ainsi que plusieurs colonels, parmi lesquels se trouve le colonel du régiment de Collorédo, pris avec son état-major et son drapeau.

Dans la même journée les généraux Charpentier et Alix débouchèrent de Melun, traversèrent la forêt de Fontainebleau et en chassèrent les Cosaques et une brigade autrichienne. Le général Alix arriva à Moret.

Le duc de Tarente arriva devant Bray.

Le duc de Reggio poursuivit les partis ennemis de Provins sur Nogent.

Le général de brigade Montbrun, qui avait été chargé, avec dix-huit cents hommes de défendre Moret et Fontainebleau, les avait abandonnés et s'était retiré sur Essonne. Cependant la forêt de Fontainebleau pouvait être disputée pied à pied. Le major général a ordonné la suspension du général Montbrun et l'a envoyé devant un conseil d'enquête.

Une perte qui a sensiblement affecté l'Empereur est celle du général Château. Ce jeune officier, qui donnait les plus grandes espérances, a été blessé mortellement sur le pont de Montereau, où il était avec les tirailleurs. S'il meurt, et le rapport des chirurgiens donne peu d'espoir, il mourra du moins accompagné des regrets de toute l'armée, mort digne d'envie et bien préférable à l'existence pour tout militaire qui ne la conserverait qu'en survivant à sa réputation et en étouffant les sentiments que doivent lui inspirer dans ces grandes circonstances la défense de la patrie et l'honneur du nom français.

Le palais de Fontainebleau a été conservé. Le général autrichien Hardeck, qui est entré dans la ville, y avait placé des sentinelles pour le défendre des excès des Cosaques, qui sont cependant parvenus à piller des portiers et à enlever des couvertures dans les écuries. Les habitants ne se plaignent point des Autrichiens, mais de ces Tartares, monstres qui déshonorent le souverain qui les emploie et les armées qui les protégent. Ces brigands sont couverts d'or et de bijoux. On a trouvé jusqu'à huit et dix montres sur ceux que les soldats et les paysans ont tués : ce sont de véritables voleurs de grands chemins.

L'Empereur a rencontré dans sa marche les gardes nationales de Brest et du Poitou. Il les a passées en revue : « Montrez, leur dit-il, de quoi sont capables les hommes de l'Ouest; ils furent de tout temps les fidèles défenseurs de leur pays et les plus fermes appuis de la monarchie. »

S. M. a passé la nuit du 19 au château de Surville, situé sur les hauteurs de Montereau.

Les habitants se plaignent beaucoup des vexations du prince royal de Wurtemberg.

Ainsi l'armée de Schwartzenberg se trouve entamée par la défaite de Kleist, ce corps en ayant toujours fait partie, par la défaite de Wittgenstein, par celle du corps bavarois, de la division wurtembergeoise et du corps du général Bianchi.

L'Empereur a accordé aux trois divisions de la vieille garde à cheval cinq cents décorations de la Légion d'honneur; il en a accordé également à la vieille garde à pied. Il en a donné cent à la cavalerie du général Treilhard et un pareil nombre à celle du général Milhaud.

On a recueilli une grande quantité de décorations de Saint-Georges, de Saint-Wladimir, de Sainte-Anne, prises sur les hommes qui couvrent les différents champs de bataille.

Notre perte dans les combats de Nangis et de Montereau ne s'élève pas à plus de quatre cents hommes tués ou blessés, ce qui, quoique invraisemblable, est pourtant l'exacte vérité.

La ville d'Épernay, ayant eu connaissance des succès de notre armée, a sonné le tocsin, barricadé ses rues, refusé le passage à une colonne de deux mille hommes et fait des prisonniers. Que cet exemple soit imité partout, et il est à présumer que bien peu d'hommes des armées ennemies repasseront le Rhin.

Les villes de Guise et Saint-Quentin ont aussi fermé leurs

portes et déclaré qu'elles ne les ouvriraient que s'il se présentait devant elles des forces suffisantes et de l'infanterie. Elles n'ont pas fait comme Reims, qui a eu la faiblesse d'ouvrir ses portes à cent cinquante Cosaques et qui, pendant huit jours, les a complimentés et bien traités. Nos annales conserveront le souvenir des populations qui ont manqué à ce qu'elles devaient à elles-mêmes et à l'honneur. Elles exalteront, au contraire, celles qui, comme Lyon, Châlons-sur-Saône, Tournus, Sens, Saint-Jean-de-Losnes, Vitry, Châlons-sur-Marne, ont payé leur dette envers la patrie, et se sont souvenues de ce qu'exigeait la gloire du nom français. La Franche-Comté, les Vosges et l'Alsace ne l'oublieront pas au moment du mouvement rétrograde des alliés. Le duc de Castiglione, qui a réuni à Lyon une armée d'élite, marche pour fermer la retraite aux ennemis.

Le 21 février 1814.

A S. M. l'Impératrice reine et régente.

Le baron Marulaz, commandant à Besançon, écrit ce qui suit :

Le 31 janvier l'ennemi a fait une attaque du côté de Bréguille dans la nuit ; il a fait jouer sur la ville deux batteries d'obusiers et de canons, et il a tenté une attaque sur le fort de Chandonne ; il a partout été repoussé aux cris de *vive l'Empereur*. Il a perdu plus de douze cents hommes. Quelque part que l'ennemi se présente, nous sommes en mesure de le bien recevoir.

Tous les Cosaques qui s'étaient répandus jusqu'à Orléans se reploient en toute hâte. Partout les paysans les poursuivent, en prennent et en tuent un grand nombre. A Nogent ces Tartares, qui n'ont rien d'humain, ont incendié des granges, auxquelles ils mettaient le feu à la main. Les habitants étant sortis pour venir l'éteindre, les Cosaques les ont chargés et ont rallumé le feu. Dans un village de l'Yonne, les Cosaques s'amusant à incendier une belle ferme, le tocsin sonna, et les habitants en jetèrent une trentaine dans les flammes.

L'empereur Alexandre a couché le 17 à Bray ; il avait fait

marquer son quartier général pour le jour suivant à Fontainebleau. L'empereur d'Autriche n'a pas quitté Troyes.

L'empereur Napoléon a eu le 20 au soir son quartier général à Nogent.

Toute l'armée entière se dirige sur Troyes.

Le général Gérard est arrivé, avec son corps et la division de cavalerie du général Roussel, à Sens; il a son avant-garde à Villeneuve-l'Archevêque. L'avant-garde du duc de Reggio est à moitié chemin de Nogent à Troyes, à Châtres et à Mesgrigny; celle du duc de Tarente est à Pavillon. Le duc de Raguse est à Sézanne, observant les mouvements du général Witzingerode, qui, ayant quitté Soissons, s'est porté par Reims sur Châlons pour se réunir aux débris du général Blücher. Le duc de Raguse tomberait sur son flanc gauche s'il s'engageait de nouveau.

Soissons est une place à l'abri d'un coup de main. Le général Witzingerode, à la tête de quatre à cinq mille hommes de troupes légères, la somma de se rendre. Le général Rusca répondit comme il le devait. Witzingerode mit ses douze pièces de canon en batterie; malheureusement le premier coup tua le général Rusca. Mille hommes de gardes nationales étaient la seule garnison qu'il y eût dans la place; ils s'épouvantèrent, et l'ennemi entra à Soissons, où il commit toutes les horreurs imaginables. Les généraux qui se trouvaient dans la place et qui devaient prendre le commandement à la mort du général Rusca seront traduits à un conseil d'enquête, car cette ville ne devait pas être prise.

Le duc de Trévise à réoccupé Soissons le 19, et en a réorganisé la défense.

Le général Vincent écrit de Château-Thierry que, deux cent cinquante coureurs ennemis étant revenus à Fère-en-Tardenois, M. d'Arbaud-Missun s'est porté contre eux avec soixante chevaux du troisième régiment des gardes d'honneur qu'il a réunis, et avec le secours des gardes nationaux des villages il a battu ces coureurs, en a tué plusieurs et a chassé le reste.

Le général Milhaud a rencontré l'ennemi à Saint-Martin-le-Bosnay, sur la vieille route de Nogent à Troyes. L'ennemi avait huit cents chevaux environ. Il l'a fait attaquer par trois cents hommes, qui l'ont culbuté, lui ont fait cent soixante prisonniers, tué une vingtaine d'hommes et pris une centaine de chevaux. Il a poursuivi l'ennemi et le poursuit encore l'épée dans les reins.

Le duc de Castiglione part de Lyon avec un corps d'armée considérable, composé de troupes d'élite, pour se porter en Franche-Comté et en Suisse.

Le congrès de Châtillon continue toujours, mais l'ennemi y apporte toute espèce d'entraves. Les Cosaques arrêtent à chaque pas les courriers, et leur font faire des détours tels que, quoiqu'on ne soit qu'à trente lieues de Châtillon en ligne droite, les courriers n'arrivent qu'après quatre à cinq jours de course. C'est la première fois qu'on viole ainsi le droit des gens. Chez les nations les moins civilisées les courriers des ambassadeurs sont respectés et aucun empêchement n'est mis aux communications des négociateurs avec leur gouvernement.

Les habitants de Paris devaient s'attendre aux plus grands malheurs si, l'ennemi parvenant à leurs portes, ils lui eussent livré leur ville sans défense. Le pillage, la dévastation et l'incencendie auraient fini les destinées de cette belle capitale.

Le froid est extrêmement vif. Cette circonstance a été favorable à nos ennemis, puisqu'elle leur a permis d'évacuer leur artillerie et leurs bagages par tous les chemins. Sans cela, plus de la moitié de leurs voitures seraient tombées en notre pouvoir.

Le 24 février 1814.

A S. M. l'Impératrice reine et régente.

L'Empereur s'est rendu le 22, à deux heures après midi, dans la petite ville de Méry-sur-Seine

Le général Boyer a attaqué à Méry les débris des corps des généraux Blücher, Sacken et Yorck, qui avaient passé l'Aube pour rejoindre l'armée du prince de Schwartzenberg à Troyes. Le général Boyer a poussé l'ennemi au pas de charge, l'a culbuté et s'est emparé de la ville. L'ennemi, dans sa rage, y a mis le feu avec tant de rapidité, qu'il a été impossible de traverser l'incendie pour le poursuivre. Nous avons fait une centaine de prisonniers.

Du 22 au 23 l'Empereur a eu son quartier général au petit bourg de Châtres.

Le 23 le prince Wenzel-Lichtenstein est arrivé au quartier général. Ce nouveau parlementaire était envoyé par le prince Schwartzenberg pour proposer un armistice.

Le général Milhaud, commandant la cavalerie du cinquième corps, a fait prisonniers deux cents hommes à cheval entre Pavillon et Troyes.

Le général Gérard, parti de Sens, et marchant par Villeneuve-l'Archevêque, Villemont et Saint-Liébaut, a rencontré l'arrière-garde du prince Maurice de Lichtenstein, lui a pris six pièces de canon et six cents hommes montés, qui ont été entourés par la brave division de cavalerie du général Roussel.

Le 23 nos troupes investissaient Troyes de tous côtés. Un aide de camp russe est venu aux avant-postes pour demander le temps d'évacuer la ville, sans quoi elle serait brûlée. Cette considération a arrêté les mouvements de l'Empereur.

La ville a été évacuée dans la nuit, et nous y sommes entrés ce matin.

Il est impossible de se faire une idée des vexations auxquelles les habitants ont été en proie pendant les dix-sept jours de l'occupation de l'ennemi. On se peindrait aussi difficilement l'enthousiasme et l'exaltation des sentiments qu'ils ont montrés à l'arrivée de l'Empereur. Une mère qui voit ses enfants arrachés à la mort, des esclaves qui voient briser leurs fers après la captivité la plus cruelle n'éprouvent pas une joie plus vive que celle que les habitants de Troyes ont manifestée. Leur conduite a été honorable et digne d'éloges. Le théâtre a été ouvert tous les soirs; mais aucun homme, aucune femme, même des classes inférieures, n'a voulu y paraître.

Le sieur Gau, ancien émigré, et le sieur Viderange, ancien garde du corps, se sont prononcés en faveur de l'ennemi et ont porté la croix de Saint-Louis. Ils ont été traduits devant une commission prévôtale et condamnés à mort. Le premier a subi son jugement ; le deuxième a été condamné par contumace.

La population entière demande à marcher. « Vous aviez bien raison, s'écriaient les habitants en entourant l'Empereur, de nous dire de nous lever en masse. La mort est préférable aux vexations, aux mauvais traitements, aux cruautés que nous avons éprouvés pendant dix-sept jours. »

Dans tous les villages les habitants sont en armes; ils font partout main-basse sur les ennemis qu'ils rencontrent. Les hommes isolés, les prisonniers se présentent d'eux-mêmes aux gendarmes, qu'ils ne regardent plus comme des gardiens, mais comme des protecteurs.

Le général Vincent écrit de Château-Thierry, le 22, que, l'ennemi ayant voulu frapper des réquisitions sur les communes de Bazzy, Passi et Vincelle, les gardes nationaux se sont réunis et ont repoussé l'ennemi après lui avoir pris et blessé plusieurs hommes. Le même général écrit à la même date qu'un parti de cavalerie russe et prussienne s'étant approché de Château-Thierry il l'a fait attaquer par un détachement du troisième régiment des gardes d'honneur, commandé par le chef d'escadron d'Andlaw et soutenu par les gardes nationales de Château-Thierry et des communes de Blesmes et Cruzensi. L'ennemi a été chassé et mis en déroute; douze Cosaques et quatorze chevaux ont été pris. Les gardes nationaux étaient à la recherche du reste de cette troupe, qui s'est sauvée dans les bois. S. M. a accordé trois décorations de la Légion-d'honneur au détachement du troisième régiment des gardes d'honneur et un pareil nombre aux gardes nationaux.

Le comte de Valmy s'est dirigé, aujourd'hui 24, sur Bar-sur-Seine. Arrivé à Saint-Paar, il a trouvé l'arrière-garde du général Giulay, l'a fait charger, l'a mise en déroute et lui a fait douze-cents prisonniers. Il est probable que le comte de Valmy sera ce soir à Bar-sur-Seine.

Le général Gérard est parti du pont de la Guillotière, soutenu par le duc de Reggio; il s'est porté sur Lusigny, et a passé la Barce. Le général Duhesme a pris position à Monticramey, près de Vandœuvre.

Le comte Flahaut, aide-de-camp de l'empereur Napoléon, le comte Ducca, aide-de-camp de l'empereur d'Autriche, le comte

Schouvaloff, aide-de-camp de l'empereur de Russie, et le général de Rauch, chef du corps du génie du roi de Prusse, sont réunis à Lusigny pour traiter des conditions d'une suspension d'armes.

Ainsi, dans la journée du 24, la capitale de la Champagne a été délivrée, et nous avons fait environ deux mille prisonniers, dont un bon nombre d'officiers. On a de plus trouvé dans les hôpitaux de la ville un millier de blessés, officiers et soldats, abandonnés par l'ennemi.

Le 27 février 1814.

A S. M. l'Impératrice reine et régente.

Le 26 le quartier général était à Troyes.

Le duc de Reggio était à Bar-sur-Aube, avec le général Gérard et le second corps de cavalerie, commandé par le comte de Valmy.

Le duc de Tarente avait son quartier général à Mussy-l'Évêque et ses avant-postes à Châtillon; il marchait sur l'Aube et sur Clairvaux.

Le duc de Castiglione, qui a sous ses ordres une armée de quarante mille hommes, dont une grande partie se compose de troupes d'élite, était en mouvement.

Le général Marchand était à Chambéry, le général Dessaix sous les murs de Genève, et le général Musnier était entré à Mâcon.

Bourg et Nantua étaient également en notre pouvoir; le général autrichien Bubna, qui avait menacé Lyon, était en retraite de tous côtés; dès le 20 mars on évaluait sa perte, sur différents points, à quinze cents hommes, dont six cents prisonniers.

Le prince de la Moskowa est à Arcis-sur-Aube, le duc de Bellune à Plancy, le duc de Padoue à Nogent; on marchait sur les derrières des corps de Blücher, Sacken, Yorck et Kleist, qui avaient reçu des renforts de Soissons et qui manœuvraient sur le corps du duc de Raguse, qui se trouvait à la Ferté-Gaucher.

Le général Duhesme a enlevé Bar-sur-Aube à la baïonnette

et en faisant des prisonniers, parmi lesquels sont plusieurs officiers bavarois.

Le 5 mars 1814.

A S. M. l'Impératrice reine et régente.

S. M. l'Empereur et roi avait, le 5, son quartier général à Béry-le-Bac, sur l'Aisne.

L'armée ennemie de Blücher, Sacken, Yorck, Witzingerode et de Bulow était en retraite; sans la trahison du commandant de la ville de Soissons, qui a livré ses portes, cette armée était perdue.

Le général Corbineau est entré, le 5, à Reims, à quatre heures du matin.

Nous avons battu l'ennemi aux combats de Lisy-sur-Ourcq et de May.

Le résultat des diverses affaires est quatre mille prisonniers, six cents voitures de bagages, plusieurs pièces de canon et la délivrance de la ville de Reims.

Craonne, le 7 mars 1814.

A S. M. l'Impératrice reine et régente.

Il y a eu aujourd'hui ici une bataille très-glorieuse pour les armées françaises.

S. M. l'Empereur et roi a battu les corps des généraux ennemis Witzingerode, Woronzoff et Langeron, réunis aux débris du corps du général Sacken.

Nous avons déjà deux mille prisonniers et plusieurs pièces de canon.

Notre armée est à la poursuite de l'ennemi sur la route de Laon.

Le 9 mars 1814.

A S. M. l'Impératrice reine et régente.

L'armée du général Blücher, composée des débris des corps des généraux Sacken, Kleist et Yorck, se retira, après les batailles de Montmirail et de Vauchamp, par Reims, sur Châlons. Elle y reçut les deux dernières divisions du corps du général Langeron, qui étaient encore restées devant Mayence, et elle y reforma ses cadres. Sa perte avait été telle qu'elle fut obligée de les réduire à moitié, quoiqu'il lui fût arrivé plusieurs convois de recrues de ses réserves.

L'armée dite du nord, composée de quatre divisions russes, sous les ordres des généraux Witzingerode, Woronzoff et Strogonow, et d'une division prussienne, sous les ordres du général Bulow, remplaçait, à Châlons et à Reims, l'armée de Silésie.

Celle-ci passa l'Aube à Arcis, pendant que le prince de Schwartzenberg bordait la droite de la Seine et par suite des combats de Nangis et de Montereau, évacuait tout le pays entre la Seine et l'Yonne.

Le 22 février le général Blücher se présenta devant Méry. Il avait déjà passé le pont lorsque le général de division Boyer marcha sur lui à la baïonnette, le culbuta et le rejeta de l'autre côté de la rivière; mais l'ennemi mit le feu au pont et à la petite ville de Méry, et l'incendie fut si violent que pendant quarante-huit heures il fut impossible de passer.

Le 24 le corps du duc de Reggio se porta sur Vandœuvre, et celui du duc de Tarente sur Bar-sur-Seine.

Il paraît que l'armée de Silésie s'était portée sur la gauche de l'Aube pour se réunir à l'armée autrichienne et donner une bataille générale; mais, l'ennemi ayant renoncé à ce projet, le général Blücher repassa l'Aube le 24, et se porta sur Sézanne.

Le duc de Raguse observa ce corps, retarda sa marche, et se retira devant lui sans éprouver aucune perte. Il arriva le 25 à la Ferté-Gaucher, et fit le 26, à la Ferté-sous-Jouarre, sa jonction avec le duc de Trévise, qui observait la droite de la Marne et les corps de l'armée dite du nord qui étaient à Châlons et à Reims.

Le 27 le général Sacken se porta sur Meaux et se présenta au pont placé à la sortie de Meaux sur le chemin de Nangis, qui avait été coupé. Il fut reçu avec de la mitraille. Quelques-uns de ses coureurs s'avancèrent jusqu'au pont de Lagny.

Cependant l'Empereur partit de Troyes le 27, coucha le même

jour au village d'Herbisse, le 28 au château d'Esternay et le 1ᵉʳ mars à Jouarre.

L'armée de Silésie se trouvait ainsi fortement compromise. Elle n'eut d'autre parti à prendre que de passer la Marne. Elle jeta trois ponts, et se porta sur l'Ourcq.

Le général Kleist passa l'Ourcq et se portait sur Meaux par Varède. Le duc de Trévise le rencontra le 28 en position au village de Gué-à-Trême, sur la rive gauche de la Térouenne. Il l'aborda franchement. Le général Christiani, commandant une division de vieille garde, s'est couvert de gloire. L'ennemi a été poussé l'épée dans les reins pendant plusieurs lieues. On lui a pris quelques centaines d'hommes, et un grand nombre est resté sur le champ de bataille.

Dans le même temps l'ennemi avait passé l'Ourcq à Lisy. Le duc de Raguse le rejeta sur l'autre rive.

Le mouvement de retraite de l'armée de Blücher fut prononcé. Tout filait sur la Ferté-Milon et Soissons.

L'Empereur partit de la Ferté-sous-Jouarre le 3; son avant-garde fut le même jour à Rocourt.

Les ducs de Raguse et de Trévise poussaient l'arrière-garde ennemie; ils l'attaquèrent vivement le 3 à Neuilly-Saint-Front.

L'Empereur arriva de bonne heure le 4 à Fismes. On fit des prisonniers et l'on prit beaucoup de voitures de bagages.

La ville de Soissons était armée de vingt pièces de canon et en état de se défendre. Le duc de Raguse et le duc de Trévise se portèrent sur cette ville pour y passer l'Aisne, tandis que l'Empereur marchait sur Mézy. L'armée ennemie était dans la position la plus dangereuse; mais le général qui commandait à Soissons, par une lâcheté qu'on ne saurait définir, abandonna la place le 3, à quatre heures après midi, par une capitulation soi-disant honorable en ce que l'ennemi lui permettait de sortir de la ville avec ses troupes et son artillerie, et se retira avec la garnison et son artillerie sur Villers-Cotterets. Au moment où l'armée ennemie se croyait perdue, elle apprit que le pont de Soissons lui appartenait et n'avait pas même été coupé. Le général qui commandait dans cette place et les membres du conseil de défense sont traduits à une commission d'enquête. Ils paraissent d'autant plus coupables que, pendant toutes les journées du 2 et du 3, on avait entendu de la ville la canonnade de notre armée, qui se rapprochait de Soissons, et qu'un bataillon de la Vistule qui était dans la place et qui ne la quitta qu'en pleurant donnait les plus grands témoignages d'intrépidité.

Le général Corbineau, aide-de-camp de l'Empereur, et le général de cavalerie Laferrière s'étaient portés sur Reims, où ils entrèrent le 5 à quatre heures du matin, en tournant un corps ennemi de quatre bataillons qui couvrait la ville et dont les troupes furent faites prisonnières. Tout ce qui se trouvait dans Reims fut pris.

Le 5 l'Empereur coucha à Béry-au-Bac. Le général Nansouty passa de vive force le pont de Béry, mit en déroute une division de cavalerie qui le couvrait, s'empara de ses deux pièces de canon et prit trois cents cavaliers, parmi lesquels s'est trouvé le colonel prince Gagarin, qui commandait une brigade.

L'armée ennemie s'était divisée en deux parties. Les huit divisions russes de Sacken et de Witzingerode avaient pris position sur les hauteurs de Craonne et les corps prussiens sur les hauteurs de Laon.

L'Empereur vint coucher le 6 à Corbeni. Les hauteurs de Craonne furent attaquées et enlevées par deux bataillons de la garde. L'officier d'ordonnance Caraman, jeune officier d'espérance, à la tête d'un bataillon, tourna la droite. Le prince de la Moskowa marcha sur la ferme d'Urtubie. L'ennemi se retira, et prit position sur une hauteur, qu'on reconnut le 7 à la pointe du jour. C'est ce qui donna lieu à la bataille de Craonne.

Cette position était très-belle, l'ennemi ayant sa droite et sa gauche appuyées à deux ravins, et un troisième ravin devant lui. Il défendait le seul passage, d'une centaine de toises de largeur, qui joignait sa position au plateau de Craonne.

Le duc de Bellune se porta, avec deux divisions de la jeune garde, à l'abbaye de Vaucler, où l'ennemi avait mis le feu. Il l'en chassa, et passa le défilé que l'ennemi défendait avec soixante pièces de canon. Le général Drouot le franchit avec plusieurs batteries. Au même instant le prince de la Moskowa passa le ravin de gauche et débouchait sur la droite de l'ennemi.

Pendant une heure la canonnade fut très-forte. Le général Grouchy, avec sa cavalerie, déboucha. Le général Nansouty, avec deux divisions de cavalerie, passa le ravin sur la droite de l'ennemi. Une fois le défilé franchi et l'ennemi forcé dans sa position, il fut poursuivi pendant quatre lieues et canonné par quatre-vingts pièces de canon à mitraille, ce qui lui a causé une très-grande perte. Le plateau par lequel il se retirait ayant toujours des ravins à droite et à gauche, la cavalerie ne put le déborder et l'entamer.

L'Empereur porta son quartier général à Bray.

Le lendemain 8 nous avons poursuivi l'ennemi jusqu'au delà du défilé d'Urcel, et le jour même nous sommes entrés à Soissons, où il a laissé un équipage de pont.

La bataille de Craonne est extrêmement glorieuse pour nos armes. L'ennemi y a perdu six généraux ; il évalue sa perte de cinq à six mille hommes. La nôtre a été de huit cents hommes tués ou blessés.

Le duc de Bellune a été blessé d'une balle. Le général Grouchy, ainsi que le général Laferrière, officier de cavalerie d'une grande distinction, ont également été blessés en débouchant à la tête de leurs troupes.

Le général Belliard a pris le commandement de la cavalerie.

Le résultat de toutes ces opérations est une perte pour l'ennemi de dix à douze mille hommes et d'une trentaine de pièces de canon.

L'intention de l'Empereur est de manœuvrer avec l'armée sur l'Aisne.

Le 12 mars 1814.

A S. M. l'Impératrice reine et régente.

Le lendemain de la bataille de Craonne (le 8) l'ennemi fut poursuivi par le prince de la Moskowa jusqu'au village d'Étouvelle. Le général Voronzoff, avec sept ou huit mille hommes, gardait cette position, qui était très-difficile à aborder, parce que la route qui y conduit chemine, pendant une lieue, entre deux marais impraticables.

Le baron Gourgault, premier officier d'ordonnance de S. M. et officier d'un mérite distingué, partit à onze heures du soir de Chavignon avec deux bataillons de la vieille garde, tourna la position et se porta par Challevois sur Chivi. Il arriva à une heure du matin sur l'ennemi, qu'il aborda à la baïonnette. Les Russes furent réveillés pas les cris de *vive l'Empereur!* et poursuivis jusqu'à Laon. Le prince de la Moskowa déboucha par le défilé.

Le lendemain 9, à la pointe du jour, on reconnut l'ennemi, qui s'était réuni aux corps prussiens. La position qu'il occupait était telle qu'on la jugea inattaquable. On prit position.

Le duc de Raguse, qui avait couché le 8 à Corbeni, parut à deux heures après midi à Veslud, culbuta l'avant-garde ennemie, attaqua le village d'Athies, qu'il enleva, et eut des succès pendant toute la journée. A six heures et demie il prit position. A sept heures l'ennemi fit un *houra* de cavalerie à une lieue sur les derrières, où le duc de Raguse avait un parc de réserve. Le duc de Raguse s'y porta vivement; mais l'ennemi avait eu le temps d'enlever dans ce parc quinze pièces de canon. Une grande partie du personnel s'est sauvée.

Le même jour le général Charpentier, avec sa division de jeune garde, enleva le village de Clacy. Le lendemain l'ennemi attaqua sept fois ce village, et sept fois il fut repoussé. Le général Charpentier fit quatre cents prisonniers. L'ennemi laissa les avenues couvertes de ses morts. Le quartier général de l'Empereur a été, le 9 et le 10, à Chavignon.

S. M., jugeant qu'il était impossible d'attaquer les hauteurs de Laon, a porté le 11 son quartier général à Soissons. Le duc de Raguse a occupé le même jour Béry-au-Bac.

Le général Corbineau se louait à Reims du bon esprit de ses habitants.

Le 7, à onze heures du matin, le général Saint-Priest, commandant une division russe, s'est présenté devant la ville de Reims, et l'a sommée de se rendre. Le général Corbineau lui a répondu avec du canon. Le général Defrance arrivait alors avec sa division de gardes d'honneur. Il fit une belle charge et chassa l'ennemi. Le général Saint-Priest a fait mettre le feu à deux grandes manufactures et à cinquante maisons de la ville qui se trouvent hors de son enceinte, conduite digne d'un transfuge ; de tout temps les transfuges furent les plus cruels ennemis de leur patrie.

Soissons a beaucoup souffert ; les habitants se sont conduits de la manière la plus honorable. Il n'est point d'éloges qu'ils ne donnent au régiment de la Vistule qui formait leur garnison ; il n'est pas d'éloges que le régiment de la Vistule ne fasse des habitants. S. M. a accordé à ce brave corps trente décorations de la Légion d'honneur.

Le plan de campagne de l'ennemi paraît avoir été une espèce de *houra* général sur Paris. Négligeant toutes les places de Flandre, et n'observant Berg-op-Zoom et Anvers qu'avec des troupes inférieures en nombre de moitié aux garnisons de ces villes, l'ennemi a pénétré sur Avesnes. Négligeant les places des Ardennes, Mézières, Rocroy, Philippeville, Givet, Charlemont, Montmédy, Maestricht, Venloo, Juliers, il a passé par des chemins impraticables pour arriver sur Avesnes et Réthel. Ces places communiquent ensemble, ne sont pas observées, et leurs garnisons inquiètent fortement les derrières de l'ennemi. Au même instant où le général Saint-Priest brûlait Reims, son frère était arrêté par les habitants et conduit prisonnier à Charlemont. Négligeant toutes les places de la Meuse, l'ennemi s'était avancé par Bar et Saint-Dizier. La garnison de Verdun est venue jusqu'à Saint-Mihiel. Auprès de Bar, un général russe resté quelques moments, avec une quinzaine d'hommes, après le départ de sa troupe, a été tué, ainsi que son escorte, par les paysans, en représailles des atrocités qu'il avait ordonnées. Metz pousse ses sorties jusqu'à Nancy, Strasbourg et les autres places de l'Alsace n'étant observées que par quelques partis ; on y entre, on en sort librement, et les vivres y arrivent en abondance. Les troupes de la garnison de Mayence vont jusqu'à Spire. Les départements s'étant empressés de compléter les cadres des bataillons qui sont dans toutes ces places, où on les a armés, équipés et exercés, on peut dire qu'il y a plusieurs armées sur les derrières de l'ennemi. Sa position ne peut que devenir tous les jours plus dangereuse. On voit, par les rapports que l'on a interceptés, que les régiments de Cosaques dont la force était de deux cent cinquante hommes en ont perdu plus de cent vingt, sans avoir été à aucune action, mais par la guerre que leur ont faite les paysans.

Le duc de Castiglione manœuvre sur le Rhône, dans le département de l'Ain et dans la Franche-Comté. Les généraux Dessaix et Marchand ont chassé l'ennemi de la Savoie : quinze mille hommes passent les Alpes pour venir renforcer le duc de Castiglione.

Le vice-roi a obtenu de grands succès à Borghetto et à repoussé l'ennemi sur l'Adige.

Le général Grenier, parti de Plaisance le 2 mars, a battu l'ennemi sur Parme et l'a jeté au delà du Taro.

Les troupes françaises qui occupaient Rome, Civita-Vecchia, la Toscane entrent en Piémont pour passer les Alpes.

L'exaspération des populations entières s'accroît chaque jour dans la proportion des atrocités que commettent ces hordes, plus barbares encore que leurs climats, qui déshonoreraient l'espèce humaine et dont l'existence militaire a pour mobile, au lieu de l'honneur, le pillage et tous les crimes.

Les conférences de Lusigny pour la suspension d'armes ont échoué. On n'a pu s'arranger sur la ligne de démarcation. On était d'accord sur les points d'occupation au nord et à l'est ; mais l'ennemi a voulu non-seulement étendre sa ligne sur la Saône et le Rhône, mais en envelopper la Savoie. On a répondu à cette injuste prétention en proposant d'adopter pour cette partie le *statu quo* et de laisser le duc de Castiglione et le comte Bubna se régler sur la ligne de leurs avant-postes. Cette proposition a été rejetée. Il a donc fallu renoncer à une suspension d'armes de quinze jours, qui offrait plus d'inconvénients que d'avantages. L'Empereur n'a pas cru, d'ailleurs, avoir le droit de remettre de nombreuses populations sous le joug de fer dont elles avaint été délivrées. Il n'a pu consentir à abandonner nos communications avec l'Italie, que l'ennemi avait essayé tant de fois et vainement d'intercepter lorsque nos troupes n'étaient pas encore réunies.

Le temps a été constamment très-froid. Les bivouacs sont fort durs dans cette saison ; mais on en a ressenti également les souffrances de part et d'autre. Il paraît même que les maladies font des ravages dans l'armée ennemie, tandis qu'il y en a fort peu dans la nôtre.

Le 14 mars 1814.

A S. M. l'Impératrice reine et régente.

Le général Saint-Priest, commandant en chef le huitième corps russe, était depuis plusieurs jours en position à Châlons-sur-Marne, ayant une avant-garde à Sillery. Ce corps, composé de trois divisions qui devaient former dix-huit régiments et trente-six bataillons, n'était réellement que de huit régiments ou seize bataillons, faisant cinq à six mille hommes.

Le général Jagow, commandant la dernière colonne de la réserve prussienne, et ayant sous ses ordres quatre régiments de la landwehr de la Poméranie et des Marches, formant seize bataillons ou sept mille hommes, qui avaient été employés au siége de Torgau et de Wittemberg, se réunit au corps du général Saint-Priest, dont les forces se trouvèrent être de quinze à seize mille hommes, cavalerie et artillerie comprises.

Le général Saint-Priest résolut de surprendre la ville de Reims, où était le général Corbineau, à la tête de la garde nationale et de trois bataillons de levée en masse avec cent hommes de cavalerie et huit pièces de canon. Le général Corbineau avait placé la division de cavalerie du général Defrance à Châlons-sur-Vesle, à deux lieues de la ville.

Le 12, à cinq heures du matin, le général Saint-Priest se présenta aux différentes portes. Il fit sa principale attaque sur la porte de Laon, que la supériorité de son nombre lui donna le moyen de forcer. Le général Corbineau opéra sa retraite avec les trois bataillons de la levée en masse et ses cent hommes de cavalerie, et se replia sur Châlons-sur-Vesle. La garde nationale et les habitants se sont très-bien comportés dans cette circonstance.

Le 13, à quatre heures du soir, l'Empereur était sur les hauteurs du Moulin-à-Vent, à une lieue de Reims. Le duc de Raguse formait l'avant-garde. Le général de division Merlin attaqua, cerna et prit plusieurs bataillons de landwehr prussienne. Le général Sébastiani, commandant deux divisions de cavalerie, se porta sur la ville. Une centaine de pièces de canon furent engagées tant d'un côté que de l'autre. L'ennemi couronnait les hauteurs en avant de Reims. Pendant qu'elles étaient attaquées on réparait les ponts de Saint-Brice pour tourner la ville. Le général Defrance fit une superbe charge avec les gardes d'honneur, qui se sont couverts de gloire, notamment le général comte de Ségur, commandant le 3ᵉ régiment. Ils chargèrent entre la ville et l'ennemi, qu'ils jetèrent dans le faubourg et auquel ils prirent quatre mille cavaliers et son artillerie.

Sur ces entrefaites, le général comte Krasinski ayant coupé la route de Reims à Bery-au-Bac, l'ennemi abandonna la ville en fuyant en désordre de tous côtés : vingt-deux pièces de canon, cinq mille prisonniers, cent voitures d'artillerie et de bagages sont les résultats de cette journée qui ne nous a pas coûté cent hommes.

La même batterie d'artillerie légère qui a frappé de mort le général Moreau devant Dresde a blessé mortellement le général Saint-Priest, qui venait à la tête de Tartares du désert ravager notre belle patrie.

L'Empereur est entré à Reims à une heure du matin aux acclamations des habitants de cette grande ville, et y a placé son quartier général. L'ennemi s'est retiré partie sur Châlons, partie sur Réthel, partie sur Laon. Il est poursuivi dans toutes ces directions.

Le 10ᵉ régiment de hussards s'est, ainsi que le 3ᵉ régiment des gardes d'honneur, particulièrement distingué.

Le général comte de Ségur a été blessé grièvement, mais sans danger pour sa vie.

Le 20 mars 1814.

A S. M. l'Impératrice reine et régente.

Le général Wittgenstein, avec son corps d'armée, était à Vilnoxe. Il avait jeté des ponts à Pont, où il avait passé la Seine, et il marchait sur Provins.

Le duc de Tarente avait réuni ses troupes sur cette ville.

Le 16, l'ennemi manœuvrait pour déborder sa gauche. Le duc de Reggio engagea son artillerie, et toute la journée se passa en canonnade. Le mouvement de l'ennemi paraissait se prononcer sur Provins et sur Naugis.

D'un autre côté, le prince de Schwartzenberg, l'empereur Alexandre et le roi de Prusse étaient à Arcis-sur-Aube.

Le corps du prince royal de Wurtemberg s'était porté sur Villers-aux-Corneilles.

Le général Platow, avec trois mille barbares, s'était jeté sur Fère-Champenoise et Sézanne.

L'empereur d'Autriche venait d'arriver de Chaumont à Troyes.

Le prince de la Moskowa est entré le 16 à Châlons-sur-Marne.

L'Empereur a couché le 17 à Epernay, le 18 à Fère-Champenoise et le 19 à Plancy.

Le général Sébastiani, à la tête de sa cavalerie, a rencontré à Fère-Champenoise le général Platow, l'a culbuté et l'a poursuivi jusqu'à l'Aube, en lui faisant des prisonniers.

Le 19, après midi, l'Empereur a passé l'Aube à Plancy. A cinq heures du soir il a passé la Seine à un gué et a fait tourner Méry, qui a été occupé.

A sept heures du soir le général Letort, avec les chasseurs de la garde, est arrivé au village de Châtre, coudant la route de Nogent à Troyes; mais l'ennemi était déjà partout en retraite. Cependant le général Letort a pu atteindre son parc de pontons, qui avait servi à faire le pont de Pont-sur-Seine; il s'est emparé de tous les pontons sur leurs haquets attelés et d'une centaine de voitures de bagages; il a fait des prisonniers.

Dans la journée du 17 le général de Wrede avait rétrogradé rapidement sur Arcis-sur-Aube. Dans la nuit du 17 au 18 l'Empereur de Russie s'était retiré sur Troyes. Le 18 les souverains alliés ont évacué Troyes et se sont portés en toute hâte sur Bar-sur-Aube.

S. M. l'Empereur est arrivé à Arcis-sur-Aube le 20 au matin.

Boulevent, le 25 mars 1814.

A S. M. l'Impératrice reine et régente.

Le quartier général de l'Empereur est ici. L'armée française occupe Chaumont, Brienne ; elle est en communication avec Troyes, et ses patrouilles vont jusqu'à Langres. De tous côtés on ramène des prisonniers.

La santé de S. M. est très-bonne.

Le 29 mars 1814.

A S. M. l'Impératrice reine et régente.

Le 26 de ce mois S. M. l'Empereur a battu, à Saint-Dizier, le général Witzingerode, lui a fait deux mille prisonniers, lui a pris des canons et beaucoup de voitures de bagages. Ce corps a été poursuivi très-loin.

Le 31 mars 1814.

A S. M. l'Impératrice reine et régente.

Le général de division Béré est entré à Chaumont le 25, et a ainsi coupé la ligne d'opérations de l'ennemi ; il a intercepté beaucoup de courriers et d'estafettes et enlevé à l'ennemi des bagages, plusieurs pièces de canon, des magasins d'habillement et une grande partie des hôpitaux. Il a été parfaitement secondé par les habitants de la campagne, qui sont partout en armes et montrent la plus grande ardeur. M. le baron de Wissemberg, ministre d'Autriche en Angleterre, revenant de Londres avec le comte de Pulsy, son secrétaire de légation ; le lieutenant général suédois Sessiole de Brand, ministre de Suède auprès de l'Empereur de Russie, avec un major suédois ; le conseiller de guerre prussien Peguilhen, MM. de Tolstoi et de Marcof et deux autres officiers d'ordonnance russes, allant tous en mission aux différents quartiers généraux des alliés, ont été arrêtés par les levées en masse et conduits au quartier général. L'enlèvement de ces personnages et de leurs papiers, qui ont tous été pris, est d'une grande importance.

Le parc de l'armée russe et tous ces équipages étaient à Bar-sur-Aube. A la première nouvelle des mouvements de l'armée, ils ont été évacués sur Bedfort; ce qui prive l'ennemi de ses munitions d'artillerie, de ses transports de vivres de réserve et de beaucoup d'autres objets qui lui étaient nécessaires.

L'armée ennemie, ayant pris le parti d'opérer entre l'Aube et la Marne, avait laissé le général russe Witzingerode à Saint-Dizier, avec huit mille hommes de cavalerie et deux divisions d'infanterie, afin de maintenir la ligne d'opérations et faciliter l'arrivée de l'artillerie, des munitions et des vivres dont l'ennemi a le plus grand besoin.

La division de dragons du général Milhaud et la cavalerie de la garde, commandée par le général Sébastiani, ont passé le gué de Valcœur le 22 mars, ont marché sur cette cavalerie et, après de belles charges, l'ont mise en déroute: trois mille hommes de cavalerie russe, dont beaucoup de la garde impériale, ont été tués ou pris. Les dix-huit pièces de canon qu'avait l'ennemi lui ont été enlevées, ainsi que ses bagages. L'ennemi a laissé les bois et les prairies jonchés de ses morts. Tous les corps de cavalerie se sont distingués à l'envi les uns des autres. Le duc de Reggio a poursuivi l'ennemi jusqu'à Bar-sur-Ornain, où il est entré le 27. Le 29 le quartier général de l'Empereur était à Troyes. Deux convois de prisonniers, dont le nombre s'élève à plus de six mille hommes, suivent l'armée.

Dans tous les villages, les habitants sont sous les armes; exaspérés par la violence, les crimes et les ravages de l'ennemi, ils lui font une guerre acharnée, qui est pour lui du plus grand danger.

Le 1er avril 1814.

L'Empereur, qui avait porté son quartier général à Troyes, le 29, s'est dirigé à marches forcées par Sens sur la capitale. S. M. était le 31 à Fontainebleau; elle a appris que l'ennemi, arrivé vingt-quatre heures avant l'armée française, occupait Paris, après avoir éprouvé une forte résistance, qui lui a coûté beaucoup de monde.

Les corps des ducs de Trévise, de Raguse et celui du général Compans, qui ont concouru à la défense de la capitale, se sont réunis entre Essone et Paris, où S. M. a pris position avec toute l'armée qui arrive de Troyes.

L'occupation de la capitale par l'ennemi est un malheur qui afflige profondément le cœur de S. M., mais dont il ne faut pas concevoir d'alarmes; la présence de l'Empereur avec son armée aux portes de Paris empêchera l'ennemi de se porter à ses excès accoutumés dans une ville si populeuse, qu'il ne saurait garder sans rendre sa position très-dangereuse.

Proclamation.

L'Empereur se porte bien et veille pour le salut de tous.

S. M. l'Impératrice et le roi de Rome sont en sûreté.

Les rois frères de l'Empereur, les grands dignitaires, les ministres, le sénat et le conseil d'État se sont portés sur les rives de la Loire, où le centre du gouvernement s'établit provisoirement.

Ainsi l'action du gouvernement ne sera pas paralysée; les bons citoyens, les vrais Français peuvent être affligés de l'occupation de la capitale, mais ils n'en doivent pas concevoir de trop vives alarmes; qu'ils se reposent sur l'activité de l'Empereur et sur son génie du soin de notre délivrance; mais qu'ils sentent bien que c'est dans ces grandes circonstances que l'honneur national et nos intérêts bien entendus nous commandent plus que jamais de nous rallier autour de notre souverain. Secondons ses efforts, et ne regrettons aucun sacrifice pour terminer enfin cette lutte terrible contre des ennemis qui, non contents de combattre nos armées, viennent encore frapper chaque citoyen dans ce qu'il a de plus cher et ravager ce beau pays, dont la gloire et la prospérité furent, dans tous les temps, l'objet de leur haine jalouse.

Malgré les succès que l'armée coalisée vient d'obtenir et dont elle ne s'enorgueillira pas longtemps, le théâtre de la guerre est encore loin de nous; mais si quelques coureurs, attirés par l'espoir du pillage, osaient se répandre dans vos campagnes, ils vous trouveraient armés pour défendre *vos femmes, vos enfants, vos propriétés.*

Blois, 3 avril 1814.

Proclamation de l'Impératrice reine et régente.

Français,

Les événements de la guerre ont mis la capitale au pouvoir de l'étranger.

L'Empereur, accouru pour la défendre, est à la tête de ses armées si souvent victorieuses.

Elles sont en présence de l'ennemi, sous les murs de Paris. C'est de la résidence que j'ai choisie et des ministres de l'Empereur qu'émaneront les seuls ordres que vous puissiez reconnaître.

Toute ville au pouvoir de l'ennemi cesse d'être libre; toute direction qui en émane est le langage de l'étranger ou celui qu'il convient à ses vues hostiles de propager.

Vous serez fidèles à vos serments; vous écouterez la voix d'une princesse qui fut remise à votre foi, qui fait sa gloire d'être Française, d'être associée aux destinées du souverain que vous avez librement choisi.

Mon fils était moins sûr de vos cœurs au temps de nos prospérités.

Ses droits et sa personne sont sous votre sauvegarde.

Marie-Louise.

Discours de Napoléon à sa garde lorsqu'il apprit l'entrée des alliés à Paris.

« Officiers, sous-officiers et soldats de la vieille garde! l'ennemi nous a dérobé trois marches; il est entré dans Paris. J'ai fait offrir à l'empereur Alexandre une paix achetée par de grands sacrifices : la France avec ses anciennes limites, en renonçant à ses conquêtes et perdant tout ce que nous avons gagné depuis la révolution. Non-seulement il a refusé, il a fait plus encore : par les suggestions perfides d'hommes à qui j'ai accordé la vie, que j'ai comblés de bienfaits, il les autorise à porter la cocarde blanche, et bientôt il voudra la substituer à notre cocarde nationale..... Dans peu de jours j'irai l'attaquer dans Paris. Je compte sur vous.... Ai-je raison ? (Ici s'élevèrent des cris nombreux : *Vive l'Empereur!* oui, à Paris, à Paris).... Nous irons leur prouver que la nation française sait être maîtresse chez elle ; que, si elle l'a été souvent chez les autres, elle le sera toujours sur son sol, et qu'enfin elle est capable de défendre sa cocarde, son indépendance et l'intégrité de son territoire. Allez communiquer ces sentiments à vos soldats. »

Fontainebleau 4 avril 1814.

Ordre du jour.

L'Empereur remercie l'armée pour l'attachement qu'elle lui témoigne, et principalement parce qu'elle reconnaît que la France est en lui, et non pas dans le peuple de la capitale. Le soldat suit la fortune et l'infortune de son général, son honneur et sa religion. Le duc de Raguse n'a pas inspiré ces sentiments à ses compagnons d'armes ; il a passé aux alliés. L'Empereur ne peut approuver la condition sous laquelle il a fait cette démarche ; il ne peut accepter la vie ni la liberté de la merci d'un sujet. Le sénat s'est permis de disposer du gouvernement français ; il a oublié qu'il doit à l'Empereur le pouvoir dont il abuse maintenant ; que c'est l'Empereur qui a sauvé une partie de ses membres de l'orage de la révolution, tiré de l'obscurité et protégé l'autre contre la haine de la nation. Le sénat se fonde sur les articles de la constitution pour la renverser ; il ne rougit pas de faire des reproches à l'Empereur, sans remarquer que, comme le premier corps de l'État, il a pris part à tous les événements. Il est allé si loin qu'il a osé accuser l'Empereur d'avoir changé des actes dans la publication ; le monde entier sait qu'il n'avait pas besoin de tels artifices : un signe était un ordre pour le sénat, qui toujours faisait plus qu'on ne désirait de lui. L'Empereur a toujours été accessible aux sages remontrances de ses ministres et il attendait d'eux dans cette circonstance une justification la plus indéfinie des mesures qu'il avait prises. Si l'enthousiasme s'est mêlé dans les adresses et les discours publics, alors l'Empereur a été trompé; mais ceux qui ont tenu ce langage doivent s'attribuer à eux-mêmes la suite funeste de leurs flatteries. Le sénat ne rougit pas de parler des libelles publiés contre les gouvernements étrangers ; il oublie qu'ils furent rédigés dans son sein. Tant que la fortune s'est montrée fidèle à leur souverain ces hommes sont restés fidèles, et nulle plainte n'a été entendue sur les abus du pouvoir. Si l'Empereur avait méprisé les hommes, comme on le lui a reproché, le monde reconnaîtrait aujourd'hui qu'il a eu des raisons qui motivaient son mépris. Il tenait sa dignité de Dieu et de la nation ; eux seuls pouvaient l'en priver : il l'a toujours considérée comme un fardeau, et lorsqu'il l'accepta c'était dans la conviction que lui seul était à même de la porter dignement. Aujourd'hui que la fortune s'est décidée contre lui, la volonté de la nation seule pourrait lui persuader de rester plus longtemps sur le trône. S'il doit se considérer comme le seul obstacle à la paix, il fait ce dernier sacrifice à la France. Il a, en conséquence, envoyé le prince de la Moskowa et les ducs de Vicence et de Tarente à Paris, pour entamer des négociations. L'armée peut être certaine que son bonheur ne sera jamais en contradiction avec le bonheur de la France.

Au palais de Fontainebleau, le 11 avril 1814.

Acte d'abdication de l'Empereur Napoléon.

Les puissances alliées ayant proclamé que l'empereur Napoléon était le seul obstacle au rétablissement de la paix en Europe, l'empereur Napoléon, fidèle à son serment, déclare qu'il renonce, pour lui et ses héritiers, aux trônes de France et d'Italie, et qu'il n'est aucun sacrifice personnel, même celui de la vie, qu'il ne soit prêt à faire dans l'intérêt de la France.

Dernière allocution de Napoléon à sa garde.

« Généraux, officiers, sous-officiers et soldats de ma vieille garde, je vous fais mes adieux : depuis vingt ans, je suis content de vous, je vous ai toujours trouvés sur le chemin de la gloire.

« Les puissances alliées ont armé toute l'Europe contre moi ; une partie de l'armée a trahi ses devoirs, et la France elle-même a voulu d'autres destinées.

« Avec vous et les braves qui me sont restés fidèles j'aurais pu entretenir la guerre civile pendant trois ans ; mais la France eût été malheureuse, ce qui était contraire au but que je me suis proposé.

« Soyez fidèles au nouveau roi que la France s'est choisi ; n'abandonnez pas notre chère patrie, trop longtemps malheureuse ! Aimez-la toujours, aimez-la bien cette chère patrie.

« Ne plaignez pas mon sort ; je serai toujours heureux lorsque je saurai que vous l'êtes.

« J'aurais pu mourir ; rien ne m'eût été plus facile ; mais je suivrai toujours le chemin de l'honneur. J'ai encore à écrire ce que nous avons fait.

« Je ne puis vous embrasser tous, mais j'embrasserai votre général.... Venez, général.... (Il serre le général Petit dans ses bras.) Qu'on m'apporte l'aigle..... (Il la baise.) Chère aigle ! que ces baisers retentissent dans le cœur de tous les braves !... Adieu mes enfants ! Mes vœux vous accompagneront toujours ; conservez mon souvenir.... »

DOUZIÈME ÉPOQUE.

CAMPAGNE DE 1815.

Dans les premiers jours de mars 1815 le bruit se répandit que l'Empereur avait quitté l'île d'Elbe et débarqué en France : la nouvelle était vraie. Il avait abordé le 1ᵉʳ mars au golfe Juan, près de Cannes, accompagné de neuf cents soldats ; vingt jours après il était à Paris, maître de la France, empereur comme en 1804 et 1805. Les troupes envoyées pour le combattre n'avaient fait que grossir le nombre de ses soldats ; c'était son armée tout entière qui lui revenait. Toutes les villes s'étaient ouvertes à son approche ; les portes étaient tombées devant lui ; on ne s'était soulevé que contre ceux qui tentaient de les lui fermer. Il avait traversé la France, salué par le cri des populations, et porté sur leurs bras depuis le golfe Juan jusqu'à Paris. L'Empereur a raconté les événements qui marquèrent ce retour dans la pièce suivante, qui est une introduction naturelle à celles que l'on va lire.

22 mars 1815.

L'Empereur, instruit que le peuple en France avait perdu tous ses droits, acquis par vingt et une années de combats et de victoires, et que l'armée était attaquée dans sa gloire, résolut de faire changer cet état de choses, de rétablir le trône impérial, qui seul pouvait garantir les droits de la nation, et de faire disparaître ce trône royal que le peuple avait proscrit comme ne garantissant que les intérêts d'un petit nombre d'individus.

Le 26 février, à cinq heures du soir, il s'embarqua sur un brick portant vingt-six canons, avec quatre cents hommes de sa garde. Trois autres bâtiments qui se trouvaient dans le port et qui furent saisis reçurent deux cents hommes d'infanterie, cent chevau-légers polonais et le bataillon des flanqueurs de deux cents hommes. Le vent était du sud et paraissait favorable. Le capitaine Chaulard avait espoir qu'avant la pointe du jour l'île de Capraia serait doublée et qu'on serait hors des croisières françaises et anglaises qui observaient de ce côté. Cet espoir fut déçu. On avait à peine doublé le cap Saint-André de l'île d'Elbe que le vent mollit; la mer devint calme : à la pointe du jour on n'avait fait que six lieues, et l'on était encore entre l'île de Capraia et l'île d'Elbe, en vue des croisières.

Le péril paraissait imminent. Plusieurs marins étaient d'opinion de retourner à Porto-Ferraio. L'Empereur ordonna qu'on continuât la navigation, ayant pour ressource, en dernier événement, de s'emparer de la croisière française. Elle se composait de deux frégates et d'un brick ; mais tout ce qu'on savait de l'attachement des équipages à la gloire nationale ne permettait pas de douter qu'ils arboreraient le pavillon tricolore et se rangeraient de notre côté. Vers midi le vent fraîchit un peu. A quatre heures après midi on se trouva à la hauteur de Livourne. Une frégate paraissait à cinq lieues sous le vent, une autre était sur les côtes de Corse, et de loin un bâtiment de guerre venant droit, vent arrière, à la rencontre du brick que montait l'Empereur, se croisa avec un brick qu'on reconnaissait être *le Zéphir,* monté par le capitaine Andrieux, officier distingué autant par ses talents que par son véritable patriotisme. On proposa d'abord de parler au brick et de lui faire arborer le pavillon tricolore. Cependant l'Empereur donna ordre aux soldats de la garde d'ôter leurs bonnets et de se cacher sur le pont, préférant passer à côté du brick sans se faire reconnaître, et se réservant le parti de le faire changer de pavillon si on était obligé d'y recourir. Les deux bricks passèrent bord à bord. Le lieutenant de vaisseau Taillade, officier de la marine française, était très-connu du capitaine Andrieux ; et, dès qu'on fut à portée, on parlementa. On demanda au capitaine Andrieux s'il avait des commissions pour Gênes ; on se fit quelques honnêtetés, et les deux bricks, allant en sens contraire, furent bientôt hors de vue, sans que le capitaine Andrieux se doutât de ce que portait ce frêle bâtiment.

Dans la nuit du 27 au 28 le vent continua de fraîchir. A la pointe du jour on reconnut un bâtiment de 74, qui avait l'air de se diriger sur Saint-Florent ou sur la Sardaigne. On ne tarda pas à s'apercevoir que ce bâtiment ne s'occupait pas du brick.

Le 28, à sept heures du matin, on découvrit les côtes de Noli, à midi Antibes; à trois heures, le 1er mars, on entra dans le golfe Juan.

L'Empereur ordonna qu'un capitaine de la garde, avec vingt-cinq hommes, débarquât avant la garnison du brick, pour s'assurer de la batterie de côtes, s'il en restait une. Ce capitaine conçut, de son chef, l'idée de faire changer de cocarde au bataillon qui était dans Antibes. Il se jeta imprudemment dans la place; l'officier qui y commandait pour le roi fit lever les ponts-levis et fermer les portes : sa troupe prit les armes. Mais elle eut respect pour ces vieux soldats et pour leur cocarde, qu'elle chérissait. Cependant l'opération du capitaine échoua, et les hommes restèrent prisonniers dans Antibes.

A cinq heures après midi le débarquement au golfe Juan était achevé. On établit un bivouac au bord de la mer jusqu'au lever de la lune.

A onze heures du soir l'Empereur se mit à la tête de cette poignée de braves au sort de laquelle étaient attachées de si grandes destinées : il se rendit à Cannes, de là à Grasse, et, par Saint-Vallier, il arriva dans la soirée du 2 au village de *Cérémon*, ayant fait vingt lieues dans cette première journée. Le peuple de Cannes reçut l'Empereur avec des sentiments qui furent le premier présage du succès de l'entreprise.

Le 3 l'Empereur coucha à Barême; le 4 il dîna à Digne. De Castella à Digne et dans tout le département des Basses-Alpes les paysans, instruits de la marche de l'Empereur, accouraient de tous côtés sur la route et manifestaient leurs sentiments avec une énergie qui ne laissait plus de doutes.

Le 5 le général Cambronne, avec une avant-garde de quarante grenadiers, s'empara du pont et de la forteresse de Sisteron.

Le même jour l'Empereur coucha à Gap, avec dix hommes à cheval et quarante grenadiers.

L'enthousiasme qu'inspirait la présence de l'Empereur aux habitants des Basses-Alpes, la haine qu'ils portaient à la noblesse faisaient assez comprendre quel était le vœu général de la province du Dauphiné.

A deux heures après midi, le 6, l'Empereur partit de Gap; la population de la ville tout entière était sur son passage.

A Saint-Bonnet les habitants, voyant le petit nombre de sa troupe, eurent des craintes et proposèrent à l'Empereur de sonner le tocsin pour réunir les villages et l'accompagner en masse. « Non, dit l'Empereur; vos sentiments me font connaître que « je ne me suis point trompé. Ils sont pour moi un sûr garant « des sentiments de mes soldats. Ceux que je rencontrerai se « rangeront de mon côté; plus ils seront, plus mon succès sera « assuré. Restez donc tranquilles chez vous. »

On avait imprimé à Gap plusieurs milliers des proclamations adressées par l'Empereur à l'armée et au peuple et de celles de soldats de la garde à leurs camarades. Ces proclamations se répandirent avec la rapidité de l'éclair dans tout le Dauphiné.

Le même jour l'Empereur vint coucher à Gap. Les quarante hommes d'avant-garde du général Cambronne allèrent coucher jusqu'à *Mure*. Ils se rencontrèrent avec l'avant-garde d'une division de six mille hommes de troupes de ligne qui venait de Grenoble pour arrêter leur marche. Le général Cambronne voulut parlementer avec les avant-postes. On lui répondit qu'il y avait défense de communiquer. Cependant cette avant-garde de la division de Grenoble recula de trois lieues et vint prendre position entre les lacs au village de.....

L'Empereur, instruit de cette circonstance, se porta sur les lieux; il trouva sur la ligne opposée :

Un bataillon du cinquième de ligne,

Une compagnie de sapeurs,

Une compagnie de mineurs, en tout sept à huit cents hommes.

Il envoya un officier d'ordonnance, le chef d'escadron Roul, pour faire connaître à ces troupes la nouvelle de son arrivée; mais cet officier ne pouvait se faire entendre : on lui opposait toujours la défense qui avait été faite de communiquer. L'Empereur mit pied à terre et alla droit au bataillon, suivi de la

garde portant l'arme sous le bras. Il se fit reconnaître et dit
« que le premier soldat qui voudrait tuer son Empereur le pou-
« vait. » Le cri unanime de *Vive l'Empereur!* fut leur réponse.
Ce brave régiment avait été sous les ordres de l'Empereur dès
ses premières campagnes d'Italie. La garde et les soldats s'em-
brassèrent. Les soldats du cinquième arrachèrent sur-le-champ
leur cocarde et prirent avec enthousiasme et la larme à l'œil
la cocarde tricolore. Lorsqu'ils furent rangés en bataille, l'Empereur leur dit : « Je viens avec une poignée de braves, parce
« que je compte sur le peuple et sur vous : le trône des Bourbons
« est illégitime, puisqu'il n'a pas été élevé par la nation ; il
« est contraire à la volonté nationale, puisqu'il est contraire
« aux intérêts de notre pays et qu'il n'existe que dans l'intérêt
« de quelques familles. Demandez à vos pères ; interrogez tous
« ces habitants qui arrivent ici des environs ; vous apprendrez
« de leur propre bouche la véritable situation des choses : ils
« sont menacés du retour des dîmes, des priviléges, des droits
« féodaux et de tous les abus dont vos succès les avaient déli-
« vrés ; n'est-il pas vrai, paysans ? Oui, sire » répondirent-ils
d'une voix unanime, « on voulait nous attacher à la terre. Vous
« venez comme l'ange du Seigneur pour nous sauver ! »

Les braves du bataillon du cinquième demandèrent à marcher
des premiers sur la division qui couvrait Grenoble. On se mit
en marche au milieu de la foule d'habitants qui s'augmentait à
chaque moment. Vizille se distingua par son enthousiasme. C'est
« ici qu'est née la révolution, disaient ces braves gens. » C'est
« nous qui les premiers avons osé réclamer les priviléges des
« hommes ; c'est encore ici que ressuscite la liberté française ; et
« que la France recouvre son honneur et son indépendance. »

Si fatigué que fût l'Empereur, il voulut entrer le soir
même dans Grenoble. Entre Vizille et Grenoble, le jeune adju-
dant-major du septième de ligne vint annoncer que le colonel
Labédoyère, profondément navré du déshonneur qui couvrait
la France et déterminé par les plus nobles sentiments, s'était
détaché de la division de Grenoble et venait avec le régiment,
au pas accéléré, à la rencontre de l'Empereur. Une demi-heure
après ce brave régiment vint doubler la force des troupes im-

périales : à neuf heures du soir l'Empereur fit son entrée dans le faubourg de.....

On avait fait replier les troupes dans Grenoble, et les portes de la ville étaient fermées. Les remparts qui devaient défendre cette ville étaient couverts par le troisième régiment du génie de deux mille sapeurs, tous vieux soldats couverts d'honorables blessures ; par le quatrième d'artillerie de ligne, ce même régiment où, vingt-cinq ans auparavant, l'Empereur avait été fait capitaine ; par les deux autres bataillons du cinquième de ligne, par le onzième de ligne et les fidèles hussards du quatrième.

La garde nationale et la population entière de Grenoble étaient placées derrière la garnison, et tous faisaient retentir l'air des cris de *Vive l'Empereur!* On enfonça les portes ; et à dix heures du soir l'Empereur entra dans Grenoble au milieu d'une armée et d'un peuple animés du plus vif enthousiasme!

Le lendemain l'Empereur fut harangué par la municipalité et par toutes les autorités départementales. Les discours des chefs militaires et ceux des magistrats étaient unanimes. Tous disaient que des princes imposés par une force étrangère n'étaient pas des princes légitimes, et qu'on n'était tenu à aucun engagement envers des princes dont la nation ne voulait pas.

A deux heures l'Empereur passa la revue de ces troupes, au milieu de la population de tout le département, aux cris : *A bas les Bourbons, à bas les ennemis du peuple, vive l'Empereur et son gouvernement de notre choix!* La garnison de Grenoble, immédiatement après, se mit en marche forcée pour se porter sur Lyon.

Une remarque qui n'a pas échappé aux observateurs, c'est qu'en un clin d'œil ces six mille hommes se trouvèrent parés de la cocarde nationale, et chacun d'une cocarde vieille et usée ; car en quittant leur cocarde tricolore ils l'avaient cachée au fond de leur sac ; pas une ne fut achetée au petit Grenoble. C'est la même, disaient-ils en passant devant l'Empereur, c'est la même que nous portions à Austerlitz! Celle-ci, disaient d'autres, nous l'avions à Marengo!

Le 9 l'Empereur coucha à Bourgoin. La foule et l'enthousiasme allaient, s'il était possible, en augmentant. « Il y a long-

« temps, que nous vous attendions, disaient tous ces braves gens
« à l'Empereur. Vous voilà enfin arrivé pour délivrer la France
« de l'insolence de la noblesse, des prétentions des prêtres et de la
« honte du joug de l'étranger ! » De Grenoble à Lyon la marche
de l'Empereur ne fut qu'un triomphe ! L'Empereur, fatigué, était
dans sa calèche, allant toujours au pas, environné d'une foule
de paysans chantant des chansons qui exprimaient toute la noblesse des sentiments des braves Dauphinois ! « Ah ! dit l'Em-
« pereur, je retrouve ici les sentiments qui, il y a vingt ans, me
« firent saluer la France du nom de la *grande nation!* oui,
« vous êtes encore la grande nation et vous le serez tou-
« jours! »

Cependant le comte d'Artois, le duc d'Orléans et plusieurs
maréchaux étaient arrivés à Lyon ! L'argent avait été prodigué
aux troupes, les promesses aux officiers ! On voulait couper le
pont de la Guillotière et le pont Morand. L'Empereur riait de
ces ridicules préparatifs ; il ne pouvait avoir de doutes sur les
dispositions des Lyonnais, encore moins sur les dispositions des
soldats. Cependant il avait donné ordre au général Bertrand de
réunir des bateaux à Mirbel, dans l'intention de passer dans la
nuit et d'intercepter les routes de Moulins et de Mâcon au prince
qui voulait lui interdire le passage du Rhône. A quatre heures
une reconnaissance du 4e de hussards arriva à la Guillotière et
fut accueillie aux cris de *vive l'Empereur !* par cette immense
population d'un faubourg qui toujours s'est distingué par son
attachement à la patrie. Le passage de Mirbel fut contremandé,
et l'Empereur se porta au galop sur Lyon à la tête des troupes
qui devaient lui en défendre l'entrée.

Le comte d'Artois avait tout fait pour s'assurer les troupes.
Il ignorait que rien n'est possible en France quand on y est
l'agent de l'étranger et qu'on n'est pas du côté de l'honneur
national et de la cause du peuple ! Passant devant le 13e régiment de dragons, il dit à un brave que des cicatrices et trois
chevrons décoraient : Allons, camarade, crie donc vive le Roi.
« Non, Monsieur, répond ce brave dragon, aucun soldat ne
« combattra contre son père ! je ne puis vous répondre qu'en

« criant *vive l'Empereur*. » Le comte d'Artois monta en voiture et quitta Lyon escorté d'un seul gendarme.

A neuf heures du soir l'Empereur traversa la Guillotière presque seul, mais environné d'une immense population.

Le lendemain 11 il passa la revue de toute la division de Lyon, et, le brave général Brayer à la tête, il se mit en marche pour avancer sur la capitale.

Les sentiments que, pendant deux jours, les habitants de cette grande ville et les paysans des environs témoignèrent à l'Empereur le touchèrent tellement qu'il ne put leur exprimer ce qu'il sentait qu'en disant : *Lyonnais ! je vous aime !* C'est pour la seconde fois que les acclamations de cette ville étaient le présage des nouvelles destinées réservées à la France.

Le 13, à trois heures après midi, l'Empereur arriva à Villefranche, petite ville de quatre mille âmes, qui en renfermait en ce moment plus de soixante mille ; il s'arrêta à l'hôtel-de-ville : un grand nombre de militaires blessés lui furent présentés.

Il entra à Mâcon à sept heures du soir, toujours environné du peuple des cantons voisins. Il témoigna son étonnement aux Mâconnais du peu d'efforts qu'ils avaient faits dans la dernière guerre pour se défendre contre l'ennemi et soutenir l'honneur des Bourguignons. « Sire, lui répondit-on, pourquoi aviez-vous
« nommé un mauvais maire. »

A Tournus l'Empereur n'eut que des éloges à donner aux habitants pour la belle conduite et le patriotisme qui, dans ces mêmes circonstances, ont distingué Tournus, Châlons et Saint-Jean-de-Lône. A Châlons, qui pendant quarante jours a résisté aux forces de l'ennemi et défendu le passage de la Saône, l'Empereur s'est fait rendre compte de tous les traits de bravoure, et, ne pouvant se rendre à Saint-Jean-de-Lône, il a du moins envoyé la décoration de la Légion d'honneur au digne maire de cette ville. A cette occasion l'Empereur s'écria : « C'est pour
« vous, braves gens, que j'ai institué la Légion d'honneur, et
« non pour les émigrés pensionnés de nos ennemis ! »

L'Empereur reçut à Châlons la députation de la ville de Dijon, qui venait de chasser de son sein le préfet et le mauvais maire, dont la conduite, dans la dernière campagne a déshonoré Dijon et les Dijonnais! L'Empereur destitua ce maire, en nomma un autre et confia le commandement de la divison au brave général Devaux.

Le 15 l'Empereur vint coucher à Autun, et d'Autun il alla coucher, le 16, à Avallon. Il trouva sur cette route les mêmes sentiments que dans les montagnes du Dauphiné. Il rétablit dans leurs places tous les fonctionnaires qui avaient été destitués pour avoir concouru à la défense de la patrie contre l'étranger. Les habitants de Chiffey étaient spécialement l'objet des persécutions d'un freluquet, sous-préfet à Semur, pour avoir pris les armes contre les ennemis de notre pays. L'Empereur a donné ordre à un brigadier de gendarmerie d'arrêter le sous-préfet et de le conduire dans les prisons d'Avallon.

L'Empereur déjeuna le 17 à Vermanton, et vint à Auxerre, où le préfet Gamot était resté fidèle à son poste. Le brave 14e avait foulé aux pieds la cocarde blanche. L'Empereur apprit que le 6e de lanciers avait également arboré la cocarde tricolore et se portait sur Montereau pour garder ce pont contre un détachement de gardes du corps qui voulait le faire sauter. Les jeunes gardes du corps, n'étant pas encore accoutumés aux coups de lances, prirent la fuite à l'aspect de ce corps, et on leur fit deux prisonniers.

A Auxerre le comte Bertrand, major général, donna ordre qu'on réunît tous les bateaux pour embarquer l'armée, qui était déjà forte de quatre divisions, et la porter le soir même à Fossan, de manière à pouvoir arriver à une heure du matin à Fontainebleau.

Avant de partir d'Auxerre l'Empereur fut rejoint par le prince de la Moskowa. Ce maréchal avait fait arborer la cocarde tricolore dans tout son gouvernement.

L'Empereur arriva à Fontainebleau le 20, à quatre heures du matin; à sept heures il apprit que les Bourbons étaient partis de Paris et que la capitale était libre: il partit sur-le-champ pour s'y rendre; il est entré aux Tuileries à neuf heures du soir, au moment où on l'attendait le moins.

Ainsi s'est terminée, sans répandre une goutte de sang, sans trouver aucun obstacle, cette légitime entreprise, qui a rétabli la nation dans ses droits, dans sa gloire et a effacé la souillure que la trahison et la présence de l'étranger avaient répandue sur la capitale; ainsi s'est vérifié ce passage de l'adresse de l'Empereur aux soldats : que, *l'aigle, avec les couleurs nationales volerait de clocher en clocher jusqu'aux tours de Notre-Dame.*

En dix-huit jours le brave bataillon de la garde a franchi l'espace entre le golfe Juan et Paris, espace qu'en temps ordinaire on met quarante-cinq jours à parcourir.

Arrivé aux portes de Paris, l'Empereur vit venir à sa rencontre l'armée tout entière que commandait le duc de Berri. Officiers, soldats, généraux, infanterie légère, infanterie de ligne, lanciers, dragons, cuirassiers, artillerie, tous vinrent au-devant de leur général, que le choix du peuple et le vœu de l'armée avaient élevé à l'empire, et la cocarde tricolore fut arborée par chaque soldat, qui l'avait dans son sac. Tous foulèrent aux pieds cette cocarde blanche qui a été pendant vingt-cinq ans le signe de ralliement des ennemis de la France et du peuple.

Le 21, à une heure après midi, l'Empereur a passé la revue de toutes les troupes qui composaient l'armée de Paris. La capitale entière a été témoin des sentiments d'enthousiasme et d'attachement qui animaient ces braves soldats. Tous avaient reconquis leur patrie, tous étaient sortis d'oppression! Tous avaient retrouvé dans les couleurs nationales le souvenir de tous les sentiments généreux qui ont toujours distingué la nation française. Après que l'Empereur eut passé dans les rangs, toutes les troupes furent rangées en bataillons carrés.

« Soldats, dit l'Empereur, je suis venu avec six cents hommes « en France, parce que je comptais sur l'amour du peuple et sur « le souvenir des vieux soldats. Je n'ai pas été trompé dans mon « attente! Soldats! Je vous en remercie; la gloire de ce que « nous venons de faire est tout au peuple et à vous! La mienne « se réduit à vous avoir connus et appréciés.

« Soldats, le trône des Bourbons était illégitime, puisqu'il avait « été relevé par des mains étrangères; puisqu'il avait été pros« crit par le vœu de la nation exprimé par toutes nos assem« blées nationales; puisqu'enfin il n'offrait de garantie qu'aux

« intérêts d'un petit nombre d'hommes arrogants dont les pré-
« tentions sont opposées à nos droits. Soldats, le trône impérial
« peut seul garantir les droits du peuple; et surtout le premier
« des intérêts, celui de notre gloire. Soldats, nous allons marcher
« pour chasser du territoire des princes auxiliaires de l'étran-
« ger. La nation non-seulement nous secondera de ses vœux,
« mais même suivra notre impulsion. Le peuple français et moi
« nous comptons sur vous. Nous ne voulons pas nous mêler des
« affaires des nations étrangères ; mais malheur à qui se mêle-
« rait des nôtres ! »

Ce discours fut accueilli par les aclamations du peuple et des soldats.

Un instant après le général Cambronne et des officiers de la garde du bataillon de l'île d'Elbe parurent avec les anciennes aigles de la garde. L'Empereur reprit la parole et dit aux soldats. « Voilà les officiers du bataillon qui m'a accompagné dans
« mon malheur. Ils sont tous mes amis; ils étaient chers à mon
« cœur. Toutes les fois que je les voyais ils me représentaient les
« différents régiments de l'armée, car dans ces six cents braves
« il y a des hommes de tous les régiments. Tous me rappelaient
« ces grandes journées dont le souvenir nous est si cher ; car
« tous sont couverts d'honorables cicatrices reçues à ces batailles
« mémorables ! En les aimant c'est vous tous, soldats de toute
« l'armée française, que j'aimais ! Ils vous rapportent nos aigles !
« qu'elles vous servent de point de ralliement ! En les donnant
« à la garde je les donne à toute l'armée.

« La trahison et des circonstances malheureuses les avaient
« couvertes d'une crêpe funèbre ! mais, grâce au peuple français
« et à vous, elles reparaissent resplendissantes de toute leur
« gloire. Jurez qu'elles se trouveront toujours partout où l'in-
« térêt de la patrie les appellera. Que les traîtres et ceux qui
« voudraient envahir notre territoire n'en puissent jamais sou-
« tenir le regard ! »

Nous le jurons ! s'écrièrent avec enthousiasme tous les soldats ; les troupes défilèrent ensuite au son de la musique, qui jouait l'air : *Veillons au salut de l'Empire !*

DOUZIÈME ÉPOQUE.

Au golfe Juan, le 1ᵉʳ mars 1815

PROCLAMATION.

Napoléon par la grâce de Dieu et les constitutions de l'Empire, Empereur des Français, etc., etc., etc.

A L'ARMÉE.

Soldats,

Nous n'avons pas été vaincus! Deux hommes sortis de nos rangs ont trahi nos lauriers, leur pays, leur prince, leur bienfaiteur.

Ceux que nous avons vus pendant vingt-cinq ans parcourir toute l'Europe pour nous susciter des ennemis; qui ont passé leur vie à combattre contre nous dans les rangs des armées étrangères en maudissant notre belle France prétendraient-ils commander et enchaîner nos aigles, eux qui n'ont jamais pu en soutenir les regards? Souffrirons-nous qu'ils héritent du fruit de nos glorieux travaux? qu'ils s'emparent de nos honneurs, de nos biens; qu'ils calomnient notre gloire? Si leur règne durait, tout serait perdu, même le souvenir de ces immortelles journées!

Avec quel acharnement ils les dénaturent et cherchent à empoisonner ce que le monde admire! S'il reste encore des défenseurs de notre gloire, c'est parmi ces mêmes ennemis que nous avons combattus sur le champ de bataille.

Soldats! dans mon exil j'ai entendu votre voix. Je suis arrivé à travers tous les obstacles et tous les périls.

Votre général, appelé au trône par le choix du peuple et élevé sur vos pavois, vous est rendu: venez le joindre.

Arrachez ces couleurs que la nation a proscrites et qui, pendant vingt-cinq ans, servirent de ralliement à tous les ennemis de la France. Arborez cette cocarde tricolore; vous la portiez dans nos grandes journées.

Nous devons oublier que nous avons été les maîtres des nations; mais nous ne devons pas souffrir qu'aucune se mêle de nos affaires. Qui prétendrait être maître chez nous? Qui en aurait le pouvoir? Reprenez ces aigles que vous aviez à Ulm, à Austerlitz, à Iéna, à Eylau, à Friedland, à Tudela, à Eckmühl, à Essling, à Wagram, à Smolensk, à la Moskowa, à Lutzen, à Varthen, à Montmirail. Pensez-vous que cette poignée de Français, aujourd'hui si arrogante, puisse en soutenir la vue? Ils retourneront d'où ils viennent; et là, s'ils le veulent, ils régneront comme ils prétendent avoir régné depuis dix-neuf ans.

Vos biens, vos rangs, votre gloire, les biens, les rangs et la gloire de vos enfants n'ont pas de plus grands ennemis que ces princes que les étrangers nous ont imposés; ils sont les ennemis de notre gloire, puisque le récit de tant d'actions héroïques qui ont illustré le peuple français, combattant contre eux pour se soustraire à leur joug, est leur condamnation.

Les vétérans des armées de Sambre-et-Meuse, du Rhin, d'Italie, d'Égypte, de l'Ouest, de la grande armée sont humiliés; leurs honorables cicatrices sont flétries : leurs succès seraient des crimes, ces braves seraient des rebelles si, comme le prétendent les ennemis du peuple, des souverains légitimes étaient au milieu des armées étrangères. Les honneurs, les récompenses, les affections sont pour ceux qui les ont servis contre la patrie et nous.

Soldats! venez vous ranger sous les drapeaux de votre chef. Son existence ne se compose que de la vôtre; ses droits ne sont que ceux du peuple et les vôtres; son intérêt, son honneur, sa gloire ne sont autres que votre intérêt, votre honneur, votre gloire. La victoire marchera au pas de charge : l'aigle, avec les couleurs nationales, volera de clocher en clocher jusqu'aux tours de Notre-Dame : alors vous pourrez montrer avec honneur vos cicatrices; alors vous pourrez vous vanter de ce que vous avez fait; vous serez les libérateurs de la patrie.

Dans votre vieillesse, entourés et considérés de vos concitoyens, ils vous entendront avec respect raconter vos hauts faits. Vous pourrez dire avec orgueil : *Et moi aussi je faisais partie de cette grande armée* qui est entrée deux fois dans les murs de Vienne, dans ceux de Rome, de Berlin, de Madrid, de Moscou, qui a délivré Paris de la souillure que la trahison et la présence de l'ennemi y ont empreinte. Honneur à ces braves soldats, la gloire de la patrie; et honte éternelle aux Français criminels, dans quelque rang que la fortune les ait fait naître, qui combattirent vingt-cinq ans avec l'étranger pour déchirer le sein de la patrie. Signé NAPOLÉON.

Gap, le 16 mars 1815.

Aux habitants des départements des Hautes et Basses-Alpes.

Napoléon, par la grâce de Dieu et les constitutions de l'Empire, Empereur des Français, etc., etc., etc.

Citoyens,

J'ai été vivement touché de tous les sentiments que vous m'avez montrés; vos vœux seront exaucés; la cause de la nation triomphera encore! Vous avez raison de m'appeler votre père; je ne vis que pour l'honneur et le bonheur de la France. Mon retour dissipe toutes vos inquiétudes; il garantit la conservation de toutes les propriétés, l'égalité entre toutes les classes, et les droits dont vous jouissiez depuis vingt-cinq ans et après lesquels nos pères ont tous soupiré forment aujourd'hui une partie de votre existence.

Dans toutes les circonstances où je pourrai me trouver je me rappellerai toujours avec un vif intérêt tout ce que j'ai vu en traversant votre pays. NAPOLÉON.

Grenoble, 9 mars 1815.

Aux habitants du département de l'Isère.

Citoyens,

Lorsque, dans mon exil, j'appris tous les malheurs qui pesaient sur la nation, que tous les droits du peuple étaient méconnus et qu'il me reprochait le repos dans lequel je vivais, je ne perdis pas un moment. Je m'embarquai sur un frêle navire; je traversai les mers au milieu des vaisseaux de guerre de différentes nations; je débarquai sur le sol de la patrie, et je n'eus en vue que d'arriver avec la rapidité de l'aigle dans cette bonne ville de Grenoble, dont le patriotisme et l'attachement à ma personne m'étaient particulièrement connus.

Dauphinois, vous avez rempli mon attente.

J'ai supporté, non sans déchirement de cœur, mais sans abattement, les malheurs auxquels j'ai été en proie il y a un an; le spectacle que m'a offert le peuple sur mon passage m'a vivement ému. Si quelques nuages avaient pu arrêter la grande opinion que j'avais du peuple français, ce que j'ai vu m'a convaincu qu'il était toujours digne de ce nom de *grand peuple* dont je le saluai il y a plus de vingt ans.

Dauphinois! sur le point de quitter vos contrées pour me rendre dans ma bonne ville de Lyon, j'ai senti le besoin de vous exprimer toute l'estime que m'ont inspirée vos sentiments élevés. Mon cœur est tout plein des émotions que vous y avez fait naître; j'en conserverai toujours le souvenir.

NAPOLÉON.

Lyon 13 mars 1815.

Aux habitants de la ville de Lyon.

Lyonnais,

Au moment de quitter votre ville pour me rendre dans ma capitale, j'éprouve le besoin de vous faire connaître les sentiments que vous m'avez inspirés. Vous avez toujours été au premier rang dans mon affection. Sur le trône ou dans l'exil, vous m'avez toujours montré les mêmes sentiments. Ce caractère élevé qui vous distingue spécialement vous a mérité toute mon estime. Dans des moments plus tranquilles, je reviendrai pour m'occuper de vos besoins et de la prospérité de vos manufactures et de votre ville.

NAPOLÉON.

DOUZIEME ÉPOQUE.

Lyon, 13 mars 1815.

Décret.

Napoléon, etc., etc., etc.

Considérant que la chambre des pairs est composée en partie de personnes qui ont porté les armes contre la France et qui ont intérêt au rétablissement des droits féodaux, à la destruction de l'égalité entre les différentes classes, à l'annulation des ventes des domaines nationaux et enfin à priver le peuple des droits qu'il a acquis par vingt-cinq ans de combats contre les ennemis de la gloire nationale;

Considérant que les pouvoirs des députés au corps législatif étaient expirés, et que dès lors la chambre des communes n'a plus aucun caractère national; qu'une partie de cette chambre s'est rendue indigne de la confiance de la nation en adhérant au rétablissement de la noblesse féodale, abolie par les constitutions acceptées par le peuple; en faisant payer par la France des dettes contractées à l'étranger pour tramer des coalitions et soudoyer des armées contre le peuple français; en donnant aux Bourbons le titre de roi légitime, ce qui était déclarer rebelles le peuple français et les armées; proclamer seuls bons Français les émigrés qui ont déchiré pendant vingt-cinq ans le sein de la patrie et violé tous les droits du peuple en consacrant le principe que la nation était faite pour le trône, et non le trône pour la nation;

Nous avons décrété et décrétons ce qui suit :

Art. 1er. La chambre des pairs est dissoute.

2. La chambre des communes est dissoute; il est ordonné à chacun des membres convoqué et arrivé à Paris depuis le 7 mars dernier de retourner sans délai dans son domicile.

3. Les colléges électoraux des départements de l'Empire seront réunis à Paris, dans le courant du mois de mai prochain, en *assemblée extraordinaire du Champ de Mai*, afin de prendre les mesures convenables pour corriger et modifier nos constitutions selon l'intérêt et la volonté de la nation et en même temps pour assister au couronnement de l'impératrice notre

très-chère et bien-aimée épouse, et à celui de notre cher et bien-aimé fils.

4. Notre grand maréchal, faisant fonctions de major-général de la grande armée, est chargé de prendre les mesures nécessaires pour la publication du présent décret.

NAPOLÉON.

Paris 26 mars 1815.

Réponse de Napoléon à une adresse de ses ministres.

Les sentiments que vous m'exprimez sont les miens. *Tout à la nation et tout pour la France!* voilà ma devise.

Moi et ma famille, que ce grand peuple a élevés sur le trône des Français et qu'il y a maintenus malgré les vicissitudes et les tempêtes politiques, nous ne voulons, nous ne devons et nous ne pouvons jamais réclamer d'autres titres.

Réponse de Napoléon à une adresse du Conseil d'État.

Les princes sont les premiers citoyens de l'État. Leur autorité est plus ou moins étendue selon l'intérêt des nations qu'ils gouvernent. La souveraineté elle-même n'est héréditaire que parce que l'intérêt des peuples l'exige. Hors de ces principes je ne connais pas de légitimité.

J'ai renoncé aux idées du grand Empire dont, depuis quinze ans, je n'avais encore que posé les bases. Désormais le bonheur et la consolidation de l'Empire français seront l'objet de toutes mes pensées.

Réponse de Napoléon à une adresse de la cour de cassation.

Dans les premiers âges de la monarchie française des peuplades guerrières s'emparèrent des Gaules. La souveraineté, sans doute, ne fut pas organisée dans l'intérêt des Gaulois, qui furent esclaves ou n'eurent aucuns droits politiques; mais elle le fut dans l'intérêt de la peuplade conquérante. Il n'a donc jamais été vrai de dire, dans aucune période de l'histoire, dans aucune nation, même en Orient, que les peuples existassent pour les rois; partout il a été consacré que les rois n'existaient que pour les peuples. (1) Une dynastie *créée* dans les circonstances qui ont *créé* tant de nouveaux *intérêts*, ayant *intérêt* au maintien de tous les droits et de toutes les propriétés, peut seule être naturelle et légitime et avoir la confiance et la force, ces deux premiers caractères de tout gouvernement.

Réponse de Napoléon à une adresse de la cour des comptes.

Ce qui distingue spécialement le trône impérial, c'est qu'il est élevé par la nation, qu'il est par conséquent *naturel* et qu'il garantit tous les intérêts : c'est là le vrai caractère de la légitimité. L'intérêt impérial est de consolider tout ce qui existe et tout ce qui a été fait en France dans vingt-cinq années de révolution; il comprend tous les intérêts et surtout l'intérêt de la gloire et de la nation, qui n'est pas le moindre de tous.

Réponse de Napoléon à une adresse à la cour impériale de Paris.

Tout ce qui est revenu avec les armées étrangères, tout ce qui a été fait sans consulter la nation est nul. Les cours de Grenoble et de Lyon et tous les tribunaux de l'ordre judiciaire que j'ai rencontrés, lorsque le succès des événements était encore incertain, m'ont montré que ces principes étaient gravés dans le cœur de tous les Français.

Réponse de Napoléon à une adresse du conseil municipal de la ville de Paris.

J'agrée les sentiments de ma bonne ville de Paris. J'ai mis du prix à entrer dans ces murs à l'époque anniversaire du jour où, il y a quatre ans, tout le peuple de cette capitale me donna des témoignages si touchants de l'intérêt qu'il portait aux affections qui sont le plus près de mon cœur. J'ai dû pour cela devancer

(1) Ainsi au Moniteur, avec les mots soulignés.

mon armée, et venir seul me confier à cette garde nationale que j'ai créée et qui a si parfaitement atteint le but de sa création. J'ambitionne de m'en conserver à moi-même le commandement. J'ai ordonné la cessation des grands travaux de Versailles, dans l'intention de faire tout ce que les circonstances permettront pour achever les établissements commencés à Paris, qui doit être constamment le lieu de ma demeure et la capitale de l'Empire. Dans des temps plus tranquilles j'achèverai Versailles, ce ce beau monument des arts, mais devenu aujourd'hui un objet accessoire. Remerciez en mon nom le peuple de Paris de tous les témoignages d'affection qu'il me donne.

Au palais des Tuileries, le 25 mars 1810.

Décrets impériaux.

Napoléon, Empereur des Français, etc., etc., etc.

Nous avons décrété et décrétons ce qui suit :

Art. 1er. Les biens rendus aux émigrés par le dernier gouvernement depuis le 1er avril 1814 et qu'ils auraient aliénés en forme légale et authentique avant nos décrets du 13 du présent mois ne sont pas compris dans les mesures de séquestres ordonnées par lesdits décrets, sauf aux agents de l'enregistrement à poursuivre, sur les tiers acquéreurs, le payement de ce qui pourra être dû sur le prix des aliénations.

2. Si quelques-unes de ces aliénations, bien qu'antérieures à nos décrets du 13 mars présent mois, portaient le caractère de la fraude et de la simulation, la régie de l'enregistrement devra en poursuivre l'annulation devant les tribunaux ordinaires après avoir rassemblé tous les documents propres à établir la fraude.

3. Les ventes faites par les émigrés désignés aux articles précédents depuis nos décrets du 13 mars sont déclarées nulles, sauf aux acquéreurs à prouver devant nos tribunaux qu'elles ont été faites de bonne foi.

4. Les biens que des émigrés rentrés avec la famille des Bourbons auraient acquis depuis le 1er avril 1814 ne seront

point soumis au séquestre. Néanmoins lesdits émigrés seront tenus de vendre ou mettre hors de leurs mains ces biens dans le délai de deux ans.

5. Nos décrets du 13 mars, présent mois, seront exécutés dans le surplus de leurs dispositions non contraires aux présentes.

Au palais des Tuileries, le 11 avril 1815.

Au général Grouchy.

« Monsieur le comte Grouchy, l'ordonnance du roi en date du 6 mars et la déclaration signée le 13 à Vienne par ses ministres pouvaient m'autoriser à traiter le duc d'Angoulême comme cette ordonnance et cette déclaration voulaient qu'on traitât moi et ma famille; mais, constant dans les dispositions qui m'avaient porté à ordonner que les membres de la famille des Bourbons pussent sortir librement de France, mon intention est que vous donniez des ordres pour que le duc d'Angoulême soit conduit à Cette, où il sera embarqué, et que vous veilliez à sa sûreté et à écarter de lui tout mauvais traitement. Vous aurez soin seulement de retirer les fonds qui ont été enlevés des caisses publiques et de demander au duc d'Angoulême qu'il s'oblige à la restitution des diamants de la couronne, qui sont la propriété de la nation. Vous lui ferez connaître en même temps les dispositions des lois des assemblées nationales, qui ont été renouvelées, et qui s'appliquent aux membres de la famille des Bourbons qui entreraient sur le territoire français. Vous remercierez en mon nom les gardes nationales du patriotisme et du zèle qu'elles ont fait éclater et de l'attachement qu'elles m'ont montré dans ces circonstances importantes. »

NAPOLÉON.

Paris, le 22 avril 1815.

Acte additionnel aux constitutions de l'empire.

Napoléon, par la grâce de Dieu et les constitutions de l'Empire, Empereur des Français, à tous présents et à venir, salut.

Depuis que nous avons été appelé, il y a quinze années, par le vœu de la France, au gouvernement de l'État, nous avons cherché à perfectionner, à diverses époques, les formes constitutionnelles suivant les besoins et les désirs de la nation et en profitant des leçons de l'expérience. Les constitutions de l'Empire se sont ainsi formées d'une série d'actes qui ont été revêtus de l'acceptation du peuple. Nous avions alors pour but d'organiser un grand système fédératif européen, que nous avions adopté comme conforme à l'esprit du siècle et favorable aux progrès de la civilisation. Pour parvenir à le compléter et à lui donner toute l'étendue et toute la stabilité dont il était susceptible, nous avions ajourné l'établissement de plusieurs institutions intérieures, plus spécialement destinées à protéger la liberté des citoyens. Notre but n'est plus désormais que d'accroître la prospérité de la France par l'affermissement de la liberté publique. De là résulte la nécessité de plusieurs modifications importantes dans les constitutions, sénatus-consultes et autres actes qui régissent cet Empire. A ces causes, voulant, d'un côté, conserver du passé ce qu'il y a de bon et de salutaire, et de l'autre rendre les constitutions de notre Empire conformes en tout aux vœux et aux besoins nationaux ainsi qu'à l'état de paix que nous désirons maintenir avec l'Europe, nous avons résolu de proposer au peuple une suite de dispositions tendantes à modifier et perfectionner ses actes constitutionnels, à entourer les droits des citoyens de toutes leurs garanties, à donner au système représentatif toute son extension, à investir les corps intermédiaires de la considération et du pouvoir désirables, en un mot, à combiner le plus haut point de liberté publique et de sûreté individuelle avec la force et la centralisation nécessaires pour faire respecter par l'étranger l'indépendance du peuple français, et la dignité de notre couronne. En conséquence les articles suivants, formant un acte supplémentaire aux constitutions de l'empire, seront soumis à l'acceptation libre et solennelle de tous les citoyens dans l'étendue de la France.

Titre 1er. — *Dispositions générales.*

Art 1er. Les constitutions de l'Empire, nommément l'acte constitutionnel du 23 frimaire an 8, les sénatus-consultes des 14 et 16 thermidor an 10 et celui du 28 floréal an 12 seront modifiés par les dispositions qui suivent : toutes les autres dispositions sont confirmées et maintenues.

2. Le pouvoir législatif est exercé par l'Empereur et deux chambres.

3. La première chambre, nommée chambre des pairs, est héréditaire.

4. L'Empereur en nomme les membres, qui sont irrévocables, eux et leurs descendants mâles, d'aîné en aîné en ligne directe. Le nombre des pairs est illimité. L'adoption ne transmet point la dignité de pair à celui qui en est l'objet. Les pairs prennent séance à vingt et un ans, mais n'ont voix délibérative qu'à vingt-cinq.

5. La chambre des pairs est présidée par l'archichancelier de l'Empire, ou, dans le cas prévu par l'article 51 du sénatus-consulte du 18 floréal an 12, par un des membres de cette chambre désigné spécialement par l'Empereur.

6. Les membres de la famille impériale, dans l'ordre de l'hérédité, sont pairs de droit. Ils siégent après le président. Ils prennent séance à dix-huit ans, mais n'ont voix délibérative qu'à vingt et un.

7. La seconde chambre, nommée chambre des représentants, est élue par le peuple.

8. Les membres de cette chambre sont au nombre de six cent vingt-neuf. Ils doivent être âgés de vingt-cinq ans au moins.

9. Le président de la chambre des représentants est nommé par la chambre, à l'ouverture de la première session. Il reste en fonctions jusqu'au renouvellement de la chambre. Sa nomination est soumise à l'approbation de l'Empereur.

10. La chambre des représentants vérifie les pouvoirs de ses membres et prononce sur la validité des élections contestées.

11. Les membres de la chambre des représentants reçoivent, pour frais de voyage, et durant la session, l'indemnité décrétée par l'assemblée constituante.

12. Ils sont indéfiniment rééligibles.

13. La chambre des représentants est renouvelée de droit en entier tous les cinq ans.

14. Aucun membre de l'une ou de l'autre chambre ne peut être arrêté, sauf le cas de flagrant délit, ni poursuivi en matière criminelle ou correctionnelle, pendant les sessions, qu'en vertu d'une résolution de la chambre dont il fait partie.

15. Aucun ne peut être arrêté ni détenu pour dettes à partir de la convocation ni quarante jours après la session.

16. Les pairs sont jugés par leur chambre, en matière criminelle ou correctionnelle, dans les formes qui seront réglées par la loi.

17. La qualité de pair et de représentant est compatible avec toutes fonctions publiques, hors celles de comptables. Toutefois les préfets et sous-préfets ne sont pas éligibles par le collége électoral du département ou de l'arrondissement qu'ils administrent.

18. L'Empereur envoie dans les chambres des ministres d'État et des conseillers d'État qui y siégent et prennent part aux discussions, mais qui n'ont voix délibérative que dans le cas où ils sont membres de la chambre comme pair ou élu du peuple.

19. Les ministres qui sont membres de la chambre des pairs ou de celle des représentants, ou qui siégent par mission du gouvernement, donnent aux chambres les éclaircissements qui sont jugés nécessaires, quand leur publicité ne compromet pas l'intérêt de l'État.

20. Les séances des deux chambres sont publiques. Elles peuvent néanmoins se former en comité secret, la chambre des pairs sur la demande de dix membres, celle des représentants sur la demande de vingt-cinq. Le gouvernement peut également requérir des comités secrets pour des communications à faire. Dans tous les cas, les délibérations et les votes ne peuvent avoir lieu qu'en séance publique.

21. L'Empereur peut proroger, ajourner et dissoudre la chambre des représentants. La proclamation qui prononce la dissolution convoque les colléges électoraux pour une élection nouvelle et indique la réunion des représentants dans six mois au plus tard.

22. Durant l'intervalle des sessions de la chambre des représentants, ou en cas de dissolution de cette chambre, la chambre des pairs ne peut s'assembler.

23. Le gouvernement a la proposition de la loi; les chambres peuvent proposer des amendements. Si ces amendements ne sont pas adoptés par le gouvernement, les chambres sont tenues de voter sur la loi telle qu'elle a été proposée.

24. Les chambres ont la faculté d'inviter le gouvernement à proposer une loi sur un objet déterminé et de rédiger ce qui leur paraît convenable d'insérer dans la loi. Cette demande peut être faite par chacune des deux chambres.

25. Lorsqu'une rédaction est adoptée dans l'une des deux chambres, elle est portée à l'autre, et, si elle y est approuvée, elle est portée à l'Empereur.

26. Aucun discours écrit, excepté les rapports des commissions, les rapports des ministres sur les lois qui sont présentées et les comptes qui sont rendus, ne peut être lu dans l'une ou l'autre des chambres.

Titre II. — *Des colléges électoraux et du mode d'élection.*

27. Les colléges électoraux de département et d'arrondissement sont maintenus conformément au sénatus-consulte du 16 thermidor an 10, sauf les modifications qui suivent.

28. Les assemblées de canton rempliront chaque année, par des élections annuelles, toutes les vacances dans les colléges électoraux.

29. A dater de l'an 1816, un membre de la chambre des pairs, désigné par l'Empereur, sera président à vie et inamovible de chaque collége électoral de département.

30. A dater de la même époque, le collége électoral de chaque département nommera, parmi les membres de chaque col-

lége d'arrondissement, le président et deux vice-présidents. A cet effet, l'assemblée du collège de département précédera de quinze jours celle du collège d'arrondissement.

31. Les colléges de département et d'arrondissement nommeront le nombre de représentants établi pour chacun par l'acte et le tableau.

32. Les représentants peuvent être choisis indifféremment dans toute l'étendue de la France. Chaque collége de département ou d'arrondissement qui choisira un représentant hors du département ou de l'arrondissement nommera un suppléant qui sera pris nécessairement dans le département ou l'arrondissement.

33. L'industrie et la propriété manufacturière et commerciale auront une représentation spéciale. L'élection des représentants commerciaux et manufacturiers sera faite par le collége électoral de département sur une liste d'éligibles dressée par les chambres de commerce et les chambres consultatives réunies suivant l'acte et le tableau.

Titre III. — *De la loi de l'impôt.*

34. L'impôt général direct, soit foncier, soit mobilier, n'est voté que pour un an; les impôts indirects peuvent être votés pour plusieurs années.

Dans le cas de la dissolution de la chambre des représentants, les impositions votées dans la session précédente sont continuées jusqu'à la nouvelle réunion de la chambre.

35. Aucun impôt direct ou indirect en argent ou en nature ne peut être perçu, aucun emprunt ne peut avoir lieu, aucune inscription de créance au grand livre de la dette publique ne peut être faite, aucun domaine ne peut être aliéné ni échangé, aucune levée d'hommes pour l'armée ne peut être ordonnée, aucune portion du territoire ne peut être échangée qu'en vertu d'une loi.

36. Toute proposition d'impôt, d'emprunt ou de levée d'hommes ne peut être faite qu'à la chambre des représentants.

37. C'est aussi à la chambre des représentants qu'est porté

d'abord : 1° le budget général de l'État, contenant l'aperçu des recettes et la proposition des fonds assignés pour l'année à chaque département du ministère; 2° le compte des recettes et dépenses de l'année ou des années précédentes.

Titre IV. — *Des ministres et de la responsabilité.*

38. Tous les actes du gouvernement doivent être contre-signés par un ministre ayant département.

39. Les ministres sont responsables des actes du gouvernement signés par eux ainsi que de l'exécution des lois.

40. Ils peuvent être accusés par la chambre des représentants, et sont jugés par celle des pairs.

41. Tout ministre, tout commandant d'armée de terre ou de mer peut être accusé par la chambre des représentants et jugé par la chambre des pairs pour avoir compromis la sûreté ou l'honneur de la nation.

42. La chambre des pairs, en ce cas, exerce, soit pour caractériser le délit, soit pour infliger la peine, un pouvoir discrétionnaire.

43. Avant de prononcer la mise en accusation d'un ministre, la chambre des représentants doit déclarer qu'il y a lieu à examiner la proposition d'accusation.

44. Cette déclaration ne peut se faire qu'après le rapport d'une commission de soixante membres tirés au sort. Cette commission ne fait son rapport que dix jours au plus tôt après sa nomination.

45. Quand la chambre a déclaré qu'il y a lieu à examen, elle peut appeler le ministre dans son sein pour lui demander des explications. Cet appel ne peut avoir lieu que dix jours après le rapport de la commission.

46. Dans tout autre cas, les ministres ayant département ne peuvent être appelés ni mandés par les chambres.

47. Lorsque la chambre des représentants a déclaré qu'il y a lieu à examen contre un ministre, il est formé une nouvelle commission de soixante membres tirés au sort, comme la première, et il est fait par cette commission un nouveau rapport

sur la mise en accusation. Cette commission ne fait son rapport que dix jours après sa nomination.

48. La mise en accusation ne peut être prononcée que dix jours après la lecture et la distribution du rapport.

49. L'accusation étant prononcée, la chambre des représentants nomme cinq commissaires pris dans son sein, pour poursuivre l'accusation devant la chambre des pairs.

50. L'article 75 du titre VIII de l'acte constitutionnel du 22 frimaire an 8, portant que les agents du gouvernement ne peuvent être poursuivis qu'en vertu d'une décision du conseil d'État, sera modifié par une loi.

Titre V. — *Du pouvoir judiciaire.*

51. L'Empereur nomme tous les juges. Ils sont inamovibles et à vie dès l'instant de leur nomination, sauf la nomination des juges de paix et des juges de commerce, qui aura lieu comme par le passé.

Les juges actuels nommés par l'Empereur aux termes du sénatus-consulte du 12 octobre 1807 et qu'il jugera convenable de conserver recevront des provisions à vie avant le 1ᵉʳ janvier prochain.

52. L'institution des jurés est maintenue.

53. Les débats en matière criminelle sont publics.

54. Les délits militaires seuls sont du ressort des tribunaux militaires.

55. Tous les autres délits, même commis par les militaires, sont de la compétence des tribunaux civils.

56. Tous les crimes et délits qui étaient attribués à la haute cour impériale et dont le jugement n'est pas réservé par le présent acte à la chambre des pairs seront portés devant les tribunaux ordinaires.

57. L'Empereur a le droit de faire grâce, même en matière correctionnelle, et d'accorder des amnisties.

58. Les interprétations des lois demandées par la cour de cassation seront données dans la forme d'une loi

Titre VI. — *Droits des citoyens.*

59. Les Français sont égaux devant la loi, soit pour la contribution aux impôts et charges publiques, soit pour l'admission aux emplois civils et militaires.

60. Nul ne peut, sous aucun prétexte, être distrait des juges qui lui sont assignés par la loi.

61. Nul ne peut être poursuivi, arrêté, détenu ni exilé que dans les cas prévus par la loi et suivant les formes prescrites.

62. La liberté des cultes est garantie à tous.

63. Toutes les propriétés possédées ou acquises en vertu des lois et toutes les créances sur l'État sont inviolables.

64. Tout citoyen a le droit d'imprimer et de publier ses pensées, en les signant, sans aucune censure préalable, sauf la responsabilité légale, après la publication, par jugement par jurés, quand même il n'y aurait lieu qu'à l'application d'une peine correctionnelle.

65. Le droit de pétition est assuré à tous les citoyens. Toute pétition est individuelle. Les pétitions peuvent être adressées soit au gouvernement, soit aux deux chambres : néanmoins ces dernières même doivent porter l'intitulé : à S. M. l'Empereur. Elles seront présentées aux chambres sous la garantie d'un membre qui recommande la pétition. Elles sont lues publiquement, et si la chambre les prend en considération, elles sont portées à l'Empereur par le président.

66. Aucune place, aucune partie du territoire ne peut être déclarée en état de siége que dans le cas d'invasion de la part d'une force étrangère ou de troubles civils. Dans le premier cas, la déclaration est faite par un acte du gouvernement. Dans le second cas, elle ne peut l'être que par la loi. Toutefois, si, le cas arrivant, les chambres ne sont pas assemblées, l'acte du gouvernement déclarant l'état de siége doit être converti en une proposition de loi dans les quinze premiers jours de la réunion des chambres.

67. Le peuple français déclare en outre que, dans la délégation qu'il a faite et qu'il fait de ses pouvoirs, il n'a pas entendu

et n'entend pas donner le droit de proposer le rétablissement des Bourbons ou d'aucun prince de cette famille sur le trône, même en cas d'extinction de la dynastie impériale; ni le droit de rétablir soit l'ancienne noblesse féodale, soit les droits féodaux et seigneuriaux, soit les dîmes, soit aucun culte privilégié et dominant, ni la faculté de porter aucune atteinte à l'irrévocabilité de la vente des domaines nationaux; il interdit formellement au gouvernement, aux chambres et aux citoyens toute proposition à cet égard.

Paris, 30 avril 1815.

Décret.

En convoquant les électeurs des colléges en assemblée du champ de mai, nous comptions constituer chaque assemblée électorale de département en bureaux séparés, composer ensuite une commission commune à toutes et, dans l'espace de quelques mois, arriver au grand but objet de nos pensées.

Nous croyions alors en avoir le temps et le loisir, puisque, notre intention étant de maintenir la paix avec nos voisins, nous étions résigné à souscrire à tous les sacrifices qui déjà avaient pesé sur la France.

La guerre civile du midi à peine terminée, nous acquîmes la certitude des dispositions hostiles des puissances étrangères, et dès lors il fallut prévoir la guerre et s'y préparer.

Dans ces nouvelles occurrences, nous n'avions que l'alternative de prolonger la dictature dont nous nous trouvons investi par les circonstances et par la confiance du peuple ou d'abréger les formes que nous nous étions proposé de suivre pour la rédaction de l'acte constitutionnel. L'intérêt de la France nous a prescrit d'adopter ce second parti. Nous avons présenté à l'acceptation du peuple un acte qui à la fois garantit ses libertés et ses droits et met la monarchie à l'abri de tout danger de subversion. Cet acte détermine le mode de la formation de la loi, et dès lors contient en lui-même le principe de toute amélioration qui serait conforme aux vœux de la nation, interdisant cependant toute discussion sur un certain nombre de points fondamentaux déterminés, qui sont irrévocablement fixés.

Nous aurions voulu aussi attendre l'acceptation du peuple avant d'ordonner la réunion des colléges et de faire procéder à la nomination des députés; mais, également maîtrisé par les circonstances, le plus haut intérêt de l'État nous fait la loi de nous environner le plus promptement possible des corps nationaux.

A ces causes, nous avons décrété et décrétons ce qui suit:

Art. 1er. Quatre jours après la publication du présent décret au chef-lieu du département les électeurs des colléges de département et d'arrondissement se réuniront en assemblées électorales au chef-lieu de chaque département et de chaque arrondissement. Le préfet pour le département, les sous-préfets pour les arrondissements indiqueront le jour précis, l'heure et le lieu de l'assemblée par des circulaires et par une proclamation qui sera répandue avec la plus grande célérité dans tous les cantons et communes.

2. Pour cette année, à l'ouverture de l'assemblée, le plus ancien d'âge présidera, le plus jeune fera les fonctions de secrétaire, les trois plus âgés après le président seront scrutateurs. Chaque assemblée, ainsi organisée provisoirement, nommera son président; elle nommera aussi deux secrétaires et trois scrutateurs; ces choix se feront à la majorité absolue.

3. On procédera ensuite aux élections des députés à la chambre des représentants, conformément à l'acte envoyé pour être présenté à l'acceptation du peuple et inséré au Bulletin des lois, n° 19, le 22 avril présent mois.

4. Les préfets des villes chefs-lieux d'arrondissements commerciaux convoqueront, à la réception du présent, la chambre de commerce et les chambres consultatives pour faire former les listes de candidats sur lesquelles les représentants de l'industrie commerciale et manufacturière doivent être élus par les colléges électoraux, appelés à les nommer conformément à l'acte joint à celui énoncé en l'article précédent.

5. Les députés nommés par les assemblées électorales se rendront à Paris pour assister à l'assemblée du champ de mai, et

pouvoir composer la chambre des représentants, que nous nous proposons de convoquer après la proclamation de l'acceptation de l'acte constitutionel. NAPOLÉON.

Paris, 24 mai 1815.

Réponse de l'Empereur à une députation des fédérés de Paris.

Soldats fédérés des faubourgs Saint-Antoine et Saint-Marceau!
Je suis revenu seul, parce que je comptais sur le peuple des villes, les habitants des campagnes et les soldats de l'armée, dont je connaissais l'attachement à l'honneur national. Vous avez tous justifié ma confiance. J'accepte votre offre. Je vous donnerai des armes; je vous donnerai pour vous guider des officiers couverts d'honorables blessures et accoutumés à voir fuir l'ennemi devant eux. Vos bras robustes et faits aux pénibles travaux sont plus propres que tous autres au maniement des armes. Quant au courage, vous êtes Français; vous serez les éclaireurs de la garde nationale. Je serai sans inquiétude pour la capitale lorsque la garde nationale et vous vous serez chargés de sa défense; et s'il est vrai que les étrangers persistent dans le projet impie d'attenter à notre indépendance et à notre honneur, je pourrai profiter de la victoire sans être arrêté par aucune sollicitude.
Soldats fédérés, s'il est des hommes dans les hautes classes de la société qui aient déshonoré le nom français, l'amour de la patrie et le sentiment d'honneur national se sont conservés tout entiers dans le peuple des villes, les habitants des campagnes et les soldats de l'armée. Je suis content de vous voir. J'ai confiance en vous : *Vive la nation!*

Paris, 1ᵉʳ juin 1815.

Discours de l'Empereur au champ de mai.

Messieurs les électeurs des colléges de département et d'arrondissement,

Messieurs les députés de l'armée de terre et de mer au champ de mai,

Empereur, consul, soldat, je tiens tout du peuple. Dans la prospérité, dans l'adversité, sur le champ de bataille, au conseil, sur le trône, dans l'exil, la France a été l'objet unique et constant de mes pensées et de mes actions.

Comme ce roi d'Athènes, je me suis sacrifié pour mon peuple dans l'espoir de voir se réaliser la promesse donnée de conserver à la France son intégrité naturelle, ses honneurs et ses droits.

L'indignation de voir ces droits sacrés, acquis par vingt-cinq années de victoires, méconnus et perdus à jamais; le cri de l'honneur français flétri, les vœux de la nation m'ont ramené sur ce trône qui m'est cher parce qu'il est le *palladium* de l'indépendance, de l'honneur et des droits du peuple.

Français, en traversant au milieu de l'allégresse publique les diverses provinces de l'Empire pour arriver dans ma capitale, j'ai dû compter sur une longue paix ; les nations sont liées par les traités conclus par leurs gouvernements, quels qu'ils soient.

Ma pensée se portait alors tout entière sur les moyens de fonder notre liberté par une constitution conforme à la volonté et à l'intérêt du peuple. J'ai convoqué le champ de mai.

Je ne tardai pas à apprendre que les princes qui ont méconnu tous les principes, froissé l'opinion et les plus chers intérêts de tant de peuples veulent nous faire la guerre. Ils méditent d'accroître le royaume des Pays-Bas, de lui donner pour barrières toutes nos places frontières du nord et de concilier les différends qui les divisent encore en se partageant la Lorraine et l'Alsace.

Il a fallu se préparer à la guerre.

Cependant, devant courir personnellement les hasards des combats, ma première sollicitude a dû être de constituer sans retard la nation. Le peuple a accepté l'acte que je lui ai présenté.

Français, lorsque nous aurons repoussé ces injustes agressions et que l'Europe sera convaincue de ce qu'on doit aux droits et à l'indépendance de vingt-huit millions de Français, une loi solennelle, faite dans les formes voulues par l'acte constitutionnel, réunira les différentes dispositions de nos constitutions aujourd'hui éparses.

Français, vous allez retourner dans vos départements. Dites aux citoyens que les circonstances sont grandes ! ! ! qu'avec de l'union, de l'énergie et de la persévérance nous sortirons victorieux de cette lutte d'un grand peuple contre ses oppresseurs ; que les générations à venir scruteront sévèrement notre conduite ; qu'une nation a tout perdu quand elle a perdu l'indépendance. Dites-leur que les rois étrangers que j'ai élevés sur le trône ou qui me doivent la conservation de leur couronne, qui tous, au temps de ma prospérité, ont brigué mon alliance et la protection du peuple français dirigent aujourd'hui tous leurs coups contre ma personne. Si je ne voyais que c'est à la patrie qu'ils en veulent, je mettrais à leur merci cette existence contre laquelle ils se montrent si acharnés. Mais dites aussi aux citoyens que, tant que les Français me conserveront les sentiments d'amour dont ils me donnent tant de preuves, cette rage de nos ennemis sera impuissante.

Français, ma volonté est celle du peuple ; mes droits sont les siens ; mon honneur, ma gloire, mon bonheur, ne peuvent être autres que l'honneur, la gloire et le bonheur de la France.

Paris, 7 juin 1815.

Discours de l'Empereur à l'ouverture de la chambre des représentants.

Messieurs de la chambre des pairs et de la chambre des représentants, depuis trois mois les circonstances et la confiance du peuple m'ont investi d'un pouvoir illimité, et je viens aujourd'hui remplir le premier désir et le besoin le plus pressant de mon cœur en ouvrant votre session et en commençant ainsi la monarchie constitutionnelle.

Les hommes sont impuissants pour fixer les destinées des nations ; ce n'est que par des institutions sages que leur prospérité peut être établie sur des bases solides. La monarchie est nécessaire à la France pour assurer sa liberté et son indépendance.

Nos constitutions sont encore éparses, et un de nos premiers soins sera de les réunir et d'en coordonner les différentes parties en un seul corps de loi. Ce travail recommandera l'époque actuelle à la postérité. J'ambitionne de voir la France jouir de toute la liberté possible ; je dis possible, parce que l'anarchie conduit les peuples au despotisme.

Une coalition formidable d'empereurs et de rois en veut à notre indépendance ; la frégate *la Melpomène* a été prise, après un combat sanglant, par un vaisseau anglais de 74 ; ainsi le sang a coulé pendant la paix. Nos ennemis comptent sur nos dissensions intestines et cherchent à en profiter ; on communique aujourd'hui avec Gand comme on communiquait en 1789 avec Coblentz.

Des mesures législatives seront nécessaires pour réprimer ces complots ; je confie à vos lumières et à votre patriotisme les destinées de la France et la sûreté de ma personne. La liberté de la presse est inhérente à nos institutions : on n'y peut rien changer sans porter atteinte à la liberté civile, mais des lois sages seront nécessaires pour en prévenir les abus ; je recommande à votre attention cet objet important.

Mes ministres vous feront connaître successivement la situation de nos affaires : nos finances offriraient de plus grandes ressources sans les sacrifices indispensables qu'ont exigés les circonstances et si les sommes portées dans le budget rentraient aux époques déterminées. Il est possible que le premier devoir des princes m'appelle à la tête des enfants de la patrie. L'armée et moi nous ferons notre devoir. Vous, pairs, et vous, représentants, secondez nos efforts en entretenant la confiance par votre attachement au prince et à la patrie, et la cause sainte du peuple triomphera.

Paris, 11 juin 1815.

Réponse de l'Empereur à une députation de la chambre des pairs.

Monsieur le président et messieurs les députés de la chambre des pairs,

La lutte dans laquelle nous sommes engagés est sérieuse. L'entraînement de la prospérité n'est pas le danger qui nous menace aujourd'hui. C'est sous les Fourches Caudines que les étrangers veulent nous faire passer !

La justice de notre cause, l'esprit public de la nation et le courage de l'armée sont de puissants motifs pour espérer des succès; mais si nous avions des revers, c'est alors surtout que j'aimerais à voir déployer toute l'énergie de ce grand peuple; c'est alors que je trouverais dans la chambre des pairs des preuves d'attachement à la patrie et à moi.

C'est dans les temps difficiles que les grandes nations, comme les grands hommes, déploient toute l'énergie de leur caractère, et deviennent un objet d'admiration pour la postérité.

Monsieur le président et messieurs les députés de la chambre des pairs, je vous remercie des sentiments que vous m'exprimez au nom de la chambre.

Paris, 11 juin 1815.

Réponse de l'Empereur à une députation de la chambre des représentants.

Monsieur le président et messieurs les députés de la chambre des représentants,

Je retrouve avec satisfaction mes propres sentiments dans ceux que vous m'exprimez. Dans ces graves circonstances ma pensée est absorbée par la guerre imminente, au succès de laquelle sont attachés l'indépendance et l'honneur de la France.

Je partirai cette nuit pour me rendre à la tête de mes armées; les mouvements des différents corps ennemis y rendent ma présence indispensable. Pendant mon absence je verrais avec plaisir qu'une commission nommée par chaque chambre méditât sur nos constitutions.

La constitution est notre point de ralliement; elle doit être notre étoile polaire dans ces moments d'orage. Toute discussion publique qui tendrait à diminuer directement ou indirectement la confiance qu'on doit avoir dans ses dispositions serait un malheur pour l'État; nous nous trouverions au milieu des écueils sans boussole et sans direction. La crise où nous sommes engagés est forte. N'imitons par l'exemple du Bas-Empire, qui, pressé de tous côtés par les barbares, se rendit la risée de la postérité en s'occupant de discussions abstraites au moment où le bélier brisait les portes de la ville.

Indépendamment des mesures législatives qu'exigent les circonstances de l'intérieur, vous jugerez peut-être utile de vous occuper des lois organiques destinées à faire marcher la constitution. Elles peuvent être l'objet de vos travaux publics sans avoir aucun inconvénient.

Monsieur le président et messieurs les députés de la chambre des représentants, les sentiments exprimés dans votre adresse me démontrent assez l'attachement de la chambre à ma personne et tout le patriotisme dont elle est animée. Dans toutes les affaires ma marche sera toujours droite et ferme. Aidez-moi à sauver la patrie. Premier représentant du peuple, j'ai contracté l'obligation, que je renouvelle, d'employer dans des temps plus tranquilles toutes les prérogatives de la couronne et le peu d'expérience que j'ai acquise à vous seconder dans l'amélioration de nos institutions.

Charleroy, le 15 juin, à neuf heures du soir.

NOUVELLES DE L'ARMÉE EN 1815.

(*Extrait du Moniteur.*)

L'armée a forcé la Sambre, pris Charleroy, et poussé des avant-gardes à moitié chemin de Charleroy à Namur et de Charleroy à Bruxelles. Nous avons fait quinze cents prisonniers et enlevé six pièces de canon : quatre régiments prussiens ont été écrasés. L'Empereur a perdu peu de monde; mais il a fait une perte qui lui est très-sensible, c'est celle de son aide de camp, le général Letort, qui a été tué sur le plateau de Fleurus en commandant une charge de cavalerie.

L'enthousiasme des habitants de Charleroy, et de tous les pays que nous traversons ne peut se décrire.

Dès le 13 l'Empereur était arrivé à Beaumont. Sur toute la route des arcs de triomphe étaient élevés dans toutes les villes, dans les moindres villages. Le 14 S. M. avait passé l'armée en revue et porté son enthousiasme au comble par la proclamation suivante, datée d'Avesnes le même jour.

Soldats,

C'est aujourd'hui l'anniversaire de Marengo et de Friedland, qui décidèrent deux fois du destin de l'Europe. Alors, comme après Austerlitz, comme après Wagram, nous fûmes trop généreux; nous crûmes aux protestations et aux serments des princes que nous laissâmes sur le trône. Aujourd'hui cependant, coalisés entre eux, ils en veulent à l'indépendance et aux droits les plus sacrés de la France. Ils ont commencé la plus injuste des agressions; marchons à leur rencontre : eux et nous, ne sommes-nous plus les mêmes hommes!

Soldats, à Iéna, contre ces mêmes Prussiens aujourd'hui si arrogants, vous étiez un contre trois, et à Montmirail un contre six. Que ceux d'entre vous qui ont été prisonniers des Anglais vous fassent le récit de leurs pontons et des maux affreux qu'ils y ont soufferts.

Les Saxons, les Belges, les Hanovriens, les soldats de la confédération du Rhin gémissent d'être obligés de prêter leurs bras à la cause de princes ennemis de la justice et des droits de tous les peuples. Ils savent que cette coalition est insatiable. Après avoir dévoré douze millions de Polonais, douze millions d'Italiens, un million de Saxons, six millions de Belges, elle devra dévorer les États du second ordre de l'Allemagne.

Les insensés! un moment de prospérité les aveugle; l'oppression et l'humiliation du peuple français sont hors de leur pouvoir.

S'ils entrent en France, ils y trouveront leur tombeau.

Soldats, nous avons des marches forcées à faire, des batailles à livrer, des périls à courir ; mais, avec de la constance, la victoire sera à nous; les droits de l'homme et le bonheur de la patrie seront reconquis. Pour tout Français qui a du cœur le moment est arrivé de vaincre ou de périr.

NAPOLÉON.

Charleroy, le 15 juin au soir.

(*Extrait du Moniteur.*)

Le 14 l'armée était placée de la manière suivante :
Le quartier impérial à Beaumont.
Le 1er corps, commandé par le général d'Erlon, était à Solre, sur la Sambre.
Le 2e corps, commandé par le général Reille, était à Ham-sur-Heure.
Le 3e corps, commandé par le général Vandamme, était sur la droite de Beaumont.
Le 4e corps, commandé par le général Gérard, arrivait à Philippeville.
Le 15, à trois heures du matin, le général Reille attaqua l'ennemi et se porta sur Marchiennes-au-Pont. Il eut différents engagements, dans lesquels sa cavalerie chargea un bataillon prussien et fit trois cents prisonniers.
A une heure du matin l'Empereur était à Jamignan-sur-Heure.
La division de cavalerie légère du général Daumont sabra deux bataillons prussiens et fit quatre cents prisonniers.
Le général Pajol entra à Charleroy à midi. Les sapeurs et les marins de la garde étaient à l'avant-garde, pour réparer les ponts. Ils pénétrèrent les premiers en tirailleurs dans la ville.
Le général Clari, avec le premier de hussards, se porta sur Gosselies, sur la route de Bruxelles, et le général Pajol sur Gilly, sur la route de Namur.
A trois heures après midi le général Vandamme déboucha avec son corps sur Gilly.
Le maréchal Grouchy arriva avec la cavalerie du général Excelmans.
L'ennemi occupait la gauche de la position de Fleurus ; a

cinq heures après midi l'Empereur ordonna l'attaque. La position fut tournée et enlevée. Les quatre escadrons de service de la garde, commandés par le général Letort, aide de camp de l'Empereur, enfoncèrent trois carrés; les 26e, 27e et 28e régiments prussiens furent mis en déroute. Nos escadrons sabrèrent quatre à cinq cents hommes et firent cent cinquante prisonniers.

Pendant ce temps le général Reille passait la Sambre à Marchiennes-au-Pont, pour se porter sur Gosselies avec les divisions du prince Jérôme et du général Bachelu; attaquait l'ennemi, lui faisait deux mille cinquante prisonniers et le poursuivait sur la route de Bruxelles.

Nous devînmes ainsi maîtres de toute la position de Fleurus.

A huit heures du soir l'Empereur rentra à son quartier général à Charleroy.

Cette journée coûte à l'ennemi cinq pièces de canon et deux mille hommes, dont mille prisonniers. Notre perte est de dix hommes tués et de quatre-vingts blessés, la plupart des escadrons de service qui ont fait les charges et des trois escadrons du 20e de dragons, qui ont aussi chargé un carré avec la plus grande intrépidité. Notre perte, légère quant au nombre, a été sensible à l'Empereur par la blessure grave qu'a reçue le général Letort, son aide de camp, en chargeant à la tête des escadrons de service. Cet officier est de la plus grande distinction; il a été frappé d'une balle au bas-ventre, et le chirurgien fait craindre que sa blessure ne soit mortelle.

Nous avons trouvé à Charleroy quelques magasins. La joie des Belges ne saurait se décrire. Il y a des villages qui, à la vue de leurs libérateurs, ont formé des danses, et partout c'est un élan qui part du cœur.

Dans le rapport de l'état-major général on insérera les noms des officiers et soldats qui se sont distingués.

L'Empereur a donné le commandement de la gauche au prince de la Moskowa, qui a eu le soir son quartier général aux Quatre-Chemins, sur la route de Bruxelles.

Le duc de Trévise, à qui l'Empereur avait donné le commandement de la jeune garde, est resté à Beaumont, malade d'une sciatique qui l'a forcé de se mettre au lit.

Le 4ᵉ corps, commandé par le général Gérard, arrive ce soir au Châtelet. Le général Gérard a rendu compte que le lieutenant général Bourmont, le colonel Clouet et le chef d'escadron Villoutreys ont passé à l'ennemi.

Un lieutenant du 11ᵉ de chasseurs a également passé à l'ennemi.

Le major général a ordonné que ces déserteurs fussent sur-le-champ jugés conformément aux lois.

Rien ne peut peindre le bon esprit et l'ardeur de l'armée. Elle regarde comme un événement heureux la désertion de ce petit nombre de traîtres, qui se démasquent ainsi.

Philippeville, le 19 juin 1815.

(Extrait du Moniteur.)

Le 17, à dix heures du soir, l'armée anglaise occupa Mont-Saint-Jean par son centre, se trouva en position en avant de la forêt de Soignes : il aurait fallu pouvoir disposer de trois heures pour l'attaquer ; on fut donc obligé de remettre au lendemain.

Le quartier général de l'Empereur fut établi à la ferme de Caillou près Planchenois. La pluie tombait par torrents.

Bataille de Mont-Saint-Jean.

A neuf heures du matin, la pluie ayant un peu diminué, le 1ᵉʳ corps se mit en mouvement, et se plaça la gauche à la route de Bruxelles et vis-à-vis le village de Mont-Saint-Jean, qui paraissait le centre de la position de l'ennemi. Le 2ᵉ corps appuya sa droite à la route de Bruxelles et sa gauche à un petit bois à portée de canon de l'armée anglaise. Les cuirassiers se portèrent en réserve derrière, et la garde en réserve sur les hauteurs. Le 6ᵉ corps, avec la cavalerie du général d'Aumont, sous les ordres du comte Lobau, fut destiné à se porter en arrière de notre droite, pour s'opposer à un corps prussien qui paraissait avoir échappé au maréchal Grouchy et être dans l'intention de tomber sur notre flanc droit, intention qui nous avait été connue par nos rapports et par une lettre d'un général prussien, que portait une ordonnance prise par nos coureurs.

Les troupes étaient pleines d'ardeur. On estimait les forces de l'armée anglaise à quatre-vingt mille hommes; on supposait qu'un corps de Prussiens, qui pouvait être en mesure vers le soir, pouvait être de quinze mille hommes. Les forces ennemies étaient donc de plus de quatre-vingt-dix mille hommes, les nôtres moins nombreuses.

A midi, tous les préparatifs étant terminés, le prince Jérôme, commandant une division du 2e corps et destiné à en former l'extrême gauche, se porta sur le bois dont l'ennemi occupait une partie. La canonnade s'engagea; l'ennemi soutint par trente pièces de canon les troupes qu'il avait envoyées pour garder le bois. Nous fîmes aussi de notre côté des dispositions d'artillerie. A une heure le prince Jérôme fut maître de tout le bois, et toute l'armée anglaise se replia derrière un rideau. Le comte d'Erlon attaqua alors le village de Mont-Saint-Jean, et fit appuyer son attaque par quatre-vingts pièces de canon. Il s'engagea là une épouvantable canonnade, qui dut beaucoup faire souffrir l'armée anglaise. Tous les coups portaient sur le plateau. Une brigade de la 1re division du comte d'Erlon s'empara du village de Mont-Saint-Jean; une seconde brigade fut chargée par un corps de cavalerie anglaise, qui lui fit éprouver beaucoup de perte. Au même moment une division de cavalerie anglaise chargea la batterie du comte d'Erlon par sa droite et désorganisa plusieurs pièces; mais les cuirassiers du général Milhaud chargèrent cette division, dont trois régiments furent rompus et écharpés.

Il était trois heures après midi. L'Empereur fit avancer la garde pour la placer dans la plaine, sur le terrain qu'avait occupé le 1er corps au commencement de l'action, ce corps se trouvant déjà en avant. La division prussienne, dont on avait prévu le mouvement, s'engagea alors avec les tirailleurs du comte Lobau, en prolongeant son feu sur tout notre flanc droit. Il était convenable, avant de rien entreprendre ailleurs, d'attendre l'issue qu'aurait cette attaque. A cet effet, tous les moyens de la réserve étaient prêts à se porter au secours du comte Lobau et à écraser le corps prussien lorsqu'il se serait avancé.

Cela fait, l'Empereur avait le projet de mener une attaque par le village de Mont-Saint-Jean, dont on espérait un succès décisif; mais, par un mouvement d'impatience si fréquent dans nos annales militaires et qui nous a été souvent si funeste, la cavalerie de réserve, s'étant aperçue d'un mouvement rétrograde que faisaient les Anglais pour se mettre à l'abri de nos batteries, dont ils avaient déjà tant souffert, couronna les hauteurs de Mont-Saint-Jean et chargea l'infanterie. Ce mouvement, qui, fait à temps et soutenu par les réserves, devait décider de la journée, fait isolément et avant que les affaires de la droite fussent terminées, devint funeste.

N'y ayant aucun moyen de le contremander, l'ennemi montrant beaucoup de masses d'infanterie et de cavalerie et les deux divisions de cuirassiers étant engagées, toute notre cavalerie courut au même moment pour soutenir ses camarades. Là, pendant trois heures, se firent de nombreuses charges qui nous valurent l'enfoncement de plusieurs carrés et six drapeaux de l'infanterie anglaise, avantage hors de proportion avec les pertes qu'éprouvait notre cavalerie par la mitraille et les fusillades.

Il était impossible de disposer de nos réserves d'infanterie jusqu'à ce qu'on eût repoussé l'attaque de flanc du corps prussien. Cette attaque se prolongeait toujours et perpendiculairement sur notre flanc droit; l'Empereur y envoya le général Duhesme avec la jeune garde et plusieurs batteries de réserve. L'ennemi fut contenu, fut repoussé, et recula : il avait épuisé ses forces, et l'on n'en avait plus rien à craindre. C'est ce moment qui était celui indiqué pour une attaque sur le centre de l'ennemi. Comme les cuirassiers souffraient par la mitraille, on envoya quatre bataillons de la moyenne garde pour protéger les cuirassiers, soutenir la position et, si cela était possible, dégager et faire reculer dans la plaine une partie de notre cavalerie.

On envoya deux autres bataillons pour se tenir en potence sur l'extrême gauche de la division qui avait manœuvré sur nos flancs, afin de n'avoir de ce côté aucune inquiétude; le reste fut disposé en réserve, partie pour occuper la potence en arrière de

Mont-Saint-Jean, partie sur le plateau en arrière du champ de bataille qui formait notre position en retraite.

Dans cet état de choses, la bataille était gagnée; nous occupions toutes les positions que l'ennemi occupait au commencement de l'action; notre cavalerie ayant été trop tôt et mal employée, nous ne pouvions plus espérer de succès décisifs. Mais le maréchal Grouchy, ayant appris le mouvement du corps prussien, marchait sur le derrière de ce corps, ce qui nous assurait un succès éclatant pour la journée du lendemain. Après huit heures de feu et de charges d'infanterie et de cavalerie, toute l'armée voyait avec satisfaction la bataille gagnée et le champ de bataille en notre pouvoir.

Sur les huit heures et demie les quatre bataillons de la moyenne garde qui avaient été envoyés sur le plateau au delà de Mont-Saint-Jean pour soutenir les cuirassiers, étant gênés par la mitraille, marchèrent à la baïonnette pour enlever les batteries. Le jour finissait; une charge faite sur leur flanc par plusieurs escadrons anglais les mit en désordre; les fuyards repassèrent le ravin; les régiments voisins, qui virent quelques troupes appartenant à la garde à la débandade, crurent que c'était de la vieille garde et s'ébranlèrent: les cris *tout est perdu, la garde est repoussée*, se firent entendre; les soldats prétendent même que, sur plusieurs points, des malveillants apostés ont crié *sauve qui peut!* Quoi qu'il en soit, une terreur panique se répandit tout à la fois sur tout le champ de bataille; on se précipita dans le plus grand désordre sur la ligne de communication; les soldats, les canonniers, les caissons se pressaient pour y arriver; la vieille garde, qui était en réserve, en fut assaillie et fut elle-même entraînée.

Dans un instant l'armée ne fut plus qu'une masse confuse; toutes les armes étaient mêlées, et il était impossible de reformer un corps. L'ennemi, qui s'aperçut de cette étonnante confusion, fit déboucher des colonnes de cavalerie; le désordre augmenta; la confusion de la nuit empêcha de rallier les troupes et de leur montrer leur erreur.

Ainsi une bataille terminée, une journée de fausses mesures réparées, de plus grands succès assurés pour le lendemain, tout fut perdu par un moment de terreur panique. Les escadrons même de service, rangés à côté de l'Empereur, furent culbutés et désorganisés par ses flots tumultueux, et il n'y eut plus d'autre chose à faire que de suivre le torrent. Les parcs de réserve, les bagages qui n'avaient point repassé la Sambre et tout ce qui était sur le champ de bataille sont restés au pouvoir de l'ennemi. Il n'y a eu même aucun moyen d'attendre les troupes de notre droite ; on sait ce que c'est que la plus brave armée du monde lorsqu'elle est mêlée et que son organisation n'existe plus.

L'Empereur a passé la Sambre à Charleroy le 19, à cinq heures du matin ; Philippeville et Avesne ont été données pour points de réunion. Le prince Jérôme, le général Morand et les autres généraux y ont déjà rallié une partie de l'armée. Le maréchal Grouchy, avec le corps de la droite, opère son mouvement sur la basse Sambre.

La perte de l'ennemi doit avoir été très-grande, à en juger par les drapeaux que nous lui avons pris et par les pas rétrogrades qu'il avait faits. La nôtre ne pourra se calculer qu'après le ralliement des troupes. Avant que le désordre éclatât, nous avions déjà éprouvé des pertes considérables, surtout dans notre cavalerie, si funestement et pourtant si bravement engagée. Malgré ces pertes, cette valeureuse cavalerie a constamment gardé la position qu'elle avait prise aux Anglais, et ne l'a abandonnée que quand le tumulte et le désordre du champ de bataille l'y ont forcée. Au milieu de la nuit et des obstacles qui encombraient la route elle n'a pu elle-même conserver son organisation.

L'artillerie, comme à son ordinaire, s'est couverte de gloire. Les voitures du quartier général étaient restées dans leur position ordinaire, aucun mouvement rétrograde n'ayant été jugé nécessaire. Dans le cours de la nuit elles sont tombées entre les mains de l'ennemi.

Telle a été l'issue de la bataille de Mont-Saint-Jean, glorieuse pour les armées françaises et pourtant si funeste.

Philippeville, 19 juin 1815.

Extrait d'une lettre de l'Empereur à son frère Joseph.

..... Tout n'est point perdu ; je suppose qu'il me restera, en réunissant mes forces, cent cinquante mille hommes. Les fédérés et les gardes nationaux qui ont du cœur me fourniront cent mille hommes, les bataillons de dépôt cinquante mille. J'aurai donc trois cent mille soldats à opposer de suite à l'ennemi ; j'attellerai l'artillerie avec des chevaux de luxe ; je lèverai cent mille conscrits ; je les armerai avec les fusils des royalistes et des mauvaises gardes nationales ; je ferai lever en masse le Dauphiné, le Lyonnais, la Bourgogne, la Lorraine, la Champagne ; j'accablerai l'ennemi ; mais il faut qu'on m'aide et qu'on ne m'étourdisse point. Je vais à Laon ; j'y trouverai sans doute du monde. Je n'ai point entendu parler de Grouchy. S'il n'est point pris (comme je le crains), je puis avoir dans trois jours cinquante mille hommes ; avec cela j'occuperai l'ennemi et je donnerai le temps à Paris et à la France de faire leur devoir. Les Autrichiens marchent lentement ; les Prussiens craignent les paysans et n'osent pas trop s'avancer. Tout peut se réparer encore ; écrivez-moi l'effet que cette horrible échauffourée aura produit dans la chambre. Je crois que les députés se pénétreront que leur devoir, dans cette grande circonstance, est de se réunir à moi pour sauver la France. Préparez-les à me seconder dignement ; surtout du courage et de la fermeté.

NAPOLÉON.

Le 20 juin 1815.

Fragments d'un discours de l'Empereur dans une séance du conseil d'État, tenue à l'Élysée.

..... Je n'ai plus d'armée, je n'ai plus que des fuyards. Je retrouverai des hommes, mais comment les armer ? Je n'ai plus de fusils. Cependant avec de l'union tout pourrait se réparer. J'espère que les députés me seconderont, qu'ils sentiront la responsabilité qui va peser sur eux; vous avez mal jugé, je crois, de leur esprit; la majorité est bonne, est française. Je n'ai contre moi que La Fayette, Lanjuinais, Flaugergues et quelques autres. Ils ne veulent pas de moi, je le sais, je les gêne. Ils voudraient travailler pour eux..... Je ne les laisserai pas faire. Ma présence ici les contiendra.....

..... Nos malheurs sont grands. Je suis venu pour les réparer, pour imprimer à la nation, à l'armée, un grand et noble mouvement. Si la nation se lève, l'ennemi sera écrasé; si, au lieu de levée, de mesures extraordinaires, on dispute, tout est perdu. L'ennemi est en France. J'ai besoin, pour sauver la patrie, d'un grand pouvoir, d'une dictature temporaire. Dans l'intérêt de la nation, je pourrais me saisir de ce pouvoir; mais il serait utile et plus national qu'il me fût donné par les chambres.....

..... La présence de l'ennemi sur le sol national rendra, je l'espère, aux députés le sentiment de leurs devoirs. La nation ne les a pas envoyés pour me renverser, mais pour me soutenir. Je ne les crains point. Quelque chose qu'ils fassent, je serai toujours l'idole du peuple et de l'armée. Si je disais un mot, ils seraient tous assommés. Mais, en ne craignant rien pour moi, je crains tout pour la France. Si nous nous querellons entre nous au lieu de nous entendre, nous aurons le sort du Bas-Empire, tout sera perdu. Le patriotisme de la nation, son attachement à ma personne nous offrent encore d'immenses ressources ; notre cause n'est point désespérée.....

Au palais de l'Elysée, le 22 juin 1815.

Déclaration au peuple français.

Français ! en commençant la guerre pour soutenir l'indépendance nationale, je comptais sur la réunion de tous les efforts, de toutes les volontés et le concours de toutes les autorités nationales. J'étais fondé à en espérer le succès, et j'avais bravé toutes les déclarations des puissances contre moi. Les circonstances paraissent changées. Je m'offre en sacrifice à la haine des ennemis de la France. Puissent-ils être sincères dans leurs déclarations et n'en avoir jamais voulu qu'à ma personne! Ma vie politique est terminée, et je proclame mon fils sous le titre de Napoléon II, empereur des Français. Les ministres actuels formeront provisoirement le conseil de gouvernement. L'intérêt que je porte à mon fils m'engage à inviter les chambres à organiser sans délai la régence par une loi. Unissez-vous tous pour le salut public et pour rester une nation indépendante.

NAPOLÉON.

Paris, le 22 juin 1815.

Réponse de l'Empereur à une députation de la chambre des représentants, envoyée pour le féliciter sur sa seconde abdication.

Je vous remercie des sentiments que vous m'exprimez; je désire que mon abdication puisse faire le bonheur de la France, *mais je ne l'espère point*; elle laisse l'État sans chef, sans existence politique. Le temps perdu à renverser la monarchie aurait pu être employé à mettre la France en état d'écraser l'ennemi. Je recommande à la chambre de renforcer promptement les armées; qui veut la paix doit se préparer à la guerre. Ne mettez pas cette grande nation à la merci des étrangers. Craignez d'être déçus dans vos espérances. *C'est là qu'est le danger*. Dans quelque position que je me trouve, je serai toujours bien si la France est heureuse.

Paris, le 25 juin 1815.

Discours de Napoléon aux ministres en apprenant que la chambre des représentants venait de nommer une commission de gouvernement composée de cinq membres.

Je n'ai point abdiqué en faveur d'un nouveau Directoire; j'ai abdiqué en faveur de mon fils. Si on ne le proclame point, mon abdication est nulle et non avenue. Les chambres savent bien que le peuple, l'armée, l'opinion le désirent, le veulent; mais l'étranger les retient. Ce n'est point en se présentant devant les alliés l'oreille basse et le genou à terre qu'elles les forceront à reconnaître l'indépendance nationale. Si elles avaient eu le sentiment de leur position, elles auraient proclamé spontanément Napoléon II. Les étrangers auraient vu alors que vous saviez avoir une volonté, un but, un point de ralliement; ils auraient vu que le 20 mars n'était point une affaire de parti, un coup de factieux, mais le résultat de l'attachement des Français à ma personne et à ma dynastie. L'unanimité nationale aurait plus agi sur eux que toutes vos basses et honteuses déférences.

La Malmaison, le 25 juin 1815.

PROCLAMATION.

Aux braves soldats de l'armée devant Paris.

Soldats!

Quand je cède à la nécessité qui me force de m'éloigner de la brave armée française, j'emporte avec moi l'heureuse certitude qu'elle justifiera par les services éminents que la patrie attend d'elle les éloges que nos ennemis eux-mêmes ne peuvent pas lui refuser.

Soldats! je suivrai vos pas, quoique absent. Je connais tous les corps, et aucun d'eux ne remportera un avantage signalé sur l'ennemi que je ne rende justice au courage qu'il aura déployé. Vous et moi nous avons été calomniés. Des hommes indignes d'apprécier vos travaux ont vu dans les marques d'attachement que vous m'avez données un zèle dont j'étais le seul objet : que vos succès futurs leur apprennent que c'était la patrie par-dessus tout que vous serviez en m'obéissant, et que si j'ai quelque part à votre affection je la dois à mon ardent amour pour la France, notre mère commune.

Soldats! encore quelques efforts, et la coalition est dissoute. Napoléon vous reconnaîtra aux coups que vous allez porter.

Sauvez l'honneur, l'indépendance des Français; soyez jusqu'à la fin tels que je vous ai connus depuis vingt ans, et vous serez invincibles.

NAPOLÉON.

La Malmaison, le 27 juin 1815.

En abdiquant le pouvoir, je n'ai point renoncé au plus noble droit de citoyen, au droit de défendre mon pays.

L'approche des ennemis de la capitale ne laisse plus de doutes sur leurs intentions, sur leur mauvaise foi.

Dans ces graves circonstances, j'offre mes services comme général, me regardant encore comme le premier soldat de la patrie.

NAPOLÉON.

La Malmaison, le 27 juin 1815.

Plaintes de Napoléon à ses amis en apprenant que les membres du gouvernement provisoire refusaient d'acquiescer à sa demande de servir sa patrie en qualité de général.

Ces gens-là sont aveuglés par l'envie de jouir du pouvoir et de continuer à faire les souverains; ils sentent que, s'ils me replaçaient à la tête de l'armée, ils ne seraient plus que mon ombre, et ils nous sacrifient, moi et la patrie, à leur orgueil, à leur vanité. Ils perdront tout..... Mais pourquoi les laisserais-je régner? J'ai abdiqué pour sauver la France, pour sauver le trône de mon fils. Si ce trône doit être perdu, j'aime mieux le perdre sur le champ de bataille qu'ici. Je n'ai rien de mieux à faire pour vous tous, pour mon fils et pour moi que de me jeter dans les bras de mes soldats. Mon apparition électrisera l'armée; elle foudroiera les étrangers; ils sauront que je ne suis revenu sur le terrain que pour leur marcher sur le corps ou me faire tuer ; et ils vous accorderaient, pour se délivrer de moi, tout ce que vous leur demanderez. Si, au contraire, vous me laissez ici ronger mon épée, ils se moqueront de vous. Il faut en finir : si vos cinq *empereurs* ne veulent pas de moi pour sauver la France, je me passerai de leur consentement. Il me suffira de me montrer, et Paris et l'armée me recevront une seconde fois en libérateur.....

(*Le duc de Bassano lui représentant que les chambres ne seraient pas pour lui*)..... Allons, je le vois bien, il faut toujours céder..... Vous avez raison, je ne dois pas prendre sur moi la responsabilité d'un tel événement. Je dois attendre que la voix du peuple, des soldats et des chambres me rappelle. Mais comment Paris ne me demande-t-il pas ? On ne s'aperçoit donc pas que les alliés ne vous tiennent aucun compte de mon abdication ? (*Bassano répond qu'on paraît se fier à la générosité des souverains alliés.*) Cet infâme Fouché vous trompe. La commission se laisse conduire par lui ; elle aura de grands reproches à se faire. Il n'y a que Caulincourt et Carnot qui vaillent quelque chose, mais ils sont mal appareillés. Que peuvent-ils faire avec un traître (Fouché), deux niais (Q... et G....) et deux chambres qui ne savent ce qu'elles veulent ? Vous croyez tous, comme des imbéciles, aux belles promesses des étrangers. Vous croyez qu'ils vous mettront la poule au pot, et vous donneront un prince de leur façon, n'est-ce pas ? Vous vous abusez : Alexandre, malgré ses grands sentiments, se laissera influencer par les Anglais ; il les craint ; et l'empereur d'Autriche fera, comme en 1814, ce que les autres voudront.

Rochefort, le 13 juillet 1815.

Au prince régent d'Angleterre.

Altesse royale,

En butte aux factions qui divisent mon pays et à l'inimitié des plus grandes puissances de l'Europe, j'ai terminé ma carrière politique, et je viens, comme Thémistocle, m'asseoir au foyer du peuple britannique. Je me mets sous la protection de ses lois, que je réclame de votre altesse royale, comme le plus puissant, le plus constant et le plus généreux de mes ennemis.

NAPOLÉON.

PIÈCES JUSTIFICATIVES.

PIÈCES JUSTIFICATIVES.

Vers la fin de 1852 et au commencement de 1853 on crut en Angleterre que la guerre avec la France allait recommencer.

Aussitôt les esprits s'émurent. Des haines qui passaient pour éteintes, des préjugés qu'on croyait effacés parurent se réveiller : on avait reculé tout à coup de près d'un demi-siècle. Ces bruits trouvèrent un écho jusque dans le parlement, et la presse elle-même avait repris le ton de 1815. On ne parlait que des projets de la France, de cette inquiétude, de ce besoin d'agitation qui, lorsqu'il ne se traduit pas, disait-on, par des révolutions intérieures, la porte sans cesse à menacer le repos et l'indépendance de ses voisins. On rappelait l'exemple de la dernière guerre, et la nécessité où s'étaient trouvées les puissances européennes de s'unir entre elles pour résister à cette ardeur de conquêtes. On ne manquait pas de rappeler aussi de quels revers avait été punie l'agression, et le succès qui avait couronné les efforts des nations alliées et particulièrement de l'Angleterre dans une cause si juste. La mort du duc de Wellington, survenue en ce moment même, ajouta à l'effet produit par ces discours sur la masse du peuple anglais. Elle donnait occasion d'évoquer des souvenirs si propres à irriter l'opinion tout en exaltant l'orgueil national. Les journaux étaient pleins de ces souvenirs, qui se retrouvaient jusque dans les éloges prononcés en chaire par les prédicateurs. Le clergé même, dans ses harangues, ne se contentait pas de célébrer le guerrier; il voyait dans le duc de Wellington un héros suscité par Dieu pour sauver non-seulement l'Angleterre, mais encore la liberté de l'Europe mise en péril par l'ambition de la France.

Il y a longtemps que tous les bons esprits en Angleterre savent à quoi s'en tenir sur les causes de la dernière guerre; mais nul, en présence de l'opinion, n'eût osé exprimer publiquement sa pensée à ce sujet.

Un des hommes dont le nom a été le plus souvent cité depuis plusieurs années en Angleterre, célèbre par ses talents comme écrivain politique, par les luttes qu'il a soutenues dans le parlement, par la hardiesse de ses doctrines économiques, doctrines qui, après avoir soulevé, suivant l'usage, de violentes tempêtes contre l'auteur, ont fini par être accueillies avec autant de faveur qu'elles avaient été repoussées d'abord avec indignation, M. Cobden enfin, crut que le temps était venu de dire la vérité à ses concitoyens.

S'emparant du discours prononcé par un des membres du clergé à l'occasion de la mort du duc de Wellington, il publia, sous forme de lettres adressées à l'auteur, trois brochures où il réfutait tout ce qui, dans ce discours, se rapportait à la politique générale et à l'origine de la guerre.

Il fit voir combien le peuple anglais avait été trompé lorsqu'on lui avait fait croire que c'était la France qui, la première, avait déclaré la guerre sans y avoir été provoquée. Il montra quel intérêt on avait eu à répandre cette erreur et à l'accréditer parmi la multitude. Il reprenait toute l'histoire de la guerre depuis 1793 jusqu'à 1815. Réduisant à leur juste valeur les déclamations auxquelles ce sujet n'a que trop longtemps servi de texte, il opposait aux historiens anglais, qui tous se sont faits l'écho de ces déclamations, les aveux que leur a arrachés à leur insu, en quelque sorte, la force de la vérité et l'évidence des faits.

Ces opinions si étranges et si nouvelles, exprimées pour la première fois en Angleterre par un écrivain anglais; la réputation de l'auteur; les preuves dont il s'autorisait, preuves irrécusables tirées des archives diplomatiques des deux pays, des discours des ministres ou de membres du parlement qu'il mettait en contradiction avec eux-mêmes; la manière à la fois si vive et si nette de discuter de M. Cobden; ces formes de style naturelles et presque familières qui font de lui un des écrivains les plus populaires de la Grande-Bretagne, tout devait contribuer à appeler l'attention du peuple anglais sur ces lettres; aussi firent-elles une grande sensation. Nous ne sachons pas qu'elles soient devenues l'objet d'aucune réfutation dans la presse ou ailleurs. Nous avons pensé qu'elles n'auraient pas, peut-être, moins d'intérêt pour des lecteurs français que pour des lecteurs anglais. Nous les avons traduites et nous les donnons à titre de pièces justificatives. On appréciera toute l'importance de ce témoignage en songeant d'où il vient et par qui il a été rendu.

M. Cobden a présenté la question comme elle devait l'être. Il n'a fait aucune distinction entre les guerres de la Révolution et les guerres de l'Empire. C'est qu'en effet ce fut toujours la même guerre, continuée sous divers prétextes, mais toujours dans le même but, qui était de détruire la France et la Révolution dont l'Empereur n'a fait que consacrer les principes dans son administration, dans ses codes, qui ne sont autre chose, si cela peut se dire, que la révolution écrite et appliquée. Voilà ce que M. Cobden a parfaitement vu, et, loin de faire à l'Empereur les reproches qu'il est censé avoir mérités par son ambition, il ne le regarde, si grand qu'il soit, et c'est le terme dont il se sert, que comme un *accident* survenu pendant le cours de ces événements, qui a ajouté à leur éclat, mais qui ne peut à aucun titre et sous aucun rapport être confondu avec la cause qui les a produits.

Nous n'avons pas à revenir sur cette vérité, si bien comprise par l'écrivain anglais, comme elle le sera un jour de tous. On a dit, si nous ne nous trompons, que le dessein de M. Cobden, en publiant ces trois lettres, avait été principalement de nuire au parti dont il est depuis si longtemps l'adversaire en Angleterre. C'est ce que nous n'avons point à examiner ici. Il importe peu par quels motifs la vérité est dite, pourvu qu'elle le soit, et nous croyons qu'il suffit à un esprit élevé de savoir qu'elle peut être utile pour être disposé à la dire sans autre intérêt que de la faire triompher.

1793 — 1853.

PREMIÈRE LETTRE.

Au Révérend....

Londres décembre 1852.

Mon cher Monsieur, veuillez accepter mes remerciments pour la bonté que vous avez eue de m'envoyer un exemplaire de votre discours sur la mort du duc de Wellington. Je l'ai lu avec beaucoup d'intérêt. Je vois qu'à l'exemple de tous les écrivains qui nous ont raconté la vie de ce grand capitaine vous croyez qu'il est nécessaire de bien établir ce fait : c'est à savoir que la guerre soutenue par l'Angleterre contre la France depuis 1793 jusqu'en 1815 a été de notre part, dans l'origine, une guerre défensive entreprise uniquement pour sauver les droits et la liberté du genre humain. Un mot en passant, si vous le voulez bien, sur cette question. Je commence d'abord par me réjouir de ce que, grâce à l'esprit du christianisme, nous avons fait assez de progrès depuis Froissart pour ne pas admirer un guerrier seulement à cause de ses exploits, sans considérer les motifs qui lui ont mis les armes à la main. Il ne suffit plus, en effet, pour exciter notre admiration qu'un soldat puisse se vanter de son courage, cette qualité que Gibbon regardait comme la dernière et la plus commune des qualités de l'espèce humaine et qu'une autorité très-supérieure à celle de Gibbon en pareille matière a déclaré appartenir à tous les hommes (1); il faut que ce soldat, ce guerrier ait eu le droit et la justice pour lui; sinon, c'est en vain qu'il nous présentera l'histoire de ses hauts faits écrite en lettres de sang avec la pointe de son épée, il n'obtiendra de nous ni respects ni applaudissements. Tels sont du moins les principes de notre époque, et, si les actes n'y répondent pas toujours, c'est déjà beaucoup d'en faire profession. C'est un hommage qui témoigne de l'état de civilisation où nous sommes arrivés.

Le discours que vous m'avez envoyé et qui ressemble, je le présume, à un millier de discours écrits dans le même esprit, prend les choses de très-haut. Il va au delà du temps présent. Il se plaît à prévoir les

---

(1) Je pense que tout homme est brave. (Paroles du duc de Wellington à la chambre des lords, 15 juin 1852.) (*Note de l'auteur de la lettre.*)

temps où les principes de la religion chrétienne l'ayant emporté sur la méchanceté des hommes, ceux-ci ne songeront plus qu'à faire de « leur épée un soc de charrue et une serpe de leur lance. On ne verra « plus aucune nation s'armer contre l'autre; il ne s'en trouvera plus « une qui veuille s'appliquer aux arts de la guerre. »

Vous avez eu soin, il est vrai, tout en condamnant la guerre, d'excepter celle qu'autorisent les nécessités d'une légitime défense ou le besoin de protéger les plus chers intérêts de l'humanité; mais je ne vois dans votre discours aucune sympathie pour les guerriers, aucune admiration pour la profession des armes. La gloire des plus brillants exploits ne vous paraît rien à côté de ce courage calme du chrétien endurant le martyre ou encore de l'héroïsme de celui qui ne craignit pas de venir seul, sans armes, au milieu des idolâtres, pour leur annoncer la parole de Jésus-Christ. « Toutefois, ajoutez-vous, une occasion « s'est présentée où l'Europe a dû en appeler aux armes pour délivrer « les nations d'un tyran qui foulait aux pieds leur liberté. Dieu, dans ces « circonstances, n'a jamais manqué de susciter un homme chargé d'ac- « complir ses desseins. Or cette occasion, c'est l'usurpation de Napo- « léon; c'est sa haine contre ce pays qui l'ont fait naître; et l'instrument « choisi pour Dieu pour le confondre a été le duc de Wellington. »

On ne saurait nier que cette opinion ne soit celle de la majorité de nos compatriotes en ce qui touche l'origine de la dernière guerre, cette majorité du moins qui, en pareille matière, emporte toujours la balance.

S'il ne s'agissait que de la guerre de l'heptarchie, la question, comme l'a si bien dit Milton, ne mériterait pas qu'on s'en occupât plus que de la guerre des milans et des corneilles. Mais l'opinion qu'on s'est faite dans le public sur les causes de nos dernières guerres avec la France peut avoir une grande influence dans le présent et l'avenir sur la conduite du gouvernement et du peuple français. On est généralement persuadé parmi nous que la guerre a eu lieu sans que nous l'eussions provoquée; que nous désirions la paix, au contraire; que nous avons été forcés malgré nous, et en dépit de nos intentions pacifiques, à prendre les armes; que nos rivages étaient menacés par les Français, etc... On en conclut que le passé doit nous éclairer sur l'avenir; que tous nos efforts ayant été inutiles pour éviter une rupture la première fois, il est naturel de croire que les mêmes circonstances se représentant nous serons exposés aux mêmes attaques; qu'il faut par conséquent prendre ses précautions et augmenter nos moyens de défense nationale.

Il n'y a dans tout cela qu'une difficulté, je regrette de le dire, c'est que rien au monde ne ressemble moins à la vérité que tout ce qui a été dit et cru à ce sujet. Je n'hésite pas à affirmer que jamais fait n'a été mieux et plus complétement démontré devant un tribunal que celui-ci : c'est à savoir que l'agression est venue de l'Angleterre, et non de la France. Ce n'est pas assez même de dire de la France qu'elle n'a pas provoqué les hostilités. *Elle s'est mise à genoux* (1), si une telle phrase peut s'appliquer à une nation, pour éviter une rupture avec nous. Il importe de vous donner ici tous les éclaircissements nécessaires sur la conduite des deux nations.

La nouvelle de l'insurrection du 10 août 1792 étant parvenue dans notre pays, l'ordre fut donné immédiatement à notre ambassadeur de quitter la France, non qu'il eût reçu la moindre insulte, mais il était dit dans les instructions qui lui furent envoyées par notre ministre des affaires étrangères, instructions lues au parlement, que, le roi de France ayant été dépouillé de son autorité, la mission de notre agent diplomatique était terminée par le fait. En même temps nous faisions savoir à l'ambassadeur français à Londres que notre gouvernement ne le reconnaissait plus, et que s'il voulait rester à Londres, ce serait comme simple particulier. Notre gouvernement était loin de penser alors comme il a pensé depuis; on en peut juger par la politique qu'il a adoptée en 1848. Notre ambassadeur, en effet, ne vit aucune difficulté, lors de la chute de Louis-Philippe, à se faire accréditer par de nouvelles lettres auprès de la république française : il resta à son poste comme si rien n'eût été changé, et sous tous les pouvoirs qui se succédèrent alors si rapidement. Notre gouvernement, de son côté, se hâta de recevoir l'ambassadeur de France bien qu'il n'eût pas été accrédité par une tête couronnée.

Il est vrai que la France, en 92, était déjà en guerre avec l'Autriche et la Prusse, dont elle voyait les armées sur ses frontières; qu'elle était menacée en même temps par la Russie, la Suède, l'Espagne et la Sardaigne; que, soit ouvertement, soit en secret, elle était en butte à la haine de tous les pouvoirs despotiques du continent, et qu'enfin rien n'était plus à craindre pour elle, vu l'état où était tombée sa marine, qu'une guerre maritime qu'elle n'avait aucun moyen de soutenir (2). Aux termes du traité de 1786, il suffisait que l'une des deux puissances rappelât l'ambassadeur qu'elle avait envoyé auprès de l'autre, ou qu'elle renvoyât celui qui était accrédité auprès d'elle, pour que ce fait fût considéré comme une déclaration de guerre. Au lieu d'accepter

(1) *She all but went down on her knees* (if I may apply such a phrase to a nation) to avert a rupture with this country. (*Texte.*)

(2) L'Angleterre, en 1792, avait cent cinquante vaisseaux de ligne, la France quatre-vingt-six. James (*Naval history*). (*Note de l'auteur.*)

cette déclaration de guerre, cependant, la France ne négligea rien pour maintenir la paix. Son ambassadeur resta à Londres depuis le mois d'août 1792 jusqu'au mois de janvier 1793, en qualité de particulier, ayant soin de ne pas interrompre sa correspondance avec lord Granville; se résignant à des démarches humiliantes pour obtenir une audience; ne paraissant pas même offensé de l'outrage qu'on lui fit en lui renvoyant deux de ses lettres sans avoir daigné les ouvrir, et dont l'une lui fut retournée simplement par l'intermédiaire d'un commis des affaires étrangères. Enfin, lorsqu'on eut appris la nouvelle de l'exécution de Louis XVI, l'ambassadeur français reçut, le 24 janvier 1793, une lettre de lord Granville, qui lui enjoignait, en vertu d'un ordre du Conseil privé, de quitter l'Angleterre sous huit jours.

Le seul motif allégué par le gouvernement anglais était l'exécution du roi de France. Ainsi l'Angleterre, qui, cent quarante ans auparavant (1), avait donné à l'Europe l'exemple d'un roi conduit à l'échafaud par ses propre sujets; l'Angleterre, qui, suivant la remarque de Mme de Staël, a détrôné, banni, exécuté et élu à elle seule plus de rois que tous les autres États de l'Europe ensemble, l'Angleterre se trouvait saisie tout à coup d'une si grande horreur pour le régicide qu'elle ne pouvait supporter la présence sur son sol d'un ambassadeur français.

Il est dit dans le discours que j'ai sous les yeux que la guerre qui suivit fut entreprise pour la défense des libertés de l'Europe. Quelles libertés? J'ai examiné attentivement la carte d'Europe depuis Cadix jusqu'à Moscou, je n'ai pas été assez heureux pour les découvrir. Et qu'est-ce que cet argument, sinon un détour complaisant par lequel il nous a plu de caresser notre vanité à l'aide de ces mots pompeux : LES LIBERTÉS DE L'EUROPE. Nous n'avons jamais eu quarante mille hommes dans une bataille sur le continent pendant toute la durée de la guerre. Et c'est là ce qui nous a fait penser que le reste de l'Europe, qui ne compte pas moins de deux cent millions d'hommes, devait sa liberté

---

(1) Le marquis de Lansdown, parlant du jugement de Louis XVI et du sort qui probablement était réservé au roi, dit : « Nul roi n'a moins mérité « la condamnation qui va sans doute frapper ce monarque, et c'est un « devoir pour toutes les nations de faire leurs efforts et d'interposer leurs « bons offices pour le sauver. C'est un devoir surtout pour l'Angleterre, « qui n'a que trop de raisons de penser que c'est l'exemple donné par elle « dans la personne du malheureux Charles Ier qui a encouragé les Français à « faire ce procès. » (21 décembre 1792.)   (Note de l'auteur.)

à nos prouesses. Cela prouverait au moins que ces deux cent millions d'hommes n'étaient guère dignes de la liberté.

Est-ce que les auteurs de la guerre ont jamais prétendu qu'ils combattaient pour la liberté d'aucun peuple? Ne reconnaissaient-ils pas, au contraire, que leur but était de soutenir les anciens gouvernements de l'Europe. Les partisans de la guerre n'étaient nullement les amis de la liberté. Le parti libéral seul demandait la paix : Lansdown, Bedford et Lauderdale, à la chambre des lords; Fox, Shéridan, Grey, à la chambre des communes, se signalèrent par leur opposition à la guerre. Ils étaient soutenus au dehors par un petit nombre d'hommes éclairés qui voyaient bien par quels artifices on avait réussi à rendre la guerre populaire. Mais, ceci est triste à dire, cette petite minorité était en butte aux malédictions et aux clameurs de la multitude; leurs personnes et leurs propriétés étaient menacées; il n'était pas jusqu'à leurs familles qui ne fussent exposées aux outrages et aux violences de la populace. Car enfin il faut dire la vérité; il faut qu'elle soit connue de tous pour éviter le retour de pareilles scènes; cette vérité est que la masse du peuple, alors si ignorante, si dépourvue de lumières, si peu au fait de la question, était excitée à dessein, poussée par tous les moyens à désirer la guerre contre la France. Il est encore vrai, et c'est un fait qui doit être rappelé, qu'à peine la guerre avait-elle duré deux ans, à peine ses effets s'étaient-ils fait sentir, c'est-à-dire le haut prix des denrées alimentaires, la diminution du travail, les souffrances de la classe laborieuse; à peine commençait-on à subir les conséquences de la politique de notre gouvernement que le peuple en foule, entourant le carrosse du roi, lorsque George III se rendait au parlement, se mit à crier : du pain, du pain! la paix, la paix!

Mais revenons aux causes de la guerre. En vain prétend-on, dans le discours que j'ai sous les yeux, qu'elle fut purement défensive. Cette assertion n'est qu'une erreur historique, et l'on en sera convaincu si l'on s'en rapporte à une preuve qui ne trompe jamais, je veux dire la conscience immuable du public. Il ne faut pas oublier que notre histoire sera soumise un jour au jugement d'un tribunal sur lequel l'opinion de nos compatriotes n'exercera d'influence qu'autant qu'elle s'accordera avec la vérité et la justice, et que la décision qui sera rendue sera sans appel. Ce tribunal, ce sera la sagesse, le bon sens, l'équité des générations futures. Eh bien! lorsqu'on examine les faits, non-seulement il est démontré jusqu'à la dernière évidence que la guerre entreprise par le gouvernement anglais fut une guerre offensive, mais il résulte des aveux mêmes de ses auteurs et de ses partisans; des révélations qui leur sont échappées, qu'ils n'avaient d'autre but que d'étouffer l'opinion, l'intelligence humaine, sous la force physique, l'un des motifs les plus odieux, sinon le plus odieux pour lesquels on puisse pousser un peuple à la guerre (1). Il reste maintenant la question de savoir si, en accordant à un général toute la gloire qui lui est due, il n'y a pas lieu d'examiner jusqu'à quel point cette gloire peut être augmentée ou diminuée suivant la valeur des motifs qui ont amené la guerre. Le sermon qui est devant moi, ainsi que tous les écrivains qui ont traité ce sujet d'après les principes du christianisme, ont déjà répondu à cette question en disant que, de la part de l'Angleterre, la guerre a été défensive.

Il y a deux manières de juger un général. La première, c'est de ne voir que le capitaine et d'apprécier ses qualités militaires en dehors de toute autre considération et sans examiner si la cause pour laquelle il a combattu était plus ou moins juste. La seconde, c'est de juger comme faisaient autrefois, comme font encore aujourd'hui les gens du métier et tous ceux dont la conscience est assez facile sur ces matières. Ainsi ces gens-là pensent que Suwaroff a été un général bien plus glorieux que Kosciusko, parce qu'il a remporté plus de victoires.

Mais il est une autre école qui refuse toute admiration au héros, à moins qu'il n'ait pris les armes uniquement pour défendre la cause de la justice et de l'humanité. Aux yeux de ceux qui professent les principes de cette école, le patriote polonais a été infiniment plus grand que le général russe, attendu que sa cause était juste, que la guerre qu'il soutenait était évidemment une guerre défensive et qu'il combattait pour sa liberté, pour celle de sa famille et de sa patrie.

De semblables juges, pour être en état de juger avec équité, ont dû nécessairement s'informer des véritables causes de la guerre. Mais il se trouvera, s'ils ont bien examiné, que le duc de Wellington précisément n'a aucun des caractères qui, d'après les principes mêmes exprimés dans le sermon que j'ai sous les yeux, peuvent lui mériter l'approbation de la religion.

Le duc de Wellington, en effet, n'entendait pas du tout accepter cette responsabilité morale. Sa théorie était celle du *devoir*, c'est-à-dire le principe qui sépare l'homme du soldat, et absout complétement celui-ci pourvu qu'il ait fait ce qu'on lui a ordonné.

---

(1) — In the case before us, however, not only are we constrained, by the evidence of facts, to confess that we were engaged in aggressive war, but the multiplied avowals and confessions of its authors and partisans themselves leave no room to doubt that they entered upon it to put down *opinions* by physical force, one of the worst, if not the very worst, of motives with which a people can embark in war. (*Texte.*)

Quelques biographes du duc ne lui ont rendu en outre qu'une justice assez singulière en le félicitant de cette régularité stricte qu'il a toujours apportée dans l'accomplissement de son devoir. Il faut convenir que, si c'est une louange pour le duc, ce n'en est pas une pour nos compatriotes. Il semblerait qu'à part quelques exceptions très-rares personne n'a l'habitude de faire son devoir en Angleterre. Les admirateurs du duc, en le félicitant de cette qualité si ordinaire, l'ont mis au niveau du dernier laboureur qui a travaillé assidûment pendant la semaine en vue de son salaire hebdomadaire. Le mot *devoir*, dans la pensée du duc, signifiait quelque chose de plus apparemment. Le duc l'entendait comme on l'entend dans sa profession, et comme l'a exprimé en un mot le code militaire; c'est *l'obéissance* enfin. Toujours il a été subordonné à une autorité supérieure : il n'a jamais agi que poussé par une impulsion extérieure, comme une armée soumet sa volonté, sa raison, sa conscience au chef à qui elle a donné dans son propre intérêt le droit de lui commander. Tantôt ce fut la Russie, tantôt des raisons de service public, la crainte de la guerre civile ou une famine qui déterminèrent la conduite du duc, et lui firent changer de position comme une armée change de terrain à la guerre; mais sa raison, sa volonté, sa conscience ne semblaient pas plus engagées dans ces mouvements que la raison et la volonté d'une armée dans les mouvements qui lui sont ordonnés. On ne connaissait pas, le jour de la mort du duc, quelles étaient ses opinions sur le libre échange, sur la réforme ou l'émancipation des catholiques. Il ne paraissait pas s'être jamais dit à lui-même : que *dois-je* faire; mais que *faut-il* faire? *quel est l'ordre?* Ce principe de subordination, qui est l'essence de la discipline militaire, est un principe des plus fâcheux sous certains rapports. A la place d'un homme il nous donne une machine, et non pas une machine agissant par elle-même, mais ayant besoin, pour être mise en mouvement, d'une force étrangère. Ce qu'on en peut dire de mieux quand il est compris honnêtement, et c'était le cas du duc de Wellington, c'est qu'il protége les citoyens contre les attentats de l'ambition militaire. Le duc n'aurait jamais trahi cette confiance tant qu'il aurait trouvé un pouvoir envers lequel il fût responsable, car c'est la seule difficulté qui aurait pu l'arrêter. Si, de même que Monck, il eût commandé une armée dans un temps de troubles politiques, il serait venu à Londres pour savoir à qui il devait légalement obéir, si c'était au fils du prétendant ou à la queue du parlement croupion; mais il n'eût pas songé à se faire acheter par un prétendant, fût-ce le fils du roi. Si le temps revenait jamais, ce dont le ciel nous préserve, où il dût recommencer la tâche qu'il a accomplie, on ne trouverait personne qui le surpassât en habileté, en courage, en probité, en persévérance. Mais, parmi tous ces mérites qui, sous le rapport moral, le placent si fort au-dessus de Marlborough et même de Nelson, il est probable qu'il en est un qu'il ne songerait nullement à revendiquer, c'est le mérite d'avoir été le champion de la liberté d'aucun peuple. Il n'est personne ayant lu ses dépêches lorsqu'il commandait l'armée d'Espagne qui puisse se tromper à ce sujet et supposer qu'il y ait eu quelque chose de cela dans la manière dont il comprenait sa mission en Espagne. Il suffirait, si l'on en doutait, de lire le passage suivant, extrait des pages classiques de Napier (1).

« Mais la cause cachée de ces difficultés, et la principale en même
« temps, est dans les étranges efforts du gouvernement anglais pour
« concilier l'indépendance de l'Espagne avec l'esclavage de ce peuple
« et soutenir tout cela l'un par l'autre, comme si ce n'était pas
« assez de l'accorder avec l'idée d'on ne sait quel gouvernement
« moins imparfait. Le clergé espagnol, maître absolu de la masse du
« peuple, s'attacha au gouvernement anglais parce qu'il vit que le gou-
« vernement anglais soutenait l'aristocratie et la domination de l'É-
« glise. . . . .
« Les ministres anglais, haïssant Napoléon non parce qu'il était l'en-
« nemi de l'Angleterre, mais parce qu'il était le champion de l'é-
« galité, ne se souciaient point du tout que l'Espagne fût plus libre
« qu'auparavant. Ils voulaient bien se servir de cortès libérales pour
« abattre Napoléon, mais c'était à la condition de renverser les cortès
« avec l'aide du clergé et de la partie du peuple dévouée à celui-ci. »
(Vol. IV, p. 259.)

« Au bout de quelque temps le parti aristocratique en Espagne s'a-
« perçut que la politique secrète de l'Angleterre n'était autre que la
« sienne. C'était la même en effet. Elle allait tout aussi loin, jusqu'à
« soutenir l'inquisition, prétendant ridiculement que ce n'était plus
« une chose, mais un nom. » — (Vol. IV, p. 350.)

Je pourrais vous citer encore ce passage (vol. III, p. 371) très-instructif, disant entre autres choses « que les classes éclairées de l'Es-
« pagne étaient opposées au gouvernement anglais à cause de la haine
« connue de ce gouvernement pour toute institution libre; » mais je m'aperçois que ma lettre est déjà d'une étendue beaucoup plus que raisonnable, et je finis en vous priant d'agréer, etc.   Cobden.

(1) Auteur d'une histoire de la guerre de la Péninsule, célèbre en Angleterre.

LETTRE DEUXIÈME.

M. Cobden au Révérend...

Décembre 1852.

Mon cher Monsieur,

Vous me demandez de vous faire connaître à quelles sources on peut puiser les meilleurs renseignements sur les causes de la guerre avec la France dont je vous ai dit quelques mots dans ma dernière lettre. Quelle meilleure preuve de l'indifférence de nos concitoyens pour tout ce qui tient à la partie la plus importante de l'histoire, je veux dire celle de leur pays et surtout celle qui intéresse la génération à laquelle ils appartiennent. Si vous n'avez pas les éléments nécessaires pour vous former une opinion sur les événements du siècle dernier, comment supposer que ces événements soient jamais bien connus du public. Il faut convenir que l'histoire est singulièrement enseignée dans nos écoles. Les jeunes gens de nos universités en savent certainement beaucoup plus sur l'origine et les progrès de la seconde guerre punique que sur les guerres de la révolution française.

Le meilleur recueil de documents et surtout de pièces officielles se rapportant à notre histoire moderne est l'*Annual Register*; les matériaux en ont été mis en ordre par plusieurs écrivains très au courant de la question. L'*Histoire pittoresque* de l'Angleterre ne nous serait d'aucun secours, bien que les faits y soient présentés dans leur ordre avec beaucoup d'exactitude: elle est conçue entièrement dans le sens de l'opinion tory; non que cette histoire ne porte la marque d'un esprit libéral et éclairé, mais la partie qui regarde la révolution américaine et la révolution française semble avoir été écrite sous l'inspiration de ce bigotisme étroit et passionné qui distingue les publicistes d'une certaine école. Alison, dont on ne me demandera pas, je l'espère, d'approuver toutes les vues et les principes, a cependant donné la meilleure relation des événements qui ont suivi la révolution jusqu'à la fin de la guerre. Le sujet est admirablement traité dans cet ouvrage, qui a eu un si grand nombre d'éditions. Il y a encore la vie de Napoléon par Walter Scott; c'est le plus facile à lire, mais il s'en faut de beaucoup que ce soit celui qui mérite le plus de confiance, soit en ce qui concerne les faits, soit en ce qui concerne les personnages.

Si vous tenez véritablement à vous rendre compte des motifs qui ont amené la dernière guerre avec la France, il faut lire les débats des chambres du parlement depuis 1791 jusqu'en 1796. C'est à quoi je me suis amusé pendant longtemps, et j'en ai un grand nombre d'extraits qui sont là sous ma main. Les mettrai-je sous vos yeux? ce serait probablement beaucoup plus qu'il n'est nécessaire dans une lettre particulière. Mais il est une chose que je vous recommande, c'est de faire bien attention aux dates si vous voulez avoir l'intelligence nette de la question. La guerre a duré vingt-deux ans. Il y a là une masse d'événements qui ne vous présenteraient que du vague si vous vouliez les embrasser tous. Il ne faut pas laisser flotter votre esprit au milieu de cette confusion; le point qui nous occupe, je le répète, c'est l'intervalle qui s'est écoulé depuis les premières séances de l'Assemblée constituante, en 89, jusqu'à l'année 93, époque où la guerre a commencé entre la France et l'Angleterre. Ne perdez donc pas de vue que ce que nous avons à rechercher en ce moment, c'est l'origine et les causes de la rupture entre les deux pays, pas autre chose.

Depuis l'année 1783, époque où finit la guerre d'Amérique, jusqu'au commencement de la guerre avec la France, en 1793, la situation de l'Angleterre fut on ne peut plus prospère. Au grand étonnement de tous les partis, la séparation des colonies américaines, qui devait, disait-on, être le signal de notre ruine, donna au contraire une impulsion considérable au commerce que faisaient entre elles les deux nations. Le progrès apporté au moyen des nouvelles inventions mécaniques dans la fabrication du coton et des autres articles de nos manufactures, le système perfectionné de la machine à vapeur avaient augmenté rapidement notre puissance de production. Le travail ne s'arrêtait pas; il amenait la richesse, et avec elle le bien-être répandu dans toutes les classes. On est toujours satisfait de la politique dans cette situation; aussi songeait-on moins que jamais aux réformes et surtout aux révolutions, lorsque les actes de l'Assemblée constituante, en 1789, vinrent fixer l'attention de l'Europe. Les réformes si profondes et si radicales opérées par cette assemblée et les doctrines proclamées par ses orateurs, doctrines si bien faites pour exercer une grande influence sur les esprits, lui attirèrent bientôt les sympathies d'une certaine classe de philosophes de notre pays. A ceux-ci s'étaient joints quelques-uns des artisans les plus intelligents et les plus éclairés parmi les ouvriers de nos villes. Les uns et les autres commencèrent à prendre un grand intérêt à tout ce qui se passait en France. Parmi les principaux de ce parti on remarquait le docteur Price et le docteur Priestley. Les non-conformistes (1) s'étaient rangés en général au nombre de

---

(1) **Dissenters.**

leurs partisans. Quant à la masse de la population, il s'en fallait de beaucoup que son esprit fût le même. Elle était attachée jusqu'au fanatisme à l'Église, opposée naturellement aux principes de l'Assemblée constituante, et le déchaînement contre les non-conformistes fut tel, dans tout le pays, qu'il alla jusqu'à l'émeute. En plusieurs endroits il y eut des collisions ; des violences furent commises à Birmingham et dans d'autres villes manufacturières ; la propriété même ne fut pas respectée. « Ce n'est pas l'esprit républicain qui nous menace, disait « M. Fox au parlement (1) ; il serait difficile d'en trouver la moindre « trace dans ce pays. La cause de tous ces troubles est ailleurs. C'est « dans l'Église qu'il faut la chercher et dans son opposition à ces ré- « formes qui, plus que tout le reste, indiquent les vœux et les tendan- « ces de notre temps. »

Tel était l'état des esprits chez nous lorsque M. Burke publia son célèbre ouvrage si connu sous le titre de *Réflexions sur la Révolution française*, et qui produisit tant d'effet non-seulement en Angleterre, mais parmi toutes les classes en possession du pouvoir dans les États du continent. Ce livre parut en 1790. La date est importante, car il ne faut pas oublier que l'Assemblée constituante n'a siégé qu'un an ; qu'elle n'avait adopté d'autres réformes que celles qui se conciliaient avec l'existence d'une monarchie limitée ; que son but n'allait pas au delà, et qu'enfin c'étaient des hommes tels que La Fayette et Necker qui conduisaient ses délibérations. Ses actes ne doivent donc pas être confondus avec ceux de l'Assemblée législative, qui lui succéda, et encore moins avec ceux de la Convention nationale, venue après la Législative. Il ne faut pas perdre de vue, encore une fois, que le règne de la Terreur ne commença que quatre ans après. Burke, dans sa grande Philippique, n'accusait nullement l'Assemblée constituante d'avoir voulu intervenir dans nos affaires ou de prétendre introduire dans les autres pays les réformes qu'elle accomplissait en France. Il ne l'accuse pas non plus de vouloir faire la guerre aux autres peuples, n'exprimant pas même un soupçon à ce sujet. Loin de là ; dans son discours sur l'armée, prononcé à la chambre des communes le 8 février 1792, il représentait l'armée française comme une armée désorganisée, hors d'état de défendre le territoire, et les soldats français « comme un ramassis de « mercenaires, de déserteurs, incapables de comprendre ce que c'était « que l'honneur. » Il ajoutait que, « dans ce temps de civilisation « politique, la France devait être considérée comme rayée de la « carte de l'Europe, » disant « qu'elle se conduisait de manière à faire

---

(1) Chambre des communes, 25 mai 1792.

« nos affaires beaucoup mieux que ne le feraient vingt batailles de
« Bleinheim ou de Ramilly. »

C'était sur ce terrain que Burke avait attaqué le gouvernement français avec une telle force d'invectives que, six ans après, Fox était obligé de payer ce tribut à sa fatale influence :

« Dans une œuvre magnifique, disait-il en parlant de Burke, il a en-
« levé tout le monde par l'éclat de son génie ; il a fasciné ce pays par
« le pouvoir de son éloquence ; et, autant qu'il est possible de produire
« un tel effet par la parole, il a plongé le pays dans les malheurs de la
« présente guerre. J'admire le génie de l'homme ; je rends justice à
« son intégrité ; je sais quels travaux ont rempli sa longue carrière : je
« ne puis m'empêcher de regretter, cependant, que son éloquence n'ait
« pas produit le même effet dans ce pays alors qu'il la consacrait à dé-
« fendre, suivant moi, les véritables intérêts de l'Angleterre, et qu'elle
« ait eu, au contraire, un si déplorable succès lorsqu'il l'employa à faire
« triompher une cause qui, dans mon opinion, n'était pas celle de la
« justice et de la raison. »

Lisez ce fameux ouvrage de Burke ; et, sans vous laisser séduire par la magie du style, par la grandeur et la beauté des images, demandez-vous quelles sont les preuves qu'il apporte et par quels faits il justifie ses invectives et son appel à la guerre. Depuis le commencement jusqu'à la fin ce livre est un acte d'accusation contre les représentants de la France. Pourquoi ? Parce qu'ils ont osé, dans une affaire tout à fait intérieure et qui ne regardait nullement les autres peuples, suivre une marche contraire à celle que M. Burke et d'autres Anglais, juges infaillibles ou se déclarant tels, regardaient comme la plus raisonnable et la plus conforme aux règles d'une sage politique. Il mesure toutes choses à la règle de notre gouvernement, approuvant ou blâmant tel acte, tel principe suivant qu'ils se rapprochent plus ou moins de ce qui se pratique ou de ce qu'on pense chez nous... L'Assemblée constituante est accusée d'imposture, d'usurpation, de brigandage, de violence, de tyrannie pour avoir osé abolir le droit d'aînesse ; pour avoir sécularisé les biens du clergé et mis à la charge de l'État les dépenses du culte ; pour avoir limité plus que nous ne l'avons fait les prérogatives de la couronne ; pour avoir fondé la représentation nationale sur le suffrage universel ; changements qui, si contraires qu'ils soient à l'esprit et aux habitudes des Anglais, n'ont pas empêché le peuple américain de grandir et de prospérer et qui même ont été appliqués sur une large échelle au gouvernement de nos propres colonies.

Voyons d'un autre côté ce qui a été fait par l'Assemblée constituante. La liberté des cultes a été assurée, la torture abolie, le jugement public par jurés établi. Elle a supprimé les lettres de cachet ; soumis à l'impôt, comme tous les citoyens, les membres de la noblesse et du clergé ; détruit les taxes les plus oppressives, celle du tabac, la taille, la taxe du sel. Elle a fait disparaître tous les droits féodaux. Elle a rendu accessibles à tous également les grades supérieurs de l'armée, réservés autrefois à la noblesse par un privilége exclusif. Elle a fait de même pour les emplois civils.

J'insiste sur ces réformes accomplies par l'Assemblée constituante, parce que ce sont elles et la sympathie qu'elles excitèrent chez nos publicistes les plus libéraux et les plus intelligents qui furent les véritables causes de la guerre entre les deux nations. La Terreur n'existait pas encore que déjà on était en pleines hostilités. La Terreur elle-même n'aurait pas été une cause légitime de guerre ; mais enfin la Terreur ne commença qu'un an après l'ouverture de la guerre. Notre indignation ne vint donc pas du sang versé en 93 ; elle ne vint pas de la fureur montrée par la Convention et qui se manifesta par l'altération du calendrier, l'abolition du christianisme, et enfin par la déposition de la Divinité elle-même. Ce furent là les conséquences de la guerre et non les causes : la guerre ne fut engagée que pour prévenir la contagion des principes proclamés en 1789 et 1790 par l'Assemblée constituante. Les classes supérieures en Angleterre furent effrayées de la révolution qui, dans un pays voisin, avait aboli les titres héréditaires, rendu à l'État les biens du clergé et pris le suffrage universel pour base de la représentation nationale. « Si les changements accomplis en France, dit « Alison, étaient accueillis avec faveur par une classe de la population, « ils étaient vus avec horreur par l'autre. La plupart des membres de « l'aristocratie, tout ce qui tenait au clergé ou se trouvait en possession « des emplois sous la monarchie, toute la classe riche enfin ne « voyait la révolution qu'avec crainte et aversion. »

Dès cette époque les amis de la révolution française en Angleterre et ceux qui lui étaient opposés se divisèrent en deux partis, ressemblant par leur attitude, dit Walter Scott, à ces factions rivales qui, dans le parterre d'un théâtre, repoussent ou applaudissent un acteur plus par l'effet de la passion que par un juste sentiment de l'art, s'échauffant ainsi jusqu'au moment, qui ne manque jamais d'arriver, où l'on aura recours à la force pour décider la question. Il est étrange que l'idée ne soit venue à aucun des deux partis que c'était bien le moins qu'on laissât aux vingt-quatre millions de Français intéressés dans le débat le soin de constituer leur gouvernement, sans recourir à l'intervention de l'Angleterre, et qu'enfin telle constitution qui, comme la constitution anglaise, est bonne pour un pays, peut parfaitement ne pas convenir à l'autre.

La révolution française produisit encore, s'il est possible, une plus grande impression sur les pouvoirs despotiques du continent. Dès que les réformes démocratiques eurent été opérées par la Constituante, que l'autorité royale dut s'incliner devant la volonté nationale, les souverains étrangers prirent l'alarme et commencèrent à se concerter pour mettre Louis XVI en état de reconquérir une partie des prérogatives qui lui avaient été enlevées. L'empereur d'Autriche Léopold, le plus capable et le plus éclairé des souverains de l'Europe, le même qui, étant duc de Toscane, accomplit quelques-unes de ces grandes réformes à la fois législatives et économiques qui font l'orgueil des hommes d'État de notre temps, Léopold se mit à la tête de cette ligue, et prit le premier la responsabilité de cette incroyable intervention dans les affaires d'un autre pays. Il est vrai que sa parenté avec Louis XVI, étant, lui aussi, un des enfants de Marie-Thérèse, lui donnait un motif que n'avaient pas ses alliés. Quant à ceux-ci, soit ouvertement, soit en secret, tous étaient les ennemis de la France; tous conspiraient contre les principes du gouvernement qu'elle venait d'établir; et l'on pensait même que le roi d'Angleterre s'était fait représenter en qualité de roi de Hanovre aux conférences secrètes que tenaient entre eux les autres souverains. Le résultat de ces conférences fut la fameuse déclaration de Pilnitz, signée par l'empereur d'Autriche et le roi de Prusse, dans laquelle il était dit :

« Que LL. MM., ayant considéré la situation du roi Louis XVI, étaient
« tombées d'accord qu'il y avait là un fait qui intéressait également
« tous les souverains de l'Europe; que LL. MM. espéraient que ce fait
« serait apprécié comme elles l'appréciaient elles-mêmes; qu'aucun
« roi ne leur refuserait donc son appui ni le secours de ses armes
« pour mettre le roi de France en état de fonder un gouvernement
« monarchique assurant à la fois les droits du souverain et le bonheur
« de la nation française; qu'en conséquence S. M. l'empereur d'Au-
« triche et S. M. le roi de Prusse, ayant résolu d'agir promptement,
« avec les forces nécessaires pour atteindre ce but, venaient de
« donner des ordres pour que leurs armées fussent prêtes à marcher
« immédiatement. »

Il est très-important de remarquer la date de cette déclaration (27 août 1791); car de cette date dépend entièrement la question de savoir qui, de la France ou des puissances étrangères, a été véritablement l'auteur de la guerre. La France était alors dans tous les embarras de ses réformes intérieures; elle n'avait rien qui pût laisser soupçonner la moindre intention hostile contre les gouvernements étrangers. « Tandis
« qu'elle ne songeait qu'à étendre et assurer ses libertés, dit M. Baines

« dans son excellente et judicieuse histoire, ayant à lutter à la fois
« contre une royauté qui résistait, un clergé mécontent, une noblesse
« hostile, elle était menacée par la soudaine et redoutable coalition
« de deux des plus puissants états militaires de l'Europe. La Prusse,
« alors sous l'autorité de Frédéric-Guillaume, et l'Autriche, sous celle
« de Léopold, frère de Marie-Antoinette, se préparaient à envahir ses
« provinces. »

La France, au contraire, n'était nullement prête pour la guerre; non-seulement ses finances étaient ruinées, mais son armée était désorganisée. Si les soldats, en effet, avaient tous embrassé avec ardeur le parti de la révolution, les officiers, presque tous nobles, en étaient les ennemis les plus violents; un grand nombre même avait déjà quitté le royaume. Si l'on craignait les principes de la France, on ne craignait guère ses armées, tout le monde étant persuadé, sur la parole de Burke, qu'elle était tombée, par suite de la révolution, au dernier degré de la faiblesse et de l'avilissement.

La meilleure preuve que le gouvernement français n'avait fourni aucun prétexte aux puissances étrangères, c'est que la déclaration des souverains alliés ne contient aucune plainte, ne signale aucune offense dont ils aient à demander raison à la France. Leur seul objet, ils l'ont avoué dans les autres manifestes, était de rendre au roi les prérogatives que lui avait enlevées son peuple. Il n'est pas besoin de discuter longtemps pour prouver que cette menace d'une intervention armée dans les affaires de France n'était autre chose qu'une déclaration de guerre. Comparez cette conduite des pouvoirs despotiques en 1791 avec celle qu'ils ont tenue en 1848, s'abstenant non-seulement de toute intervention, mais déclarant de la manière la plus positive qu'ils n'avaient aucun droit d'intervenir dans les affaires intérieures de la France, alors que les changements qui venaient de s'opérer dans ce pays avaient été bien autrement soudains et étaient bien autrement effrayants que ceux qui avaient lieu à l'époque de la déclaration de Pilnitz.

Les actes des puissances étrangères n'avaient pas été suffisants pour détourner la France de la lutte intérieure où elle était engagée. Aucun acte d'hostilité ne fut commis immédiatement. Le sage Léopold même, désirant rétablir, s'il était possible, l'autorité de Louis XVI sans recourir aux armes, s'occupait d'assembler un congrès pour s'entendre avec les autres souverains sur la forme de gouvernement qui convenait à la France, lorsqu'il mourut soudainement, laissant le pouvoir à un successeur moins prudent, qui aussitôt porta les choses à l'extrémité. Pendant ce temps la Russie, la Suède, la Sardaigne, l'Espagne prenaient une attitude de plus en plus hostile envers la France. Vingt mille émigrés

français, réfugiés en Allemagne, menaçaient leur pays d'une invasion. C'était de ce côté que le danger était à craindre. Le gouvernement français demanda alors des explications à l'Empereur. Une note fut adressée en réponse à cette demande : on exigeait pour toute explication que le gouvernement monarchique fût rétabli tel qu'il existait avant 89 ; que les biens retirés au clergé lui fussent restitués, même les biens vendus; enfin on ne reconnaissait rien de ce qui avait été fait par l'Assemblée constituante pendant les deux dernières années. Un écrivain qui n'est pas suspect de partialité envers la France (1), s'est exprimé ainsi au sujet de cette note : « Les intentions de la cour d'Autriche, lorsqu'elles
« furent connues, étaient si complétement opposées à tout ce qui
« avait été fait depuis la révolution que la paix conclue en ces termes
« n'aurait eu d'autre effet que de pousser la France tout entière sous
« les pieds du souverain, et, ce qui était plus dangereux, de la livrer, à
« l'exception de quelques membres de l'Assemblée, à la merci des émi-
« grés rétablis dans leur pouvoir et leurs richesses . . . .

« Cette note extravagante fut regardée par l'Assemblée comme une
« insulte à la dignité nationale, et le roi, quels que fussent ses senti-
« ments particuliers, ne put se dispenser de l'obligation que lui impo-
« sait sa qualité de monarque constitutionnel. Il lui fallut venir triste-
« ment demander à une assemblée remplie presque entièrement d'en-
« nemis de sa personne et de son trône de déclarer la guerre à son
« beau-frère (2). »

Telle fut l'origine de cette guerre qui, si elle n'a pas été la plus longue de toutes les guerres dont l'histoire nous a laissé le souvenir, a été celle qui a fait verser le plus de sang et le plus coûté aux peuples. Quelles que soient les fautes et les crimes commis par la nation française en 1793 et le juste blâme qui s'y attache, on ne saurait lui imputer équitablement le tort d'avoir cherché la guerre et de l'avoir provoquée. On s'est demandé souvent ce qui serait arrivé si les souverains n'eussent pas songé à intervenir. La question a été souvent discutée avec ceux qui, tout en reconnaissant que la France ne fut pas l'agresseur, n'admettent pas qu'il eût été possible d'éviter la guerre. Si ce point méritait d'être examiné, il y a longtemps qu'il serait résolu par l'exemple non-seulement de la France, mais de tous les pays qui depuis ont passé par des révolutions. L'expérience a montré que ja-

_____
(1) Walter Scott.
(2) L'auteur, avec une négligence que l'on n'a que trop souvent l'occasion de remarquer dans son ouvrage, oublie que déjà Léopold était mort lorsque Louis XVI fit cette démarche auprès de l'Assemblée. (*Note de M. Cobden.*)

mais une nation n'est moins disposée à se mêler des affaires de ses voisins que lorsqu'elle est elle-même en proie à toutes les agitations d'une révolution intérieure. Sans aller plus loin, on peut citer un assez grand nombre de faits qui prouvent que la France n'a pas été l'agresseur, mais qu'elle a été attaquée.

Il est vrai que c'est elle, la première, qui a *déclaré* la guerre; mais que veut dire cela, sinon qu'elle savait mieux respecter les usages et les lois des nations que ses ennemis eux-mêmes, qui préparaient la plus formidable invasion sous le prétexte de rétablir l'ordre, la royauté, le trône, uniquement dans l'intérêt du peuple français. Ils ne déclaraient pas, disaient-ils, la guerre à la France, mais à ses oppresseurs; car c'était là le terme dont ils se servirent en parlant de l'Assemblée législative. L'énergie de la résistance montra quels étaient les sentiments de la nation à ce sujet. Ce prétexte, qui est le seul, ne se soutient donc pas devant l'histoire.

Le 25 juillet suivant le duc de Brunswick, le jour où il entrait en France à la tête de quatre-vingt mille Prussiens et Autrichiens et d'une nombreuse troupe d'émigrés, publia, au nom de l'empereur d'Autriche et du roi de Prusse, un manifeste dans lequel il disait « que sa conviction était « que la majorité des habitants de la France attendait avec impatience « le moment où les alliés viendraient les secourir et les arracher à la « domination de leurs oppresseurs. »

Et maintenant, comme il faut faire connaître l'objet des envahisseurs et leurs odieux desseins, permettez-moi de citer le passage suivant extrait du 8ᵉ paragraphe de la proclamation du duc de Brunswick :

« La ville de Paris, disait le duc, et les habitants sans distinction « devront se soumettre immédiatement au roi.

« Ils devront lui rendre la liberté la plus entière; lui garantir, ainsi « qu'à tous les membres de sa famille, l'inviolabilité de leurs per- « sonnes royales, et enfin retourner au respect et à l'obéissance dus, « suivant toutes les lois de la nature et la loi des nations, par les sujets « à leur souverain.

« LL. MM. Impériales déclarent qu'elles rendent personnellement « responsables, sous peine de la vie et sans espérance de pardon, « après avoir été traduits devant un conseil de guerre, tous les mem- « bres de l'Assemblée nationale, tous les conseillers de département, « de districts, de municipalités, de justices de paix, de la garde natio- « nale de Paris, etc., de tout ce qui sera fait au mépris du présent aver- « tissement.

« LL. MM. Impériales et Royales déclarent en outre, sur leur pa-

« role d'empereur et de roi, que si le palais des Tuileries est forcé
« ou insulté; si la moindre violence, le moindre outrage sont faits
« à LL. MM. le roi et la reine de France et aux membres de la fa-
« mille royale; si la liberté ne leur est point rendue; si leur sûreté
« n'est garantie immédiatement, l'intention de LL. MM. Imp. et R. est
« d'infliger à la ville de Paris une punition qui serve à jamais d'exemple,
« en livrant ladite ville à une exécution militaire jusqu'à complète et
« radicale destruction. »

Deux jours après, une déclaration, publiée par forme de supplément annonçait que non-seulement aucun changement n'était apporté à l'article 8 du précédent manifeste, mais que, « dans le cas où le roi et les
« membres de sa famille seraient emmenés dans un autre lieu par les
« factieux, toutes les places, villes, quelles qu'elles fussent, qui ne
« se seraient pas opposées au passage desdits factieux qui n'auraient
« pas tenté de les arrêter, *encourraient le même châtiment que la*
« *ville de Paris;* que la route parcourue par S. M. et la famille royale
« avec ceux qui les auraient entraînées serait marquée également par
« une suite de châtiments exemplaires dus aux auteurs et aux com-
« plices d'un crime pour lequel il n'y avait point de rémission. »

On doit se rappeler que ces proclamations, dignes de Tamerlan ou d'Attila, furent publiées à une époque où Louis XVI exerçait encore ses fonctions de monarque constitutionnel; car ce n'est que le 10 août suivant que son palais fut assailli par la populace en armes et que sa famille devint prisonnière. Je n'ai point à m'occuper davantage des puissances belligérantes, ma tâche se bornant à rechercher l'origine de la guerre sans en décrire le progrès. Mais, devant ces faits si précis, il n'est pas un écrivain, français ou anglais, jetant les yeux sur cette liste lamentable de crimes qui, à dater de ce moment et pendant les trois années qui suivirent, ont attristé les annales domestiques de la France; il n'est pas un écrivain, dis-je, quel que soit son pays, qui ne conclût aussitôt que la cruauté du peuple français pendant ces trois ans et les atrocités commises par lui doivent être attribuées en grande partie au manifeste du duc de Brunswick et à l'invasion des troupes étrangères aussitôt après.

Rien ne contribue plus à éteindre ce sentiment de magnanimité qui se rencontre presque toujours chez un peuple lorsqu'il a la conscience de sa force que le soupçon d'être trahi par ceux qui ont la prétention de le gouverner. C'est sous l'empire de ce terrible soupçon qu'ont été accomplis les actes les plus terribles de vengeance populaire. On peut citer parmi ceux qui en ont été les victimes J. d'Artevelde et le grand pensionnaire de Witt. Mais jamais peut-être n'avait-il soulevé chez un peuple de fureur pareille à celle qui s'empara du peuple de Paris lorsqu'il apprit les premières nouvelles de l'invasion des armées coalisées : à leur entrée en France ce fut une véritable frénésie. Aussitôt on fut convaincu que le roi, la noblesse, le clergé, les classes riches s'entendaient avec l'étranger. La multitude, dans ses terreurs, voyait déjà les Autrichiens, aux portes de Paris, à la suite des émigrés, qui leur montraient le chemin, s'en remettant à eux du soin de leur vengeance. Telle fut la cause des horribles massacres qui ensanglantèrent Paris dans la journée du 2 septembre.

Mais je préfère ici me servir du témoignage d'un écrivain à qui les sentiments exprimés dans la lettre que j'ai l'honneur d'adresser à Votre Révérence auraient inspiré, je le suppose, assez peu de sympathie. « On ne peut douter, dit Alison, que l'intervention des alliés n'ait « augmenté les horreurs qui ont signalé cette époque et ajouté à leur « durée. Les plus horribles excès ne furent commis qu'à partir de ce « moment, et après cette invasion, d'abord si menaçante, bien qu'elle n'ait « pas réussi. Les massacres de septembre n'eurent d'autre cause que la « fureur allumée dans les esprits par l'approche du duc de Brunswick, et « les plus mauvais jours du gouvernement de Robespierre datent de « l'avantage obtenu à Nerwinde par les alliés, alors que la défection « de Dumouriez et la perte de la bataille annonçaient aux Jacobins la « ruine de leur gouvernement. Rien, sinon le sentiment d'un danger « public, n'aurait pu réunir des factions si animées l'une contre l'autre, « et la considération seule du péril que courait la France a été assez « forte pour décider le peuple à se soumettre à la tyrannie qui le déci- « mait. Les Jacobins ne conservèrent leur ascendant qu'en se présentant « comme les défenseurs de l'indépendance nationale et en flétrissant « leurs ennemis comme les ennemis de la patrie. Les patriotes aimèrent « mieux souffrir en silence que d'affaiblir le pays par une résistance « qui amènerait sa ruine et le ferait rayer de la liste des États euro- « péens. »

Si les faits portent avec eux leur démonstration et peuvent servir de preuve, je crois avoir établi que la guerre fut provoquée par les puissances alliées. Je dois montrer maintenant quelle fut la part de l'Angleterre dans les événements qui suivirent.

A dater de la publication du fameux ouvrage de Burke, *Réflexions sur la Révolution française*, tout ce qui se rapportait à l'Assemblée nationale, à son but, à ses actes, à son caractère fut chez nous l'objet d'une attention chaque jour plus excitée. Tout le pays prit parti ; nos publicistes, suivant leurs vœux et leurs principes, attaquaient ou défendaient la conduite des chefs de la révolution. Non-seulement les journaux n'étaient remplis que d'articles sur ce sujet, mais tous les jours paraissait un pamphlet ou un volume, soit pour soutenir les doctrines de Burke, soit pour les combattre. Parmi ces productions, l'une des plus remarquables fut le *Vindiciæ Gallicæ* de S. James Macintosh. L'auteur, avec une grande force de raisonnement et presque autant d'éloquence que son illustre adversaire, faisait appel dans cet ouvrage à tous les sentiments de liberté et d'humanité. Peu à peu le sort du parti libéral en Angleterre, composé des whigs et des dissidents, se trouva lié pour ainsi dire aux destinées de la révolution française. Ses ennemis ne manquèrent pas, pour le rendre odieux, de s'autoriser des désordres et des excès de la révolution. Lorsque les jacobins et tous ceux qu'on désignait ainsi à cause de leur exaltation furent devenus les maîtres en France, les torys eurent soin de désigner par ce détestable surnom quiconque inclinait vers les réformes, et comme c'étaient eux, suivant l'usage, qui étaient les arbitres de la mode, on s'empressa d'adopter le terme dont ils se servaient pour décrier leurs adversaires.

Le caractère du débat avait changé graduellement. Le ton des classes dominantes n'était plus le même au bout de deux ans : on s'était borné d'abord à une critique froide des actes de la révolution ; on passa ensuite à l'injure, bientôt aux menaces, et enfin ce fut un cri de guerre. Les libéraux et les torys, au lieu d'être simples spectateurs des actes de la politique française, divisés d'opinion, il est vrai, mais n'allant pas au delà, en étaient venus aux plus violentes discussions pour savoir si l'on devait ou non déclarer la guerre à la France. Depuis ce jour tout ce qui restait du parti libéral, affaibli par la défection, mais soutenu et dirigé héroïquement par Fox, se déclara pour la paix. « Ce cri « *la Paix!* dit Windham, secrétaire de la guerre, est le cri du parti ja- « cobin dans ce pays. Je ne dis pas que tout ce qui désire la paix soit « jacobin ; mais je dis qu'il n'est pas un jacobin qui ne la désire. »

Il y a une raison de croire que Pitt personnellement souhaitait la paix (1).

---

(1) « Il est certain que M. Pitt n'ignorait pas les désastreuses conséquences « du débat où l'entraînaient ses nouveaux amis, les déserteurs du parti « whig. Nul ne pouvait apercevoir plus clairement ni estimer plus haut les « bienfaits de la paix que le ministre qui, un an auparavant, en nous annon- « çant les réductions opérées dans notre état militaire, nous faisait un ta- « bleau de notre future prospérité tel que c'était à peine si son éloquence « trouvait des couleurs assez vives pour en représenter l'éclat. Il est donc « très-certain que toutes ses pensées étaient tournées vers la paix ; c'est un « fait que n'ont jamais contredit ceux de ses amis qui lui ont survécu. « Mais la cour voulait la guerre ; l'aristocratie voulait la guerre ; le pays lui-

Un traité de commerce conclu quelques années auparavant avec la France avait donné une grande activité aux relations des deux pays, et l'on sait que le premier ministre méditait alors de grandes réformes économiques et financières. En 92, pendant la session du parlement, il avait proposé des réductions considérables dans nos dépenses militaires, et rien ne faisait présager une guerre prochaine. Les classes supérieures partageaient toutes l'opinion de M. Burke sur l'état misérable où était tombée la France par suite de ses agitations intérieures. Une armée de près de cent mille hommes, vieux soldats commandés par des généraux expérimentés, se préparait à envahir ce pays, épuisé par la guerre civile, par la banqueroute, « et qui comptait encore parmi « ses ennemis la cour, le clergé, l'aristocratie, liguées contre lui et favo- « risant secrètement les alliés. Il y avait là toutes les apparences d'un « triomphe facile, et personne ne doutait qu'il suffit d'une campagne « pour rétablir l'ordre en France. »

Mais l'odieuse proclamation du duc de Brunswick produisit un effet bien différent de celui qu'on avait espéré. Il faut ici laisser parler Alison : « Ce manifeste souleva de tous côtés l'esprit de résistance : on « redoubla les préparatifs militaires ; l'ardeur de la multitude était ar- « rivée au plus haut point. On était convaincu que la proclamation du « duc exprimait les véritables intentions des puissances alliées et des « émigrés. On crut que le seul moyen de sauver l'indépendance et la « liberté du pays était de renverser le trône; le peuple de Paris n'a- « vait pas le choix entre la victoire et la mort. »

La campagne qui suivit tourna à la confusion des agresseurs. Dès le mois de septembre le duc de Brunswick était en pleine retraite. Quelque temps après Dumouriez remportait la victoire de Jemmapes et s'emparait de la Belgique autrichienne. Sur le Rhin et les frontières de la Savoie, les armées françaises obtenaient des succès éclatants. Aussitôt une nouvelle politique remplaça celle de notre cabinet. Tant que les

---

« même ne la repoussait pas. Il était dans cette disposition où il dépend d'un
« gouvernement de porter les esprits vers la paix, ou de les pousser
« violemment vers la guerre. En cette circonstance cet habile tacticien, dont
« tout le génie était concentré, pour ainsi dire, dans les calculs de la stratégie
« parlementaire, avait vu que la guerre, en assurant sa position à la tête des
« affaires, lui permettrait, grâce à l'appui que lui offrait la portion aristo-
« cratique du parti whig, de ruiner l'influence de ses adversaires : il n'hésita
« pas à exposer son pays aux chances d'une guerre qu'il aurait pu éviter par
« son union avec M. Fox. Mais il aurait fallu partager avec celui-ci un pou-
« voir qu'il était déterminé à garder seul. »

(Brougham's, Statesmen of Georges III, series 1, t. 1, 78-79.)

étrangers se préparaient à envahir la France et lorsque tout le monde croyait au succès de l'invasion, le gouvernement s'était contenté de regarder en silence, protestant seulement de sa neutralité. Mais on ne fut pas plus tôt informé des victoires remportées par les Français qu'à l'heure même le langage de nos ministres changea, et Pitt lui-même, toujours si prudent, oublia sa réserve accoutumée jusqu'à découvrir le véritable but de la guerre qu'on se proposait de faire à la France.

« Les opinions qui triomphent aujourd'hui en France, dit-il (1), sont
« d'une nature on ne peut plus dangereuse. Ces opinions, que l'intérêt
« proclame, que la passion exalte et que propose l'erreur, puisent
« dans les succès mêmes de la France une force qui en augmente le
« danger. L'honorable gentleman auquel je réponds ne saurait affirmer
« que telle n'est pas la conséquence des succès obtenus par les armées
« françaises. Qui oserait soutenir que le progrès des opinions françaises
« est indépendant des victoires qu'a pu remporter la France? N'est-il
« pas évident que ces choses se tiennent, et que plus la France étendra
« ses conquêtes et plus s'étendra l'influence de ses opinions? Il est vrai
« que nous n'avons rien à craindre de ses principes, à moins que les ef-
« forts qu'on a faits pour les répandre sourdement dans ce pays aient
« eu assez d'effet déjà pour rendre inutile toute mesure prise dans un
« but contraire, c'est-à-dire en vue de préserver notre patrie de cette
« contagion. »

Le ministre, dans le même discours, faisait connaître les principales causes de son inquiétude.

« Depuis deux ou trois ans, ajoutait-il, nous avons vu en France une
« révolution fondée sur des principes destructifs de toute société, de
« tout gouvernement régulier, hostiles à la monarchie héréditaire, à
« la noblesse, aux corps privilégiés, à toute espèce de gouvernement
« représentatif, excepté à celui qui reconnaît à chaque individu le droit
« de voter aux élections. »

Il y avait quelque temps déjà que la milice avait été appelée tout à coup sous les armes et le parlement convoqué pour le 13 décembre. Mais, avant de nous arrêter sur les circonstances qui amenèrent définitivement la rupture, il convient, pour faire bien comprendre l'état de nos relations avec la France, de jeter un coup d'œil sur la correspondance engagée en ce moment même entre notre secrétaire des affaires étrangères et M. de Chauvelin, ambassadeur de France. Il est surtout d'une extrême importance de faire attention aux dates (2).

(1) 4 janvier 1793.
(2) Qu'on nous permette de citer ici un passage de Walter Scott qui mon-

Cette correspondance commence par une lettre adressée par M. de Chauvelin à lord Granville et datée du 12 mai 1792. L'ambassadeur français, dénonçant la ligue formée contre la France, se plaignait, au nom de son maître, de l'empereur Léopold, auteur de cette ligue.

Le 18 juin 1792, M. de Chauvelin, dans une nouvelle lettre, revenait plus longuement sur ce sujet. Il demandait au gouvernement britannique d'employer son influence pour arrêter les progrès de la confédération et particulièrement « pour en éloigner tous ceux des alliés de « l'Angleterre qui seraient tentés d'y prendre part. »

Lord Granville fit connaître par sa réponse que le ministère déclinait toute intervention dans cette affaire, et se refusait à toute espèce de démarche auprès de ses alliés, disant que « les bons offices du gou-
« vernement anglais et ses conseils ne pourraient avoir d'utilité qu'au-
« tant qu'ils seraient réclamés par toutes les parties intéressées. » Ce langage, on peut le dire en passant, ne s'accorde guère avec le discours tenu par le roi le 21 janvier 1792, à l'ouverture des chambres, et où l'on remarque le passage suivant.

« Nous avons cru devoir intervenir pour ramener la paix entre
« la Russie et la Porte Ottomane. D'accord avec la première de ces
« deux puissances, nous avons arrêté un projet contenant les conditions
« qu'il nous paraît convenable de soumettre à la Porte ; nous souhai-
« tons vivement qu'elles soient acceptées, le rétablissement de la paix
« dans les conditions où elle est proposée nous paraissant un événe-
« ment désirable pour toute l'Europe. »

A la nouvelle de la déchéance du roi, M. de Chauvelin, comme on l'a

tre avec quelle négligence et quelle légèreté, le plus souvent, ces faits ont été rapportés par l'auteur :

« *L'ambassadeur d'Angleterre,* dit-il, *lord Gower, fut rappelé immédia-*
« *tement après l'exécution du roi.* »

C'est une erreur : lord Gower fut rappelé après la déchéance du roi, au mois d'août 1792. Louis XVI ne fut jugé et exécuté que cinq mois après, en janvier 1793.

Walter Scott ajoute : « *Le prince auprès duquel lord Gower avait été ac-*
« *crédité n'existait plus. On n'avait donc plus de raison pour reconnaître*
« *le ministre de France à Londres. On lui fit savoir, en conséquence, que*
« *dès ce moment, on cessait de le considérer comme ambassadeur, quoique*
« *sans le renvoyer.* »

C'est encore une erreur : à peine la nouvelle de la mort de Louis XVI eut-elle été connue à Londres qu'on fit signifier à l'ambassadeur français l'ordre formel de quitter l'Angleterre sous huit jours. Telle est l'exactitude avec laquelle l'historien cite les dates, et c'est là-dessus qu'il se fonde pour prouver que nous n'avons pas été les agresseurs. (*Note de M. Cobden.*)

vu, fut informé par notre ministre des affaires étrangères que le gouvernement anglais ne lui reconnaissait plus aucun caractère officiel, et pendant plusieurs mois la correspondance fut interrompue. Le 13 décembre le parlement fut rassemblé à la hâte. Le roi annonça dans son discours que la milice était appelée; il recommanda d'augmenter les forces de terre et de mer; il se plaignit de l'attitude hostile prise par la France et du mépris de cette puissance pour les droits des nations neutres. Il est à remarquer que pas un mot n'avait été dit l'année précédente pour désapprouver la conduite de l'Autriche et de la Prusse, alors qu'elles avaient attaqué la France, attaque qui n'avait été justifiée par aucune provocation et dont le mauvais succès était maintenant connu de toute l'Angleterre. Le langage des ministres et de la majorité des membres du parlement dans la discussion de l'adresse fut on ne peut plus belliqueux. C'est alors que M. de Chauvelin, le 27 décembre 1792 (les dates ne doivent pas être perdues de vue un seul instant), reprit sa correspondance avec lord Granville. Il commença par annoncer que, s'il le faisait, c'était par l'ordre de son gouvernement. Il expliqua en outre pourquoi il était resté en Angleterre bien que l'ambassadeur anglais eût été rappelé de Paris. « Le gouvernement anglais ne « pouvait voir dans ce fait qu'une preuve du vif désir qu'avait la « France de vivre en paix avec l'Angleterre. » Il se plaignait des mesures adoptées par notre ministère et qui indiquaient un esprit d'hostilité auquel « il ne voulait cependant pas croire, » et terminait en demandant si la France devait considérer l'Angleterre comme ennemie ou simplement comme une puissance neutre. « En demandant aux mi-
« nistres de S. M. Britannique, disait la dépêche, l'explication franche,
« de leurs intentions en ce qui concerne la France, le conseil exécutif du
« gouvernement français ne veut pas qu'il reste le moindre doute sur les
« dispositions de la France envers l'Angleterre et sur son désir de rester
« en paix avec cette puissance. Il a voulu répondre d'avance par cette
« déclaration à tous les reproches qui pourraient lui être adressés dans
« les cas d'une rupture entre les deux pays. » — L'ambassadeur offrait de donner toutes les explications désirables au sujet des trois circonstances qui, dans sa pensée, pouvaient avoir fait assez d'impression sur l'esprit des ministres de S. M. Britannique pour les disposer à rompre avec la république française. Le premier motif que le gouvernement anglais alléguerait sans doute était le décret de la Convention nationale du 19 novembre, offrant appui et fraternité à tous les peuples qui voudraient recouvrer leur liberté; le second, l'ouverture de l'Escaut, et par conséquent la conquête de la Belgique autrichienne; le troisième, la violation du territoire de la Hollande. En ce qui touchait le décret du 19 novem-

bre, offrant l'appui de la France à tous les peuples qui désiraient reconquérir leur liberté, M. de Chauvelin disait : « La Convention nationale « n'a jamais déclaré ni entendu par ce décret que l'intention de la « république française était de favoriser ou d'épouser la querelle de « quelques factieux isolés, d'exciter en un mot le moindre trouble dans « un pays ami. » — Il ajoutait : « La France veut respecter non-« seulement l'indépendance de l'Angleterre, mais celle de tous les États « avec lesquels elle n'est pas en guerre. Aussi le soussigné a-t-il été « chargé expressément de déclarer que la Hollande ne sera pas attaquée « tant que le gouvernement qui la régit se tiendra avec la France dans « les limites d'une exacte neutralité. En ce qui touche l'ouverture de « l'Escaut, c'est une question décidée irrévocablement par la raison et « la justice, question peu importante par le fait, sur laquelle l'opinion « de l'Angleterre et celle de la Hollande elle-même sont assez connues « pour qu'elle ne puisse devenir sérieusement le sujet d'une guerre. »

M. de Chauvelin en terminant disait : « Le gouvernement français « pense que les ministres de S. M. Britannique, satisfaits de ces expli-« cations, reviendront à des idées plus favorables, à la paix et à l'a-« mitié qui doivent exister entre les deux contrées, et qu'ils ne vou-« dront pas, en se refusant à toute ouverture conciliante, prendre la « responsabilité d'une guerre qui serait leur ouvrage et ne pour-« rait être imputée qu'à eux seuls, guerre dont les conséquences « seraient non-seulement fatales aux deux pays, mais à l'humanité en « général; une nation libre et généreuse comme la nation anglaise ne « saurait consentir longtemps à se faire, au mépris de ses intérêts, « l'auxiliaire d'une coalition en vue d'opprimer la liberté d'un peuple. »

Lord Granville répondit le 31 décembre. Il débutait de la manière la plus hautaine. « J'ai reçu, monsieur, une note signée de vous dans laquelle, « vous qualifiant de ministre plénipotentiaire de France, vous me com-« muniquez, comme au secrétaire d'État de S.M. Britannique, les ins-« tructions que vous me dites avoir reçues vous-même du conseil exé-« cutif de la république française. Vous n'ignorez pas que, depuis le « malheureux événement du 10 août, S. M. Britannique a jugé à propos « d'interrompre toute communication officielle avec la France. » Le reste répondait à ce début. Le ministre anglais finissait par repousser les avances de l'ambassadeur de France, discutant les explications d'un ton froid et incrédule. Il renouvelait ses plaintes en ce qui concernait le décret du 19 novembre, l'ouverture de l'Escaut et le territoire de la Hollande. « Si la France, disait lord Granville, a réellement le désir de de-« meurer en paix avec la Grande-Bretagne, elle doit renoncer à toute « vue d'agrandissement et rester dans ses frontières, sans insulter les

« autres gouvernements troubler leur tranquillité ou porter atteinte à
« leurs droits. » Cette remontrance, nous n'en doutons pas, aurait eu
une bien plus grande force si elle eût été faite un an auparavant, à
l'époque de la fameuse déclaration de Pilnitz!

M. de Chauvelin, sans se décourager, écrivit à lord Grenville, le
7 janvier 1793, une nouvelle lettre à l'occasion du décret d'Alien-bill, depuis quelques jours soumis au parlement. Supposant que ce décret regardait surtout les Français, il faisait remarquer qu'il était tout à fait en
contradiction avec la lettre et l'esprit du traité de commerce conclu en
1786 entre la France et l'Angleterre. Il demandait enfin si, « sous la qua-
« lification générale d'étrangers le bill discuté en ce moment par la
« chambre entendait comprendre aussi les Français? » — Cette lettre
fut renvoyée le jour même à M. de Chauvelin, accompagnée d'une courte
note déclarant qu'elle ne pouvait être reçue, « l'auteur prenant un titre
« sous lequel il savait bien qu'il n'était pas reconnu. »

M. de Chauvelin abandonna alors le style officiel. Il mit de côté la
formule ordinaire, « *Le soussigné ministre plénipotentiaire,* » et écrivit à lord Grenville une lettre commençant par ce mot : « Mylord, » et
ne faisant aucune allusion au caractère diplomatique de l'envoyé de
France. Il se plaignait qu'un ordre du gouvernement anglais eût retenu
dans les ports de la Grande-Bretagne quelques vaisseaux chargés de
blé pour la France, ce qui était contraire à la loi. Il avait appris par les
voies les plus certaines que la douane avait reçu l'ordre de permettre
l'exportation des blés étrangers dans tous les ports excepté les ports
de France.

« Dès que j'ai eu connaissance de ces faits, disait-il, je serais allé
« auprès de Votre Seigneurie pour savoir quelle foi je devais ajouter aux
« renseignements qui m'ont été donnés, si la résolution prise par S. M.
« Britannique d'interrompre toute communication entre les deux gou-
« vernements n'avait rendu toute conférence amicale et toute démar-
« che directe plus difficile à mesure que les événements semblent les
« rendre plus nécessaires. »

Il ajoutait : « Je pense, milord, que lorsque la question de la paix et de
« la guerre commence à se débattre entre deux nations puissantes, celle
« qui témoigne le désir d'écouter toutes les explications; qui, jusqu'à
« la fin, fait ses efforts pour empêcher que le dernier lien d'amitié ne se
« rompe, je pense que celle-là seule se conduit d'une manière vérita-
« blement honorable et digne d'une grande nation. Je vous supplie, mi-
« lord, de m'éclairer sur des faits que je ne veux point encore caracté-
« riser, mais que la nation française ne saurait se dispenser de consi-
« dérer comme avoués par votre silence ou par le refus d'une réponse. »

Lord Grenville répondit le 9 janvier 1793. Il éludait la question. « Je
« ne sais, dit-il, en quelle qualité vous m'avez adressé la lettre que je
« viens de recevoir. Dans tous les cas le gouvernement de S. M. Britan-
« nique croit nécessaire de savoir à quoi s'en tenir sur les résolutions
« que prendra la France relativement à ce qui s'est déjà passé avant
« d'entrer dans aucune explication, particulièrement en ce qui concerne
« des mesures fondées en grande partie sur les motifs d'inquiétude et
« de défiance dont je vous ai déjà parlé. »

Rien ne pouvait lasser la patience de l'infatigable ambassadeur. Il
écrivit de nouveau, le 11 janvier, à lord Grenville. Reprenant le titre
de « ministre soussigné, » il dit dans sa lettre « que la république fran-
« çaise ne pouvait faire autrement que de considérer la conduite du
« gouvernement anglais en cette circonstance comme une infraction
« manifeste au traité de commerce conclu entre les deux pays ; qu'en
« conséquence son gouvernement cessait de se croire lié par ce traité,
« qu'il regardait dès ce moment comme déchiré et annulé. » — Cette
lettre fut renvoyée à M. de Chauvelin par M. Aust, l'un des commis probablement du Foreign-office, avec la note suivante :

« M. Aust est chargé de renvoyer à M. de Chauvelin, sous ce pli, *le*
« *papier* reçu hier au ministère des affaires étrangères. »

Il existe encore une lettre de M. de Chauvelin à lord Grenville,
le 12 janvier. Dans cette lettre, qui n'avait pas le caractère d'une
communication officielle, M. de Chauvelin, annonçant qu'il venait de
recevoir un message de Paris, sollicitait une entrevue personnelle ; on la
lui accorda à condition qu'il donnerait une note écrite de tout ce qu'il
avait à faire savoir au gouvernement. Le lendemain il remit à lord
Grenville une copie de la dépêche qu'il avait reçue de M. Lebrun, ministre des affaires étrangères de France. Cette dépêche exprimait dans
les termes les plus vifs le désir de rester en bonnes relations avec l'An-
« gleterre. Depuis la révolution, disait le ministre, la France a mani-
« festé si publiquement ses sentiments à l'égard de l'Angleterre qu'il
« ne saurait y avoir le moindre doute sur l'estime qu'elle professe pour
« cette nation et sur son désir de rester amie avec elle. » — Il recher-
chait ensuite quelles pouvaient être les causes de division entre elles.
En ce qui touchait le fâcheux décret du 19 novembre, il faisait tous ses
efforts pour écarter les interprétations offensantes qui pouvaient être
données à ce décret, admettant « que la Convention aurait pu se dis-
« penser de proclamer une chose qui ne valait pas la peine d'être ex-
« primée, surtout sous la forme d'un décret. »

Supposant que le gouvernement britannique devait être satisfait de
la déclaration faite par la France au sujet de la Hollande, il venait à la

question de l'ouverture de l'Escaut, mesure fondée sur le droit naturel et le droit de toutes les nations. L'empereur d'Autriche avait conclu, sans consulter la Belgique, un traité qui attribuait aux Hollandais le droit exclusif de navigation sur ce fleuve. « L'empereur, disait-il, pour « s'assurer la possession des Pays-Bas, avait sacrifié sans scrupule le « plus inviolable de tous les droits. Plus tard la guerre a eu lieu entre « la France et la maison d'Autriche ; celle-ci a été chassée des Pays- « Bas, et la France a rappelé à la liberté des peuples que la cour de « Vienne avait réduits à l'esclavage. » Le ministre finissait en disant que le but de la France n'était nullement de garder les Pays-Bas, et qu'après la guerre, si l'Angleterre et la Hollande attachaient toujours la même importance à la fermeture de l'Escaut, cette affaire pourrait devenir l'objet d'une négociation directe avec la Belgique. Si la Belgique consentait à renoncer à cet avantage la France ne s'y opposerait pas.

Lord Grenville répondit à cette note le 18 janvier 1793 : « J'ai exa- « miné avec la plus grande attention, dit-il en commençant, la note que « vous m'avez adressée le 13 de ce mois. Je ne puis vous cacher qu'au- « cune des explications contenues dans cette note ne m'a paru satis- « faisante. » Le reste de la lettre était une répétition des griefs déjà mis en avant : on y voyait aussi le désir de trouver de nouveaux sujets de difficultés. Deux lettres sans importance furent encore échangées, et l'on en vint enfin au dénoûment. Le 24 janvier, la nouvelle de l'exécution de Louis XVI étant parvenue à Londres, lord Grenville adressa à M. de Chauvelin un ordre du Conseil privé enjoignant à l'ambassadeur de quitter l'Angleterre sous huit jours.

Si j'ai donné des extraits de cette incroyable correspondance, ce n'est pas pour vous éviter la peine de la lire tout entière. Chaque mot doit en être étudié, au contraire, par quiconque désire connaître avec exactitude les causes de la guerre. J'ai voulu vous donner les moyens d'apprécier les véritables dispositions des deux parties et l'esprit qui les animait. Comparez le langage si conciliant, l'attitude presque suppliante de l'une, la hauteur et la sécheresse de l'autre, et demandez-vous quelle était celle qui voulait la guerre, celle qui voulait la paix ? Examinez les termes de cette correspondance entre le représentant de seize millions de Bretons et celui de vingt-quatre millions de Français, et voyez si cette insolence de la part du premier, ce traitement *de haut en bas* (1) n'ont pas uniquement pour but d'arriver à la guerre. Remarquez que plus le Français est pressant, plus il témoigne le désir d'écarter toute cause de guerre, plus l'Anglais s'applique à fermer la voie à

(1) Ainsi dans le texte.

toute négociation. N'est-on pas forcé de convenir, après avoir lu ces pièces, que ce que le gouvernement craignait le plus à cette époque, ce n'était pas la guerre, mais la paix avec la France.

Et maintenant un mot sur les motifs allégués pour la rupture. Il est digne de remarque, en premier lieu, que parmi ces motifs on ne signale pas un acte d'hostilité commis contre nous, un mot prononcé contre l'honneur de la Grande-Bretagne; on ne s'en plaint même pas. Cet étrange décret même de la Convention nationale, qui occupe une si grande place dans l'acte d'accusation dressé contre la France, ce décret, on n'a jamais dit qu'il ait été dirigé contre la Grande-Bretagne (1): ce n'était qu'une réponse aux gouvernements qui s'étaient ligués pour renverser la révolution. « Si vous nous envahissez avec des baïonnettes, « nous vous envahirons avec la liberté, » avaient dit les orateurs de la Convention aux pouvoirs despotiques. Que notre gouvernement se crût fondé à demander si ce décret le concernait, rien de plus naturel; mais il résulte aussi du désir exprimé si formellement par le ministre français d'écarter toute interprétation fâcheuse que ce nuage aurait disparu devant la moindre observation faite avec calme et en vue de concilier les choses. Le ministre de France lui-même avait été jusqu'à reconnaître que peut-être ce décret n'aurait-il pas dû être rendu. Quelques mois après, en effet, il fut rapporté.

En ce qui concerne le droit exclusif de la Hollande à la navigation de l'Escaut, si c'était là le véritable objet de la guerre, on aurait pu s'épargner vingt-deux ans de luttes et de discorde. On n'avait qu'à faire alors ce qu'a fait le congrès de Vienne après la guerre, à la satisfaction de toutes les parties, avec l'appui et au grand applaudissement de l'Angleterre; on n'avait qu'à délivrer le commerce des entraves qui le gênaient et à déclarer libre la navigation de tous les grands fleuves de l'Europe. On n'a plus rien à dire au sujet de l'inviolabilité du territoire de la Hollande, sinon que le ministre français offrait de nous donner toute satisfaction à cet égard. Il faut ajouter seulement que le gouvernement hollandais se garda bien d'invoquer le secours de l'Angleterre, d'adresser à l'Angleterre aucune demande ayant pour objet de le soutenir dans ses prétentions à la navigation exclusive de l'Escaut. Il prévoyait sans

---

(1) Décret de fraternité. « — La Convention nationale, au nom de la nation française, promet fraternité et appui à tous les peuples qui voudront recouvrer leur liberté. Elle charge le pouvoir exécutif de donner tous les ordres et de prendre toutes les mesures nécessaires pour prêter un appui efficace à ces peuples, protéger et défendre tous les citoyens qui ont souffert ou qui souffrent pour la cause de la liberté. » 19 novembre 1792. (*Note de l'auteur.*)

doute ce qui arriva. Les Français, étant entrés en Hollande, où ils étaient appelés par une partie de la population, tournèrent contre nous la flotte hollandaise. En moins de trois ans nous nous étions emparés de toutes les colonies hollandaises, dont quelques-unes même nous sont restées.

Tandis que le gouvernement français s'efforçait par ses démarches officielles d'écarter toute cause de guerre, il cherchait d'un autre côté, par des moyens plus indirects, à atteindre le même but. A l'ambassade française étaient attachées plusieurs personnes choisies à cause de leur tact, de leur adresse, de la grande habitude qu'elles avaient de la langue anglaise, de leur talent de conversation ou d'écrivain et à qui l'on avait recommandé de se mêler à la société de Londres, particulièrement à la société libérale, afin de disposer l'opinion en faveur de la paix. Parmi eux se trouvait le personnage célèbre qui a joué un rôle si important, comme diplomate, dans les grands événements qui suivirent. « La mis-
« sion de M. de Talleyrand à Londres, dit M. Lamartine (1), était d'a-
« mener un rapprochement entre le principe aristocratique de la
« constitution anglaise et le principe démocratique de la constitution
« française. Il pensait que ce rapprochement pouvait être l'ouvrage de
« la chambre des pairs elle-même, espérant intéresser les hommes
« d'État de l'Angleterre à une révolution imitée de la révolution an-
« glaise, laquelle, après avoir soulevé le peuple, était venue se remettre
« dans les mains d'une intelligente aristocratie. »

Mais, en dehors du cercle des plus ardents réformateurs ou de quelques philosophes disposés à les écouter, nos diplomates semi-officiels avaient fait peu de chemin. Ils étaient accueillis froidement, quelquefois même avec peu de civilité. L'incident suivant, auquel fut mêlé M. de Talleyrand, en est une preuve. « Tous les membres de l'ambas-
« sade française étaient venus un soir avec Dumont au Ranelagh, fré-
« quenté alors par la meilleure société de l'Angleterre. A peine étaient-
« ils entrés qu'un murmure s'éleva : Ce sont les membres de l'am-
« bassade française, disait-on, et tous les yeux se tournaient vers eux
« avec une curiosité qui ne ressemblait nullement à de la bienveillance.
« Presque au même instant la société, comme s'ils avaient eu la peste,
« s'éloigna d'eux, les laissant seuls au milieu de la promenade (2). » Le fait se passa avant la déchéance de Louis XVI, et l'auteur de l'Histoire pittoresque de l'Angleterre, après avoir employé je ne sais combien de pages pour démontrer que la guerre doit être imputée aux Français, se réfute lui-même avec une incroyable naïveté en ajoutant : « Le sentiment

---

(1) *Girondins*, t. I, p. 197.   (*Note de l'auteur.*)
(2) Pictorial, Hist. of England., vol., 5 p. 276.

« qui entraînait nos compatriotes vers la guerre et qui les y eût portés
« en dépit du gouvernement, si le gouvernement y eût été contraire,
« se manifesta en cette occasion d'une manière éclatante avant même
« les horreurs du 10 août et les massacres de septembre. »

Si tel était le sentiment de l'Angleterre envers la France, il n'en fut pas de même des sentiments de la France envers l'Angleterre. Jusqu'au moment où la pensée de notre gouvernement fut connue, et en ce moment même, on séparait encore, de l'autre côté du détroit, l'aristocratie du peuple, ne voulant attribuer qu'à la première la politique suivie en cette occasion. Avant la révolution, presque tous les usages de l'Angleterre avaient été adoptés en France, et telle était la disposition à imiter les Anglais dans leurs amusements, dans leurs modes, leurs équipages, etc., qu'on avait créé un mot pour exprimer ce goût; c'était le mot *anglomanie*. Lorsque les idées de réforme commencèrent à agiter l'esprit de la nation, il était naturel, et c'est ce qui arriva en effet, que les Français tournassent leurs regards vers le peuple d'Angleterre, si supérieur dans la pratique du gouvernement constitutionnel, aussi connu déjà par son attachement à la liberté individuelle qu'il l'est aujourd'hui. Jamais les Français n'avaient montré autant de sympathie pour les Anglais qu'au commencement de la révolution. Lorsque la fameuse déclaration de Pilnitz et l'hostilité des nobles émigrés à Coblentz, en 1791, eurent soulevé l'indignation de Brissot et des autres orateurs de l'Assemblée, les conduisant à demander la guerre comme le seul moyen de rompre la ligue formée entre « les conspirateurs du dedans et les traîtres du dehors, » en ce temps même les sentiments de la France envers l'Angleterre étaient encore des sentiments d'amitié. Cela est si vrai que la guerre, déjà commencée, était si impopulaire que les deux partis s'accusaient sans ménagement de l'avoir provoquée, comme si c'eût été le plus grand reproche que l'un pût adresser à l'autre. Ce fait si remarquable et qui signala la seconde époque de la révolution (1) française fut constaté par lord Mornington, l'un des partisans de Pitt à la chambre. Le noble lord en tirait la preuve que la guerre n'avait pas été provoquée par le gouvernement anglais. « Robespierre, dit-il un jour, accuse Brissot
« d'être l'auteur de la guerre; Brissot, au contraire, en accuse Robes-
« pierre; les Jacobins en accusent les Girondins, qui en accusent les
« Jacobins. La Montagne y trouve une occasion de tonner contre la
« Plaine, qui renvoie à la Montagne l'écho de ses accusations. »

« Le noble lord, s'écrie Shéridan avec une force incomparable en

---

(1) 21 janvier 1794.

« répondant à lord Mornington, ne s'est pas aperçu qu'il vient de dé-
« truire lui-même par son argumentation le fait qu'il a voulu établir.
« Que prouvent, je le demande, ces accusations que se renvoient les deux
« partis, sinon que tous deux désiraient la paix, que tous deux se sont
« appliqués avec la même ardeur à éloigner toute cause de rupture
« entre les deux nations et qu'on peut croire avec raison que tous
« deux sont également disposés à mettre fin aux hostilités dès qu'on le
« voudra. »

Je vous ai suffisamment démontré que la France ne désirait aucunement la guerre avec l'Angleterre, et que les motifs allégués par lord Grenville dans sa correspondance avec M. de Chauvelin n'étaient pas de ceux qui doivent conduire à une rupture. Je veux maintenant remplir ma promesse en vous prouvant que les partisans de la guerre n'avaient d'autre but que de détruire les principes de la révolution, craignant que ces principes se répandissent dans notre pays.

J'ai dit que le parlement avait été convoqué à la hâte pour le 13 décembre 1792. Le pays gémissait alors sous le coup de la plus affreuse calamité qui l'eût jamais frappé. Mais la masse du peuple, dont les passions et les préjugés avaient été excités contre ses vieux ennemis les Français, ne voyait pas ce danger devant lui et ne demandait pas mieux que de faire la guerre. « Alors, dit Walter Scott (1), le parti aristocra-
« tique, qui disposait de la majorité dans les deux chambres, jugea
« que le moment était venu de déclarer la guerre à la France, une guerre
« sainte, disait-on, contre la trahison, le blasphème, le meurtre; une
« guerre nécessaire pour briser les liens impies qui existaient entre le
« gouvernement français et les mécontents de l'Angleterre : il n'y
« avait que ce moyen de prévenir les effets de leur dangereuse alliance. »
Pour ajouter encore à l'impression que produisaient ces discours, on répandait des bruits de complots, de conspiration; on faisait élever de nouvelles fortifications pour protéger la Tour de Londres; des troupes étaient appelées de tous côtés comme pour défendre la capitale. Parlant des moyens employés afin de créer une panique et de répandre la peur dans le public, Lord Lauderdale disait : (2) « Il n'est personne en Angle-
« terre qui ne sache de quels artifices odieux on se sert pour égarer et
« irriter la multitude. Il n'est pas de libelles, de fausses nouvelles ré-
« pandues par les journaux, de pamphlets infâmes et diffamatoires qui
« n'aient été mis en circulation pour exciter la colère de ce pays contre
« la France et le pousser à une guerre qui, je le crains bien, est déjà

(1) Life of Napoleon, c. XV.
(2) 12 février 1793.

« décidée depuis longtemps. Les misérables qui ont recours à de tels
« artifices n'en sont-ils pas venus jusqu'à ce point de folie et d'audace
« d'affirmer que les émissaires français ont empoisonné l'eau de la ri-
« vière en jetant de l'arsenic dedans ! »

On ne doit pas oublier que c'était dans ce moment où l'on préparait la guerre contre la France, où l'on avait soin d'agiter l'esprit public par toutes ces manœuvres, que M. de Chauvelin assiégeait le Foreign-Office pour arriver à la paix, et qu'il consentait, la grande porte lui étant fermée, à venir en cachette demander de quels termes il fallait se servir pour fléchir notre gouvernement et éviter la guerre. Le public ne savait rien de cela, la diplomatie étant encore, comme aujourd'hui, une espèce de science occulte, d'art cabalistique dérobé soigneusement à la connaissance du vulgaire; mais ce qui est certain c'est que le gouvernement le savait.

Le roi, à l'ouverture de la session, commença par dire qu'ayant jugé nécessaire d'appeler la milice sous les armes il avait, conformément à la loi, convoqué le parlement. Il lui signalait la fermentation qui régnait dans les esprits, une certaine disposition au trouble et à la rébellion qui s'était révélée déjà par des actes « exigeant im-
« périeusement l'emploi de la force publique. » Il parla aussi de
« notre heureuse constitution, » ce qui s'accorde assez mal, pour le dire en passant, avec les idées de trouble, d'insurrection qu'on prêtait au pays. Le roi, il est vrai, « comptait sur la fermeté du parlement pour
« défendre et maintenir cette constitution qui, pendant si longtemps,
« avait assuré le bonheur de ses sujets. Il se plaignit enfin de la France,
« qui excitait ce désordre dans tous les pays étrangers, sans respect
« pour les droits des nations neutres, poursuivant des vues de con-
« quêtes et ayant formé le projet de s'agrandir aux dépens de tout le
« monde. Le discours annonçait « qu'il était indispensable, dans l'état
« présent des affaires, d'augmenter les forces de terre et de mer. C'é-
« tait le meilleur moyen de maintenir la tranquillité à l'intérieur en se
« mettant en mesure d'assurer au pays, par une politique à la fois
« ferme et modérée, les bienfaits de la paix. »

L'adresse en réponse au discours de la couronne fut votée sans division. Les membres opposés à la guerre parlèrent, mais avec découragement, sentant bien qu'ils n'étaient pas soutenus par cette faveur populaire qui seule aurait pu donner du poids à leur opinion. Eux et leurs partisans étaient en minorité dans le pays et dans le parlement. Dès la première séance Fox, après avoir dénoncé les moyens mis en usage pour répandre la terreur parmi le peuple, dit : « Je sais trop quel est
« l'état des esprits en ce moment et comment cette agitation a été

« excitée pour me faire illusion sur le peu d'effet de mes paroles. Je sais
« combien la cause que je défends est peu populaire. Ce n'est pas la
« première fois que ce malheur m'est arrivé. » De plus en plus attristé
par l'inutilité de ses efforts, il s'exprima ainsi dans une autre séance (1)
« J'ai rempli mon devoir en soumettant mes idées à la chambre, et
« je ne pouvais avoir d'autre dessein que de le remplir. Quels auraient
« pu être mes motifs en effet ! Ce n'était certes pas de me concilier la
« bienveillance des ministres ou de ceux qui appuient les ministres :
« ce n'était pas non plus de satisfaire mes amis ; la discussion qui vient
« d'avoir lieu le prouve suffisamment. Ce n'était pas, enfin, de rechercher
« la popularité, car il est trop évident que, si tel eût été mon but, ce
« n'est pas l'opinion dont je me suis fait l'avocat que j'aurais dû soute-
« nir ; c'est l'opinion contraire. Le peuple sans doute fera de ma
« maison ce qu'il a fait de celle du docteur Priestley et plus récem-
« ment de celle de M. Walker (2). Mon seul motif a été celui-ci : j'ai
« demandé qu'on fît connaître les véritables causes de la guerre dans
« laquelle nous allons être précipités. J'ai voulu qu'on sût si la question
« était autre chose qu'une question de forme et d'étiquette. »

On ne peut lire les discours de Fox à cette époque sans être saisi d'admiration et de reconnaissance en voyant avec quelle énergie il s'opposa à la guerre, ne reculant pas, ne désavouant rien, ne se laissant pas accabler par la défaite, et, quoiqu'abandonné par la plupart de ses amis, ne pouvant sortir dans les rues sans être insulté, sans s'entendre accuser d'entretenir une correspondance secrète avec les ennemis de l'Angleterre, ne fléchissant pas malgré tout cela, et supportant toutes ces calomnies avec une dignité et un courage qui ne se démentirent pas un seul instant. Nos annales parlementaires n'offrent pas d'exemple d'une lutte plus noblement soutenue et pour une plus noble cause.

L'opinion populaire se prononçant, disait-on, avec tant de force contre les « principes français, » il est naturel de se demander comment il se fait que le gouvernement jugea nécessaire de recourir aux artifices dont nous avons parlé pour exciter les esprits, les inquiéter, les animer contre

---

(1) 15 décembre 1792.

(2) Un respectable habitant de Manchester, dont la maison fut assaillie par la populace « religieuse et monarchique, » sous prétexte que le propriétaire de cette maison était un *jacobin*, un *républicain*, un *niveleur*. Son fils, qui a hérité de ses principes libéraux, mais qui a le bonheur de vivre dans un temps où le peuple plus éclairé sait distinguer ses amis de ses ennemis, est présentement un des aldermans et des magistrats de Manchester.

(*Note de l'auteur.*)

la France. Sinon pour quel motif voulait-on faire la guerre à la république française? La vérité la voici; c'est que la constitution anglaise à cette époque, cette constitution si vantée, n'était, en ce qui concernait la Chambre des Communes, qu'une insulte à la raison, une fraude impudente qui ne pouvait pas soutenir l'examen; et les *borough-mongers* (1), comme ils furent appelés depuis, tremblaient d'être estimés ce qu'ils valaient si le peuple avait le temps de les connaître et de les juger. Ce qu'était cette constitution, un de ses admirateurs l'a avoué avec une incroyable naïveté. « Des théoriciens, dit Alison, ont cru
« que le gouvernement anglais, avant le grand changement de 1832, était
« un gouvernement mixte dans lequel la couronne, la noblesse et les
« communes se faisaient contre-poids l'une à l'autre et se contrôlaient
« mutuellement. C'est une erreur; ce gouvernement n'était en réalité
« qu'une aristocratie, avec un souverain chargé du pouvoir exécutif ;
« le tout déguisé sous les formes de la république. » Bien que ce gouvernement eût pour lui en ce moment, grâce à ses manœuvres, l'opinion des hautes classes et celle des classes inférieures, c'est-à-dire le petit nombre des intéressés et le grand nombre des ignorants, on comptait aussi dans le parlement un parti peu considérable, il est vrai, et qui, bien que flétri sous le nom de parti jacobin, de parti niveleur, de parti républicain, ne renfermait pas moins les hommes les plus éclairés, les plus capables, les plus généreux et les plus intelligents de leur temps et de l'assemblée où ils siégeaient. On craignait qu'ils ne voulussent se soumettre ensuite à l'influence française, comme si cette crainte était fondée. C'est cependant sous ce prétexte que les deux peuples furent amenés à s'entre-déchirer pendant plus de vingt ans. On peut citer à ce sujet l'aveu fait ingénument par un des plus jeunes membres de la chambre, occupant alors un poste élevé dans l'État; M. Jenkinson, plus tard lord Liverpool, s'exprima ainsi dans un de ses discours: « J'ai souvent
« entendu dire que le moment était on ne peut plus défavorable pour
« faire la guerre à la France, vu le grand nombre de mécontents qui
« parmi nous correspondent avec les révolutionnaires français et met-
« tent en danger, par là, notre gouvernement et notre constitution. Pour
« moi, je ne fais pas le moindre doute que ce parti, quoi qu'on en dise,
« est peu considérable. Je dois reconnaître toutefois qu'il est fort actif et
« par conséquent dangereux. Mais c'est une raison de plus à mes yeux
« qui doit nous porter à faire la guerre loin de nous en détourner. Ce
« parti ne peut s'agiter et causer quelques troubles qu'en temps de paix;
« il faudra qu'il reste calme pendant la guerre. Dès qu'elle sera com-

---

(1) Vendeurs de bourgs, trafiquants d'élection.

« mencée, en effet, la correspondance avec la France devra cesser, et
« alors la ressource de tous les mécontents sera d'émigrer en France
« au grand avantage de notre pays; ou, s'ils demeurent, ils seront obligés
« de se conduire en bons citoyens, car en temps de guerre toute cor-
« respondance avec l'ennemi devient un acte de trahison, puni comme
« tel par les lois. »

Ce motif fut également avoué par celui qui remplissait alors chez nous le rôle de Pierre l'Ermite poussant les nations à la guerre, Edmond Burke, que la révolution française semblait avoir rendu monomane et qui prit une part si importante à toutes ces discussions. Quelle que fût la question sur laquelle on délibérait, il était presque certain qu'il allait revenir à son thème favori (1) avant de reprendre sa place. « Il n'était
« point de sujet, d'occasion, d'argumentation, dit M. Francis, qui ne l'y
« ramenât. La guerre, la paix, la réparation d'une barrière, le meilleur
« gouvernement des nations, la direction d'un canal, la sécurité de notre
« constitution, tout l'y conduisait également. La révolution française
« était la réponse à toute chose; la révolution française était le thème
« perpétuel; c'était le grand remède, le grand spécifique, la panacée
« universelle, la conclusion éternelle de ses discours (2). C'était là ce
« qu'il nous servait tous les jours; on ne sait quel hachis (3) froid et in-
« sipide qui, à force d'être présenté tous les jours, avait fini par ré-
« volter le palais et soulever le cœur de tout le monde. »

Mais ce fut surtout lors de la discussion de l'Alien-bill que la raison et le jugement de Burke semblèrent avoir fait place à une espèce de frénésie. Il avait tiré un poignard qu'il agitait en l'air; puis, tout à coup, il le lança avec violence dans le parquet. « Le but que je me propose,
« s'écria-t-il, c'est de préserver mon pays de l'infection française; de pré-
« server le cœur de mes compatriotes des principes français, le sein
« de mes compatriotes des poignards français. Je vote pour ce bill
« parce que c'est le seul moyen de protéger ma vie et celle de mes
« concitoyens contre les coups des assassins. Je vote pour ce bill, parce
« qu'il brise, parce qu'il met en poudre cet abominable système de
« panthéisme moderne, parce qu'il empêche l'invasion des principes
« français, parce qu'il nous sauve du poignard des Français. Quant à
« ceux-ci, quand ils sourient il me semble voir le sang dégoutter sur
« leur figure. Je devine leurs affreux desseins. Je vois leur but à travers

---

(1) Littéralement : « monter sur son dada, » *to mount his favorit hobby.*
(2) Littéralement : « le principal refrain de sa chanson, » *principal burden of his song.*
(3) *Insipid hash.*

« ce sourire; ce but, c'est le sang. J'avertis mes compatriotes ! Qu'ils
« repoussent de toutes leurs forces ces exécrables philosophes dont l'u-
« nique dessein est de détruire tout ce qu'il y a chez nous de bon et de
« raisonnable, qui brûlent d'établir l'immoralité et le meurtre, de les
« ériger en précepte et exemple. »

Dans une autre occasion (1), immédiatement après la déclaration de guerre à la France, il dit « qu'il était plus convaincu que jamais que, si « l'on était resté en paix avec la France, la constitution anglaise de-« vait périr avant dix ans. » C'est ainsi qu'après avoir été le premier à sonner le tocsin en demandant la guerre, après avoir fait passer la fureur dans les esprits, il arriva enfin à déclarer que le but qu'il s'était proposé était de soustraire son pays à la contagion des principes français.

Dans la période qui suivit, les auteurs de la guerre firent moins de difficulté encore pour déclarer quels avaient été leurs motifs. En 1795 il y avait deux ans que la guerre était commencée ; elle n'avait fait presque aucun mal à l'ennemi, et déjà en Angleterre le cri pour la paix était général. On avoua alors dans quel dessein on avait fait la guerre. M. Wilberforce, dans un discours en faveur de la paix (2), dit : « En ce « qui touche les conséquences de cette guerre, on peut les considérer « comme très-incertaines. *On ne se trompera pas en disant que la « guerre a été faite pour empêcher le progrès des principes fran-« çais.* Mais si l'on continue la guerre, on court le risque de leur donner « bien plus de force, par suite du mécontentement public, qu'ils n'en « auraient eu autrement, et il y aura plus de danger peut-être à pour-« suivre la lutte qu'à laisser ces principes s'introduire en Angleterre. »

Quelque temps après, le gouvernement étant passé dans les mains du Directoire, l'opinion, qui se prononçait avec force pour la paix, obligea nos ministres à se montrer beaucoup plus pacifiques et à déclarer qu'ils étaient tout disposés à traiter. Ils furent obligés de se justifier d'avoir engagé le pays dans la guerre, et, comme il fallait donner une raison pour expliquer le changement de politique, M. Pitt allégua l'état du gouvernement français, devenu beaucoup plus stable. « Cette guerre, « ainsi que je l'ai fait remarquer plusieurs fois, dit-il (3), ne ressemble « pas aux autres. Elle n'a été occasionnée par aucune injure particulière, « par aucune violation de territoire ou toute autre tentative aussi in-« juste. Elle a été entreprise pour repousser ce qu'on peut appeler l'in-

---

(1) 18 fév. 1793.
(2) 27 mai 1795.
(3) 9 décembre 1795.

« vasion de principes calculés pour la destruction de toute espèce de
« gouvernement. Tant que ces principes ont pu se produire dans toute
« leur force et leur énergie malfaisante, il nous a paru qu'ils étaient in-
« compatibles avec les rapports accoutumés de paix et d'amitié que les
« nations peuvent avoir entre elles. Nous avons dit aussi que beaucoup
« de personnes de ce pays, ayant senti le poids des calamités contre les-
« quelles il a eu à se défendre, étaient prêtes à employer tous leurs
« efforts pour faire disparaître la cause de ces calamités. »

Dans la discussion qui eut lieu à la suite du message pacifique du roi, un aveu moins déguisé encore fut fait par un des ministres qui, mieux que personne, avait su pour quel motif la guerre avait été entreprise. « La présente guerre, dit le comte de Fitz-William (1), n'a rien
« de commun avec les guerres ordinaires. Elle n'a pas été entreprise
« par les motifs accoutumés de politique ou d'ambition. *Elle l'a été*
« *pour rétablir l'ordre en France; pour détruire l'abominable*
« *système qui triomphait dans cette contrée.* C'est sous l'empire de
« cette idée qu'une séparation a eu lieu entre des membres qui, jus-
« que-là, avaient marché sous le même drapeau, entre de nobles
« amis dont quelques-uns ont voulu prêter leur concours aux ministres
« de S. M. C'est sous l'empire de cette idée que ces derniers sont venus
« occuper dans le cabinet la position qu'ils y occupent encore. *Sachant*
« *bien que l'objet de la guerre était de rétablir l'ordre en France,*
« ils doivent éprouver quelque surprise de voir par la déclaration con-
« tenue dans le message de la couronne que S. M. est disposée à faire
« la paix. »

Les Fitz-William ont toujours eu l'habitude de dire tout ce qu'ils pensaient, sans songer le plus souvent aux conséquences logiques de leurs discours. Mais comme leur honnêteté était proverbiale, et que, d'un autre côté, la conclusion de l'orateur, si singulière qu'elle fût dans la bouche d'un ministre, ne fut combattue par personne, j'ai pu me servir de ce discours comme d'une preuve des plus positives à l'appui des faits que je me suis proposé d'établir. Mais que penser, je le demande, de la conduite du gouvernement et en particulier de M. Pitt et de lord Granville, engageant le pays dans une guerre avec la France sous le prétexte de la fermeture de l'Escaut lorsqu'on a des témoignages si évidents que leur dessein très-arrêté était de provoquer une rupture pour d'autres motifs. Que dira en présence de ces faits le futur Niebuhr qui écrira un jour notre histoire? Je pourrais citer mille

(1) 14 décembre 1795.

autres documents; mais je m'arrête, convaincu qu'il suffit de ceux que j'ai produits pour ne laisser aucun doute sur la vérité.

Il est cependant un acte de notre gouvernement dont je suis obligé de faire mention pour montrer, par un dernier exemple, quels étaient les motifs du ministère quand il fit la guerre à la France. Il y avait peu de temps qu'elle était commencée lorsque notre flotte prit possession du port de Toulon. L'amiral Hood et le commissaire du gouvernement britannique adressèrent alors au nom du roi d'Angleterre une proclamation au peuple français. Dans cette proclamation notre gouvernement se déclarait en faveur de la monarchie et du roi Louis XVII; mais on ne disait pas un mot de l'ouverture de l'Escaut et des autres motifs qu'on avait mis en avant pour justifier la rupture avec la France. Vers le même temps (1) le roi d'Angleterre publiait une autre proclamation adressée également aux Français et dans laquelle on promettait, « outre la suspension des hostilités, « amitié, sécurité, protection à tous ceux qui se déclareraient pour la « monarchie et contribueraient par leurs efforts à briser le joug d'une « sanguinaire anarchie. » Il est étrange que notre gouvernement n'ait pas compris que, par cet acte, il intervenait bien autrement dans les affaires intérieures d'un autre peuple que n'avait pu le faire la Convention, et qu'il justifiait par là tous les actes de même nature accomplis sur le continent depuis la déclaration de Pilnitz jusqu'à ce moment.

En réservant cet argument pour le dernier, je n'ai voulu que confirmer la vérité de ce qui a été rapporté par un écrivain qui a consacré à l'étude et à l'examen de ces faits beaucoup plus de temps, de travail, de savoir et de recherches que je n'en puis apporter moi-même. Et quand je considère que cet écrivain était un partisan de la guerre, un admirateur du système qu'il avait pour mission de glorifier, je ne puis que m'émerveiller de sa candeur, que j'admirerais bien plus encore si j'étais sûr qu'il eût aperçu les conséquences qu'on pouvait tirer de ses assertions. C'est en ces termes très-remarquables que sir Alison s'exprime sur l'origine de la guerre :

« Pour dire la vérité, les motifs donnés par notre gouvernement n'é-
« taient pas les seuls qui le déterminassent à faire la guerre. Il y avait
« en Angleterre même un danger qu'il redoutait bien plus que les con-
« quêtes des républicains. Il ne craignait pas que l'étranger vînt s'em-
« parer de notre pays; ce qu'il craignait c'était une révolution inté-
« rieure, et il sentait que cette révolution était imminente s'il ne se
« hâtait de rompre avec la France. Croyez moi, disait l'impératrice

(1) 29 octobre 1793.

« Catherine à M. de Ségur en 1789, une guerre seule peut changer la
« direction des esprits en France, les réunir, donner un but plus utile
« aux passions et éveiller le vrai patriotisme. *Dans ces paroles est
« contenu le véritable secret de la guerre; elles en sont* (ajoute
« sérieusement l'historien) *la meilleure justification.* L'esprit public
« était excité; les passions démocratiques commençaient à s'agiter;
« le désir du pouvoir, sous le nom de réforme, s'était répandu parmi les
« classes moyennes, et les institutions de notre pays étaient menacées
« d'un choc aussi violent que celui qui venait de bouleverser la monar-
« chie en France. *Le seul moyen qu'on eût d'éviter ce malheur
« était d'engager le pays dans une guerre étrangère;* elle offrirait
« un but à l'activité des esprits ardents; en rallumant chez les Bretons
« le sentiment de leur antique valeur, elle leur ferait oublier ces ré-
« formes, ces innovations qu'ils commençaient à réclamer. »

Je n'ai rien à dire sur l'espèce de sens moral qui permet d'approuver les paroles de l'auguste souveraine de Souwaroff. Mais je désirerais qu'une copie de ce passage fût dans les mains de chacun de mes concitoyens, pour qu'ils sussent à quoi s'en tenir sur ce *véritable secret* des despotes, qui consiste à mettre une nation aux prises avec d'autres (1), afin qu'elle n'ait pas le temps de songer aux abus de son propre gouvernement et de les réformer. Je voudrais qu'on sût bien que le secret des peuples est de rester en paix, au contraire; et non-seulement en paix, mais d'être toujours en garde contre ces alarmes qu'on s'efforce si souvent de leur inspirer sous prétexte d'agression étrangère, de desseins formés contre eux par leurs voisins. Lorsqu'ils se laissent aller à ces craintes ils donnent au gouvernement tous les avantages politiques de la guerre sans l'exposer à en courir les risques. Ils lui fournissent les moyens de tenir l'esprit de la nation dans un état dégradant de crainte et de dépendance; ils lui fournissent une excuse pour ajouter tous les jours de nouvelles charges aux charges publiques.

Un seul mot à propos de cette objection, c'est à savoir que la France, la première, a *déclaré* la guerre. Ainsi, à l'exemple des puissances alliées dont nous avons parlé plus haut, il nous était permis de faire toutes nos dispositions, de nous préparer de manière à nous assurer tous les avantages dans la lutte qui allait s'engager, sans qu'il fût permis à la France de dénoncer l'état de guerre par une déclaration loyale, comme c'est l'usage dans tous les pays civilisés. Car le gouvernement français ne faisait autre chose que se conformer à la loi reconnue par toutes

---

(1) Littéralement « à employer une nation à couper la gorge à l'autre » *to employ one nation in cutting the throats of another.*

les nations en publiant les motifs qui le forçaient, contrairement à son désir, d'entrer en guerre avec l'Angleterre. Le langage et les actes de M. Pitt n'étaient-ils pas par le fait une déclaration de guerre? La moitié des choses faites alors par le premier ministre ou dites par lui suffirait aujourd'hui pour allumer un incendie en Europe. Nous avons vu que la milice fut appelée sous les armes; que le parlement fut assemblé soudainement le 13 décembre 1792; que le discours du roi recommandait d'augmenter les forces de l'armée et de la flotte. Le 28 janvier, à la nouvelle de l'exécution de Louis XVI, non-seulement M. de Chauvelin, le ministre français, reçut l'ordre de quitter l'Angleterre sous huit jours, mais un message du roi envoyé à cette occasion au parlement demandait augmentation des forces de terre et de mer. On ne disait pas cette fois que cet armement eût pour but, comme on l'avait prétendu dans le message du 13 décembre, « de conserver les bienfaits « de la paix » il avait pour but, suivant les termes du nouveau message, dans les circonstances graves où l'on se trouvait, « de mettre « S. M. en état de prendre toutes les mesures nécessaires pour garantir « ses possessions et les droits de ses sujets; de lui donner les moyens « de *soutenir ses alliés*; de s'opposer aux vues d'agrandissement de la « France, dont l'ambition dangereuse en tout temps, et menaçante pour « les intérêts de l'Europe, l'était bien plus aujourd'hui qu'elle comptait « pour arriver à son but sur la propagation de principes devant lesquels « il n'y avait plus rien de sacré, opposés à toute idée de paix, subversifs « de tout ordre social. » J'appelle encore votre attention sur les dates. Ce message fut adressé au parlement le 28 janvier 1793. Il y avait longtemps déjà que la France donnait d'incontestables preuves de son désir de rester en paix avec l'Angleterre. Et ce ne fut qu'après l'envoi de ce message; après un ordre positif donné à l'ambassadeur de quitter le territoire; après tous les préparatifs faits publiquement chez nous pour la guerre, après les discours insultants et les menaces proférées par M. Pitt et les autres ministres en plein parlement, menaces qui à elles seules étaient plus que suffisantes pour provoquer la guerre; ce n'est qu'à la suite de tous ces actes que la Convention française, par un vote unanime, déclara la guerre à l'Angleterre le 1er février 1793.

Le 11 février le roi envoya au parlement un message dans lequel il disait « qu'il comptait sur le concours ferme et loyal de la chambre « des communes, sur le zèle et les efforts des braves et loyaux sujets « pour soutenir cette guerre *juste et nécessaire*. » (De quelle guerre n'a-t-on pas dit qu'elle était juste et nécessaire?)

L'événement prouva la sagesse des conseils donnés par l'impératrice Catherine. La guerre détourna les esprits de toute autre idée. On oublia les abus dont on avait à se plaindre. La haine contre les Français était la seule passion qui animât le peuple anglais. Toutes les améliorations publiques furent ajournées. La réforme parlementaire, cette réforme, devenue si imminente que Pitt lui-même, en compagnie du major Cartwrigth, assistait aux meetings tenus en sa faveur, fut mise de côté pour quarante ans. La voix même de Wilberforce, plaidant contre l'esclavage, cessa de se faire entendre pendant plusieurs sessions au milieu de cette lutte terrible qui absorbait les forces de l'Europe et l'attention passionnée de l'univers.

Et maintenant, mon cher monsieur, si vous m'avez fait l'honneur de lire cette longue lettre jusqu'au bout, je terminerai en vous demandant de me dire sincèrement ce que vous pensez de cette question. Rappelez-vous que je n'ai pas songé à mettre en doute les titres de lord Wellington à notre admiration comme guerrier; ce n'était pas là le sujet de la discussion entre nous; le duc de Wellington et son grand adversaire n'ont été poussés, si cela peut se dire, sur la scène du monde que par la révolution. Ils n'ont été dans cette grande lutte que des *accidents*, ils n'en ont pas été la cause. La question est celle-ci : Quelle fut la cause de la guerre? Cette guerre, dans son origine, a-t-elle été de notre part juste et nécessaire? A-t-elle eu ce caractère défensif qui permettrait de dire, comme on l'a fait, que le duc de Wellington a été un instrument suscité par Dieu pour notre salut. Je ne puis que faire remarquer humblement combien les faits sont peu d'accord avec cette assertion, et ce n'est qu'en alléguant une ignorance complète des détails historiques que je viens de rapporter qu'on peut demander grâce pour l'impiété qu'on a commise en supposant que la Providence a voulu intervenir en notre faveur dans une guerre si évidemment agressive de notre part, si peu provoquée par nos adversaires.

Je demeure toujours, mon cher monsieur, votre très-dévoué.

Rich. COBDEN.

LETTRE TROISIÈME.

Janvier 1853.

M. Cobden au Révérend.

Mon cher Monsieur,

Je crains que vous ne soyez bien loin de compte quand vous dite, que pas un individu sur mille, dans toute la population de ce pays, n'a douté un moment de la justice et de la nécessité de notre dernière guerre avec la France. Il s'en faut de beaucoup qu'il y ait unanimité à ce sujet ; la raison en est simple. Les hommes faits de la génération actuelle ont été élevés à une époque qui ne leur permettait pas de porter un jugement impartial sur l'origine de la collision. Ou ils sont nés pendant la guerre, alors que les sentiments d'espérance et de crainte remplissaient tous les esprits et qu'on n'était occupé que de l'issue de la lutte, sans avoir le loisir de se livrer à une enquête sur la moralité du débat ; ou ils sont nés après la paix conclue, alors qu'on est charmé d'effacer tout souvenir de la guerre, sauf celui des victoires et des victorieux. Nul homme vivant et engagé dans les affaires de notre temps n'était d'âge à se former une opinion et à prendre part à la grande controverse qui s'éleva lorsque la question de la paix ou de la guerre était encore en balance en 1792. Notre histoire contemporaine a été écrite trop exclusivement dans l'intérêt du parti qui était alors au pouvoir pour que notre jeunesse ait pu se former, même avec l'âge, une opinion à la fois juste et indépendante sur la conduite des auteurs de la guerre.

Mais il faut que la vérité soit dite au peuple de ce pays. Je ne crains nullement qu'il se refuse à l'entendre, et s'y refusât-il, cela n'influerait en rien sur le verdict du genre humain dans cette question. Les faits que j'ai déjà présentés, joints à d'autres plus nombreux et qui tendent tous à la même conclusion, sans parler des preuves que l'avenir peut encore apporter, seront aussi évidents pour les historiens allemands et américains que pour nous-mêmes. M. Bancroft approche de l'époque qui nous occupe, et quel lecteur, ayant tant fait que de le suivre dans sa grande œuvre historique jusqu'à cette époque, et de remarquer sa savante et judicieuse appréciation de notre système aristocratique, quel lecteur, dis-je, doutera encore qu'avec son habileté et sa pénétration il ne réussisse à mettre à nu les motifs secrets qui ont déterminé notre gouvernement à se joindre à la croisade dirigée contre la révolution française en 1789.

Mais il faut, je le répète, que toute la vérité soit dite ; il faut que l'esprit public soit bien convaincu de l'importance de la question, non comme solution d'un problème abstrait d'histoire, mais au point de vue de la paix et comme le meilleur et, à vrai dire, l'unique moyen d'introduire peu à peu ces sentiments de confiance et de cordialité que nul, si ce n'est un petit nombre d'esprits toujours fermés à l'évidence, ne reconnaîtra comme formant le fond des relations présentes de l'Angleterre et de la France. Car s'il est vrai qu'en morale et en science une vérité établie devient la mère de vérités nouvelles, tandis que l'erreur ne manque jamais de se multiplier au profit de l'erreur, comment ce principe ne serait-il pas applicable à l'ordre d'idées dont nous nous occupons ?

Si l'Angleterre est sous cette impression aussi fâcheuse qu'elle est peu fondée, que la lutte sanglante de vingt-deux années qui a coûté la vie à un si grand nombre de ses enfants, et accumulé sur sa tête une si énorme charge de dettes et d'impôts a été rendue inévitable par l'agression non provoquée de la France, il n'est que trop naturel qu'elle nourrisse un sentiment d'inimitié et de rancune contre l'auteur de semblables calamités. Il n'est que trop naturel qu'elle s'attende toujours au fond du cœur au retour de semblables injures de la part d'une puissance qui aurait affiché un si grand mépris pour les principes de la justice. Mais si, d'un autre côté, la cause réelle de la guerre vient à être dévoilée aux yeux de la génération actuelle ; s'il est publiquement, *populairement* reconnu que, loin d'avoir été entreprise, ainsi qu'on nous l'a fait croire, pour la cause de la liberté, cette guerre a été tramée dans les conseils secrets des cours despotiques du continent ; que, grâce à l'oligarchie à laquelle nous étions livrés alors, c'est la richesse industrielle de l'Angleterre qui en a fait tous les frais ; que le but de cette guerre, enfin, était de dépouiller le peuple de France du droit de *self government* et de mettre ses libertés à la merci d'un monarque arbitraire, d'un clergé corrompu et d'une aristocratie dépravée, alors l'opinion de notre pays, son langage et ses actes seront le contraire de ce que nous venons de dire. Aux sentiments de rancune succéderont les sentiments de regret ; loin d'appréhender une attaque de la part de la France, le peuple anglais, plus clairvoyant et faisant divorce avec cette politique qui a égaré ses pères, sera aussi plus disposé à diriger ses soupçons contre ceux qui cherchent à l'exciter sans que rien les y autorise ; à lui faire prendre une attitude de défi contre un voisin inoffensif ; et, au lieu d'évoquer sans cesse le souvenir de ses propres exploits et des revers de la France, le peuple anglais ne songera plus qu'à effacer toute trace d'une guerre agressive et injuste.

Entre ces deux conditions de l'esprit public peut-on hésiter à reconnaître où sont les probabilités de la paix, où sont celles de la guerre?

Il est nécessaire, dis-je, que la vérité soit connue, afin que le peuple d'Angleterre puisse mieux apprécier les sentiments dont les Français sont animés à son égard. Le précepte : *Fais aux autres ce que tu voudrais qui te fût fait*, est applicable dans le raisonnement comme dans la pratique. Avant de condamner les sentiments qu'a fait naître en France notre conduite dans la dernière guerre, tâchons de nous représenter quels seraient les nôtres en pareil cas. Il ne faut pas perdre de vue que, tandis que nos historiens s'évertuent à peindre sous des couleurs si flatteuses la conduite de notre gouvernement à l'ouverture des hostilités, les écrivains français, comme il est naturel de le supposer, ne manquent pas une occasion de faire ressortir tout ce qui est à notre désavantage. Je m'abstiens de citations qui pourraient être entachées de prévention et de partialité. Mais encore faut-il qu'on sache dans notre pays que ces auteurs non-seulement rendent les puissances de l'Europe responsables de la guerre, mais qu'ils assignent invariablement le premier rôle à l'Angleterre dans cette coalition : ils l'accusent de n'avoir pas cessé un instant de réchauffer le zèle trop tiède, suivant elle, des despotes du continent, et d'y avoir employé les subsides quand tout autre argument manquait. Le moins hostile de ces écrivains, M. Thiers, le favori de notre aristocratie, parlant de nos préparatifs pour la guerre de 1794, s'exprime ainsi : « L'Angleterre était encore l'âme de la coalition, et poussait les « puissances du continent à détruire aux rives de la Seine une « révolution qui l'effrayait et un rival dont l'existence lui était « insupportable. L'implacable fils de Chatham avait fait cette an- « née de prodigieux efforts pour la destruction de la France. » C'est à l'énergie de Pitt, alors armé du pouvoir en Angleterre, que la France attribue constamment les formidables coalitions qui, à diverses reprises, rangèrent contre elle l'Europe presque entière en bataille. Voici, suivant M. Thiers, l'esprit dont il était animé : « En Angleterre « une révolution qui n'avait régénéré qu'à moitié l'état social, avait « laissé subsister une foule d'institutions féodales, objets de l'atta- « chement de la cour et de l'aristocratie et des attaques de l'opposi- « tion. Pitt avait un double but : d'une part, tempérer l'hostilité de « l'aristocratie, éluder les demandes de réforme et assurer ainsi son « ministère en tenant en balance les deux partis; et de l'autre, acca-

« bler la France sous le poids de ses infortunes et de la haine des
« gouvernements européens. »

Ces citations ne font qu'imparfaitement connaître sur quel ton les écrivains de ce pays traitent ce sujet. Ils s'accordent généralement à nous vouer à la haine de leurs concitoyens comme les auteurs de tous ces complots machiavéliques tramés contre la liberté du peuple français.

On demandera sans doute, et la question est importante, quelle est aujourd'hui encore l'opinion du peuple français touchant cette révolution d'où est sortie la guerre? Il n'est aucun point sur lequel nous ayons de plus fausses idées. Quand nous parlons de cet événement, nos souvenirs ne portent que sur certaines époques; le règne de la Terreur, le progrès du pouvoir de Napoléon, sa chute, ses guerres d'envahissement, et enfin la France ramenée à ses premières limites, ce qui semble imprimer à la révolution un signe d'impuissance, sinon de châtiment. Un Français, au contraire, arrête sa pensée sur l'année 1789; il imagine les meilleures excuses qu'il peut pour le délire de 1793; il signale avec orgueil la magnanimité de la populace de Paris en 1830 et 1848, comme circonstance atténuante pour le règne de la Terreur; il rejette sur les puissances étrangères, sur l'Angleterre particulièrement, la responsabilité des longues guerres qui ont désolé l'Europe. Mais en ce qui touche l'Assemblée constituante de 1789, et les principes qu'elle a introduits, ses sentiments de révérence et de gratitude sont plus forts que jamais. Il n'y revient jamais qu'avec admiration et enthousiasme. Ce sentiment n'existe pas seulement dans telle ou telle classe; c'est celui de toute la nation, ainsi qu'on le verra par l'extrait suivant d'un discours adressé par M. Thiers, le 29 juin 1851, devant ce corps très-conservateur de l'Assemblée nationale, et par la réponse qui fut faite à M. Thiers. Ce passage est emprunté mot pour mot d'un des rapports imprimés :

« *M. Thiers.* —Honneur aux hommes qui ont maintenu en France,
« depuis 1789, la réelle égalité civile, l'égalité d'impôt que nous de-
« vons à notre admirable et noble révolution » (*Notre belle et honorable révolution !*). (*Marques d'assentiment. Agitation.*)

Voix à gauche. — « Faites-en convenir vos amis ! » (Oh ! oh ! *Murmures.*)

Voix de la droite. — « Point de méprise ; ce n'est pas à la révolu-
« tion de 1848 qu'on fait allusion. »

M. Thiers. — « Je parle de la révolution de 1789, et je pense que
« nous sommes unanimes là-dessus. » (*A gauche*, oui ! oui ! *Rires.*)

M. Charras. — « Parlez à droite. »

M. Thiers. — « J'ai meilleure opinion que vous de mon pays et de

« tous les partis dont *il* se compose, et je suis convaincu qu'on ne
« peut exciter ni froideur ni désapprobation d'aucun côté en louant
« la révolution de 1789. » (*Marques d'approbation sur un grand nombre de bancs.*)

Il n'y a pas de plus grande preuve de la faveur qui entoure une opinion en France que de la voir patronée par M. Thiers. Mais, au moment où j'écris cette lettre, mes yeux tombent sur un ouvrage nouveau dû à la plume de mon excellent ami (1) M. Michel Chevalier, et dans lequel l'auteur, parlant de l'Assemblée constituante, s'exprime ainsi : *Les immortels principes de notre glorieuse Assemblée constituante de* 1789. Quand deux autorités aussi éminentes, mais aussi opposées en économie politique, se rencontrent dans leur admiration pour un corps politique (2), c'est une preuve des droits incontestables que ce corps a acquis à l'estime et à l'approbation de tous. Les hommes qui occupent en France les positions les plus élevées, ceux même dont les pères ont été victimes de la Terreur conviennent que c'est aux mesures adoptées en 1789 (je les ai rapportées en substance dans ma dernière lettre), mesures qui ont élevé des millions de leurs compatriotes d'une condition à peine supérieure à celles des serfs de Russie au rang de citoyens et de propriétaires du sol, que la France est redevable d'un progrès en civilisation, en richesse et en félicité plus rapide qu'il n'a été donné à nulle époque, et à nulle société aussi considérable par le nombre de l'obtenir dans le même espace de temps.

Ce sentiment, si universel en France, n'a reçu aucune atteinte des changements survenus récemment dans ce pays, car il s'adresse moins aux formes de gouvernement ou aux institutions politiques qu'à la constitution même de la société. Et ici permettez-moi de revenir sur les notions erronées que nous nous faisons de l'opinion publique en France pour vouloir absolument la juger à notre point de vue. Assurément, si les Français ont la présomption d'apprécier nos mœurs et nos sentiments d'après les leurs, ils commettront des bévues non moins grandes. La gloire du peuple anglais est d'être arrivé, au moyen des franchises et des chartes qu'il a su conquérir, à un degré de liberté individuelle qu'on ne peut dépasser sous aucune forme de gouvernement ; et c'est l'amour jaloux, patriotique, non égoïste de cette liberté, passion qui pousse toute la communauté à la défense légale du moindre citoyen si sa liberté personnelle est menacée par le pouvoir, qui nous distingue de tous les pays de l'Europe. Et je me dépouillerais plutôt de toute autre

---

(1) *Accomplished.*
(2) *Policy.*

manière de sentir la liberté que de celle-ci, parce qu'avec elle il n'est pas de droit auquel on ne puisse atteindre.

Mais le peuple français se soucie peu d'une charte d'*Habeas corpus !* N'eût-il pas songé autrement à se l'assurer, au milieu de tant de révolutions où le pouvoir a été jeté dans la rue? Et la liberté de la presse, et le droit d'association et de rassemblement n'ont-ils pas été violés par le suffrage universel presque aussi souvent que par les empereurs et les rois? Ce que les Français prisent réellement, quand les Anglais en font si bon marché, c'est l'absence de toute inégalité dans leur système social. La moindre atteinte portée à ce principe excite chez eux autant de susceptibilité que nous en éprouvons, nous, en matière de liberté individuelle. C'est cette tendance qui a fait avorter les essais de Napoléon et de Louis XVIII pour créer une aristocratie fondée sur les substitutions. Aujourd'hui la révolution de 1789, outre qu'elle a assuré la liberté des cultes et établi probablement la meilleure répartition possible des charges publiques (j'en excepte les subventions de police gouvernementale), a distribué le riche sol de la France entre toute la population. Ce sont ces mesures qui, avec l'abolition de la noblesse héréditaire et du régime des substitutions, ont surtout acquis à l'Assemblée constituante la reconnaissance d'un peuple si jaloux de tout privilége et si passionnément attaché à la propriété. On ne saurait nier que ce fut contre les principes de cette Assemblée que Burke, en 1790, fulmina ces déclamations furieuses, et nous devons nous souvenir aussi que c'était avec l'intention de renverser le système de gouvernement établi par l'Assemblée constituante que les puissances du continent lancèrent leurs armées contre la France, et que, l'entreprise ayant avorté, nous jetâmes le poids de l'Angleterre dans la balance du despotisme. La question ainsi posée comme elle doit l'être, demandons-nous ce que nous penserions à la place du peuple français?

Eh bien! je crois qu'à l'exemple des Français il nous serait difficile de ne pas garder un souvenir amer de l'attaque dirigée contre nous, sans aucune provocation de notre part, sans l'ombre d'un motif légitime, par toutes les nations de l'Europe, et que nous serions tentés quelquefois d'appliquer l'épithète de « perfide » à une nation qui, faisant elle-même profession d'être libre et de devoir sa liberté à une révolution, n'a pas laissé de s'associer à une coalition contre les libertés d'un autre peuple. Nous qui venons de rendre des honneurs presque idolâtres aux restes d'un général qui a combattu pour cette coalition déloyale, qu'aurions-nous fait en l'honneur des soldats qui auraient repoussé de nos frontières les armées confédérées de toutes les nations de l'Europe, à la lettre (la Suède, le Danemark et la Suisse exceptés)? Ne rendrions-nous pas, si nous étions Français, au nom de Napoléon un culte encore plus exalté que celui dont Wellington et Nelson ont été l'objet chez nous? et à plus juste titre? Ne lui pardonnerions-nous pas son ambition, son égoïsme, l'arbitraire de son gouvernement? Est-ce que tous ses défauts ne seraient pas effacés à nos yeux lorsque nous nous rappellerions qu'il a humilié la Prusse, qui nous avait, sans provocation, assaillis dans le trouble d'une révolution intérieure; qu'il a dicté, à Vienne, des lois à l'Autriche, qui avait déjà annoncé le démembrement de notre territoire? Aurions-nous assez perdu le souvenir des dangers ou des désastres que nous avons courus ou essuyés pour ne pas nous cramponner à la protection d'une armée permanente et nombreuse? Et cette centralisation du gouvernement, à laquelle nous serions redevables de la conservation de notre indépendance, croit-on que nous en abandonnerions aisément l'idée? Nous refuserions-nous à un sentiment de superbe défi en choisissant pour chef de l'État l'héritier de ce grand héros militaire (1), l'enfant et le champion de notre révolution, dont la famille a été proscrite par la coalition devant laquelle il a succombé? Oui! les sages pourraient moraliser, les hommes de bien gémir, mais tels n'en seraient pas moins les sentiments et les passions du peuple anglais, sentiments plus exaltés et qu'il pousserait encore plus loin peut-être qu'on ne le fait en France.

Qu'arrivera-t-il, suivant mes prévisions, lorsque le peuple anglais aura apprécié plus sainement les causes et le caractère de la guerre avec la France? D'abord des dispositions plus amicales et plus tolérantes à l'égard du peuple français. La maxime de La Rochefoucauld : « On ne pardonne jamais à ceux à qui l'on a fait tort, » en l'admettant comme juste à l'égard des individus, n'est certainement pas applicable aux sociétés. Les grandes nations peuvent être orgueilleuses, vaines même, mais elles sont toujours magnanimes. C'est pure bassesse d'âme que de charger du poids de nos injustices ceux qui en ont été les victimes. D'ailleurs le sens de cette maxime, dans l'intention du moraliste, ne s'adresse pas aux natures généreuses, et la générosité est le caractère invariable des grandes masses.

Je me serais attendu qu'éclairés sur notre erreur de soixante années nous serions moins prompts à y retomber. Est-il certain qu'à cet égard nous n'ayons pas besoin de leçons? N'apercevons-nous pas parmi nous certains esprits à qui la volonté ne manquerait pas, le pouvoir et l'oc-

---

(1) *Great military hero.*

casion étant donné, de jouer de nos jours le rôle de Burke? Il excita l'indignation de ses concitoyens contre une république qui avait fait tomber la tête d'un roi ; nos sympathies s'éveillent aujourd'hui pour une république qu'un empereur a détruite. Quelle que soit sous d'autres rapports l'inconséquence de notre conduite aux deux époques, nous paraissons toujours oublier que la nation française est le seul juge légitime de la question. Or, oublier cette circonstance, c'est de notre part un acte plus flagrant d'intervention que l'acte commis par nos ancêtres : ils n'ont usurpé que les fonctions de vingt-quatre millions de Français, tandis que nous c'est à la place de trente-six millions de Français qu'il nous plaît de nous substituer sans songer à nous demander de quel droit, et comme si rien n'était plus naturel ! . . . . .
. . . .
. . . .

Permettez ici que je vous mette en garde contre l'erreur où l'on tombe si généralement, et qui est de croire que le ton hostile adopté par les écrivains anglais à l'égard du gouvernement français et le cri de *Gare l'invasion!* s'adressent exclusivement à celui qui est aujourd'hui le souverain de la France. C'est là une des mille formes que ce cri a revêtues. Il a été entendu la première fois quand Louis-Philippe, le *Napoléon de la paix*, était sur le trône. La lettre du duc de Wellington à sir John Burgoyne, lettre qui a servi de texte depuis à tous les propagateurs de paniques, a été écrite lorsque le roi des Français avait donné, soixante-dix années durant, la preuve de sa politique pacifique, et quand la forme représentative du gouvernement, *garantie de la paix*, nous dit-on aujourd'hui, subsistait encore en France. Cette lettre parut en 1847, au moment où nous dépensions infiniment plus pour nos armements de guerre que dans aucune des trente années précédentes ; plus de deux millions au delà de ce que propose le plus effrayé des *invasionistes* d'aujourd'hui. Et cependant à cette époque, je veux dire sous Louis-Philippe, les cris pour renforcer nos défenses contre les Français étaient aussi vifs, et la clameur contre le parti de la paix opposé à cette mesure était aussi forte qu'à aucune époque précédente ; et le même parti qui, aujourd'hui, demande de nouveaux armements pour protéger nos côtes contre Louis-Napoléon était à la tête de ceux qui s'agitaient le plus pour accroître la panique en 1847.

Une allusion à l'infirmité d'un grand esprit, si pénible qu'elle soit en ce moment, devient absolument nécessaire pour répondre à ceux qui invoquent l'âge avancé et par conséquent l'expérience du duc de Wellington en faveur d'une politique qui, dans mon opinion, ne tend ni à la paix ni à la prospérité du pays. A l'époque où il écrivait sa lettre au général Burgoyne, le duc touchait à sa soixante-dix-huitième année. Or, nul ne conserve la plénitude de ses facultés à quatre-vingts ans. La nature ne déroge pas à ses lois, même pour ses favoris. Le duc était mortel, soumis conséquemment à cette loi de miséricorde qui couvre notre raison d'un voile et obscurcit la lumière de notre esprit à l'approche de ce moment fatal où la tombe va s'ouvrir pour nous. Mais cette dette envers la nature ne s'acquitte pas toujours d'une manière uniforme. Quelquefois la partie la plus forte de notre organisation, soumise peut-être à une plus grande tension, est la première à décliner. Chez le duc, la trempe de fer de son système nerveux, trait caractéristique de sa constitution, a cédé d'abord. L'homme qui à quarante ans était inaccessible à la crainte devint à quatre-vingts le jouet de terreurs d'enfant. On a pu le remarquer en diverses circonstances mais jamais d'une manière aussi évidente que dans l'ensemble des précautions qu'il a imaginées contre la possibilité d'une insurrection ou d'une révolution politique pendant la durée de la grande exposition de 1851. C'est un fait connu de tous les hommes alors investis de l'autorité sur l'Exposition ou de fonctions qui s'y rapportaient, que le duc était frappé de frayeurs qui le portèrent à modifier complétement le régime de l'armée pour l'année entière, à refuser aux régiments de la garde le repos habituel de leurs quartiers d'été, et à former un cordon de troupes autour de la métropole. Quel homme en possession d'une intelligence vigoureuse eût pu tomber dans cette erreur de supposer que le moment où l'intérêt de la population entière était excité depuis un an par l'attente pour ainsi dire fiévreuse de cette exposition aurait été choisi pour combiner une démonstration politique? La nature humaine, et la nature anglaise en particulier, n'est pas susceptible de deux idées propres à absorber en même temps l'esprit. C'est au contraire à des diversions de ce genre que les despotes savent avoir recours pour détourner les esprits des affaires publiques et échapper à l'examen qu'on peut faire de leurs actes. Mais en ce moment une satisfaction universelle en ce qui touche à la politique régnait notoirement en Angleterre.

Si, comme on l'a supposé, le duc avait en vue les étrangers attirés à Londres, ce fait ne prouve que mieux combien sa raison était déjà chancelante. Il faut se souvenir qu'à cette époque la propagande politique était morte sur le continent; les révolutions avaient avorté; la fièvre démocratique était suivie d'une réaction universelle, et l'Angleterre était regardée comme la seule contrée de l'Europe où la liberté politique fût encore en possession de ses droits. Une réflexion toute simple d'ailleurs eût coupé court à de telles appréhensions; on eût songé que les républicains et les révolutionnaires du continent n'étaient pas en état de réunir assez d'argent pour visiter l'Angleterre en nombre sérieux. On sait que la dépense a été un obstacle assez grand pour que, dans tout le cours de l'année, cinquante mille étrangers à peine, tant européens qu'américains (à part les visiteurs ordinaires), aient abordé sur nos côtes : il est donc évident qu'il n'y avait pas besoin d'une armée, mais qu'il suffisait d'une force de police convenable pour prévenir ou réprimer toute tentative de désordre soit de la part des étrangers, soit de la part des Anglais eux-mêmes; or, c'est à quoi il avait été parfaitement pourvu par les commissaires.

J'en appelle de l'opinion du duc en 1847 à son propre exemple, alors qu'il était en pleine possession de ses facultés intellectuelles. Il était membre du gouvernement de sir Robert Peel pendant la dernière année de ce ministère, année remarquable en ce qu'elle a vu le chiffre de nos dépenses militaires réduit au budget plus qu'il ne l'avait été encore depuis la paix. Les évaluations de l'année 1847 sont toujours citées comme des modèles d'économie par ceux qui appellent la réforme financière. Le duc fut consulté par sir Robert Peel et donna son assentiment à ces évaluations. Qu'était-il donc arrivé depuis le ministère Peel qui pût changer si profondément la manière de voir du duc? Cette fameuse lettre que l'on cita a été écrite en 1847, ce qui ferait supposer qu'elle se rapporte par sa date à l'époque de la découverte de la navigation à la vapeur. Peut-on oublier, si l'on jouit encore de toute sa mémoire, que déjà en 1835 nos côtes et nos mers intérieures étaient sillonnées par des essaims de steamers? que nos navires à voiles étaient régulièrement remorqués par eux, et que nous discutions alors la convenance relative des ports d'Irlande en vue de l'établissement d'un service de steamers destinés pour l'Amérique. Le duc n'a jamais reconnu qu'il eût négligé la défense du pays au temps où le pouvoir était dans ses mains. Personne non plus n'a soulevé contre lui une pareille accusation. Mais moi et d'autres, qui avons demandé de toutes nos forces qu'on revînt aux chiffres du budget de 1835, on nous a accusés de vouloir laisser le pays sans défense. Je laisse à mes adversaires le soin de concilier leur conduite avec le respect qu'ils professent pour l'autorité du duc de Wellington.

La lettre du duc de Wellington a été suivie d'un déluge de publications qui semblent toutes rédigées dans l'intention de donner aux Français la tentation d'une descente, car toutes, plus ou moins, sont remplies d'arguments pour faire ressortir la facilité de l'opération. Quelques-unes donnent les plans de nos ports, et indiquent la voie la plus courte pour aller à Londres. D'autres décrivent en phrases séduisantes le riche butin qui attend là les Français. Le premier est sir Francis B. Head, à qui nous devons un épais volume sous le titre d'*État sans défense de la Grande-Bretagne*. Nous avons ensuite les *Pensées sur la défense nationale*, par le vice-amiral Bowles; *de la Défense de l'Angleterre*, par sir Charles Napier, qui nous dit qu'il croit que nos jeunes soldats appellent nuit et jour de leurs vœux une invasion; *un plan de formation de milice maritime*, par le capitaine Elliot; *Défenses nationales*, par Montayne Goze, esqu.; *Mémoire sur la nécessité d'une secrétairerie d'État pour notre défense*, par Robert Carmichaël Smith; *la Défense de nos ports maritimes de commerce*, par un officier d'artillerie en retraite; enfin, au milieu d'une foule d'autres, *le Péril de Portsmouth*, par James Fergussen, esqu., avec un plan. Le début de cet écrit est à faire trembler : « Peu de personnes, dit l'auteur, se doutent de ce fait que Portsmouth, qui, par sa position et ses établissements, est une des plus importantes stations navales de la Grande-Bretagne, est aujourd'hui dans un état de dénûment tel qu'il peut aisément être emporté d'un coup de main, soit par mer, soit par terre; or il est certain et trop facile à prouver que, si ce port venait à tomber dans les mains d'un ennemi, la marine anglaise serait un corps mutilé, hors d'état, au moins pour la moitié de son effectif, de rendre aucun service, tandis que l'occupation de Portsmouth par l'ennemi ferait de l'invasion de l'Angleterre le problème le plus simple *et le plus aisé qu'homme de guerre ait jamais eu à résoudre*, etc., etc. » Il faut que les Français aient perdu toute prétention à leur renommée de politesse, sinon ils n'eussent pas manqué de se rendre à d'aussi pressantes invitations de visiter nos côtes.

Il y a deux thèmes convenus qu'on voit revenir dans toutes ces productions : le premier est que nous n'avons nullement pourvu à notre défense et que nous sommes par conséquent une proie qui doit tenter le premier venu; le second, que les Français sont une bande de pirates, qui ne reconnaissent aucun devoir de civilisation, et sont prêts à fondre sur quelque partie que ce soit de nos côtes qui ne serait pas gardée.

A la première proposition on peut répondre par quelques chiffres. Nous dépensons chaque année de 15 à 16 millions de livres sterling en préparatifs de guerre, et depuis le budget du duc de Wellington, en 1835, nous avons constamment accru nos forces militaires. Elles s'élevaient en cette dernière année à 145,846 hommes : à la clôture du deuxième parlement elles avaient atteint le chiffre de 272,481 (1); c'est une augmen-

(1) Ajoutez à cela que l'armée des Indes est de 289,529 hommes. La dépense de l'armée de l'Inde est de 10 millions : ce qui, joint à nos 15 millions,

tation de 126,635 depuis 1835. En voici le développement puisé aux sources officielles.

Montant détaillé des accroissements de toutes les armes depuis 1835.

Cavalerie et infanterie..............................	20,666
Corps d'ordonnance................................	7,263
Matelots et marins.................................	12,095
Pensionnaires enrôlés................................	18,200
Bataillons des docks armés et exercés.................	9,200
Gardes-côtes (organisés et exercés aux manœuvres d'artillerie depuis 1835).......................	5,000
Accroissement du corps des constables d'Irlande........	4,627
Accroissement voté de la milice......................	54,349
	131,400
A déduire, diminution opérée sur la Yeomanry.........	4,765
Augmentation totale depuis 1835 jusqu'au mois de juin 1852.	126,635

Tel était l'état des choses à la clôture du dernier parlement, en juin. Mais on était encore à crier « ils viennent! » Les invasionistes renouvelaient leur clameur annuelle d'automne, et le parlement ne fut pas plus tôt assemblé en novembre, pour la courte session, qu'une nouvelle proposition fut faite d'augmenter nos moyens de défense. Le crédit fut voté sans division. M. Hume, en voyant les organes les plus populaires de l'opinion publique appuyer presque unanimement la motion, se donna satisfaction à lui-même en protestant, puis, en désespoir de cause, s'en remit de la guérison au collecteur des taxes. Et j'avoue que cette fois nous fûmes d'accord avec lui.

L'autre argument des invasionistes, à savoir que la France est prête à nous assaillir partout où nous offrirons un côté faible, n'a de chance de succès qu'eu égard à l'ignorance où nous sommes du caractère et de la condition du peuple français ainsi que de l'origine et de l'histoire de la dernière guerre. Nous ne voyons les choses de ce pays qu'à travers un prisme qui les fausse et les dénature. Nous considérons la France comme la plus aggressive et la plus guerroyante nation du continent, parce que nous avons tous lu le récit de ses envahissements, *sans nous souvenir qu'elle n'agissait que par représailles, pour*

forme un total de 25 millions de livres sterling, la plus forte somme que jamais nation ait payée pour son établissement militaire sur le pied de paix.

repousser une attaque qu'elle avait subie sans l'avoir provoquée. Nous voyons avec crainte l'enthousiasme du peuple français pour son armée, mais nous ne nous rendons pas assez compte de ses sentiments pour comprendre que cet enthousiasme est né de la reconnaissance; car « c'est cette armée, pour parler comme le conservateur et pacifique *Journal des Débats*, qui l'a représenté avec un admirable éclat sur les champs de bataille, » c'est-à-dire sur le terrain où devait nécessairement se placer la France pour défendre l'existence que lui avait faite 1789. Il y a du danger dans ces entraînements de l'esprit militaire, quelle qu'en soit la source, un danger redoutable pour la France elle-même; mais n'oublions pas que nous avons concouru à planter et arroser cet arbre fatal, et que nous n'avons pas le droit de nous décharger de nos péchés sur ceux qui sont destinés à vivre sous son ombre.

Il ne faut pas perdre de vue, d'ailleurs, que la force de l'armée en France est simplement proportionnée à celles des autres armées continentales; que sa marine se règle sur la nôtre dans la proportion générale des deux tiers. « Nous faisons cet honneur à l'Angleterre, disait « M. Thiers à la Chambre des députés de 1846, de n'avoir qu'elle seule « en vue dans l'effectif de notre force navale. Nous ne nous préoccu- « pons jamais des bâtiments qui sortent de Venise ou de Trieste; « nous ne songeons qu'à ceux que Portsmouth et Plymouth mettent à « la mer. » J'entends chaque jour dire très-complaisamment : « Cha- « cun sait que l'Angleterre n'arme que pour sa défense propre, et dans « l'intérêt de la paix. » Mais quand la France jette les yeux sur nos cinq cents vaisseaux de guerre, sur nos cent quatre-vingts steamers, et quand elle apprend nos immenses préparatifs à Alderney, Jersey et autres points de nos côtes, elle conçoit des soupçons très-différents. Elle se souvient qu'un an à peine après l'ouverture des hostilités nous avions déjà pris possession de Toulon (son Portsmouth à elle) et capturé ou brûlé une grande partie de sa flotte; que nous avons fait une descente sur la côte de Bretagne et attisé le feu languissant de la guerre civile. Si nous sommes si effrayés à l'idée d'une invasion de la part des Français, fait sans exemple depuis près de huit cents années, ne devrions-nous pas excuser le peuple français de n'être pas tout à fait exempt, pour son compte, d'une crainte de ce genre, si l'on veut bien se rappeler surtout que pas un siècle ne s'est écoulé, depuis la conquête des Normands, sans que les côtes de France aient été visitées par nous dans un but qui assurément n'avait rien de pacifique. Les Français ont encore très-présent le souvenir des désastres terribles que leur a fait essuyer l'implacable inimitié de notre gouvernement pendant la dernière guerre. Ils eurent alors sur les bras une aristocratie féodale disposant de toute la richesse d'un peuple commerçant et manufacturier, c'est-à-dire le plus formidable ensemble de forces militaires dont l'histoire du monde entier fasse mention. Or, parfaitement instruits, comme ils le sont, que le pouvoir politique chez nous réside toujours dans les mains de la même classe, il faut leur pardonner de n'être pas encore très-convaincus que la paix et la non-intervention soient désormais notre politique invariable. A ce point de vue impartial, nous devons admettre que l'importance des préparatifs en France doit se mesurer à un certain degré sur nos belliqueux armements.

Ajoutons quelques remarques sur l'état présent de la France comparé à ses conditions d'existence en 1789, et tâchons de nous rendre compte de ce qu'il y a de probable dans l'éventualité d'une guerre entre elle et ce pays, ou pour mieux dire dans la perspective d'une invasion de l'Angleterre par la France; car je veux supposer que l'on parle sérieusement dans tous les écrits et les déclamations publiés à ce sujet. J'accorde que c'est réellement l'invasion de l'Angleterre que les Français ont en vue, et non une marche sur la Belgique ou tout autre État du continent. Il est bien convenu encore qu'aujourd'hui, comme en 1792, il n'y a pas de faux prétextes qui couvrent d'autres desseins, et que dans cette discussion touchant l'invasion française nous ne verrons pas cette profonde dissimulation d'un côté, cette grossière crédulité de l'autre qui ont précédé la guerre de 1793. J'admets, par forme d'argument, la bonne foi de ceux qui prévoient une guerre avec la France et une descente sur nos côtes comme la conséquence de cette guerre : je vais même plus loin ; je crois à la sincérité du parti qui va jusqu'à prédire une invasion de la part des Français sans déclaration de guerre préalable.

Où sont aujourd'hui les éléments d'une guerre en Europe ? Il existe un élément unique et particulier à notre époque, et le chef du cabinet actuel l'a reconnu quand il s'est exprimé ainsi ; c'est lord Aberdeen qui parle :

« Sa Seigneurie est disposée, dit-elle, à faire divorce avec les maxi-
« mes précédemment consacrées par un consentement unanime,
« c'est à savoir que la meilleure garantie de la continuation de la
« paix est d'être préparé à la guerre. Cette maxime pouvait être ap-
« plicable aux nations de l'antiquité, vivant dans un état de société
« barbare en quelque sorte, ou au moins très-peu perfectionné, alors
« que les préparatifs d'une guerre coûtaient peu ; mais elle n'est pas
« applicable aux nations modernes, chez qui les préparatifs d'une
« guerre ne sont pas à beaucoup près aussi faciles. Suivant cette
« maxime, quand on met, en pleine paix, ses forces sur le pied de
« guerre, on est sujet à être conduit ou influencé par une arrière-

« pensée qu'on n'avoue pas, et qui est de prendre la mesure de sa
« force réelle, à telle fin que tout ce travail de préparatifs, tous ces
« efforts, toute cette dépense ne soient pas faits en pure perte. Dans
« sa pensée (lord Aberdeen), ce n'est donc pas une garantie pour une
« nation contre l'éventualité de la guerre que de faire une grande dé-
« pense et de grands préparatifs militaires. Un des hommes d'État les
« plus distingués de France, dit sa Seigneurie, a dernièrement, dans
« la Chambre des députés, protesté avec emphase de son désir de
« la paix, mais en ajoutant que pour en être sûr il fallait une armée
« de huit cent mille hommes. Or, qu'attendre de la mise sur pied d'une
« force semblable, si ce n'est la guerre ou la banqueroute? Il y a donc
« lieu de suspecter les intentions de ceux qui désirent accroître ainsi
« les armements malgré les professions de foi les plus pacifiques; on
« ne pourra être rassuré que quand on verra les diverses puissances
« de l'Europe opérer de grandes réductions dans leur état militaire.
« Tel devrait être leur but à toutes, et particulièrement le but de
« l'Angleterre. »

Ainsi parlait lord Aberdeen en 1849. Le mal n'a pas diminué depuis. L'Europe est presque transformée en un rassemblement de baraques militaires. Il a été calculé par le baron Von Reden, célèbre écrivain statistique allemand, que la moitié de sa population en hommes faits est actuellement sous les armes. Il est certain que, même dans le fort des guerres de Napoléon, l'effectif militaire européen était moindre qu'aujourd'hui. Longtemps cet adage si niais : « Si tu veux la paix, prépare la guerre, » a été répété; mais les plus sages parmi les hommes d'État de notre siècle proclament, d'accord avec le parti de la paix, que plus on fait de préparatifs et plus on appelle la guerre; résultat naturel de la prépondérance acquise dans les conseils des nations à ceux qui par, éducation, par goût et même par intérêt, doivent être le moins disposés à la paix. En ce moment le ton belliqueux est celui des cours et des cabinets aussi bien que des classes les plus élevées des États du continent; et jamais, même en Angleterre, on n'avait vu l'esprit militaire dominer à ce point dans les premiers rangs de notre société. A quoi donc attribuer, malgré ce sentiment si propre à rallumer les discordes, à quoi attribuer la continuation de la paix et l'espoir de sa durée, si ce n'est à ce fait que, tandis que les gouvernements font des préparatifs de guerre sans exemple dans les âges précédents, tous les vœux et toutes les tendances du nôtre sont au contraire vers la paix. Voyons les preuves à l'appui de cette conclusion :

Ce qui empêche premièrement qu'on ne soit tenté d'employer ces immenses armées au dehors, c'est la nécessité de les avoir sous la main à l'intérieur pour réprimer le mécontentement que causent aux peuples les charges dont on les accable pour avoir sur pied un si grand nombre de soldats. Sir Robert Peel prévoyait ce résultat en 1841 quand il disait que « le danger d'une agression était infiniment moindre que celui des souffrances qui devaient naître de cette exorbitante dépense. » Plus le peuple s'éclairera et plus il sera mécontent du joug qui lui est imposé; et, parmi ces machines elles-mêmes, armées et dressées aux manœuvres, pour servir d'instruments au despotisme, un sourd murmure se fait entendre souvent, qui bientôt va grossir et éclater en cris de défi. On peut prédire à coup sûr une révolution intérieure dans tout pays dont le gouvernement repose non sur l'opinion publique, mais sur la puissance des baïonnettes. Ces convulsions internes, cependant, ne sont plus à redouter comme causes de guerre, car le monde a sagement décidé (et c'est une des leçons que lui a données la dernière guerre) qu'on laisserait désormais chaque nation régler ses propres affaires sans qu'on s'en mêlât. Il est vrai que, dans la dernière révolution qui vient d'avoir lieu, ce principe, exactement observé à l'égard des grandes puissances, était violé de la manière la plus inique à l'égard de la Hongrie, de l'Italie et de Hesse-Cassel, exemple d'injustice envers de petits États contre lequel l'opinion publique ne saurait trop se soulever et dont elle empêchera sans doute le retour à moins qu'on ne reconnaisse que les faibles n'ont point de droits et les forts point de loi. Toutefois dans ce changement de la politique européenne envers la France nous avons une garantie que l'offense qui a produit la dernière guerre ne se renouvellera pas.

Il ne manque pas de gens, surtout dans la classe militaire, qui, toujours poursuivis depuis la paix par le spectre de la dernière guerre, ne cessent de réclamer d'aussi grands préparatifs que s'il s'agissait de répondre à ceux que fit Napoléon pour la ruine de ce pays. Ils vont jusqu'à prédire dans quelle latitude précisément seront livrées les futures batailles de Trafalgar et de Saint-Vincent, et demandent à grands cris la construction de ports et de bassins où nos navires mutilés puissent être réparés après ces engagements imaginaires (1). Quant à moi, sans m'exposer à l'accusation de prédire une paix perpétuelle, car rien ne semble plus offensant à certains partis, je prétends que le fait même de la révolution française est une raison contre son retour. N'eussé-je, en effet, aucune confiance dans la leçon qu'on doit tirer du peu de résultat de la guerre et en admettant que les nations soient

(1) De semblables arguments ont été produits sérieusement dans la Chambre des communes; et, ce qui est plus étrange, ils ont été pris en considération.

incorrigibles, toujours est-il que la nature a sa marche et qu'on ne voit pas recommencer dans une génération les faits extraordinaires, quels qu'ils soient, qui ont signalé l'époque précédente. Les Alexandre, les César, les Napoléon ne sont pas heureusement des productions annuelles, si l'on peut s'exprimer ainsi, ou même séculaires de la nature. Il en est d'eux comme de ces bouleversements du monde physique qui ne se sont jamais renouvelés en un même lieu. Nulle part le laboureur n'a moins à redouter une convulsion de la nature que lorsqu'il plante sa vigne sur le cratère d'un volcan éteint. La grandeur même des événements qui ont rempli la vie de Bonaparte, en rendant toute rivalité impossible, est plus faite pour décourager que pour appeler l'imitation. La mort de Napoléon, dit Chateaubriand, inaugura une ère de paix ; ses guerres étaient faites dans de telles proportions (c'est peut-être le seul bien qui en reste) qu'elles ont rendu impossible toute supériorité à venir dans cette carrière. En fermant violemment après lui le temple de Janus, il a laissé de tels monceaux de cadavres derrière les portes qu'elles ne peuvent plus se rouvrir. Mais je dois m'abstenir de ces saillies de l'imagination humaine par déférence pour ceux qui, tout en espérant et désirant une paix perpétuelle et universelle, ne laissent pas de souffrir impatiemment les raisons par lesquelles on tend à leur prouver que leurs désirs seront satisfaits.

Renfermons-nous donc, tout en convenant de la possibilité d'un tel résultat, dans l'exposé des circonstances qui, dans la condition actuelle de la France, rendent une guerre moins probable en 1853 qu'en 1793. La France heureusement serait arrêtée à chaque pas, comme tout autre État européen, par un obstacle insurmontable, le manque d'argent. Il est vrai que, dans la proportion de ses ressources, sa dette publique est moindre aujourd'hui qu'elle n'était en 1793. Mais à cette dernière époque elle avait une masse considérable de propriétés territoriales pour gage des dépenses de la guerre, ainsi les biens du clergé, que quelques écrivains ont estimés un quart du sol de la France ; le produit de la confiscation de la fortune des nobles émigrés ; les domaines nationaux et les forêts de l'État. L'ensemble de cette immense propriété, évaluée par divers écrivains de 500 millions sterling au double de cette somme, tomba dans l'espace de quatre ans entre les mains du gouvernement révolutionnaire, qui en fit le gage d'un papier-monnaie, nommé *assignats,* avec lequel il paya ses soldats et qui le rendit capable de ces gigantesques efforts qui étonnèrent et terrifièrent les gouvernements despotiques de l'Europe.

Nul doute que cette création de papier-monnaie n'ait donné au gouvernement français, pour quelque temps, toute la force qu'il aurait pu tirer d'un emprunt à l'étranger, ou des taxes les plus productives. Il semblait aux théoriciens exaltés de Paris qui, tour à tour, se foulaient aux pieds les uns les autres dans une lutte à mort pour le pouvoir, il leur semblait posséder une mine de richesses inépuisables, et chacun d'eux y puisait plus largement que son prédécesseur. A chaque nouvelle campagne nouvelle création d'assignats. Quand la guerre contre l'Angleterre fut déclarée, on en décréta pour huit cents millions de francs. Le résultat est connu de tout le monde. Plus les assignats se multiplièrent, plus leur valeur baissa, ou, en d'autres termes, plus s'éleva le prix des denrées. Mais on ne pouvait faire la loi aux marchés même par la terreur. Finalement, quand sept cents millions sterling d'assignats eurent été émis, ils tombèrent à un et demi pour cent de leur valeur nominale, et un général en chef d'armée, en 1795, avec un traitement de quatre mille francs par mois, ne recevait effectivement que huit livres sterling (deux cents francs) en or ou en argent. Toutefois le papier-monnaie avait mis le gouvernement en mesure de surmonter la première coalition de Pitt.

Mais, dans l'hypothèse d'une guerre en 1853, le gouvernement français n'aurait aucune de ces ressources temporaires. Les domaines du clergé, de la couronne et de l'aristocratie, divisés et subdivisés, ont passé dans les mains du peuple. Il ne reste plus de grande masse de propriétés saisissables au profit de l'État. Le nom seul d'assignat évoque le fantôme de la confiscation. En aucun pays du monde le papier-monnaie n'est vu avec autant de défiance qu'en France. Pour se procurer les fonds nécessaires pour entrer en guerre, il faut que le gouvernement français impose à nouveau huit millions de propriétaires entre lesquels le sol est morcelé et qui supportent déjà en majeure partie la charge du revenu. Comme une déclaration de guerre serait immédiatement suivie d'une diminution dans les recettes des douanes et des contributions indirectes (1), ce déficit, aussi bien que le surcroît exigé en vue de la guerre, retomberait sur la propriété. Les paysans propriétaires, tout ignorants qu'ils soient sur une foule de matières, savent instinctivement tout cela et sont par conséquent opposés à la guerre depuis le premier jusqu'au dernier. De là vient que dans toutes les proclamations adressées par Louis-Napoléon à cette classe, — celle en dernière analyse qui gouverne la France, — comme candidat à la députation, à la présidence ou à l'Empire il s'est invariablement déclaré pour la paix.

On me répond que les Français ont souvent soutenu la guerre

---

(1) *Customs and excise.*

par la guerre. Cela est vrai, et sur une grande échelle : voici comment on procédait. Partout où allaient les armées françaises elles portaient avec elles les doctrines de liberté et d'égalité ; elles étaient reçues moins comme des conquérants que comme des libérateurs par la masse de la population. Car la population des contrées envahies, comme les Français eux-mêmes avant la révolution, était opprimée par les classes privilégiées et écrasée par des impôts exorbitants et injustes. Partout les envahisseurs rencontraient une grande masse de propriétés appartenant au gouvernement, au clergé, aux corporations privilégiées. Dans certaines localités les ordres monastiques nageaient encore dans leur luxe et leur opulence primitive. Ces grandes accumulations de propriétés étaient confisquées pour l'usage des armées de la « république. » Dans certaines circonstances des sommes considérables étaient transmises à Paris pour le service intérieur du gouvernement. Napoléon y expédia deux millions sterling pendant sa première campagne d'Italie. Et il est de fait que le numéraire considérable trouvé par les Français dans les coffres de la frugale aristocratie du gouvernement de Berne défraya en grande partie l'expédition d'Égypte.

Mais quelle différence sous tous les rapports avec le temps présent ! Une armée d'invasion, au lieu de trouver des gouvernements pourvus d'une épargne suffisante pour tenter sa cupidité ou jouissant d'un crédit chez les banquiers, ne rencontrerait que dettes et embarras financiers, que le premier choc de la guerre transformerait en banqueroute et en ruine ; elle trouverait les terres du clergé et le domaine gouvernemental répartis par parcelles sur la masse de la population ; et, comme toute tentative d'impôt soulèverait celle-ci tout entière contre les envahisseurs, on trouverait plus économique et plus sage de payer ses propres dépenses que de faire l'essai d'un moyen financier qui transformerait la guerre de gouvernement à gouvernement en guerre avec les individus, guerre où chaque maison deviendrait un champ de bataille pour la défense de ce que l'homme a de plus cher, son foyer, sa famille, sa propriété.

Pour comble de difficulté, la guerre elle-même, grâce à l'introduction de procédés plus savants dans l'œuvre de la destruction humaine, est devenue beaucoup plus dispendieuse. Tel a été le *perfectionnement* obtenu dans la composition des bombes horizontales et autres inventions de l'artillerie que sir Howard Douglas lui-même, qui détaille avec tant de complaisance les effets des fusées à la Congrève, des bombes de Shrapnell, de *la grappe* et de *la corbeille* (*voir les dénominations correspondantes dans le vocabulaire de notre artillerie*), paraît tout attendri en contemplant ce dernier triomphe de sa science favorite. Mais une plus grande découverte encore a depuis été annoncée par M. Nasmyth, qui offre de construire un mortier monstre applicable à la guerre maritime. Ce mortier s'enchâsserait, *snugly (mot charmant, ici surtout, et sans équivalent à moi connu dans notre langue)*, dans la proue d'une embarcation à vapeur à l'épreuve de la bombe : le but de cette ingénieuse combinaison est de provoquer une explosion suffisante pour ouvrir dans les flancs du vaisseau ennemi un trou de la largeur d'une porte d'église. J'attache, quant à moi, peu d'importance à cet argument que tant d'inventions meurtrières détacheront les hommes de la guerre par la crainte de la mort. Au premier usage qu'on fit de l'arbalète, le clergé dénonça cette arme dans ses sermons comme multipliant les meurtres. A l'introduction de la mire, qui aide l'œil à ajuster avec le canon à bord d'un vaisseau, les vieux artilleurs tournèrent leur chique dans leur bouche, prirent un air sentencieux et déclarèrent que ce n'était rien moins qu'*assassiner*. Mais la guerre ne perdit rien de ses attraits par suite de ces découvertes. Ce n'est, au pis aller, que jeter le dé pour la *gloire*, et, quel que soit le risque, les hommes croiront toujours aux chances contre la mort. Mais j'ai grand espoir dans l'excessive dépense de la guerre, dans ce qu'il en coûte pour la préparer ; et je ne doute pas, dans l'hypothèse d'une guerre entre deux grandes nations, que l'immense consommation de matériel et la destruction rapide de la propriété n'eussent pour résultat infaillible de faire arriver les combattants à la raison ou à l'impuissance par l'épuisement de leurs ressources. Car il est évident que les Nasmyth, les Fairbarins et les Stéphenson joueront dans les guerres à venir un aussi grand rôle que les Nelson et les Collingwood dans les guerres passées, et nous savons tous que laisser carrière à l'imaginative en fait de projectiles implique une déperdition sans limite de capital.

D'ailleurs la guerre serait aujourd'hui une violence bien plus pénible faite aux habitudes et aux sentiments des deux pays qu'il y a soixante ans, grâce à la multiplicité de nos rapports actuels. Tant de pathos sur les chemins de fer, la navigation à vapeur, la télégraphie électrique, dont l'effet sera, dit-on, d'enchaîner la France et l'Angleterre par les liens d'une paix éternelle, a été débité par ceux-là mêmes qui demandent que nous augmentions nos préparatifs pour répondre à une guerre et prévenir l'invasion que j'hésite un peu à me joindre à ce chorus discordant. Mais quand on se rappelle qu'il y a soixante ans il fallait de quatre à six jours pour communiquer de Londres à Paris, tandis que maintenant il faut tout au plus le même nombre de minutes, et qu'on fait le voyage en douze heures ; que précédemment la malle ne partait que deux fois la semaine pour la capitale de France, tandis que maintenant les lettres sont expédiées deux fois par jour; que les visites mutuelles entre les deux pays sont vingt fois plus fréquentes; quand on se rappelle cela, on ne peut douter qu'il ne fût plus difficile aujourd'hui qu'en 1793 de séparer violemment les deux pays et de briser leurs relations par la guerre. Mais ce sont là des abstractions sur lesquelles je ne veux pas m'appesantir. J'arrive à la réelle et solide garantie donnée par la France de son désir de vivre en paix avec l'Angleterre.

Si vous avez eu, comme moi, l'occasion de visiter presque chaque jour la grande Exposition, vous aurez remarqué que, tandis que l'Angleterre était sans rivale pour les articles manufacturés dont le mérite consiste dans la grande facilité de production, que l'Amérique excellait dans tous ces efforts d'audace où le génie de la mécanique est employé à satisfaire des besoins généraux, il existait une contrée qui, dans les articles qui exigent la plus délicate manipulation, le goût le plus pur et la plus habile application des lois de la chimie et des procédés des arts aux manufactures, était d'un consentement universel reconnue tenir le premier rang : cette contrée, c'est la France. Et il ne faut pas oublier que le moment où elle se préparait pour ce concours universel était pour son commerce et ses manufactures celui d'une crise de souffrance et de découragement, effet du manque de confiance produit par sa révolution récente; et que, malgré ce désavantage, elle recueillit les plus grands honneurs pour cette classe d'objets manufacturés qui requiert les plus grandes combinaisons d'intelligence et d'habileté de la part du capitaliste et de l'artisan et dont le travail n'est possible que dans un pays parvenu au plus haut degré de civilisation. Cependant c'est là ce peuple (1) qui, nous dit-on, va, sans déclaration de

---

(1) Le lecteur ne saurait trop se pénétrer de ce fait, que le cri l'*invasion sans déclaration préalable de guerre*, fut poussé quand Louis-Philippe était encore sur le trône, ainsi que le démontre l'extrait suivant d'une lettre adressée par sir William Molesworth, le 17 janvier 1848, à l'éditeur du *Spectateur*, l'un des journaux de Londres :

« Vous dites que la prochaine attaque contre l'Angleterre se fera proba-
« blement à l'improviste. Cinq mille Français se porteraient sur quelque
« poste sans défense; il n'en faudrait que cinq cents pour insulter le sang
« anglais (*sic*) à Herne Bay, ou même pour infliger une honte ineffaçable
« à Osborn House!! Grand Dieu! Est-il possible que vous, que je plaçais
« si haut parmi les conseillers publics de cette nation, vous considériez
« les Français comme des brigands, des Pindarées, des francs-pillards;
« que vous puissiez croire qu'il est nécessaire d'avoir une force cons-
« tamment prête, l'œil toujours ouvert sur eux, comme faisaient les
« Saxons nos ancêtres contre les Danois et les Normands, pour les empê-

guerre, attaquer nos côtes en pirate, sans songer aux conséquences que peut avoir pour ses propres intérêts cette brusque irruption, ni plus ni moins que les anciens Scandinaves qui, dans leurs expéditions emportaient toute leur fortune avec eux dans leurs bateaux.

Permettez que je le répète, fût-ce une douzième fois, une telle opinion ne peut être émise que par des écrivains et des orateurs comptant de la manière la plus insultante sur l'ignorance du public. Ce serait une question sérieuse pour le parti de la paix de savoir s'il ne rendrait pas à sa cause le plus signalé de tous les services en faisant des lectures publiques sur l'état actuel de la population de la France. Qu'il n'oublie pas surtout, au sujet de ce cri d'invasion, de dire qu'on persuadait au peuple, en 1792, que les Français venaient brûler la Tour et jeter de l'arsenic dans New-River pour empoisonner la métropole, et cela au moment, — il n'y a pas à en douter aujourd'hui, — où l'ambassadeur français suppliait humblement nos ministres de ne pas faire la guerre.

....
....

La puissance maritime d'un peuple se mesure invariablement sur l'importance de sa marine marchande. D'après cette estimation la prééminence de l'Angleterre sur la France comme puissance navale n'est pas douteuse. Les Français en conviennent eux-mêmes. M. Thiers a franchement fait à la tribune cet aveu en notre faveur dans le discours

« cher de brûler nos villes, de piller nos côtes et de mettre notre reine à ran-
« çon? Ignorez-vous que les Français sont aussi civilisés que nous, et, à cer-
« tains égards, nos supérieurs intellectuels? Avez-vous oublié qu'ils ont
« traversé une grande révolution sociale qui a nivelé la propriété, aboli les
« priviléges et converti les masses en une classe prospère et industrieuse
« à qui la guerre est odieuse et la conscription détestable? *Ne savez-vous
« pas qu'ils sont en possession d'un gouvernement constitutionnel dont les
« formes et la pratique leur deviennent de jour en jour plus familières;
« qu'aucune mesure de quelque importance ne peut être adoptée sans débat
« et sans l'agrément préalable des chambres*, et que l'amour de la paix, et
« la ferme résolution de la conserver ont donné au roi des Français une
« constante majorité dans ces chambres et l'ont maintenu en paisible
« possession de son trône? Pouvez-vous contredire une seule de ces pro-
« positions? »

On doit juger ces écrivains non par ce qu'ils disent maintenant des desseins de Louis-Napoléon, mais par ce qu'ils ont dit de la nation française quand M. Guizot était premier ministre, sous un roi constitutionnel, et alors *que nous dépensions deux millions de plus pour nos armements que ceux qui croient le plus à la guerre aujourd'hui ne proposent de le faire.* (Trad. littérale.)

que j'ai cité. Personne en France n'a jamais prétendu qu'on puisse ou qu'on doive arriver en fait de force maritime au-dessus des deux tiers de la nôtre. Leurs hommes publics n'ont jamais cru que nos cris d'invasion fussent sincères. L'un des plus éminents m'écrivit en 1848, et après un sincère aveu de l'état déplorable de leur tonnage marchand comparé au nôtre il se plaignait de cette clameur comme *d'une mauvaise plaisanterie* (1). Les hommes intelligents de ce pays ne peuvent pas s'imaginer que nous les supposions assez insensés pour se jeter tête baissée, sans provocation, sans notification préalable, dans une guerre contre la plus puissante nation du monde, devant les ports de laquelle passe la matière brute de leurs manufactures, dont les éléments de travail seraient immédiatement interceptés, et, avec eux, la subsistance de millions d'individus, sans parler des terribles représailles qui en résulteraient pour leurs côtes, tandis qu'il n'y aurait qu'un cri dans le monde contre une communauté d'hommes ayant ainsi abdiqué leur part de civilisation pour devenir une horde de boucaniers sans foi ni loi. Ils ne peuvent penser assez mal d'eux-mêmes pour croire que d'autres, dont ils respectent l'opinion, puissent leur attribuer tant de perversité et de folie.

Mais on nous dit qu'en France on est à la merci d'un homme, et que l'opinion publique est sans pouvoir dans ce pays. Nulle part nous ne nous trompons plus complétement que dans les jugements que nous portons de nos plus proches voisins. *L'opinion publique est aussi omnipotente en France qu'aux États-Unis sur les questions auxquelles le pays est intéressé;* mais elle prend une direction différente de la nôtre, ce qui nous empêche de l'apprécier. Il est absolument indispensable que la masse du peuple, j'entends de notre peuple, soit éclairée sur le caractère de la population française et les faits qui agissent sur elle. Enseignez aux Anglais à mépriser un autre peuple, ils ne seront pas loin de se prendre de querelle avec lui : or, il n'y a pas de plus sûr moyen de faire naître notre mépris que de nous dire qu'un peuple n'a pas le courage de soutenir ses droits contre la volonté arbitraire d'un usurpateur. Eh bien ! aucun peuple ne s'est cramponné avec plus de ténacité que les Français aux principes essentiels et aux conséquences de la révolution. Le but principal de l'Assemblée constituante en 1789 était d'extirper la féodalité; de trouver un système d'impôts égal pour tous ; d'établir l'égalité religieuse et la liberté des cultes en attribuant à l'État les terres et les dîmes et en mettant toutes les religions à la charge du revenu public. Cette Assemblée a fait bien d'autres

(1) *A cruel joke.*

réformes, mais elle avait surtout celles-ci en vue. L'abolition de la monarchie n'est jamais entrée dans les desseins de l'Assemblée constituante. La mort de Louis XVI (que j'attribue à l'intervention des pouvoirs étrangers) a été décrétée par la Convention trois ans plus tard.

Or, les principes de 1789 ont été maintenus, et maintenus par l'opinion publique seule, avec un sentiment de conservation plus jaloux que celui que nous avons montré pour notre bill des Droits ou l'acte d'*Habeas corpus* ; car ce dernier a été suspendu chaque fois qu'il a convenu à tel gouvernement tory ou même whig de le suspendre ; mais Napoléon à la tête de ses légions victorieuses, les Bourbons avec un clergé réactionnaire à leur suite ont été forcés de rendre hommage à ces principes. D'insidieuses tentatives ont été faites pour replanter l'arbre généalogique, mais toutes ont été étouffées aussitôt par l'opinion publique, et l'opinion publique seulement.

Apprenons à tolérer les sentiments et les vœux des autres peuples, même quand ce ne sont pas les nôtres. Car il faut nous rappeler que nous avons besoin également de tolérance de leur part. Je puis affirmer par expérience que la portion intelligente des habitants de la France, de l'Italie et des autres contrées où le code Napoléon est en vigueur et où, conséquemment, la propriété est très-divisée ont une grande peine à comprendre que les Anglais se soumettent aux coutumes féodales qui sont ici en faveur. Mais je n'ai jamais trouvé en eux de disposition à dogmatiser ou à vouloir nous donner leur système comme modèle. J'ajouterai que nous nous trompons étrangement si nous nous laissons aller à la croyance si fortement enracinée dans l'esprit de certains partis que nous sommes l'admiration et l'envie des nations qui nous environnent. Dites aux huit millions de propriétaires fonciers de la France qu'ils vont changer de condition avec le peuple d'Angleterre, où le laboureur qui cultive une ferme n'a pas plus d'intérêt dans la propriété du sol que le cheval dont il se sert, et ils seront stupéfaits d'horreur : ce serait bien vainement qu'on leur promettrait en compensation l'acte d'*Habeas corpus* ou le droit de libre réunion. Ne prodiguons donc pas notre pitié là où il y a contentement, et trêve de nos mépris envers une nation qui maintient la possession des droits qu'elle apprécie par le vigilant exercice de l'opinion publique.

La conclusion de cet argument, comme vous l'allez voir, est que là où l'opinion publique a la force de sauvegarder les grands principes opposés à toute espèce de privilège elle ne saurait être écartée dans la question d'une guerre avec l'Angleterre. Personne, je crois, ne nie que Louis-Napoléon ait obtenu la majorité des votes du peuple français. Dans l'élection pour la présidence, où il fut appuyé par les trois quarts des électeurs, son concurrent, le général Cavaignac, tenait l'urne des suffrages ; il ne pouvait y avoir de majorité frauduleuse. Dans quelle vue le peuple français l'a-t-il élu empereur? D'abord pour maintenir, comme il s'y était engagé, les principes de 1789 ; en second lieu pour rétablir l'ordre, la paix et faire naître la prospérité. Personne ne nie que ce ne soient là les désirs de la France. On nous dit cependant que Napoléon III va, au mépris de l'opinion publique, plonger le pays dans la guerre. On prétend que l'année dernière a été très-défavorable à la santé *mentale* du pays, et cela faute d'électricité. Est-ce que les écrivains *invasionnistes* sont sous l'influence de ce phénomène météorologique?

Mais l'armée ! l'armée, nous dit-on, forcera l'Empereur à faire la guerre quelque part. J'accorde humblement que, s'ils veulent à toute force chercher querelle et déclarer la guerre n'importe à qui, il y aura avantage pour eux à marcher contre la Hollande, la Prusse ou la Belgique, en tant surtout que dans cette direction la *marche* est possible en avant et, ce qui n'est pas moins important, en arrière. Si notre gouvernement avait des craintes de ce genre, il est évident qu'il ramènerait sur nos côtes l'immense flotte qui se prélasse dans la Méditerranée. Il ne peut y avoir de doute que dans le cas d'une invasion, et d'une invasion qui aurait été prévue par le gouvernement, les ministres seraient mis en jugement pour n'avoir pas pris toutes les précautions nécessaires. Mais ils gardent à Malte, à cent milles d'ici, une flotte plus puissante que toute la marine américaine ; on peut donc être sûr qu'ils n'ont pas cette crainte.

Comme je l'ai déjà dit, l'armée de la France, dont il est si souvent question, n'est pas plus considérable, proportion gardée avec sa population, que les armées des autres puissances de l'Europe. Or, comme ce pays a été, de mémoire d'homme, envahi sans provocation par la Prusse et l'Autriche, il serait vraiment déraisonnable de lui demander d'être le premier et le seul à désarmer. Une grande partie de cette armée, d'ailleurs, est à Alger, entourée de tribus hostiles ; et, pour le dire en passant, lors de la prise de possession de cette colonie, nous avions trouvé cette consolation qu'une partie de l'armée française étant en position de voir ses communications coupées avec la mer, et offerte en sacrifice aux tribus voisines, nous y gagnions une importante garantie de la paix. Mais, en résumé, tous ceux qui connaissent la France (et malheureusement le nombre en est peu considérable dans notre pays) savent que l'armée n'est pas, comme la nôtre, tirée de la lie de la société, mais qu'elle représente effectivement le peuple. Ce sont, en fait, quatre cent mille jeunes gens recrutés, à raison de quatre-vingt mille par an, dans les fermes, les boutiques et les manufactures, et qui y retournent au terme de leur service; et telles étant leur origine et leur destination, leurs opinions sont exactement celles de leurs concitoyens.

Le soldat français attend avec impatience que le temps de son service expire afin de retourner dans son petit foyer. La discipline et la morale de l'armée sont parfaites, mais la conscription est vue avec défaveur, on en peut juger par le prix du remplacement (de soixante à quatre-vingts livres sterling); et tout ce qui tendrait à étendre la période du service serait considéré par le peuple comme une calamité. Je n'ai jamais vu varier sur cette opinion que le soldat pense comme la population et ne désire pas la guerre.

Il faut finir cette longue lettre. Quelle est dans la pratique la conséquence à tirer des faits que je viens d'établir? c'est que la conciliation doit venir de notre côté. Il faut d'abord accoutumer le peuple de ce pays à retirer sa sympathie aux auteurs de la dernière guerre, entreprise pour la destruction des principes de la liberté. Quand le peuple sera convaincu, le gouvernement agira; et l'un des grands buts qu'il faut atteindre est une entente amicale, sinon une convention expresse entre les deux gouvernements dans une forme quelconque, de surseoir à cette déraisonnable émulation de préparatifs militaires à laquelle on s'est livré et on se livre encore aujourd'hui. Une seule note diplomatique échangée entre les deux contrées transforme respectivement l'esprit des gouvernements. Mais cette politique, qui entraînerait une réduction de nos dépenses de guerre, ne sera jamais inaugurée par un pouvoir exécutif aristocrate s'il n'y est poussé par l'opinion publique. Il en est de cela comme du rappel de la loi des grains : *aucun ministère ne peut prendre l'initiative de cette mesure s'il n'est sous le coup d'une pression du dehors.*

Je compte sur l'agitation du parti de la paix pour arriver à ce résultat. Il faut qu'il procède comme la Ligue, et prêche le sens commun, la justice et la vérité dans les rues et sur les marchés. Les avocats de la paix ont trouvé dans le mouvement de *Peace congress* une plate-forme commune, pour me servir d'une locution américaine, sur laquelle tous ceux qui désirent écarter la guerre et aspirent à réduire nos hideux armements modernes peuvent agir de concert sans qu'il y ait rien qui compromette la politique la plus pratique et la plus modérée ou qui blesse la conscience de mon ami M. Sturge ni de ses amis de la Société de la paix, sur le zèle religieux desquels je compte plus que sur tout le reste pour le succès de l'agitation de la paix. Rien ne témoigne plus des grands succès déjà obtenus par ce parti que les attaques dont il est l'objet, comme le frémissement des vagues contre les flancs d'un navire indique la sûreté de sa marche; c'est un encouragement à de plus grands progrès encore.

Mais le fait le plus consolant de notre époque est le changement qui s'est produit dans les sentiments de la plus grande partie du peuple depuis 1793. C'est là ce qui constitue notre grand avantage. Si l'on excepte encore une certaine tendance à tirer l'épée pour la liberté des autres peuples, sentiment qu'on peut attribuer à une généreuse sympathie, et peut-être aussi, j'en ai peur, à un peu d'orgueil et d'ignorance insulaire, il y a de nos jours peu de disposition pour la guerre. Si l'opinion populaire avait été aussi bonne en 1792, Fox et ses amis auraient empêché la dernière guerre. Quant à cette manie d'intervenir par la force dans les affaires des autres nations, il n'y a de remède pour la guérir que d'éclairer la masse du peuple sur la condition présente des nations continentales. On mettra par là un terme à ces attendrissements singuliers dont elle est parfois si prodigue, et son attention se reportera sur les vices de sa propre condition. J'ai beaucoup voyagé, toujours les yeux fixés sur cette grande majorité qui constitue partout la base active de la pyramide sociale, et je suis arrivé à cette conclusion qu'il n'est aucun pays où il y ait autant à faire avant que la masse du peuple soit ce qu'on prétend qu'elle est, ce qu'il faut qu'elle soit et ce que j'espère encore qu'elle deviendra en Angleterre. Il y a trop de vérité dans le tableau tracé par le bachelier voyageur de l'université de Cambridge pour que nous puissions continuer à nous bercer de l'idée (1) que nous n'avons rien à faire chez nous; que nous avons au contraire du temps de reste pour accorder aux nations du continent tout l'appui qu'elles peuvent désirer de nous. C'est à cette manie d'intervenir dans les affaires des autres peuples, aux guerres qui en ont été la cause et à ce moyen emprunté à l'impératrice Catherine pour détourner les peuples du sentiment de leurs souffrances intérieures qu'il faut attribuer l'état si peu satisfaisant de la masse de notre nation. Mais pour soulever l'opinion du peuple en faveur de la paix, la vérité tout entière doit être dite sur le rôle que nous avons joué dans les guerres passées. Généralement, dans toutes les entreprises, notre

---

(1) M. Kay, dans son estimable ouvrage sur l'éducation et la condition sociale des peuples du continent, fait cette triste réflexion sur l'état des choses en Angleterre. « Là où l'aristocratie est plus puissante qu'en aucun pays
« de la terre les pauvres sont plus opprimés, plus *paupérisés*, plus nom-
« breux en proportion des autres classes, plus irréligieux et beaucoup
« plus mal élevés que les pauvres d'aucune autre nation européenne, à part
« la Russie, encore barbare, la Turquie, si mal gouvernée, le Portugal et
« la révolutionnée Espagne. »

énergie nous pousse à devancer nos compétiteurs. Combien peu d'entre nous veulent se rappeler que, pendant trop longtemps nous avons pratiqué la traite sur une plus large échelle que tout le reste du monde ensemble; que nous avons fait des pactes pour que le monopole nous en fût attribué; que des ministres d'État et le trône lui-même n'en ont pas repoussé les profits particuliers. Mais, lorsque Clarkson (à qui la renommée n'a pas encore rendu justice) commença son agitation contre cet indigne trafic, il en imputa le péché à la nation; il fit appel à la conscience du peuple, et rendit la communauté responsable des crimes commis par les courtiers d'esclaves de connivence avec elle. Et les principes éternels de vérité et d'humanité qui existent toujours au fond des cœurs, quoiqu'ils puissent momentanément être obscurcis, ne furent pas invoqués en vain : nous sommes aujourd'hui, et toujours avec notre énergie caractéristique, les premiers en avant de tous les autres à prévenir, *par la force*, ce trafic que nos hommes d'État cherchaient à monopoliser il y a un siècle.

C'est ainsi que doit procéder l'agitation du parti de la paix. Il n'agira pas sur les sentiments du peuple tant qu'il le laissera se livrer à cette douce illusion que nous sommes une nation qui aime la paix. Nous avons toujours été la communauté la plus combattante par goût et la plus aggressive qui ait existé depuis le temps de la domination romaine. Depuis la révolution de 1688 nous avons dépensé plus d'un billion cinq cent millions pour des guerres dont pas une n'a eu lieu sur notre sol, censé pour la défense de nos foyers et de nos demeures. « Car, « il en est ainsi, dit un critique étranger (1) non malveillant; les autres « nations se battent sur leur territoire ou à proximité; les Anglais se « battent partout. » Depuis le temps du vieux Froissart, qui, mettant le pied sur le sol anglais, s'écriait qu'il était chez un peuple qui préférait la guerre à la paix et chez qui les étrangers étaient bien reçus, jusqu'aux jours de notre aimable et admirant visiteur, l'auteur du *Sketchl-Book*, qui, dans son plaisant portrait de John Bull, le représente caressant de la main son bâton chaque fois qu'une querelle surgit entre ses voisins, cette tendance militante a été invariablement reconnue par tous ceux qui ont étudié notre caractère national. Ce caractère se révèle dans le choix de nos histoires favorites, dans la popularité de cet écervelé de Richard, de Henri d'Azincourt, du hautain Chatham et de tout monarque ou homme d'État fameux par ses dispositions guerroyantes. Il se déploie dans notre amour pour les nombreux monuments de guerre dont nous

(1) Séjour à la cour d'Angleterre, par Richard Buth, ministre des États-Unis.

avons orné les portes même de nos marchés de commerce, dans les souvenirs fréquents de nos batailles, dans les noms de nos ponts, de nos rues, de nos omnibus; mais surtout dans le genre de décoration, toléré par l'opinion publique, de notre cathédrale métropolitaine, dont les murs sont couverts de bas-reliefs représentant des scènes de bataille et de siéges, des charges à la baïonnette, où des chevaux, des cavaliers, des vaisseaux, des canons, des fusillades vous mettent tour à tour sous les yeux, dans un temple chrétien, la prise des villes, la lutte terrible des champs de carnage. J'ai visité, je crois, tous les grands temples chrétiens des capitales de l'Europe; mais ma mémoire est en défaut ou je n'y ai rien vu de semblable. M. Layard nous a rapporté de Ninive des échantillons d'œuvres artistiques analogues, mais il ne nous a pas dit qu'ils provinssent d'églises chrétiennes.

Il ne faut pas non plus rejeter sur l'aristocratie tout le blâme de nos guerres. Jamais aristocratie ne gouverna en opposition avec les instincts du peuple. A Athènes on amusait sa vive et élégante imagination avec l'image du beau dans les arts. A Gênes et à Venise, d'abord sans territoire et qui, par conséquent, n'avaient de ressource que dans le commerce, on arrivait au pouvoir en passant par le comptoir d'un banquier ou par les bénéfices du change. En Angleterre, où le peuple, doué d'une puissante organisation physique et d'une énergie de caractère sans égale, était disposé aux choses aventureuses et aux entreprises lointaines, l'aristocratie se servit de ces qualités pour perpétuer la guerre un siècle durant. Le parti de la paix, de nos jours, doit s'efforcer de tourner à bien cette énergie, dans le même esprit qui poussa Clarkson à convertir un peuple de voleurs d'hommes en une société d'abolitionistes décidés. Loin de chercher à détruire cette énergie ni même cet esprit de lutte qui a fait de nous de si merveilleux instruments sur les champs de bataille, il faut se servir de ces qualités pour détruire l'esprit belliqueux et corriger les vices moraux sans nombre dont la société est affligée. Notre bas peuple n'est-il pas sans éducation? s'occupe-t-on des jeunes délinquants? L'ivrognerie ne se promène-t-elle plus dans nos rues? Est-ce qu'enfin il ne faut pas à la charité autant d'énergie et de courage pour sauver la vie des hommes qu'on en dépensait autrefois pour la détruire?

Une famine s'était abattue presque sur la moitié d'une grande nation. L'empressement fut général pour donner des secours d'argent et de vivres. Mais un très-petit nombre de personnes courageuses quittèrent leurs demeures de Middlesex et de Surrey et pénétrèrent dans les gorges et les marécages les plus reculés de l'île pour administrer les secours de leurs propres mains. Ils se trouvaient au milieu je ne dirai pas de la vallée de la Mort, l'image serait au-dessous de la réalité, mais dans le charnier d'une nation. Jamais, depuis le onzième siècle, la peste, cette suivante décharnée de la famine, ne fit une si abondante moisson. Au milieu d'une scène qu'aucun champ de bataille n'égala jamais, ni par le nombre des morts ni par les souffrances physiques des survivants, ces héros circulaient avec le même calme, la même tranquillité que dans leurs maisons. La population succombait si vite que les vivants ne pouvaient plus rendre aux morts les derniers devoirs. Des cadavres à demi enterrés se montraient hors de leur fosse béante. Souvent la mère mourait au milieu de ses enfants affamés, tandis que le corps du mari pourrissait à ses côtés. Au milieu de ces horreurs, ils s'avançaient, tirant de leurs propres mains les cadavres hors de la compagnie des vivants, soulevant la tête des enfants qui tombaient d'inanition, et introduisaient la nourriture dans des lèvres desséchées d'où s'échappaient des émanations fétides plus mortelles que la fusillade. C'était là du courage. Là point d'excitation nerveuse causée par la musique militaire; point de fumée qui dérobe la vue du danger; point de détonations étourdissantes; rien que l'empire sur soi, la force de la volonté, la conscience du péril, la résignation héroïque. Et quels étaient ces hommes courageux? à quels *braves corps* de l'armée appartenaient-ils? cavalerie, infanterie ou artillerie? C'étaient des quakers de Clapham et de Kingston! Si vous voulez savoir ce qu'ils ont fait, quels actes héroïques ils ont accomplis, il faut vous adresser à ceux qui en ont été les témoins. Vous ne les trouverez pas dans un volume de rapports publiés par eux-mêmes; les quakers ne rédigent pas de bulletins.

Vous me pardonnerez si, avant de déposer la plume, je compte assez sur votre indulgence pour exprimer le doute que voici: L'empressement avec lequel la carrière de lord Wellington a été choisie pour texte de manifestations en chaire est-il bien de nature à ajouter une nouvelle autorité à la parole des ministres de l'Évangile et à servir les intérêts du christianisme? Votre position n'est pas celle des hommes publics. L'homme politique, proprement dit, a cette excuse qu'il vit, se meut et trouve sa raison d'être dans les tendances de son époque. Lancé comme il l'est au milieu des événements qui se succèdent, il n'a que l'alternative de suivre le courant ou d'être rejeté sur le bord; très-peu ont la force et le courage d'opposer leur poitrine aux flots des passions populaires. Quelle différence avec vous! Placés hors de la foule, voués à la contemplation et à la propagation des principes éternels et immuables de paix et de charité, l'opinion publique non-seulement tolérerait, mais applaudirait à votre réserve lorsqu'il s'agit d'exciter l'enthousiasme guerrier et les passions belliqueuses. Mais il existe pour cette conduite une sanction plus haute que celle de l'opinion publique. Quand le maître que vous servez par dessus tous les autres se mêla aux affaires de cette vie, ce ne fut pas pour exalter le génie militaire ou prendre part au triomphe guerrier d'une nation sur une autre, mais pour prêcher la paix sur la terre et la charité envers les hommes. Le plus humble des laïques pourrait-il se tromper lorsque s'adressant au plus haut dignitaire de l'église chrétienne il lui dirait : *Allez et faites de même.*

Agréez mon cher monsieur, etc.

Rich. Cobden.

PRÉCIS

CHRONOLOGIQUE ET HISTORIQUE

DE LA VIE

DE L'EMPEREUR NAPOLÉON.

PRÉCIS

CHRONOLOGIQUE ET HISTORIQUE

DE LA VIE

DE L'EMPEREUR NAPOLÉON.

Le journal qu'on va lire faisait partie d'un recueil de pièces officielles se rapportant à l'époque impériale et publié par la maison Panckoucke vers 1819 ou 1820. D'assez grands changements nous ont paru nécessaires dans la forme. Pour le fond il n'y avait qu'à suivre, la matière ne comportant pas un travail original. Nous devions toutefois faire connaître l'origine de ce document très-intéressant.

1769.

15 août. — Naissance de Napoléon Bonaparte à Ajaccio, dans l'île de Corse : son père, Charles Bonaparte; sa mère, Lætitia Ramolini; le célèbre Paoli, son parrain.

1777.

Septembre. — Elevé d'abord au collége d'Autun, le jeune Bonaparte est reçu par la protection de M. de Marbœuf, gouverneur de l'île de Corse, à l'école royale militaire de Brienne, en Champagne.

1784.

Bonaparte est compris dans la promotion d'élèves qui passent de Brienne à l'école de Paris.

1787.

Après des examens brillants, il est nommé sous-lieutenant d'artillerie au régiment de Lafère.

1788.

Il part de Paris avec Paoli pour se rendre en Corse.

1789.

Nommé lieutenant-colonel de la garde nationale d'Ajaccio, il seconde le général Paoli, et perfectionne sous lui ses études militaires.

1792.

Banni de l'île de Corse par les factieux qui se disputaient l'autorité, Bonaparte revient en France, débarque à Marseille et reprend du service dans les armées de la république.

1793 (an 1er de la république).

26 *juillet* (8 thermidor). — Désigné pour commander l'artillerie du corps de Carteaux, envoyé contre les Marseillais insurgés et maîtres d'une partie de la Provence. Il reprend Avignon dont ils s'étaient emparés.

28 *juillet* (10 thermidor). — Il s'empare de Beaucaire, occupé également par les Marseillais.

Employé ensuite au siége de Toulon, dans l'armée du général Dugommier, Bonaparte est nommé chef de bataillon : il commande l'artillerie pendant l'absence du général Dommartin; il est blessé : se fait remarquer par les représentants du peuple pendant la durée du siége, et contribue pour une grande part à la reprise de la ville livrée aux Anglais : il jette les premiers fondements de sa réputation militaire.

1794 (an II).

29 *avril* (10 floréal). — Envoyé après le siége de Toulon à l'armée d'Italie, commandée par le général Dumerbion : se distingue à la prise de Saorgio, dans le comté

de Nice. Il est nommé général de brigade par les représentants du peuple. Devenu suspect peu de temps après, il est le premier officier de l'armée d'Italie contre lequel le comité de sûreté générale ait décerné un mandat d'arrêt. Arrêté aux avant-postes de l'armée, il est conduit au fort carré d'Antibes.

1795 (an III).

En butte à la haine du représentant Aubry, qui dirigeait la partie militaire dans le comité de salut public, Bonaparte est destitué, réintégré, destitué de nouveau, puis emprisonné. Ayant obtenu sa liberté, il est nommé commandant de l'artillerie en Hollande; il est retenu par Barras, et ne se rend point à sa destination.

3 *octobre* (11 vendémiaire an IV). — Barras le fait nommer commandant de l'artillerie à Paris.

5 *octobre* (13 vendémiaire). — Il réduit les sections insurgées contre la Convention.

10 *octobre* (18 vendémiaire). — Il est récompensé du service qu'il a rendu à la Convention par sa nomination au grade de commandant en second de l'armée de l'intérieur à Paris.

30 *octobre* (8 brumaire). — Commandant en chef de la même armée en remplacement de Barras, démissionnaire; il est chargé en outre de veiller à la police, à Paris.

1796 (an IV).

23 *février* (4 ventôse). — Nommé par le Directoire commandant en chef de l'armée d'Italie en remplacement du général Schérer.

8 *mars* (18 ventôse). — Il épouse Joséphine Tascher de la Pagerie, veuve du vicomte de Beauharnais.

11 *mars* (21 ventôse). — Il part de Paris pour se rendre en Italie, et passe par Marseille pour visiter sa famille.

20 *mars* (30 ventôse). — Il prend à Nice le commandement de l'armée d'Italie, qu'il trouve dans le dénûment le plus complet.

10 *avril* (21 germinal). — Il commence les hostilités contre l'armée autrichienne commandée par le général Beaulieu.

11 *avril* (22 germinal). — Bataille et victoire de Montenotte.

14 *avril* (25 germinal). — Bataille et victoire de Millesimo. Dans ces deux batailles, qui avaient pour but de séparer les armées piémontaise et autrichienne, il bat complétement les généraux Colli et Beaulieu.

16 *avril* (27 germinal). — Combat de Dégo.

17 *avril* (28 germinal). — Prise du camp retranché de Ceva.

22 *avril* (3 floréal). — Bataille de Mondovi. Beaulieu est défait de nouveau.

25 *avril* (6 floréal). Prise de Cherasco.

28 *avril* (9 floréal). — Bonaparte conclut un armistice avec le général piémontais Colli, et se fait céder les forteresses de Coni, Tortone et Ceva.

6 *mai* (17 floréal). Il demande au Directoire des artistes pour recueillir les monuments des arts que les victoires de l'armée mettent à la disposition du gouvernement français.

7 *mai* (18 floréal). Passage du Pô par l'armée française, et combat de Fombio.

9 *mai* (20 floréal). — Armistice conclu entre Bonaparte et le duc de Parme.

11 *mai* (22 floréal). — Passage du pont de Lodi et déroute de l'armée de Beaulieu.

12 *mai* (23 floréal). — Prise de Pizzighitone.

15 *mai* (25 floréal). — Entrée triomphale du général Bonaparte à Milan, capitale de la Lombardie.

22 *mai* (3 prairial). — Prise de Pavie.

29 *mai* (10 prairial). — Passage du Mincio et victoire de Borghetto.

3 *juin* (15 prairial). — Prise de Vérone.

4 *juin* (16 prairial). — Arrivée de Bonaparte devant Mantoue et premier investissement de cette place.

15 *juin* (27 prairial). — Armistice conclu par Bonaparte entre la France et le roi de Naples.

19 *juin* (1er messidor). — Prise de Bologne et de Modène.

23 *juin* (5 messidor). — Armistice accordé au pape par Bonaparte.

29 *juin* (11 messidor). — Prise de Livourne.

7 *juillet* (19 messidor). — Combat de la Bocchetta di Campion.

18 *juillet* (30 messidor). — Combat de Migliaretto.

20 *juillet* (2 thermidor). — Première sommation faite à Mantoue; siége régulier de la place.

29 *juillet* (11 thermidor). — Combat de Salo. Bonaparte, apprenant qu'une armée autrichienne, commandée par Wurmser, est en marche pour lui faire lever le siége de Mantoue, se porte lui-même avec toutes ses forces à la rencontre de l'ennemi.

3 *août* (16 thermidor). — Bataille de Castiglione et combat de Lonato; l'armée du général Wurmser est mise en déroute.

6 *août* (19 thermidor). — Combat de Peschiera.

11 *août* (24 thermidor). — Combat de la Corona; reprise de toutes les lignes sur le Mincio, et continuation du siége de Mantoue.

24 *août* (7 fructidor). — Combat de Borgoforte et de Governolo.

3 *septembre* (17 fructidor). — Combat de Serravalle.

4 *septembre* (18 fructidor). — Combat de Roveredo.

5 *septembre* (19 fructidor). — Prise de Trente.

7 *septembre* (21 fructidor). — Combat de Covolo.

8 *septembre* (22 fructidor). — Combat de Bassano.

12 *septembre* (26 fructidor). — Combat de Cerca.

13 *septembre* (27 fructidor). — Prise de Legnago; le même jour Wurmser, ne pouvant plus se maintenir en campagne, se jette dans Mantoue pour y chercher un refuge.

14 *septembre* (28 fructidor). — Combat de Due-Castelli.

15 *septembre* (29 fructidor). — Combat de Saint-Georges.

1796 (an v).

8 *octobre* (17 vendémiaire). — Bonaparte se fait livrer la ville de Modène.

19 *octobre* (28 vendémiaire). — Une division française com-

mandée par le général Gentili et envoyée par Bonaparte descend dans l'île de Corse, alors occupée par les Anglais.

22 *octobre* (1ᵉʳ brumaire). — L'île de Corse, conquise par les soldats de Bonaparte, retourne à la république française.

27 *octobre* (6 brumaire). — Prise de Bergame.

6 *novembre* (16 brumaire). — Combat sur la Brenta.

11 *novembre* (21 brumaire). — Combat de Caldiero.

15, 16, 17 *novembre* (25, 26, 27 brumaire). — Bataille d'Arcole : une troisième armée autrichienne, envoyée par la cour de Vienne et commandée par le général Alvinzi, est mise en fuite.

18 *novembre* (28 brumaire). — Bonaparte donne son approbation à la constitution rédigée par le sénat de Bologne pour la république cisalpine.

1797 (an v).

14 *janvier* (25 nivôse). — Bataille de Rivoli ; les Autrichiens sont mis en pleine déroute ; le général Alvinzi, qui les commandait, ne parvient qu'avec peine à se sauver.

15 *janvier* (26 nivôse). — Combat d'Anghiari, sous les murs de Venise ; la noblesse prend la fuite ; le doge abdique ; la ville est livrée à l'anarchie : les citoyens les plus notables appellent les Français pour faire cesser le désordre.

16 *mai* (27 floréal). — Les Français prennent possession de la ville et des forts de Venise.

3 *juin* (15 prairial). — Bonaparte envoie au Directoire les drapeaux pris sur les Vénitiens.

6 *juin* (18 prairial). — Convention de Montebello entre le général Bonaparte et les députés de Gênes.

9 *juillet* (21 messidor). — La république cisalpine est établie sous la protection du gouvernement français.

25 *juillet* (7 thermidor). — Bonaparte réunit la Romagne à la république cisalpine.

22 *août* (5 fructidor). — Bonaparte part de Milan pour se rendre au congrès d'Udine.

1797 (an vi).

17 *octobre* (26 vendémiaire). — Traité de paix conclu et

signé à Campo-Formio par le général Bonaparte au nom de la république française et les plénipotentiaires de l'empereur d'Allemagne. Par ce traité, la république française est reconnue ; l'Empereur renonce à toutes ses prétentions sur les Pays-Bas et sur le territoire de la république cisalpine, dont il reconnaît l'indépendance, etc., etc.

26 *octobre* (5 brumaire). — Bonaparte est nommé général en chef de l'armée dite *d'Angleterre,* rassemblée par ordre du Directoire sur les côtes de l'Océan.

31 *octobre* (10 brumaire). — Bonaparte envoie à Paris le général Berthier et le savant Monge pour présenter au Directoire le traité de paix conclu avec l'Empereur.

15 *novembre* (25 brumaire). — Bonaparte part de Milan pour se rendre au congrès de Rastadt et présider la légation française.

17 *novembre* (27 brumaire). — Bonaparte divise la république cisalpine en vingt départements.

26 *novembre* (6 frimaire). — Arrivée de Bonaparte à Rastadt.

1er *décembre* (11 frimaire). — Convention militaire signée à Rastadt entre le général Bonaparte et le comte de Cobentzel.

5 *décembre* (15 frimaire). — Arrivée du général Bonaparte à Paris.

9 *décembre* (19 frimaire). — Bonaparte est appelé au commandement en chef de l'armée d'Angleterre.

10 *décembre* (20 frimaire). — Il remet au Directoire, dans une audience solennelle, le traité de Campo-Formio, ratifié par l'empereur d'Allemagne. Il rappelle dans son discours les exploits de l'armée d'Italie et présente un drapeau sur lequel sont inscrits les noms des victoires remportées par nos soldats. On frappe des médailles à cette occasion, etc., etc.

22 *décembre* (2 nivôse). — Fête donnée à Bonaparte par le Corps législatif.

25 *décembre* (5 nivôse). — Bonaparte est nommé membre de l'Institut.

1798 (an VI).

3 *janvier* (14 nivôse). — Fête donnée à Bonaparte par le

ministre des relations extérieures dans l'église de Saint-Sulpice.

23 *février* (4 ventôse). — Bonaparte revient à Paris après avoir visité les côtes de l'Océan, en face de l'Angleterre.

5 *mars* (15 ventôse). — Arrêté du Directoire qui charge Bonaparte du soin de diriger le grand armement formé sur les côtes de la Méditerranée.

2 *avril* (13 germinal). — Le Directoire arrête que Bonaparte se rendra sur-le-champ à Brest pour prendre le commandement des forces navales qui y sont rassemblées.

12 *avril* (23 germinal). — Arrêté du Directoire qui nomme Bonaparte général en chef de l'armée d'Orient.

3 *mai* (14 floréal). — Bonaparte se rend à Toulon.

8 *mai* (19 floréal). — Arrivée de Bonaparte à Toulon : sa proclamation adressée à l'armée.

19 *mai* (30 floréal). — Départ de Bonaparte pour l'Égypte avec l'armée d'expédition.

9 *juin* (21 prairial). — La flotte française paraît devant Malte.

10 *juin* (22 prairial). — Débarquement des Français dans l'île.

12 *juin* (24 prairial). — Capitulation de l'île de Malte; Bonaparte s'occupe de l'administration qui doit être établie dans l'île.

19 *juin* (1er messidor). — Il part de Malte et emmène avec lui les bâtiments de guerre trouvés dans le port.

1er *juillet* (13 messidor). — Arrivée de la flotte française en vue d'Alexandrie et débarquement de l'armée.

2 *juillet* (14 messidor). — Attaque et prise d'Alexandrie.

11 *juillet* (23 messidor). — Combat de Damanhour.

12 *juillet* (24 messidor). — Combat de Rhamanieh.

14 *juillet* (26 messidor). — Combat de Chébréiss.

23 *juillet* (5 thermidor). — Bataille des Pyramides. Bonaparte fait son entrée dans la ville du Caire, abandonnée par Ibrahim Bey.

1er *août* (14 thermidor). — Bataille navale d'Aboukir.

5 *août* (18 thermidor). — Combat d'El-Khanka.

10 *août* (23 thermidor). — Combat de Salahieh.

12 *août* (25 thermidor). — Combat de Remérich.
18 *août* (1er fructidor). — Inondation annuelle du Nil.
20 *août* (3 fructidor). — Bonaparte préside en cérémonie à l'ouverture des digues.
21 *août* (4 fructidor). — Création de l'Institut d'Egypte.
15 *septembre* (29 fructidor). — Combat de Caf'Schabbas-Amer.

1798 (an VII).

22 *septembre* (1er vendémiaire). — Bonaparte fait célébrer au Caire l'anniversaire de la fondation de la république française.
20 *septembre* (8 vendémiaire). — Combat de Mit-El-Haroun.
4 *octobre* (13 vendémiaire). — Combat de Matarieh.
8 *octobre* (17 vendémiaire). — Bataille de Sédiman.
21 et 22 *octobre* (30 vendémiaire et 1er frimaire.) — Violente insurrection au Caire; les dispositions du général en chef rétablissent promptement l'ordre.
9 *novembre* (19 brumaire). — Combat de Faïoum. — Prise de Suez.
21 *décembre* (1er nivôse). — Bonaparte rétablit au Caire le divan, qu'il avait dissous après l'insurrection.
25 *décembre* (5 nivôse). — Il quitte la capitale de l'Égypte pour faire une reconnaissance à Suez, où il arrive le 27.

1799 (an VII).

6 *février* (18 pluviôse). — Ouverture de la campagne de Syrie; arrivée de l'armée expéditionnaire à Katieh.
9 *février* (21 pluviôse). — Prise d'El-Arich.
7 *mars* (17 ventôse). — Prise de Jaffa.
15 *mars* (25 ventôse). — Combat de Qâquoum.
18 *mars* (28 ventôse). — Commencement du siége de Saint-Jean d'Acre.
28 *mars* (8 germinal). — Premier assaut livré à Saint-Jean d'Acre.

3 *avril* (14 germinal). — Combat de Sour.

6 *avril* (17 germinal). — Combat de Nazareth.

8 *avril* (19 germinal). — Combat de Loubi.

9 *avril* (20 germinal). — Combat de Cana.

11 *avril* (22 germinal). — Combat de Seid-Jarra.

16 *avril* (27 germinal). — Bataille du mont Thabor, gagnée sur les musulmans par les généraux Bonaparte et Kléber.

4 *mai* (15 floréal). — Second assaut livré à Saint-Jean d'Acre.

8 *mai* (19 floréal). — Troisième assaut.

10 *mai* (21 floréal). — Quatrième assaut.

17 *mai* (28 floréal). — Levée du siége de Saint-Jean d'Acre.

29 *mai* (10 prairial). — Prise de Kosseir.

14 *juin* (26 prairial). — Retour de Bonaparte au Caire.

14 *juillet* (26 messidor). — Il quitte le Caire pour se porter à la rencontre de l'armée turque, commandée par le grand vizir et débarquée à Aboukir.

19 *juillet* (1er thermidor). — Il arrive à Rhamanich.

25 *juillet* (7 thermidor). — Bataille d'Aboukir; l'armée musulmane entièrement détruite.

2 *août* (15 thermidor). — Le petit nombre de Turcs échappés à la bataille et qui s'étaient réfugiés dans le fort d'Aboukir implorent la clémence de Bonaparte, qui les reçoit à quartier.

18 *août* (1er fructidor). — Bonaparte quitte le Caire pour se rendre à Alexandrie, où il arrive le 21.

22 *août* (5 fructidor). — Il s'embarque sur la frégate *la Muiron*, qui doit le porter en France.

1799 (an VIII).

1er *octobre* (10 vendémiaire). — Il arrive à Ajaccio.

9 *octobre* (18 vendémiaire). — Il débarque à Fréjus; il est reçu comme un libérateur par la population dans les départements qu'il traverse.

16 *octobre* (25 vendémiaire). — Il arrive à Paris.

6 *novembre* (15 brumaire). — Fête donnée par le gou-

vernement dans l'église Saint-Sulpice aux généraux Bonaparte et Moreau.

9 *novembre* (18 brumaire). — Décret du conseil des Anciens qui met à la disposition du général Bonaparte la garde du Corps législatif et toutes les troupes de la dix-septième division militaire, dont Paris était le chef-lieu.

10 *novembre* (19 brumaire). — Décret rendu par le conseil des Anciens, portant l'abolition du Directoire, l'expulsion de soixante membres du conseil des Cinq-Cents, la création provisoire d'une nouvelle magistrature destinée à exercer le pouvoir exécutif jusqu'à l'établissement d'une nouvelle constitution, et désignant Sieyès, Roger-Ducos et Bonaparte pour exercer provisoirement cette nouvelle magistrature sous le nom de *Consuls de la République*.

13 *décembre* (22 frimaire). — Promulgation de la constitution de l'an VIII. Le pouvoir exécutif est confié pour dix ans à trois consuls. Bonaparte, premier consul, Cambacérès, deuxième, Lebrun, troisième. — Établissement du sénat, du conseil d'État, du Corps législatif et du tribunat. Le nombre des sénateurs sera de quatre-vingts, des conseillers d'État de trente, des députés au Corps législatif de trois cents, des membres du tribunat de cent.

25 *décembre* (4 nivôse). — Loi qui règle le mode et la nature des récompenses à accorder aux militaires qui se sont distingués ou se distingueront par des actions d'éclat.

26 *décembre* (5 nivôse). — Lettre du premier consul Bonaparte au roi d'Angleterre, dans laquelle il lui fait part de sa nomination à la première magistrature de la république et de son désir de voir la France et l'Angleterre s'entendre pour arriver à la paix générale.

29 *décembre* (8 nivôse). — Le premier Consul accorde une amnistie générale aux habitants insurgés des départements de l'Ouest.

1800 (an VIII).

1er *janvier* (11 nivôse). — Installation du Corps législatif et du tribunat.

5 *janvier* (15 nivôse). — Création d'un premier inspecteur général du génie.

19 *janvier* (29 nivôse). — Installation du gouvernement consulaire aux Tuileries.

23 *janvier* (3 pluviôse). — Établissement de la banque de France.

12 *février* (23 pluviôse). — Soumission des chouans du département du Morbihan.

18 *février* (29 pluviôse). — Établissement d'un préfet pour chaque département.

3 *mars* (12 ventôse). — Décret ordonnant la clôture de la liste des émigrés.

8 *mars* (17 ventôse). — Le premier Consul arrête qu'il sera formé à Dijon une armée de réserve de soixante mille hommes.

22 *mars* (1er germinal). — Création de la république des Sept-Iles vénitiennes.

27 *mars* (6 germinal). — Décret pour la création d'un conseil des prises.

2 *avril* (12 germinal). — Le premier Consul nomme le général Carnot ministre de la guerre en remplacement du général Berthier, appelé au commandement en chef de l'armée de réserve.

18 *avril* (28 germinal). — Il nomme Bernadotte général en chef de l'armée de l'Ouest.

6 *mai* (16 floréal). — Le premier Consul quitte Paris pour aller prendre le commandement de l'armée de réserve, devenue l'armée d'Italie.

15 *mai* (25 floréal). — Latour d'Auvergne, ayant refusé les grades qui lui ont été offerts, est nommé premier grenadier de France.

16, 17, 18 *mai* (26, 27, 28 floréal). — Passage du mont Saint-Bernard par le premier Consul à la tête de l'armée.

22 *mai* (2 prairial). — Prise de Suze et de Verceil.

25 *mai* (5 prairial). Prise de la citadelle d'Ivrée.

29 *mai* (9 prairial). — Reprise de Nice et passage du Tésin.

2 *juin* (13 prairial). — Prise de Milan. Le premier Consul rétablit la république cisalpine.

7 *juin* (18 prairial). — Prise de Pavie.

8 *juin* (19 prairial). — Combat et prise de Plaisance.

9 *juin* (20 prairial). — Passage du Pô et bataille de Montebello.

14 *juin* (25 prairial). — Bataille de Marengo ; elle coûte aux Autrichiens vingt mille hommes, quarante pièces de canon, douze drapeaux ; à la France le général Desaix, l'un des généraux qui ont le plus contribué à la victoire.

15 *juin* (26 prairial.) — Convention d'Alexandrie entre le premier Consul et Mélas, commandant en chef de l'armée autrichienne. Cette convention rend à la France toutes les conquêtes faites en Italie pendant les années 1796 et 1797.

18 *juin* (29 prairial). — Le premier Consul établit à Milan une *consulte* chargée de réorganiser la république cisalpine.

23 *juin* (4 messidor). — Il rétablit l'université de Pavie.

26 *juin* (7 messidor). — Il fait transporter le corps de Desaix au mont Saint-Bernard, et ordonne qu'il sera érigé en ce lieu un monument à la mémoire du général.

30 *juin* (11 messidor). — Il ordonne la reconstruction de la place de Bellecour à Lyon, et pose lui-même la première pierre.

3 *juillet* (14 messidor). — Retour du premier Consul à Paris.

28 *juillet* (9 thermidor). — Il signe les préliminaires de la paix entre la France et l'Autriche.

13 *août* (25 thermidor). — Il nomme le général Brune commandant en chef de l'armée d'Italie.

25 *août* (7 fructidor). — Il organise le Conseil d'État et nomme les conseillers.

3 *septembre* (16 fructidor). — Convention d'amitié et de commerce entre les États-Unis et la république française.

20 *septembre* (troisième jour complémentaire). — Nouvel armistice entre l'Autriche et la France. L'Empereur ayant refusé de signer les préliminaires de paix, un autre congrès est indiqué à Lunéville, et le premier Consul nomme le général Clarke commandant extraordinaire de cette place.

Même jour. — Inauguration du prytanée de Saint-Cyr et translation solennelle des cendres de Turenne au temple de Mars (l'église des Invalides).

30 *septembre* (8 vendémiaire). — Traité de paix entre la France et le dey d'Alger.

6 *octobre* (14 vendémiaire). — Le premier Consul ordonne au général Brune de faire occuper le grand-duché de Toscane.

8 *octobre* (16 vendémiaire). — Il nomme le général Berthier ministre de la guerre.

10 *octobre* (18 vendémiaire). — Arrestation dans les couloirs de l'Opéra de Demerville, Ceracchi et autres, prévenus d'avoir voulu assassiner le premier Consul.

11 *octobre* (19 vendémiaire). — Bonaparte nomme son frère Joseph plénipotentiaire de la république au congrès de Lunéville.

24 *décembre* (3 nivôse). — Explosion d'une machine infernale dirigée contre la personne du premier Consul au moment où il passait dans la rue Saint-Nicaise, se rendant à l'Opéra. Bonaparte ne doit son salut qu'à l'adresse de son cocher, qui a tourné la charrette sur laquelle était la machine, au lieu de faire débarrasser le passage.

1801 (an IX).

11 *janvier* (21 nivôse). — Création de tribunaux spéciaux : le gouvernement pourra en créer autant qu'il le jugera nécessaire.

17 *janvier* (27 nivôse). — Rétablissement de la compagnie d'Afrique. Le premier Consul charge le général Turreau de diriger les travaux de la route d'Italie par le Simplon.

9 *février* (20 pluviôse). — Traité de paix entre la France et l'empereur d'Allemagne, signé à Lunéville par le comte de Cobentzel et Joseph Bonaparte.

10 *février* (21 pluviôse). — Arrêté des consuls qui ordonne le renvoi devant la justice des auteurs de la machine infernale.

18 *février* (27 pluviôse). — Armistice entre la république française et le roi des Deux-Siciles.

4 *mars* (13 ventôse). — Arrêté des consuls qui ordonne qu'il sera fait chaque année, du 17 au 22 septembre, une exposition publique des produits de l'industrie française.

9 *mars* (18 ventôse). — Décret portant réunion des départements de la Roër, de la Sarre, de Rhin-et-Moselle et du Mont-Tonnerre à la république française.

19 *mars* (28 ventôse). — Le gouvernement est autorisé par une loi à établir des bourses de commerce.

Même jour. — Traité entre la république française et le roi d'Espagne, par lequel le duché de Parme est cédé à la France et la Toscane au prince de Parme avec le titre de roi d'Étrurie.

25 *mars* (4 germinal). — Le premier Consul ordonne la construction de trois nouveaux ponts sur la Seine : un devant le jardin des Plantes, l'autre dans la Cité, le troisième devant le Louvre.

28 *mars* (7 germinal). — Traité de paix entre la république française et le roi de Naples. Porto-Longone, l'île d'Elbe et la principauté de Piombino sont cédées à la France. Ferdinand s'engage à fermer ses ports aux Anglais.

1er *avril* (11 germinal). — Le premier Consul nomme le général Macdonald ministre plénipotentiaire de la république près le roi de Danemark.

6 *avril* (16 germinal). — Saint-Régent et Carbon, convaincus d'avoir pris part au complot de la machine infernale, sont exécutés à Paris.

1er *mai* (11 floréal). — Occupation de l'île d'Elbe par les Français.

8 *mai* (18 floréal). — Organisation définitive de la société de la Charité maternelle.

21 *mai* (1er prairial). — L'Institut présente au premier Consul son projet de travail pour la continuation de son Dictionnaire de la langue française.

4 *juillet* (14 messidor). — Le premier Consul nomme le nègre Toussaint-Louverture gouverneur à vie de Saint-Domingue.

15 *juillet* (26 messidor). — Concordat entre le premier Con-

sul et le pape Pie VII. Les évêques et archevêques, nommés par le premier Consul, recevront du pape l'institution canonique.

24 *juillet* (6 thermidor). — Traité de paix et d'alliance entre la république française et l'électeur de Bavière.

31 *juillet* (12 thermidor). — Organisation de la gendarmerie en France.

27 *août* (9 fructidor). — Création d'un ministère du trésor public. Barbé-Marbois est appelé à la tête de ce ministère.

29 *septembre* (7 vendémiaire). — Traité de paix signé à Madrid entre la république française et le roi de Portugal.

1er *octobre* (9 vendémiaire). — Préliminaires de paix signés à Londres entre la France et l'Angleterre.

8 *octobre* (16 vendémiaire). — Traité de paix signé à Paris entre la France et la Russie.

9 *octobre* (17 vendémiaire). — Préliminaires de paix signés à Paris entre la France et la Sublime Porte.

12 *novembre* (21 brumaire). — Consulte législative de la république cisalpine convoquée à Lyon. Le premier Consul est invité à assister à ses séances.

16 *novembre* (25 brumaire). — Fêtes solennelles à Paris, à l'occasion de la paix.

21 *novembre* (30 brumaire). — Départ de Brest de l'expédition de Saint-Domingue sous les ordres du général Leclerc, beau-frère du premier Consul.

1802 (an x).

8 *janvier* (18 nivôse). — Arrivée du premier Consul à Lyon.

25 *janvier* (5 pluviôse). — Le premier Consul accepte le titre de président de la république italienne, qui lui est offert par la Consulte.

4 *mars* (13 ventôse). — Arrêté des consuls ordonnant qu'il leur sera présenté un tableau général des progrès et de l'état des sciences, des lettres et des arts, depuis 1789 jusqu'en 1802.

8 *mars* (17 ventôse). — Traité de paix entre la France et la régence d'Alger.

Même jour. — Création d'un directeur de l'administration de la guerre, ayant rang et fonction de ministre. — Dejean est nommé directeur.

25 *mars* (4 germinal). — Traité de paix définitif entre la république française, le roi d'Espagne, la république batave d'une part, et la Grande-Bretagne de l'autre, signé à Amiens.

3 *avril* (13 germinal). — Bonaparte, président de la république italienne, convoque à Milan le corps législatif pour le 24 juin 1804.

8 *avril* (18 germinal). — Adoption par le corps législatif du concordat signé par le premier Consul et le pape Pie VII, et réglant l'organisation du culte en France. — Le cardinal Caprara est autorisé par Bonaparte à exercer les fonctions de légat *à latere*. — Suppression des décades.

18 *avril* (28 germinal). — Le premier Consul et toutes les autorités de la république assistent en grande pompe au *Te Deum* chanté à Notre-Dame à l'occasion du traité de paix signé à Amiens et du rétablissement du culte catholique en France.

26 *avril* (6 floréal). — Loi d'amnistie en faveur de tout prévenu d'émigration non radié : permission accordée à tout émigré de rentrer en France sous la condition de prêter serment de fidélité au gouvernement et à la constitution de l'an VIII.

1er *mai* (11 floréal). — Création des écoles primaires, secondaires et spéciales, autrement dites lycées, aux frais du trésor public.

8 *mai* (18 floréal). — Le sénat conservateur nomme Bonaparte consul pour dix après le temps fixé par la constitution.

10 *mai* (20 floréal). — Arrêté des consuls portant que le peuple français sera consulté sur cette question : Napoléon Bonaparte sera-t-il consul à vie ?

19 *mai* (29 floréal). — Loi portant création de l'ordre de la Légion d'honneur.

20 *mai* (30 floréal). — Traité particulier entre la république française et le duc de Wurtemberg.

24 *mai* (4 prairial). — Traité par lequel le prince d'Orange renonce à la dignité de stathouder des Provinces-Unies.

15 *juin* (26 prairial). — Le premier Consul fonde un prix

(une médaille d'or de 3,000 fr.) pour encourager les savants à faire des expériences sur l'électricité et le galvanisme : l'Institut sera juge des découvertes faites dans ces deux parties de la science.

25 *juin* (6 messidor). — Traité de paix entre la république française et la Porte Ottomane, qui confirme tous les traités antérieurs.

2 *juillet* (13 messidor). — Lucien Bonaparte, Joseph Bonaparte et le général Kellermann, sénateurs, sont nommés membres du grand conseil de la Légion d'honneur.

2 *août* (14 thermidor). — Un sénatus-consulte, interprétant le vœu du peuple français, proclame Napoléon Bonaparte premier consul à vie et lui donne le droit de se nommer un successeur.

4 *août* (16 thermidor). — Autre sénatus-consulte organique qui accorde aux autres consuls la même prorogation de pouvoir, les déclare de droit membres du sénat et leur en attribue la présidence.

Même jour. — Création d'un grand juge, ministre de la justice. — Regnier est nommé grand juge.

21 *août* (3 fructidor). — Le premier Consul préside pour la première fois le sénat conservateur.

26 *août* (8 fructidor). — Réunion de l'île d'Elbe à la France.

2 *septembre* (15 fructidor). — Le sénat helvétique réclame la médiation du premier Consul.

3 *septembre* (16 fructidor). — Installation de la république valaisane.

11 *septembre* (24 fructidor). — Réunion du Piémont à la France. Il est divisé en six départements : le Pô, la Doire, la Sésia, la Stura, le Tanaro et Marengo.

14 *septembre* (27 fructidor). — Décret qui supprime le ministère de la police, et réunit ses attributions à celles du grand juge.

1802 (an XI).

4 *octobre* (12 vendémiaire). — Décret qui crée une garde municipale soldée pour le service de la ville de Paris ; elle

consiste en deux mille cent cinquante-quatre hommes à pied et cent quatre-vingts à cheval.

Même jour. — Les diverses écoles d'artillerie et de génie sont réunies à Metz.

18 *octobre* (26 vendémiaire). — Un sénatus-consulte invite les étrangers à former en France des établissements utiles; un an de domicile suffira pour acquérir le titre de citoyen français.

12 *décembre* (21 frimaire). — Bonaparte, premier consul, est proclamé restaurateur de l'indépendance du Valais.

24 *décembre* (3 nivôse). — Création de chambres de commerce dans les principales villes de la république, en vertu d'un arrêté des consuls.

1803 (an XI).

3 *janvier* (13 nivôse). — Le premier Consul nomme le général Rochambeau commandant en chef de l'armée de Saint-Domingue et capitaine général de la colonie en remplacement de son beau-frère le général Leclerc, mort dans cette île.

4 *janvier* (14 nivôse). — Sénatus-consulte qui crée trente sénatoreries, avec une dotation de 25,000 fr. en domaines nationaux.

17 *janvier* (27 nivôse). — Promotion au cardinalat, sur la demande du premier Consul, de MM. de Belloy, archevêque de Paris; Fesch, oncle de Bonaparte, archevêque de Lyon; Cambacérès, frère du consul du même nom, archevêque de Rouen; et Boisgelin, archevêque de Tours.

23 *janvier* (3 pluviôse). — Nouvelle organisation de l'Institut de France: il est divisé en quatre classes: première, des sciences; deuxième, de la langue et de la littérature; troisième, d'histoire et de littérature ancienne; quatrième, des beaux-arts.

28 *janvier* (8 pluviôse). — Organisation d'une école spéciale militaire, établie à Fontainebleau.

19 *février* (30 pluviôse). — Le premier Consul, en sa qualité de médiateur de la confédération helvétique, termine les différends qui se sont élevés entre les cantons suisses. L'Helvétie est divisée en dix-neuf cantons ayant chacun sa propre constitution.

25 *février* (6 **ventôse**). — Établissement à Compiègne d'une école spéciale des arts et métiers.

10 *mars* (19 ventôse). — Loi sur l'exercice de la médecine. — Rétablissement du doctorat pour les médecins et chirurgiens.

18 *avril* (28 germinal). — Arrêté des consuls qui fixe le diamètre des nouvelles pièces d'or, d'argent et de cuivre.

30 *avril* (10 floréal). — La république française cède la Louisiane aux États-Unis.

14 *mai* (24 floréal). — Communication au sénat, au Corps législatif et au tribunat, de l'*ultimatum* du roi d'Angleterre. Le roi de la Grande-Bretagne, contrairement aux dispositions du traité d'Amiens, exige la possession pour dix ans de l'île de Lampedosa et l'île de Malte, en outre l'évacuation de la Hollande.

22 *mai* (2 prairial). — La république française déclare la guerre à l'Angleterre. Ordre d'arrêter tous les Anglais qui se trouvent en France.

30 *mai* (10 prairial). — Décret portant organisation de l'administration des monnaies.

3 *juin* (14 prairial). — Occupation du Hanovre par les Français; l'armée anglaise est faite prisonnière de guerre; fuite du duc de Cambridge, son général.

7 *juin* (18 prairial). — La ville de Rouen et d'autres villes votent la construction à leurs frais d'un vaisseau de guerre pour être employé contre les Anglais.

20 *juin* (1er messidor). — Arrêté des consuls portant qu'il ne sera plus reçu dans les ports de France aucune denrée provenant des colonies anglaises.

23 *juin* (4 messidor). — Le premier consul Bonaparte part de Paris pour visiter des départements de la ci-devant Belgique.

2 *juillet* (13 messidor). — Il visite Dunkerque, Anvers, etc.

22 *juillet* (3 thermidor). — Il arrive à Bruxelles.

28 *juillet* (9 thermidor). — Il ordonne la réunion du Rhin, de la Meuse et de l'Escaut, au moyen d'un grand canal de communication.

Même jour. — Il nomme l'amiral Truguet commandant en chef des forces navales rassemblées à Brest.

11 *août* (23 thermidor). — Retour du premier Consul à Paris.

19 *août* (1ᵉʳ fructidor). — L'Angleterre refuse la médiation de la Russie, proposée par le premier Consul.

21 *août* (3 fructidor). — Bonaparte nomme le sénateur Lacépède grand chancelier de la Légion d'honneur.

27 *août* (9 fructidor). — Le vice-amiral Brueys est nommé commandant de la flottille nationale, avec le titre d'amiral.

1803 (an XII).

24 *septembre* (1ᵉʳ vendémiaire). — Le pont des Arts est ouvert au public. — Le prytanée de Paris est converti en lycée.

27 *septembre* (4 vendémiaire) — Traité d'alliance entre la France et la Suisse.

9 *octobre* (16 vendémiaire). — Le premier Consul donne une audience extraordinaire à l'ambassadeur de la Porte Ottomane.

27 *octobre* (4 brumaire). — Publication du traité par lequel la république française cède aux États-Unis la Louisiane moyennant la somme de soixante millions de francs.

3 *novembre* (11 brumaire). — Le premier Consul part de Paris pour faire une tournée sur les côtes et visiter les travaux qu'il a ordonnés pour une descente en Angleterre.

5 *novembre* (13 brumaire). — Il assiste à un combat qui a lieu à Boulogne entre une division anglaise et la flottille française.

18 *novembre* (26 brumaire). — Retour du premier Consul à Paris.

20 *décembre* (28 frimaire). — Sénatus-consulte qui donne une nouvelle organisation au Corps législatif. Le premier Consul fera l'ouverture de la session.

1804 (an XII).

6 *janvier* (15 nivôse). — Ouverture du Corps législatif par le premier Consul pour la session de l'an XII.

11 *janvier* (20 nivôse). — Le premier Consul nomme M. de Fontanes président du Corps législatif, avec cent mille francs de traitement.

16 *janvier* (25 nivôse). — Il nomme le général Murat gouverneur de Paris.

31 *janvier* (10 pluviôse). Le général Jourdan commande en chef l'armée d'Italie.

15 *février* (25 pluviôse). — Arrestation du général Moreau, accusé d'avoir conspiré avec Pichegru et Georges Cadoudal contre la vie du premier Consul et pour le rétablissement des Bourbons sur le trône.

17 *février* (27 pluviôse). — Rapport du grand juge sur cette conspiration.

28 *février* (8 ventôse). — Arrestation de Pichegru dans la rue Chabanais.

9 *mars* (18 ventôse). — Arrestation de Georges Cadoudal au carrefour de l'Odéon.

10 *mars* (19 ventôse). — Ouverture du jubilé accordé à la France par le pape à l'occasion du concordat.

13 *mars* (22 ventôse). — Décret des consuls qui institue des écoles de droit dans toutes les grandes villes de la république.

17 *mars* (26 ventôse). — Arrestation du duc d'Enghien à Ettenheim, dans le margraviat de Bade.

21 *mars* (30 ventôse). — Le Corps législatif adopte le projet de loi concernant la réunion des lois civiles en un seul corps de lois sous le nom de *Code Civil des Français*, appelé depuis *Code Napoléon*.

26 *mars* (5 germinal). — Loi qui organise la régie des droits réunis et place ce nouveau service dans les attributions du ministre des finances. Français de Nantes est nommé directeur général.

4 *avril* (14 germinal). — Formation d'une société pour la propagation de la vaccine.

30 *avril* (10 floréal). — Séance extraordinaire du tribunat pour entendre la motion du tribun Curée, proposant : 1° que le premier consul Bonaparte soit déclaré empereur; 2° que cette dignité soit héréditaire dans sa famille; 3° qu'on s'occupe sans retard de compléter le système d'institutions de la République.

2 *mai* (12 floréal). — Les membres du Corps législatif, réunis dans la salle de la questure, émettent le vœu que Napoléon Bonaparte soit déclaré empereur; que la dignité impériale soit héréditaire dans sa famille; que le système représentatif soit affermi sur des bases inébranlables. Carnot, membre du tribunat, se montre seul contraire à cette proposition.

18 *mai* (28 floréal). — Sénatus-consulte organique qui défère au premier consul Bonaparte le titre d'empereur des Français et qui établit l'hérédité impériale dans sa descendance directe, naturelle et légitime, de mâles en mâles, par ordre de primogéniture, à l'exclusion des femmes. Les colléges électoraux, la haute-cour impériale, les grandes dignités de l'empire sont institués par le même acte. Le même jour l'Empereur nomme les grands officiers de la couronne : Joseph Bonaparte, grand électeur; Louis Bonaparte, connétable; le consul Cambacérès, archichancelier de l'empire; le consul Lebrun, architrésorier.

19 *mai* (29 floréal). — L'Empereur crée maréchaux de l'empire les généraux Berthier, Murat, Moncey, Jourdan, Masséna, Augereau, Bernadotte, Soult, Brune, Lannes, Mortier, Ney, Davoust, Bessières, Kellermann, Lefebvre, Pérignon, Serrurier.

10 *juin* (21 prairial). — Arrêt de la cour de justice criminelle qui condamne à la peine de mort Georges Cadoudal, Bouvet de Lozier, Russillon, Rochelle, Armand de Polignac, Charles d'Hozier, de Rivière, Louis du Corps, Picot, Lajolais, Roger dit Loiseau, Coster-Saint-Victor, Deville, Armand Gaillard, Joyaux-Barban, Lemercier, P. J. Cadoudal et Mirelle; à deux ans de réclusion le général Moreau, Jules de Polignac, la fille Hezai et Rollan. Les autres prévenus sont acquittés. Napoléon accorde la grâce à Armand de Polignac, de Rivière, Bouvet de Lozier, Lajolais, Rochelle, Gaillard, Russillon et Charles d'Hozier; il commue la peine du général Moreau en un exil perpétuel.

12 *juin* (23 prairial). — Règlement sur les inhumations.

10 *juillet* (21 messidor). — Décret impérial qui rétablit le ministère de la police générale. — Autre décret qui règle la forme

de la décoration de la Légion d'honneur. — Autre décret qui crée un ministère des cultes, et appelle M. Portalis à la tête de ce ministère.

15 *juillet* (26 messidor). — Napoléon se rend en grande cérémonie à l'hôtel des Invalides pour la première distribution des croix de la Légion d'honneur.

16 *juillet* (27 messidor). — Organisation de l'école impériale polytechnique.

18 *juillet* (29 messidor). — Napoléon part de Paris pour aller visiter les côtes et inspecter les camps formés d'après ses ordres.

1er *août* (13 thermidor). — Il visite celui d'Ambleteuse; le 5 il arrive à Calais, dont il visite le port et les fortifications; le 9 il visite la rade de Dunkerque, et part pour Ostende; le 15 il retourne à Boulogne, après avoir visité Ostende, Furnes, Nieuport, etc., etc. Le 16 grande fête militaire au camp de la Tour-d'Ordre. Il reçoit le serment des troupes et distribue les croix de la Légion d'honneur.

6 *août* (18 thermidor). — Décret impérial qui rétablit les missions étrangères.

25 *août* (7 fructidor). — Autre décret qui organise sur de nouvelles bases le corps des ingénieurs des ponts et chaussées.

10 *septembre* (23 fructidor). — Institution de grands prix décennaux qui doivent être distribués par l'Empereur; tous les arts et les sciences sont admis à concourir.

12 *octobre* (20 vendémiaire). — Retour de l'Empereur à Saint-Cloud.

17 *octobre* (25 vendémiaire). — Décret impérial qui convoque le Corps législatif à l'occasion du couronnement de Napoléon.

6 *novembre* (15 brumaire). — Sénatus-consulte qui déclare qu'après vérification des votes le peuple français veut l'hérédité de la dignité impériale dans la famille de Napoléon 1er.

25 *novembre* (4 frimaire). — Le pape Pie VII part le 2 de Rome, arrive à Fontainebleau, où il trouve l'Empereur, qui s'était rendu au-devant lui.

28 *novembre* (7 frimaire). — Il arrive à Paris avec Napoléon dans la même voiture.

2 *décembre* (11 frimaire). — L'empereur Napoléon Ier et l'impératrice Joséphine sont sacrés et couronnés dans l'église métropolitaine de Paris par le pape Pie VII.

3 *décembre* (12 frimaire). — Distribution des aigles impériales au Champ de Mars; les troupes, en les recevant, prêtent serment de fidélité à l'Empereur.

13 *décembre* (22 frimaire). — Le sénat conservateur donne une grande fête à l'occasion du couronnement.

16 *décembre* (25 frimaire). — Autre fête et banquet donnés à l'Empereur et à l'Impératrice par la ville de Paris.

27 *décembre* (6 nivôse). — Napoléon fait l'ouverture du Corps législatif pour la session de l'an XIII.

1805 (an XIII).

1er *janvier* (11 nivôse). — Lettre de l'empereur Napoléon au roi d'Angleterre, dans laquelle il invite ce monarque à se réunir à lui pour procurer au monde la paix générale.

14 *janvier* (24 nivôse). — Inauguration de la statue de Napoléon dans la salle du Corps législatif.

29 *janvier* (9 pluviôse). — Décret qui ordonne la construction d'une ville dans la Vendée, sous le nom de *Napoléon-Ville*.

1er *février* (12 pluviôse). — Création de la charge de grand amiral et d'archichancelier de l'État et de l'empire; la première est conférée à Murat, la deuxième à Eugène Beauharnais, adopté par l'Empereur.

13 *mars* (22 ventôse). — Députation solennelle des colléges électoraux et corps constitués de la république italienne. Ils portent aux pieds de l'Empereur le vœu de leur nation, et le proclament roi d'Italie.

18 *mars* (27 ventôse). — L'Empereur accepte la couronne de fer en présence du sénat de France. Dans cette même séance il cède à sa sœur Élisa, en toute propriété, le duché de Piombino, et confère au mari de cette princesse le titre de prince de l'empire.

24 *mars* (3 germinal). — Le fils du prince Louis-Napoléon est baptisé par le pape Pie VII au château de Saint-Cloud.

31 *mars* (10 germinal). — L'Empereur et l'Impératrice partent de Paris pour se rendre en Italie et le pape pour se rendre à Rome.

24 *avril* (4 floréal). — Visite faite dans la ville de Turin à Napoléon et à Joséphine par le pape Pie VII.

8 *mai* (18 floréal). — L'Empereur pose sur le champ de bataille de Marengo la première pierre du monument consacré à la mémoire des soldats qui y sont morts.

Même jour. — Il fait son entrée à Milan.

26 *mai* (6 prairial). — Napoléon et Joséphine sont couronnés roi et reine d'Italie par le cardinal Caprara, archevêque.

6 *juin* (17 prairial.) — D'après le vœu émis par la république ligurienne (Gênes), cette république est réunie à l'empire français.

7 *juin* (18 prairial). — Le prince Eugène Beauharnais est nommé par Napoléon vice-roi du royaume d'Italie.

10 *juin* (21 prairial). — Napoléon part de Milan pour visiter quelques départements du royaume d'Italie.

17 *juin* (28 prairial). — Il fonde l'ordre de la couronne de fer, et organise l'Université de Turin.

23 *juin* (4 messidor). — Réunion de la république de Lucques à la principauté de Piombino. Bacciochi, beau-frère de Napoléon, prend le titre de prince de Lucques et de Piombino.

30 *juin* (11 messidor). — Arrivée de Napoléon et de Joséphine à Gênes, qui leur donne une fête le 2 juillet.

11 *juillet* (22 messidor). — Retour de l'Empereur et de l'Impératrice à Fontainebleau.

21 *juillet* (2 thermidor). — Réunion de Parme, Plaisance et Guastalla à la France.

2 *août* (14 thermidor). — Napoléon part de Saint-Cloud pour Boulogne et visite les camps qui bordent la côte.

16 *août* (28 thermidor). — D'après l'ordre de l'Empereur, quatre-vingt mille hommes se réunissent sur les frontières de l'Autriche.

31 *août* (13 fructidor). — Le prytanée de Saint-Cyr est érigé en prytanée militaire français.

2 *septembre* (15 fructidor). — Retour de Napoléon à Paris.

9 *septembre* (22 fructidor). — Sénatus-consulte qui remet en usage le calendrier grégorien pour le 1er janvier 1806.

23 *septembre* (1er vendémiaire). — Séance extraordinaire du sénat. Après avoir fait connaître la conduite hostile de l'Autriche, l'Empereur annonce qu'il va commander ses armées en personne. Le sénat décrète une levée de quatre-vingt mille conscrits. Un second décret ordonne la réorganisation de la garde nationale pour la défense des côtes.

24 *septembre* (2 vendémiaire). — L'Empereur et l'Impératrice partent pour Strasbourg.

1er *octobre* (9 vendémiaire). — Napoléon passe le Rhin et harangue l'armée.

3 *octobre* (11 vendémiaire). — La Suède s'engage à faire la guerre avec la France.

7 *octobre* (15 vendémiaire). — Combat sur le Lech.

8 *octobre* (16 vendémiaire). — Combat de Werthingen.

9 *octobre* (17 vendémiaire). — Combat de Guntzbourg.

10 *octobre* (18 vendémiaire). — L'Empereur établit son quartier général à Augsbourg.

14 *octobre* (22 vendémiaire). — Combat d'Elchingen.

17 *octobre* (25 vendémiaire). — Capitulation du général Mack dans la ville d'Ulm. Toute l'armée autrichienne est faite prisonnière de guerre.

21 *octobre* (29 vendémiaire). — Prise de Munich. — Décret impérial qui ordonne que le mois écoulé depuis le 23 septembre jusqu'au 22 octobre sera compté pour une campagne à toute l'armée.

24 *octobre* (2 brumaire). — L'Empereur fait son entrée dans Munich.

26 *octobre* (4 brumaire.) — Passage de l'Inn sur plusieurs points.

29 *octobre* (7 brumaire). — Combat de Marienzel; l'Empereur établit son quartier général à Braunau.

30 *octobre* (8 brumaire). — Combat de Mehrenbach. Prise de Salzbourg; le même jour l'armée d'Italie bat les Autrichiens.

31 *octobre* (9 brumaire). — Combat de Lambach.

5 *novembre* (14 brumaire). — Passage de la Traun par l'armée française.

9 *novembre* (18 brumaire). — L'Empereur établit son quartier général à Molck, à seize lieues de Vienne.

11 *novembre* (20 brumaire). — Combat de Diernstein.

13 *novembre* (22 brumaire). — L'armée française fait son entrée dans Vienne : Napoléon reste à Schœnbrunn, où il établit son quartier général.

15 *novembre* (24 brumaire). — Le général Clarke est nommé gouverneur de la haute et basse Autriche; le conseiller d'État Daru, intendant général. — Combat d'Hollabrun entre les Français et l'avant-garde de l'armée russe.

16 *novembre* (25 brumaire). — Défaite des Russes à Guntersdorf.

17 *novembre* (26 brumaire). — Invasion du Tyrol par le maréchal Ney; combats de Clauzen et de Bautzen.

18 *novembre* (27 brumaire). — Entrée du prince Murat dans Brünn, capitale de la Moravie; quartier général de Napoléon à Porlitz; l'empereur d'Autriche se retire à Olmutz.

22 *novembre* (1er frimaire). — Combat naval de Trafalgar. Les flottes française et espagnole sont détruites. L'amiral anglais est tué.

28 *novembre* (7 frimaire). — L'empereur Napoléon envoie le général Savary complimenter l'empereur Alexandre, dont le quartier général est à Vischau. En même temps il donne l'ordre d'une retraite simulée pour tromper l'ennemi.

1er *décembre* (10 frimaire). — Napoléon, à la vue des Russes manœuvrant pour le tourner, s'écrie : *Demain cette armée sera à nous.* Le soir il visite les bivouacs : enthousiasme des soldats.

2 *décembre* (11 frimaire). — Bataille d'Austerlitz. L'armée austro-russe est anéantie.

3 *décembre* (12 frimaire). — Napoléon accorde à l'empereur d'Autriche une entrevue que lui a fait demander celui-ci par le prince de Lichtenstein.

4 *décembre* (13 frimaire). — Entrevue des deux Empereurs auprès du village de Nasedlowitz.

5 *décembre* (14 frimaire). — Napoléon fait arrêter la marche de ses troupes, qui enveloppaient les débris de l'armée russe et l'empereur Alexandre lui-même avec une partie de sa garde.

6 *décembre* (15 frimaire). — Armistice conclu entre Napoléon et l'empereur d'Autriche. Alexandre retourne précipitamment à Saint-Pétersbourg.

7 *décembre* (16 frimaire). — Décret impérial en faveur des veuves et des enfants des militaires de tout grade morts à la bataille d'Austerlitz. — Autre décret qui ordonne que les canons russes et autrichiens pris sur le champ de bataille d'Austerlitz seront fondus, et serviront à l'érection, sur la place Vendôme à Paris, d'une colonne consacrée à la gloire de l'armée française.

13 *décembre* (22 frimaire). — Napoléon reçoit à Schœnbrunn la députation des maires de Paris; il lui remet les drapeaux pris à Austerlitz, pour être suspendus aux voûtes de l'église Notre-Dame.

26 *décembre* (5 nivôse). — Traité de paix signé à Presbourg entre la France et l'Autriche; les électeurs de Bavière et de Wurtemberg sont élevés à la dignité de rois. — Les états vénitiens sont réunis au royaume d'Italie.

27 *décembre* (6 nivôse). — Entrevue à Schœnbrunn de Napoléon et du prince Charles, frère de l'empereur d'Autriche

Même jour. — Napoléon publie à Schœnbrunn une proclamation annonçant que la dynastie de Naples a cessé de régner.

1806 [1].

1er *janvier.* — Maximilien-Joseph est proclamé roi de Bavière en présence de l'Empereur et de l'Impératrice. — Le tribunat, en corps, porte au sénat quarante-cinq drapeaux pris à la bataille d'Austerlitz. — Le pont d'Austerlitz, construit

---

[1] Par un sénatus-consulte en date du 9 septembre, le calendrier grégorien ayant été substitué au calendrier républicain à partir du 1er janvier 1806, nous cessons de faire mention de celui-ci.

en fer vis-à-vis du jardin des Plantes, est livré au public.

14 janvier. — Le roi de Bavière donne sa fille en mariage au prince Eugène de Beauharnais ; l'Empereur et l'Impératrice assistent à la cérémonie.

Même jour. — Notification de ce mariage est faite au sénat par l'archichancelier, qui annonce en même temps que l'Empereur a adopté pour son fils le prince Eugène, et l'appelle à lui succéder comme roi d'Italie, à défaut de descendants naturels et légitimes de Napoléon.

19 janvier. — Les drapeaux pris à la bataille d'Austerlitz sont reçus en cérémonie par le clergé de Notre-Dame.

26 janvier. — Retour de l'Empereur et de l'Impératrice à Paris ; ils reçoivent les compliments des différents corps de l'État.

6 février. — Le sultan Sélim III reconnaît Napoléon Ier empereur des Français.

8 février. — Entrée des troupes françaises dans le royaume de Naples.

15 février. — Le prince Joseph, frère de l'Empereur, prend possession de Naples.

Même jour. — Le roi de Prusse reçoit de Napoléon le Hanovre en échange du territoire qu'il a cédé à la France.

20 février. — L'église de Sainte-Geneviève (le Panthéon) est rendue au culte catholique ; elle conservera néanmoins la destination qu'elle avait reçue de l'assemblée constituante, d'être le lieu de la sépulture des grands hommes.

Même jour. — Décret de l'Empereur qui ordonne la restauration de l'église de Saint-Denis et consacre cette église à la sépulture des princes de la dynastie de Napoléon.

28 février. — Institution d'une chaire de belles-lettres à l'école polytechnique : Andrieux est nommé professeur.

2 mars. — Ouverture du Corps législatif par Napoléon pour la session de 1806.

4 mars. — Adoption par l'Empereur de la princesse Stéphanie, nièce de l'Impératrice, et mariage de cette princesse avec le prince héréditaire de Bade.

12 mars. — Décrets pour le rétablissement et l'ouverture de canaux et de grandes routes.

15 mars. — Napoléon cède les duchés de Clèves et de Berg à son beau-frère le prince Murat, qui en prend possession sous le titre de duc de Berg et de Clèves.

30 mars. — Joseph Bonaparte est proclamé par son frère Napoléon roi des Deux-Siciles. — La principauté de Guastalla est transférée à la princesse Pauline, sœur de Napoléon, sous le titre de duchesse de Guastalla, et celle de Neufchâtel au maréchal Berthier, sous le titre de prince de Neufchâtel.

Même jour. — Décret ou statut en forme de loi qui fixe l'état des princes et princesses de la famille impériale.

4 avril. — Décret de Napoléon qui ordonne que le catéchisme approuvé par le cardinal légat sera en usage dans toutes les églises françaises.

7 avril. — Cérémonies du mariage de la princesse Stéphanie Napoléon avec le prince héréditaire de Bade.

22 avril. — Loi qui donne à la banque de France une organisation définitive, et étend à vingt-cinq ans le privilége de quinze années qui lui avait été accordé.

27 avril. — Le général Lauriston prend possession de la ville et du territoire de Raguse au nom de l'empereur des Français.

2 mai. — Décret qui ordonne la construction de quinze nouvelles fontaines à Paris.

10 mai. — Loi qui institue l'université impériale.

12 mai. — Clôture du Corps législatif; il a adopté dans cette session le Code de procédure civile.

28 mai. — L'électeur archichancelier d'Allemagne, prince-primat, nomme pour son coadjuteur et successeur le cardinal Fesch, oncle de Napoléon.

30 mai. — Décret qui invite tous les sujets de l'empire professant la religion juive à envoyer des députés à Paris.

5 juin. — Une députation solennelle des états de Hollande demande à l'Empereur son frère Louis Napoléon pour roi; l'Empereur adhère au vœu des États.

Même jour. — Décret impérial qui confère à M. Talleyrand,

grand chambellan, la principauté de Bénévent, sous le titre de prince de Bénévent, et au maréchal d'empire Bernadotte le titre de prince de Ponte-Corvo.

Même jour. — Napoléon donne une première audience à Mouhed-Effendi, ambassadeur extraordinaire de la Porte Ottomane.

11 juin. — Décret portant organisation du conseil d'État et fixant ses attributions.

16 juin. — Institution à l'école d'Alfort d'une chaire d'économie rurale.

24 juin. — Suppression des maisons de jeu dans tout l'empire.

4 juillet. — Loi qui organise les haras dans tous les départements et nomme les chefs de ces établissements.

6 juillet. — Combats livrés aux Russes et aux Monténégrins par les Français sous les ordres des généraux Lauriston et Molitor.

17 juillet. — Un traité solennel établit la confédération du Rhin : les rois de Bavière, de Wurtemberg, les électeurs archichancelier de Bade, le duc de Berg et de Clèves et plusieurs autres princes d'Allemagne forment cette confédération et se séparent à perpétuité de l'empire germanique. L'empereur Napoléon est proclamé protecteur de ladite confédération, qui change la balance politique de l'Europe et tend à une pacification plus durable.

20 juillet. — Traité de paix signé à Paris entre la France et la Russie ; l'empereur Alexandre, sur les instances de l'Angleterre, refuse de ratifier ce traité.

26 juillet. — Première assemblée des juifs, convoquée à Paris par Napoléon, d'après son décret du 30 mai, sous le nom de *Grand Sanhédrin*.

5 août. — Lord Lauderdale arrive à Paris en qualité d'ambassadeur, pour remplacer M. Fox dans les négociations ouvertes entre la France et l'Angleterre.

20 septembre. — L'empereur Napoléon, attaqué par la Prusse, réclame le concours des princes de la confédération du Rhin, aux termes de l'acte de confédération.

25 *septembre*. — L'Empereur part de Saint-Cloud pour se mettre à la tête de son armée, et combattre la quatrième coalition formée par la Prusse, la Russie, la Suède et l'Angleterre.

28 *septembre*. — Arrivée de Napoléon à Mayence avec l'Impératrice.

30 *septembre*. — L'électeur de Wurtzbourg se réunit à la confédération du Rhin, et prend le titre de grand-duc.

1er *octobre*. — Napoléon passe le Rhin avec son état-major.

7 *octobre*. — Message de l'Empereur au sénat pour lui annoncer la nécessité de recommencer la guerre et l'informer des préparatifs qu'il vient de faire pour en assurer le succès.

8 *octobre*. — L'Empereur quitte Bamberg pour se porter à la tête de l'armée.

9 *octobre*. — Combat de Saalbourg, et enlèvement des magasins de l'ennemi à Hoff.

10 *octobre*. — Combat de Saalfeldt; le prince Ferdinand de Prusse y est tué.

14 *octobre*. — Bataille d'Iéna. L'armée prussienne essuie une défaite complète : elle est anéantie. Le duc de Brunswick et le prince Henri de Prusse sont grièvement blessés; la reine n'échappe qu'avec peine à la poursuite du vainqueur.

16 *octobre*. — Capitulation d'Erfurt. Le prince d'Orange et le feld-maréchal Moëllendorf sont faits prisonniers.

Même jour. — Le roi de Prusse demande un armistice, qui est refusé par Napoléon.

17 *octobre*. — Combat de Halle. Le prince Eugène de Wurtemberg, général de l'armée de réserve prussienne, est défait, et son corps d'armée presque entièrement détruit.

18 *octobre*. — Prise de Leipsick par le maréchal Davoust.

21 *octobre*. — Les Français interceptent la route de Magdebourg, où les Prussiens comptaient se rallier. Le duc de Brunswick met ses États sous la protection de l'Empereur.

24 *octobre*. — Prise de Potsdam; l'Empereur y établit son quartier général; visite le lendemain le tombeau du grand Frédéric, et envoie à l'hôtel des Invalides de Paris l'épée de ce prince.

25 *octobre*. — Capitulation de Spandau.

26 *octobre*. — Blocus de Magdebourg.

27 *octobre*. — Napoléon fait son entrée à Berlin. Il accorde à la princesse d'Haztfeld la grâce de son mari, gouverneur de la ville.

28 *octobre*. — Prise de Prentzlow. Le grand-duc de Berg fait capituler le corps d'armée commandé par le prince de Hohenlohe.

29 *octobre*. — Prise de la forteresse de Stettin.

1er *novembre*. — Capitulation de la forteresse de Custrin.

Le maréchal Mortier s'empare de la Hesse au nom de l'Empereur des Français.

6 et 7 *novembre*. — Bataille de Lubeck. Onze généraux prussiens, à la tête desquels se trouvaient Blücher et le prince de Brunswick-Oels, cinq cent dix-huit officiers, quatre mille chevaux, plus de vingt mille hommes et soixante drapeaux tombés en notre pouvoir par suite de cette victoire. Lubeck emporté d'assaut après un combat sanglant.

10 *novembre*. — Suspension d'armes entre l'Empereur et le roi de Prusse; elle reste sans effet. Prise de la ville de Posen.

11 *novembre*. — Prise de la ville et forteresse de Magdebourg.

19 *novembre*. — L'Empereur reçoit à Berlin une députation du sénat de Hambourg. — Obligation imposée à toutes les villes occupées par les Français de déclarer saisies toutes les marchandises et propriétés anglaises.

20 *novembre*. — Capitulation de la place d'Hameln.

25 *novembre*. — Capitulation de celle de Niembourg. — L'Empereur rend à Berlin le décret qui déclare les îles britanniques en état de blocus, et interdit avec elles tout commerce et toute communication.

27 *novembre*. — Napoléon, résolu de pousser activement la guerre contre la Russie, s'allie à la Prusse; il établit son quartier général à Posen.

28 *novembre*. — Combat de Lowiez, où le général russe Benigsen est battu.

29. — Occupation de Varsovie par les Français.

2 *décembre*. — Décret impérial qui ordonne l'érection sur l'emplacement de l'église de la Magdeleine d'un monument à la gloire de l'armée, sous le nom de *Temple de la gloire* et devant porter cette inscription : *L'empereur Napoléon aux soldats de la grande armée.*

3 *décembre*. — Capitulation de la forteresse de Glogau.

4 *décembre*. — Une levée de quatre-vingt mille conscrits est mise à la disposition de l'Empereur par le sénat.

6 *décembre*. — Passage de la Vistule par les Français, à Thorn.

11 *décembre*. — Passage du Bug à Ockecmin. Traité de paix et d'alliance entre l'empereur Napoléon et l'électeur de Saxe, qui se réunit à la confédération du Rhin et prend le titre de roi de Saxe. Son contingent, en cas de guerre, est de vingt mille hommes.

16 *décembre*. — L'Empereur part de Posen.

19 *décembre*. — Il arrive à Varsovie et visite les retranchements élevés dans le faubourg de Praga pour protéger cette ville.

23 *décembre*. — Il passe le Bug, fait jeter sur cette rivière, à l'embouchure de l'Wkra, un pont qui est achevé en deux heures; y fait passer une division du corps d'armée du maréchal Davoust, qui met en déroute quinze mille Russes à Czarnowo.

24 *décembre*. — Combat de Nazietzk ; le général russe Kamenskoi est défait.

25 et 26 *décembre*. — Bataille de Pulstuck; retraite de l'armée russe après avoir perdu quatre-vingts pièces d'artillerie, tous ses caissons, douze cents voitures et dix à douze mille hommes.

1807.

5 *janvier*. — Capitulation de Breslau.

7 *février*. — Bataille de Preusch-Eylau; l'armée russe est de nouveau obligée de battre en retraite.

9 *février*. — Première séance de l'Institut au palais des sciences et des arts (le Louvre).

15 *février*. — Combat d'Ostrolenka. Parmi les morts se trouve le général Suwarow, fils du maréchal de ce nom.

16 *février*. — L'Empereur envoie à Paris les drapeaux pris à Eylau; il ordonne que les canons russes seront fondus pour dresser une statue au général d'Hautpoult, commandant des cuirassiers, tué dans cette journée.

24 *février*. — Combat de Peterswalde.

52 *février*. — Passage de la Passarge à Liebstadt.

5 *mars*. — Le pont d'Austerlitz est ouvert aux voitures.

6 *mars*. — Décret impérial qui met en état de siége les ports de Brest et d'Anvers; le premier sous les ordres du général sénateur Aboville, le deuxième sous ceux du général sénateur Ferino.

7 *mars*. — Combat de Guttstadt et de Willemberg.

12 *mars*. — Combat de Lignau.

7 *avril*. — Sénatus-consulte qui appelle la conscription de 1808.

18 *avril*. — Suspension d'armes signée à Schlatkow entre l'Empereur et le roi de Suède.

25 *avril*. — L'Empereur établit son quartier général à Finkenstein. — Décret impérial concernant les théâtres de Paris : ils sont divisés en grands théâtres et théâtres secondaires.

1er *mai*. — Capitulation de la place de Neiss, assiégée par le général Vandamme.

15 *mai*. — Combat livré sous les murs de Dantzick entre les troupes françaises et le corps d'armée russe du général Kaminski, accouru pour secourir cette place, assiégée par le maréchal Lefebvre. Les Russes sont repoussés avec perte.

24 *mai*. — Dantzick se rend au maréchal Lefebvre après cinquante et un jours de tranchée ouverte.

28 *mai*. — Décret impérial qui confère au maréchal Lefebvre le titre de duc de Dantzick.

1er *juin*. — L'Empereur vient visiter Dantzick.

4 *juin*. — Les négociations de paix entamées entre la Russie et la France étant rompues depuis quelques jours, les hostilités recommencent. Les Russes sont battus à Spandenn, au moment où ils voulaient traverser la Passarge.

5 juin. — Nouveau combat de Spandenn ; les Français franchissent la Passarge et se mettent à la poursuite des Russes.

6 juin. — Combat de Deppen ; les Russes sont culbutés de nouveau.

8 juin. — L'Empereur établit son quartier général à Deppen.

11 juin. — Bataille d'Heilsberg, presque sans résultat. Le lendemain l'armée russe quitte les retranchements qu'elle occupait en avant de la ville.

14 juin. — Bataille de Friedland ; l'armée russe est entièrement anéantie. Précipitation des Russes, qui rompent les ponts derrière eux pour se soustraire à la poursuite du vainqueur.

16 juin. — Occupation de Kœnigsberg par les Français.

19 juin. — L'Empereur établit son quartier général à Tilsitt, où, depuis quelques jours, l'empereur de Russie et le roi de Prusse ont établi le leur.

21 juin. — Armistice conclu entre les deux Empereurs et le roi de Prusse.

25 juin. — Entrevue des trois souverains sur le Niémen. La moitié de la ville est déclarée neutre pour la facilité des communications. Fêtes, revues pendant les négociations de paix.

7 juillet. — Traité de paix entre les deux Empereurs, déclaré commun aux rois de Naples et de Hollande, frères de Napoléon. Alexandre reconnaît la confédération du Rhin, et promet sa médiation pour engager l'Angleterre à ne plus apporter d'obstacles à la paix.

9 juillet. — Traité de paix entre le roi de Prusse et l'Empereur des Français sur les mêmes bases que le précédent. Le roi de Prusse recouvre toutes ses provinces excepté celles de Pologne, spécifiées dans le traité, et qui seront possédées en toute souveraineté par le roi de Saxe.

13 juillet. — Les hostilités recommencent entre la France et la Suède.

17 juillet. — Napoléon rend visite au roi de Saxe à Dresde.

24 juillet. — Il arrive à Francfort.

27 juillet. — De retour à Saint-Cloud.

28 *juillet*. — Il reçoit les félicitations du sénat, du tribunat, du Corps législatif, de la cour de cassation, de la cour d'appel, du clergé, de la cour de justice criminelle, du corps municipal, etc.

9 *août*. — Berthier, prince de Neufchâtel, est élevé à la dignité de vice-connétable, et Talleyrand, prince de Bénévent, à celle de vice-grand électeur.

15 *août*. — L'Empereur se rend à Notre-Dame pour entendre le *Te Deum* à l'occasion de la paix de Tilsitt.

16 *août*. — Ouverture du Corps législatif; session de 1807.

19 *août*. — Sénatus-consulte qui supprime le tribunat et donne au Corps législatif une nouvelle organisation.

Même jour. — Les Français s'emparent de la ville de Stralsund.

22 *août*. — Célébration du mariage de Jérôme-Napoléon Bonaparte avec la princesse Catherine, fille du roi de Wurtemberg.

3 *septembre*. — Décret ordonnant que le *Code civil des Français* portera désormais le titre de *Code Napoléon*.

3 *septembre*. — Capitulation de l'île de Rugen, qui achève la conquête de la Poméranie suédoise.

8 *septembre*. — Décret portant création du royaume de Westphalie : Jérôme Napoléon est proclamé roi de ce pays.

18 *septembre*. — Clôture du Corps législatif; il a adopté dans cette session le Code de commerce.

28 *septembre*. — Décret qui institue et organise une cour des comptes.

1er *octobre*. — Décret qui réunit les diocèses de Parme et de Plaisance à l'Église gallicane.

12 *octobre*. — Sénatus-consulte portant que les provisions ne seront expédiées aux juges qu'après cinq ans d'exercice.

14 *octobre*. — Exposition au musée des objets d'art conquis par les armées.

27 *octobre*. — Traité signé à Fontainebleau entre la France et l'Espagne, par lequel les deux parties contractantes conviennent de se partager le Portugal. Le roi d'Espagne s'engage à donner le passage, à cet effet, à vingt-cinq mille hommes

d'infanterie et à trois mille hommes de cavalerie françaises.

29 *octobre*. — Décret impérial qui admet gratuitement dans les lycées deux cents nouveaux élèves, fils de militaires et de fonctionnaires publics.

6 *novembre*. — Le comte Tolstoï, ambassadeur de Russie, présente ses lettres de créance à l'Empereur.

8 *novembre*. — Arrivée de l'ambassadeur de Perse à Paris ; parmi les présents qu'il offre à l'Empereur, au nom de son maître, se trouvent les sabres de Tamerlan et de Thamas-Kouli-Kan.

10 *novembre*. — Dispositions relatives aux halles, marchés et rues de Paris.

11 *novembre*. — Traité entre la France et la Hollande ; la ville de Flessingue est cédée aux Français.

16 *novembre*. — L'Empereur part de Paris pour visiter ses Etats d'Italie.

21 *novembre*. — Il arrive à Milan.

25 *novembre*. — Entrée triomphale à Paris des corps de la garde impériale : la ville leur donne une fête.

28 *novembre*. — Seconde fête au palais du Luxembourg donnée à la garde par le sénat.

29 *novembre*. — Napoléon arrive à Venise. Le même jour le général Junot, après avoir traversé l'Espagne, s'empare d'Abrantès, première ville de Portugal.

30 *novembre*. — L'armée française prend possession de Lisbonne.

17 *décembre*. — Décret qui déclare *dénationalisé* tout bâtiment qui se soumettra aux dispositions de l'ordonnance rendue le 11 novembre par le roi d'Angleterre. (Cette ordonnance mettait tous les ports de la France et ceux de ses alliés en état de blocus, et ordonnait la visite sur mer de tous les bâtiments européens qui seraient rencontrés par les croisières britanniques.)

20 *décembre*. — Napoléon proclame le fils du prince Eugène prince de Venise et sa fille Joséphine princesse de Bologne.

26 *décembre*. — Le ministre de l'intérieur pose la première

pierre d'un grenier d'abondance à Paris, situé sur les terrains de l'ancien arsenal.

1808.

1er *janvier*. — Retour de l'Empereur à Paris.

4 *janvier*. — Napoléon et Joséphine vont dans l'atelier du peintre David voir le tableau de leur couronnement.

16 *janvier*. — Statuts définitifs de la banque de France.

27 *janvier*. — Le port de Flessingue et ses dépendances sont réunis à l'empire français.

1er *février*. — Organisation du gouvernement provisoire du Portugal. Le général Junot est nommé gouverneur général.

2 *février*. — Sénatus-consulte nommant un gouverneur général des départements au delà des Alpes; le prince Camille Borghèse, beau-frère de Napoléon, est revêtu de cette dignité.

6 *février*. — Rapport fait à l'Empereur par la classe des sciences physiques et mathématiques sur les progrès de ces sciences depuis 1789.

17 *février*. — Napoléon ordonne que les Algériens seront arrêtés dans ses États tant que ses sujets génois, retenus prisonniers à Alger, ne seront pas mis en liberté.

19 *février*. — Rapport de la classe d'histoire et de littérature anciennes sur les progrès des sciences et des arts depuis 1789.

22 *février*. — Rapport de la classe de la langue et de la littérature françaises, présenté à l'Empereur par Chénier, sur les progrès des lettres depuis 1789.

11 *mars*. — Sénatus-consulte qui institue des titres de noblesse héréditaires, tels que ceux de *ducs*, *comtes*, *barons*, etc.

16 *mars*. — Création des juges auditeurs auprès des cours d'appel.

17 *mars*. — Organisation définitive donnée à l'Université, et création d'une académie dans chaque ville où siége une cour d'appel. M. de Fontanes est nommé grand maître de l'Université impériale.

26 *mars*. — Lettre du roi d'Espagne Charles IV à Napo-

léon, dans laquelle il lui fait part de sa résolution de commander lui-même ses forces de terre et de mer.

27 mars. — Bref du pape à Napoléon, où Pie VII se plaint des vexations que lui font éprouver les agents français.

2 avril. — L'Empereur part de Paris pour se rendre à Bayonne.

3 avril. — Note du ministre des relations extérieures au légat du pape, en réponse au bref de Pie VII, et dans laquelle il déclare au cardinal Caprara que l'Empereur ne saurait reconnaître le principe que les prélats ne sont pas sujets du souverain, etc.

4 avril. — Napoléon fait son entrée à Bordeaux.

10 avril. — Arrivée de l'Impératrice dans cette ville.

15 avril. — L'Empereur arrive à Bayonne.

18 avril. — Il écrit au prince des Asturies (Ferdinand VII).

20 avril. — Il reçoit au château de Marrac le prince des Asturies et don Carlos, son frère.

22 avril. — Le général Miollis fait arrêter le gouverneur de Rome et l'envoie à Fénestrelle.

23 avril. — Le grand-duc de Berg entre dans Madrid à la tête d'une division française.

28 avril. — L'empereur Napoléon rend une visite au roi d'Espagne, à la reine et au prince de la Paix, qui viennent d'arriver à Bayonne.

2 mai. — Insurrection à Madrid. Murat, de concert avec la junte suprême du gouvernement espagnol, parvient à l'apaiser.

7 mai. — Il est nommé par le roi Charles IV lieutenant général du royaume.

8 mai. — Traité signé à Bayonne par le roi Charles IV, dans lequel il cède à son allié l'empereur Napoléon tous ses droits sur les Espagnes. Adhésion de tous les enfants du roi à cet acte, qui est annoncé officiellement au conseil suprême de Castille et à celui de l'inquisition.

13 mai. — La junte du gouvernement espagnol, présidée par **Murat**, demande pour roi **Joseph Napoléon**, frère de l'Empereur.

22 *mai*. — Le roi et la reine d'Espagne se retirent en France. Compiègne est désigné pour le lieu de leur séjour ; les princes sont envoyés au château de Valençay, propriété du prince Talleyrand, dans le département d'Indre-et-Loire.

24 *mai*. — Sénatus-consulte qui réunit à l'empire français les duchés de Parme et de Plaisance et le duché de Toscane.

25 *mai*. — Napoléon convoque à Bayonne une junte générale espagnole pour le 15 juin.

6 *juin*. — L'Empereur proclame son frère Joseph Napoléon roi des Espagnes et des Indes, et lui garantit l'intégrité de ses États.

7 *juin*. — Le nouveau roi reçoit les hommages des grands d'Espagne, des conseils et des diverses autorités espagnoles.

15 *juin*. — La junte espagnole tient sa première séance à Bayonne.

23 *juin*. — Insurrection générale en Espagne. Le maréchal Bessières défait une armée espagnole à San-Ander.

28 *juin*. — Combat et prise de Valence par le maréchal Moncey.

3 *juillet*. — Décrets impériaux relatifs à l'institution des majorats.

5 *juillet*. — Décret de Napoléon qui défend la mendicité dans tout l'empire français.

7 *juillet*. — L'acte constitutionnel est rédigé par la junte espagnole. Le roi prête serment à la nation, représentée par le président.

13 *juillet*. — L'Empereur approuve et adopte la constitution espagnole. (Elle était, dans presque toutes ses dispositions, conforme à celle des Français, dite de l'an VIII.)

15 *juillet*. — Le grand-duc de Berg est proclamé par Napoléon roi de Naples et de Sicile.

19 *juillet*. — L'archichancelier de l'empire Cambacérès est nommé duc de Parme et l'architrésorier Lebrun duc de Plaisance.

Même jour. — Bataille de Baylen. Le général Dupont donne dans une embuscade : une partie de son armée est détruite ; il est obligé de capituler pour sauver le reste.

20 *juillet*. — Arrivée à Paris de l'ambassadeur perse Asker-Kan, avec une suite nombreuse.

21 *juillet*. — Capitulation de Baylen. L'armée française tout entière est prisonnière de guerre des Espagnols.

22 *juillet*. — Napoléon quitte le château de Marrac pour retourner à Paris.

30 *juillet*. — Décret qui adjoint un très-grand nombre d'officiers de tous grades et de soldats légionnaires aux colléges électoraux de départements et d'arrondissements.

31 *juillet*. — M. Beugnot, conseiller d'État, prend possession, au nom de l'empereur Napoléon, du grand-duché de Berg, resté vacant par l'avénement de Murat au trône des Deux-Siciles.

12 *août*. — Combat de Rorissa, en Portugal, entre les troupes françaises et l'armée anglaise, commandée par le général Wellesley. Les Anglais sont repoussés.

13 *août*. Décrets impériaux qui ordonnent l'ouverture d'une grande route de Paris à Madrid et de grands travaux publics dans plusieurs départements.

15 *août*. — Retour de l'Empereur à Saint-Cloud.

21 *août*. — Bataille de Vimeyra, entre l'armée de lord Wellesley et les Français, commandés par le général Junot; les Anglais obtiennent l'avantage.

20 *août*. — L'Empereur reçoit en grande cérémonie le comte Tolstoï, ambassadeur de Russie. — Exposition aux Tuileries des présents envoyés par l'empereur Alexandre à l'empereur Napoléon.

30 *août*. — Convention pour l'évacuation du Portugal par l'armée française.

1er *septembre*. — Décrets par lesquels l'Empereur ordonne la création de nombreux établissements publics dans les départements qui ont été le théâtre de la guerre civile.

6 et 7 *septembre*. — Communication au sénat du rapport du ministre des relations extérieures Champagny à l'Empereur et des traités qui mettent à sa disposition la couronne d'Espagne.

8 *septembre*. — Traité signé à Paris par le prince Guil-

laume de Prusse et le ministre des relations extérieures. Ce traité termine toutes les difficultés qui s'étaient élevées entre le gouvernement français et le cabinet prussien.

10 septembre. — Sénatus-consulte qui ordonne la levée de quatre-vingt mille conscrits destinés à compléter les armées d'Espagne.

11 septembre. — Grande revue passée par l'Empereur aux Tuileries ; il annonce à ses soldats qu'il va marcher avec eux en Espagne.

12 septembre. — Séance du sénat, dans laquelle le ministre des relations extérieures explique les mesures prises par l'Empereur contre l'Espagne. — Compte rendu par la société d'industrie nationale des progrès et perfectionnements apportés dans les diverses branches d'industrie.

13 septembre. — Décret qui convoque le Corps législatif pour le 25 octobre suivant.

17 septembre. — Décret d'organisation de l'université impériale.

22 septembre. — Napoléon part de Paris pour visiter les États de la confédération du Rhin.

23 septembre. — Le corps municipal et le préfet de la Seine reçoivent à la barrière le premier corps de la grande armée, commandé par le maréchal Victor, et se rendant en Espagne.

24 septembre. — Décret impérial relatif au culte grec professé dans la Dalmatie.

24 septembre. — Passage du sixième corps de la grande armée à Paris.

1er octobre. — Dernier jour du passage des troupes par Paris pour se rendre en Espagne.

6 octobre. — Entrevue à Erfurt des empereurs Napoléon et Alexandre. Fêtes ; réunion dans cette ville de presque tous les princes membres de la confédération du Rhin. L'empereur Alexandre promet à Napoléon de ne point apporter d'obstacle à ses projets sur l'Espagne.

14 octobre. — Départ d'Erfurt de LL. MM. l'empereur de Russie et l'empereur des Français pour retourner dans leurs États.

18 *octobre*. — Arrivée à Saint-Cloud de l'empereur Napoléon.

22 *octobre*. L'Empereur et l'Impératrice visitent le musée Napoléon en présence de tous les artistes réunis dans les galeries.

25 *octobre*. — Ouverture du Corps législatif par l'Empereur, session de 1808.

27 *octobre*. — M. de Fontanes est nommé président du Corps législatif.

29 *octobre*. — Départ de l'Empereur pour se rendre à Bayonne.

2 *novembre*. — Décret portant création d'un nouveau département portant le nom de Tarn-et-Garonne.

3 *novembre*. — Arrivée de Napoléon au château de Marrac.

5 *novembre*. — Quartier général de l'Empereur à Vittoria.

9 *novembre*. — Combat de Gamonal. Le maréchal Soult dissipe l'avant-garde de l'armée d'Estramadure.

Même jour. — Quartier général de Napoléon à Burgos.

11 *novembre*. — Bataille d'Espinosa-de-los-Montéros. L'armée du général Blacke est entièrement détruite.

22 *novembre*. — Bataille de Tudela. L'armée du général Castaños, le même qui avait fait capituler le général Dupont à Baylen, est mise en déroute après avoir perdu tout son matériel et presque tous ses drapeaux.

29 *novembre*. — L'Empereur fait attaquer le défilé de Somo-Sierra, défendu par un corps de vingt mille Espagnols, et le seul passage pour pénétrer à Madrid. L'ennemi est culbuté et éprouve une perte immense.

1er *décembre*. — Quartier impérial de Napoléon à San-Augustino, à quelque distance de Madrid.

3 *décembre*. — Prise de Ségovie par le maréchal Lefebvre.

4 *décembre*. — Capitulation de Madrid; l'Empereur refuse d'y entrer, et s'établit avec sa garde sur les hauteurs de Chamartin, à une lieue de la ville.

Même jour. — Décret impérial qui abolit l'inquisition et réduit le nombre des couvents d'hommes en Espagne.

5 décembre. — Prise de la forteresse de Roses par le général Gouvion Saint-Cyr.

7 décembre. — Grande promotion dans la Légion d'honneur.

15 décembre. — Combat de Cardadeu ; le marquis de Vivès, général en chef de l'armée espagnole de Catalogne, perd toutes ses troupes dans cette journée et est destitué par la junte insurrectionnelle.

22 décembre. — L'Empereur quitte son quartier général de Chamartin pour se porter à la poursuite de l'armée anglaise entrée en Espagne sous la conduite du général Moore.

25 décembre. — Décret impérial qui abolit les dernières institutions de servage dans les duchés de Clèves et de Berg.

26 décembre. — Combat de Bénavente entre l'avant-garde de l'armée française et l'arrière-garde de l'armée anglaise ; retraite précipitée du général Moore.

31 décembre. — Clôture de la session du Corps législatif.

1809.

1ᵉʳ janvier. — Quartier général de Napoléon à Astorga.

3 janvier. — Défaite de l'arrière-garde anglaise au défilé de Cacabellos.

6 janvier. — Napoléon, apprend que l'Autriche arme contre la France ; il quitte l'armée pour se rendre à Paris.

16 janvier. — Bataille de la Corogne ; défaite de l'armée anglaise ; le général en chef sir John Moore est tué.

18 janvier. — Prise de la Corogne par le maréchal Soult au moment où les débris de l'armée anglaise viennent de s'embarquer dans le port.

23 janvier. — Retour de Napoléon à Paris ; il reçoit les félicitations du sénat et des autres corps de l'empire.

27 janvier. — Prise de la place et du port du Ferrol.

1ᵉʳ février. — Décret qui nomme le cardinal Fesch archevêque de Paris.

7 février. — L'Empereur reçoit l'Institut au château des Tuileries.

20 février. — Prise de Saragosse. Cette ville est obligée

de se rendre à discrétion après avoir résisté pendant deux mois.

2 *mars*. — Le gouvernement général des départements de la Toscane est érigé en grand-duché par Napoléon.

4 *mars*. — Combat de Monterey ; le maréchal Soult bat le général espagnol marquis de la Romana.

11 *mars*. — Décret et sénatus-consulte qui transfère le grand-duché de Berg et de Clèves au jeune prince Napoléon-Louis, fils du roi de Hollande et neveu de l'Empereur. — Autre décret qui confère à la sœur de l'Empereur, la princesse Élisa, le gouvernement de la Toscane.

20 *mars*. — Bataille de Carwalko-Daeste ; l'armée portugaise est mise en déroute par le maréchal Soult.

27 *mars*. — Bataille de Ciudad-Réal ; défaite du général duc de l'Infantado par le général Sébastiani.

28 *mars*. — Bataille de Medellin ; défaite du général espagnol Lacuesta.

29 *mars*. — Prise d'Oporto, seconde ville du Portugal.

2 *avril*. — Décret impérial qui institue des maisons d'éducation pour les filles des membres de la Légion d'honneur.

8 *avril*. — Autre décret qui établit une école de cavalerie à Saint-Germain.

9 *avril*. — Commencement des hostilités entre l'Autriche et la France.

Même jour. — Combat d'Amarante ; défaite du général portugais Silveyra.

12 *avril*. — Napoléon part de Paris pour se rendre à son armée d'Allemagne.

16 *avril*. — Bataille de Sacile entre les troupes françaises, commandées par le prince Eugène, et l'armée autrichienne, aux ordres de l'archiduc Jean. Les Autrichiens sont défaits.

17 *avril*. — Quartier général de l'Empereur à Donawerth.

19 *avril*. — Bataille de Tann ; défaite d'une partie de l'armée autrichienne, aux ordres du prince Charles.

20 *avril*. — Bataille d'Abensberg ; les Autrichiens perdent sept mille hommes, huit drapeaux et douze pièces de canon.

21 *avril*. — Combat et prise de Landshut ; les Autrichiens continuent à battre en retraite.

22 *avril*. — Bataille d'Eckmühl ; quinze mille prisonniers, douze drapeaux, seize pièces de canon pris à l'ennemi : le maréchal Davoust créé prince d'Eckmühl.

23 *avril*. — Bataille et prise de Ratisbonne ; l'archiduc Charles opère précipitamment sa retraite en Autriche. Napoléon atteint par une balle morte pendant la bataille.

24 *avril*. — Combat de Neumarck.

25 *avril*. — Le roi de Bavière rentre dans sa capitale.

3 *mai*. — Combat d'Ebersberg.

6 *mai*. — Quartier général de l'Empereur à l'abbaye de Molck. Retraite du prince Charles en Bohême.

8 *mai*. — Bataille de la Piave entre le prince Eugène et l'archiduc Jean ; retraite précipitée de ce dernier.

10 *mai*. — Évacuation d'Oporto par le maréchal Soult à l'approche d'une nombreuse armée anglaise.

Même jour. — La diète de Suède dépose le roi Gustave-Adolphe.

11 et 12 *mai*. — Bombardement et capitulation de Vienne.

15 *mai*. — Retraite du maréchal Soult sur la Galice.

17 *mai*. — Passage du Danube par l'armée française.

19 *mai*. — Occupation du Tyrol par le maréchal Lefebvre.

20 *mai*. — Arrivée du maréchal Soult à Orenzé, première ville de Galice.

Même jour. — L'Empereur fait établir un pont dans l'île d'Inder-Lobau.

21 et 22 *mai*. — Bataille d'Esling ; mort du duc de Montebello.

25 *mai*. — Combat de San-Michel entre les troupes de l'armée d'Italie et celles de l'archiduc Jean. Déroute du général Jellachich.

31 *mai*. — Jonction de l'armée d'Italie avec la grande armée française sur les hauteurs du Sommering.

12 *juin*. — Décret ordonnant l'établissement de plusieurs écoles d'équitation.

14 *juin*. — Bataille de Raab entre l'armée d'Italie et celle de l'archiduc Jean ; nouvelle défaite de celui-ci.

17 *juin*. — Décret daté du camp impérial de Schœnbrunn, relatif aux octrois.

19 *juin*. — Prise de la forteresse de Gérone après onze jours de tranchée ouverte.

15 *juillet*. — Réunion de l'armée d'Italie à la grande armée dans l'île de Lobau.

6 *juillet*. — Bataille de Wagram; défaite des Autrichiens : l'archiduc Charles se retire avec le reste de son armée : dix-huit mille prisonniers, neuf mille blessés, quatre mille morts, quarante pièces de canon et dix drapeaux sont les fruits de cette victoire, qui met une troisième fois l'empereur d'Autriche à la discrétion de Napoléon.

11 *juillet*. — Quartier général de l'Empereur à Znaïm; armistice accordé par Napoléon à l'armée autrichienne.

21 *juillet*. — L'Empereur nomme maréchaux d'Empire les généraux Oudinot, Marmont et Macdonald pour la part qu'ils ont prise à la victoire de Wagram.

27 *juillet*. — Bataille de Talavéra de la Reyna, en Espagne, entre l'armée française, commandée par le roi Joseph, et l'armée anglo-espagnole aux ordres de sir Arthur Wellesley; elle reste indécise.

30 *juillet*. — Débarquement de dix-huit mille Anglais dans l'île de Walcheren.

3 *août*. — Les Anglais investissent la ville de Flessingue.

7 *août*. — Décret concernant l'Université impériale.

8 *août*. — Combat d'Arzobispo; les Espagnols sont mis en fuite par le maréchal Mortier.

9 *août*. — Bataille d'Almonacid; le général Sébastiani met en fuite l'armée espagnole du général Vénégas.

11 *août*. — Combat de Dambroca en Espagne. L'ennemi perd trente-cinq bouches à feu et cent caissons.

12 *août*. — Combat du col de Banos. Le général Robert Wilson est battu par le général français Lorsay.

13 *août*. — Les Anglais jettent dans Flessingue des bombes et des fusées incendiaires dites à la congrève.

16 *août*. — Le gouverneur de Flessingue livre aux Anglais, par capitulation, cette place importante. La garnison est prisonnière de guerre et emmenée en Angleterre.

Même jour. — Le prince de Ponte-Corvo (Bernadotte) et le ministre de l'administration de la guerre (Daru) sont chargés par l'Empereur de la défense d'Anvers, et arrivent dans cette ville.

18 *août.* — Suppression de tous les ordres réguliers, mendiants, monastiques, etc., qui existent en Espagne.

21 *août.* — Ouverture des négociations de paix entre la France et l'Autriche.

22 *septembre.* — Décret qui nomme le maréchal Serrurier commandant général de la garde nationale de Paris.

14 *septembre.* — Lettre de l'Empereur au ministre de la guerre, ordonnant de poursuivre le commandant de la place de Flessingue.

15 *septembre.* — Décret pour l'établissement des dépôts de mendicité.

24 *septembre.* — Les Anglais, après de vains efforts contre Anvers et ayant perdu les trois quarts de leur armée par les fièvres dites *des Polders*, se rembarquent pour retourner en Angleterre.

1er *octobre.* — Décret qui crée un ordre des Trois-Toisons.

4 *octobre.* — Message de l'Empereur au sénat ayant pour objet d'ériger en faveur du prince de Neufchâtel le château de Chambord en principauté, sous le titre de principauté de Wagram.

12 *octobre.* — Tentative d'assassinat, faite à Schœnbrunn, sur la personne de Napoléon, par un étudiant allemand.

14 *octobre.* — Traité de paix entre la France et l'Autriche, signé à Vienne par le prince Jean de Lichtenstein et le ministre des relations extérieures Champagny. — Napoléon quitte Schœnbrunn pour retourner en France.

19 *octobre.* — Décret impérial et sénatus-consulte qui met à la disposition du gouvernement trente-six mille conscrits pris sur les classes antérieures.

24 *octobre.* — Arrivée de l'Empereur à Strasbourg.

26 *octobre.* — Son retour à Fontainebleau.

29 *octobre.* — Publication solennelle à Paris du traité de paix conclu entre l'Autriche et la France.

1er *novembre*. — Députation du sénat de Milan reçue par l'Empereur à Fontainebleau. — Décret qui fixe l'ouverture du Corps législatif au 1er décembre pour l'année 1809.

10 *novembre*. — Décret qui confirme l'Institut et les règlements des sœurs hospitalières. — Autre décret ordonnant la convocation des colléges électoraux.

13 *novembre*. — Arrivée du roi de Saxe à Paris.

17 *novembre*. — Le Sénat et toutes les autorités constituées, sont admis à complimenter l'Empereur sur la paix qu'il vient de conclure; il reçoit aussi une députation de Rome et de Florence.

18 *novembre*. — Bataille d'Ocaña entre le général espagnol Arizaga et le général français Sébastiani. Les Espagnols complétement défaits.

20 *novembre*. — Présentation à l'Empereur d'une députation du synode grec de Dalmatie.

1er *décembre*. — Arrivée à Paris des rois de Naples, de Hollande et de Wurtemberg.

2 *décembre*. — Célébration de l'anniversaire du couronnement de Napoléon. — *Te Deum* chanté à l'occasion de la paix, en présence de LL. MM. les rois de Naples, de Hollande, de Westphalie, de Saxe et de Wurtemberg, du Sénat et de tous les autres corps de l'État, dans l'église Notre-Dame.

10 *décembre*. — Arrivée à Paris du prince vice-roi d'Italie.

13 *décembre*. — Décret présenté au Corps législatif et relatif à son organisation.

16 *décembre*. — Décret et sénatus-consulte relatifs à la dissolution du mariage de l'Empereur avec l'impératrice Joséphine; l'impératrice conserve le titre *d'impératrice-reine*.

22 *décembre*. — Le roi et la reine de Bavière arrivent à Paris.

29 *décembre*. — Décret impérial qui établit les capacités et conditions des aspirants au titre d'auditeur.

31 *décembre*. — Adresse du sénat du royaume d'Italie à l'Empereur. — Décret impérial qui proroge dans l'exercice de leurs fonctions les députés de la cinquième série du Corps législatif.

1810.

6 *janvier*. — Traité de paix entre la France et la Suède.

9 *janvier*. — L'officialité de Paris déclare par une sentence la nullité, quant aux liens spirituels, du mariage de l'empereur Napoléon et de l'impératrice Joséphine.

13 *janvier*. — Loi sur l'importation et l'exportation des marchandises.

20 *janvier*. — L'armée française aux ordres du général Sébastiani franchit la Sierra-Moréna et envahit l'Andalousie.

30 *janvier*. — Fixation de la dotation de la couronne de France; du domaine extraordinaire; du domaine privé de Napoléon; du douaire des impératrices et des apanages des princes français.

3 *février*. — Session du Corps législatif pour 1810. M. de Montesquiou est nommé président.

5 *février*. — Décret impérial sur la direction de la librairie et de l'imprimerie. Le nombre des imprimeurs, à Paris, est réduit à quatre-vingts.

Même jour. — Occupation de Malaga en Espagne par le général Sébastiani.

17 *février*. — Sénatus-consulte qui réunit Rome et l'État romain à l'Empire français, et divise ce pays en deux départements.

20 *février*. — Le projet du Code pénal est adopté par le Corps législatif.

27 *février*. — Le prince archichancelier de l'Empire, dans une assemblée du Sénat, donne lecture d'un message de l'Empereur qui annonce le départ du prince de Neufchâtel pour faire la demande de la main de l'archiduchesse Marie-Louise, fille de l'empereur d'Autriche.

28 *février*. — Décret par lequel l'Empereur déclare loi générale de l'Empire la déclaration faite par le clergé de France en 1682 sur la puissance ecclésiastique.

29 *février*. — Prise de Séville par le roi d'Espagne Joseph.

1er *mars*. — Le prince Eugène Beauharnais est nommé prince de Venise; l'héritage du grand-duché de Francfort lui est assuré.

4 *mars*. — Décret impérial sur l'institution des majorats.

5 *mars*. — Le prince de Neufchâtel, ambassadeur de l'Empereur, fait son entrée solennelle à Vienne.

9 *mars*. — L'impératrice Joséphine signe sa renonciation au titre et à ses droits d'épouse de l'Empereur.

10 *mars*. — Décret sur les prisons et les prisonniers d'État.

11 *mars*. — Le prince de Neufchâtel épouse à Vienne, au nom de l'Empereur, l'archiduchesse Marie-Louise.

13 *mars*. — L'impératrice Marie-Louise part de Vienne pour venir en France.

19 *mars*. — Décret portant que les juges de la cour de cassation prendront le titre de conseillers, et les substituts du procureur impérial près la cour prendront le titre d'avocats généraux.

20 *mars*. — L'Empereur part de Paris pour Compiègne.

22 *mars*. — Arrivée de l'impératrice Marie-Louise à Strasbourg.

25 *mars*. — Décret impérial portant qu'à l'occasion du mariage de Napoléon les prisonniers pour dettes seront mis en liberté; six mille filles seront dotées et épouseront des militaires; il sera accordé une amnistie générale aux déserteurs, etc.

28 *mars*. — L'impératrice Marie-Louise arrive à Compiègne.

30 *mars*. — Napoléon et Marie-Louise partent de Compiègne pour se rendre à Saint-Cloud.

1er *avril*. — Célébration du mariage civil de l'Empereur et de l'Impératrice, à Saint-Cloud, par le prince archichancelier Cambacérès.

2 *avril*. — L'Empereur et l'Impératrice font leur entrée dans Paris. — Mariage de LL. MM. dans le grand salon du Louvre. Le cardinal Fesch, grand-aumônier, donne la bénédiction nuptiale en présence de la famille impériale, des cardinaux, archevêques, évêques, des principaux dignitaires de l'Empire et d'une députation de tous les corps de l'État. — Fête à Paris.

3 *avril*. — Le sénat de France, le sénat d'Italie, le conseil d'État, le Corps législatif, les ministres, les cardinaux, la cour de cassation, etc., etc., viennent féliciter l'Empereur et l'Impé-

ratrice, qui les reçoivent, entourés des princes et princesses de la famille impériale, des princes grands dignitaires de l'empire et des grands officiers des couronnes de France et d'Italie.

5 avril. — L'Empereur et l'Impératrice partent pour Compiègne.

6 avril. — Le gouverneur du château de Valençay, M. Berthemy, annonce à Foucher, ministre de la police générale, l'arrestation du baron de Kolli, envoyé d'Angleterre pour enlever le prince des Asturies.

8 avril. — Le prince des Asturies informe le gouverneur de Valençay de toutes les démarches tentées pour son enlèvement par le baron de Kolli. Ferdinand écrit à l'Empereur pour se défendre de toute participation à ce projet.

10 avril. — Siége et prise d'Astorga en Espagne par le duc d'Abrantès (Junot).

21 avril. — Loi sur les mines.

24 avril. — Décret impérial et sénatus-consulte qui réunissent à la France tous les pays situés sur la rive gauche du Rhin ; une partie forme le département des Bouches-du-Rhin ; l'autre partie est ajoutée à d'autres départements.

Même jour. — Prise du fort de Matagordo, en Espagne.

27 avril: — Départ de Napoléon et de Marie-Louise du château de Compiègne.

30 avril. — L'Empereur et l'Impératrice arrivent au palais de Laaken, en Belgique. — Décrets impériaux pour la continuation des travaux publics.

1er mai. — Napoléon et l'Impératrice arrivent à Anvers.

5 mai. — Formation d'une société maternelle sous la protection de Marie-Louise pour le soulagement des mères indigentes.

6 mai. — L'Empereur et l'Impératrice partent d'Anvers.

8 mai. — Décrets relatifs à la ville d'Anvers, ordonnant des travaux de navigation intérieure.

9 mai. — L'Empereur et l'Impératrice arrivent à Middelbourg.

10 mai. — Napoléon va à Flessingue visiter le port et la ville.

12 mai. — Prise du fort d'Hostalrich, en Espagne, par le maréchal duc de Castiglione. — Plusieurs décrets impériaux relatifs à des mesures d'administration intérieure.

13 mai. — Les îles de Walcheren, Sud-Beveland, Nord-Beveland, Schourwen et Tholen forment un département de la France sous le nom de département des Bouches-de-l'Escaut.

14 mai. — Prise de Lérida, en Espagne, par le général Suchet. — Napoléon et Marie-Louise arrivent à Bruxelles.

19 mai. — Décret relatif à la liberté des cultes dans le département du Haut-Rhin.

23 mai. — Plusieurs décrets relatifs à l'ouverture de nouvelles routes, à l'achèvement ou à l'entretien des anciennes.

25 mai. — Décret qui autorise le libre exercice du culte catholique dans le département des Bouches-du-Rhin.

30 mai. — Napoléon et Marie-Louise arrivent à Rouen après avoir visité Dunkerque, Lille et le Havre.

1er juin. — Retour de l'Empereur et de l'Impératrice à Paris.

3 juin. — Foucher nommé gouverneur de Rome. Le duc de Rovigo est appelé pour le remplacer au ministère de la police.

7 juin. — Décret et sénatus-consulte qui fixent le nombre des députés des départements des Bouches-de-l'Escaut et des Deux-Nèthes.

8 juin. — Prise de la ville et du fort de Mequinenza, en Espagne, par le général Suchet.

10 juin. — Le général Sarrazin, officier d'état-major, déserte et passe à l'ennemi.

Même jour. — Fête donnée par la ville de Paris, à l'occasion du mariage de Napoléon et de Marie-Louise ; LL. MM. assistent au banquet et au bal à l'hôtel-de-ville.

24 juin. — La garde impériale donne au Champ-de-Mars, en son nom et au nom de l'armée, une fête à l'occasion du mariage de Napoléon et de Marie-Louise.

27 juin. — Décret portant création d'un conseil de commerce et des manufactures près le ministère de l'intérieur.

28 juin. — Décret qui ordonne la construction d'un pont devant Bordeaux.

1er juillet. — L'ambassadeur d'Autriche donne une fête à l'occasion du mariage de Marie-Louise et de Napoléon ; le feu prend dans la salle de bal ; la femme de l'ambassadeur et plusieurs personnes périssent dans cet incendie : l'Empereur emporte lui-même l'Impératrice hors de la salle.

3 *juillet*. — Louis-Napoléon renonce à la couronne de Hollande.

4 *juillet*. — Décret qui accorde des récompenses aux personnes qui découvriront des plantes indigènes propres à remplacer l'indigo.

6 *juillet*. — Funérailles du duc de Montebello célébrées avec pompe aux Invalides; les cendres du duc sont portées en grand cortége au Panthéon.

9 *juillet*. — Décret portant réunion de la Hollande à l'empire français; Amsterdam est déclarée la troisième ville de l'empire.

10 *juillet*. — Prise de Ciudad-Rodrigo par le maréchal Ney.

11 *juillet*. — Décret relatif à l'organisation des cours impériales.

20 *juillet*. — Décret instituant six maisons d'éducation, dites *des orphelines*, pour des filles de militaires morts à l'armée.

21 *juillet*. — Destruction du fort de la Conception par le général Loison.

3 *août*. — Décret qui réduit le nombre des journaux à un par chaque département autre que celui de la Seine.

5 *août*. — État des militaires mutilés qui ont reçu des dotations en vertu du décret impérial du 15 août 1809.

15 *août*. — Fête de l'Empereur célébrée à Paris et dans tout l'empire. — Réception des députations du royaume de Hollande et des autres États réunis à la France.

18 *août*. — Décret impérial qui interdit aux inventeurs la vente des remèdes secrets. — Autre décret qui fixe la valeur des pièces dites de 24, de 12 et de 6 sous, et celle des monnaies du Brabant, de Liége et de Maëstricht, des royaumes de Prusse et de Hollande.

19 *août*. — Décrets impériaux qui créent un conseil de marine et organisent les tribunaux de première instance.

20 *août*. — Décret impérial qui règle le service des ponts et chaussées au delà des Alpes.

21 *août*. — Le maréchal Bernadotte, prince de Ponte-Corvo, est élu par la diète prince royal et héritier de la couronne de Suède.

22 *août*. — Décret impérial accordant une somme de deux cent mille francs pour être répartie entre les douze établissements qui auront fabriqué la plus grande quantité de sucre de raisin. Pour avoir droit à cette récompense il faudra avoir fabriqué au moins dix mille kilogrammes de sucre.

28 *août*. — Siége et prise d'Alméida par le maréchal Masséna, prince d'Esling.

30 *août*. — L'impératrice Marie-Louise, protectrice de la société maternelle, reçoit les dames qui composent cette société.

13 *septembre*. — Décret relatif à la réduction en francs des monnaies évaluées précédemment en livres tournois.

17 *septembre*. — Formation d'une compagnie d'assurances contre l'incendie.

27 *septembre*. — Formation d'écoles spéciales de marine dans les ports de Brest et de Toulon.

Même jour. — Bataille de Busaco, en Portugal, entre l'armée anglo-portugaise et l'armée française aux ordres du prince d'Esling. Lord Wellington est forcé d'abandonner ses positions.

30 *septembre*. — Prise de Coïmbre par l'armée française du Portugal.

10 *octobre*. — Retraite de l'armée anglo-portugaise; lord Wellington se retranche dans ses lignes, en avant de Lisbonne.

14 *octobre*. — L'abbé Maury, cardinal, est nommé par l'Empereur archevêque de Paris.

15 *octobre*. — Défaite des Anglais sur la côte du royaume de Grenade par le général Sébastiani.

18 *octobre*. — Décret qui ordonne l'établissement des cours prévôtales des douanes. — Autre décret contenant un règlement général pour l'organisation des départements de la Hollande.

1er *novembre*. — Entrée solennelle à Stockholm du prince royal héréditaire de Suède Bernadotte prince de Ponte-Corvo.

2 novembre. — Défaite des Espagnols dans le royaume de Murcie par le général Sébastiani.

11 novembre. — Lettre du prince royal de Suède à Napoléon.

12 novembre. — Réunion de la république du Valais à l'empire français.

19 novembre. — Lettre du prince royal de Suède à Napoléon.

8 décembre. — Lettre du prince royal de Suède à Napoléon, dans laquelle il annonce que son père adoptif le roi Charles XIII a déclaré la guerre à l'Angleterre.

10 décembre. — Décret relatif à la réunion de la Hollande à l'empire français. — Autre décret contenant la nomination des membres de la cour impériale de Paris.

11 décembre. — Décret qui établit une maison centrale de détention à Limoges. — Autre décret pour l'établissement d'un dépôt de mendicité dans le département de la Charente. — Autre relatif à la fabrication et à la vente des draps de Carcassonne.

14 décembre. — Message de l'Empereur au sénat expliquant les motifs qui nécessitent la réunion de la Hollande à l'empire français.

16 décembre. — Sénatus-consulte ordonnant la levée de quarante mille conscrits pour la marine et de douze mille pour les armées de terre.

17 décembre. — Lettre du prince royal de Suède à Napoléon.

18 décembre. — Adresse du sénat à l'Empereur en réponse au message du 14.

Même jour. — Décret impérial qui établit une commission de gouvernement dans les départements de l'Ems-Supérieur, des Bouches-du-Wéser et des Bouches-de-l'Elbe.

19 décembre. — Décret qui nomme des censeurs impériaux, et fixe leur traitement. — Autre décret qui étend à tout l'empire l'établissement de la société maternelle.

25 décembre. — Révocation en faveur des États-Unis des décrets de Berlin et de Milan concernant les neutres.

26 décembre. — Décret impérial sur l'administration générale de l'empire.

Même jour. — Demande par le ministre de la marine au roi de Suède de deux mille marins pour compléter les équipages de la flotte de Brest.

1811.

1er *janvier*. — Siége et prise de Tortose en Espagne par le général Suchet.

Même jour. — Décret concernant les débiteurs des rentes constituées en argent, des rentes foncières et autres redevances dans les départements de Rome et du Trasimène. — Autre décret concernant les grades de docteurs en droit et en médecine des ci-devant universités de Pise et de Sienne. — Autre concernant un règlement sur la compétence et le mode de procéder dans les affaires relatives aux contributions dans les départements de la Hollande. — Autre concernant l'imprimerie et la librairie dans les mêmes départements.

2 *janvier*. — Décrets relatifs aux rentes viagères sur l'État dont la jouissance est dévolue au trésor public, comme subrogé aux droits d'un émigré. — Autre qui crée un dépôt de mendicité pour le département de la Haute-Loire.

3 *janvier*. — Décret augmentant de six cent mille francs les dotations du sénat, à raison de la nomination des sénateurs pour les départements de l'Escaut et des Alpes.

4 *janvier*. — Décret concernant la nomination des présidents des colléges électoraux de plusieurs départements.

7 *janvier*. — Adresse d'adhésion du chapitre métropolitain de Paris aux quatre propositions de 1682.

Même jour. — Décret qui soumet à la régie des droits réunis l'exploitation des tabacs dans l'empire français.

8 *janvier*. — Prise du fort Saint-Philippe-de-Balaguer, en Espagne, par le général Suchet.

Même jour. — Décret portant organisation du tribunal de première instance du département de la Seine. — Autre concernant les costumes des cours et tribunaux, des députations admises devant l'Empereur, etc.

14 *janvier*. — Décret relatif à l'administration spéciale des tabacs.

20 *janvier*. — Décret concernant les enfants dont l'éducation est confiée à la charité publique.

22 *janvier*. — Prise d'Olivença, en Portugal, par le général Gérard.

23 *janvier*. — Décret relatif à l'établissement d'une taxe pour l'entretien de la route du Mont-Cenis.

28 *janvier*. — Décret impérial qui ordonne que le bref du pape donné à Savone le 30 novembre sera rejeté comme contraire aux lois de l'empire et à la discipline ecclésiastique.

30 *janvier*. — Décret concernant les impositions des travaux des ponts et chaussées.

4 *février*. — Décret qui met à la disposition du ministre de la guerre les quatre-vingt mille conscrits dont l'appel est autorisé par le sénatus-consulte du 13 décembre 1810.

19 *février*. — Bataille de Gébora entre l'armée française, commandée par le duc de Trévise, et l'armée espagnole, aux ordres des généraux Mendizabal, La Carrerra et don Caulos d'Espanna. L'ennemi est mis en déroute.

21 *février*. — Sénatus-consulte concernant les conscrits des arrondissements maritimes.

22 *février*. — M. de Chateaubriand est élu membre de l'Institut à la place devenue vacante par la mort de Chénier.

Même jour. — Décret concernant l'établissement des maisons des orphelins.

4 *mars*. — Le prince d'Esling, ayant tenu bloquée l'armée de lord Wellington pendant près de deux mois, sans pouvoir lui faire accepter la bataille, est obligé de battre en retraite faute de subsistances.

5 *mars*. — Bataille de Chiclana entre l'armée anglo-espagnole du général anglais Graham et l'armée française aux ordres du duc de Bellune. L'issue de cette bataille, livrée sous les murs de Cadix, est favorable aux Français. Les Anglais, repoussés et ayant subi de grandes pertes, sont obligés de se retrancher dans l'île de Léon.

9 *mars*. — Décret impérial concernant les emplois dans les administrations civiles auxquels peuvent être appelés les mili-

taires admis à la retraite ou réformés par suite d'infirmités et de blessures.

11 *mars*. — Prise de Badajoz par le maréchal Mortier.

15 *mars*. — Prise de la forteresse d'Albuquerque par le duc de Trévise (Mortier).

Même jour. — Décret impérial concernant l'amélioration des races de bêtes à laine.

20 *mars*. — Naissance aux Tuileries, à neuf heures vingt minutes du matin, de Napoléon-François-Charles-Joseph, prince impérial, roi de Rome.

24 *mars*. — Décret impérial créant deux nouvelles places d'officiers de l'empire, l'une sous le titre d'inspecteur général des côtes de la Ligurie, l'autre sous celui d'inspecteur général des côtes de la mer du Nord.

25 *mars*. — Décret qui établit trois écoles pratiques de marine.

28 *mars*. — Autre décret relatif à la dotation des invalides.

12 *avril*. — Le prince d'Hatzfeld complimente l'Empereur sur la naissance du roi de Rome de la part du roi de Prusse.

22 *avril*. — La naissance du roi de Rome est célébrée à Naples et à Milan.

25 *avril*. — Lettre de l'Empereur aux évêques de l'empire appelés à Paris pour la tenue d'un concile national. Le but de ce concile est de pourvoir au remplacement des évêques, particulièrement ceux d'Allemagne, et de maintenir les principes et les libertés de l'église gallicane.

28 *avril*. — Décret concernant la création du département de la Lippe.

5 *mai*. — Bataille de Fuentes-de-Onoro entre l'armée anglo-portugaise de lord Wellington et celle du maréchal prince d'Esling. Le succès de cette journée reste indécis.

10 *mai*. — Décret concernant le commerce de la France avec le Levant par les provinces illyriennes.

16 *mai*. — Bataille d'Albuféra entre les troupes anglo-portugo-espagnoles, aux ordres du maréchal Béresford, et l'armée du duc de Dalmatie. Les deux partis éprouvent de grandes pertes; cette bataille reste encore indécise.

19 *mai*. — Emprunt de douze millions de francs, par le roi de Saxe, ouvert à Paris par MM. Pérégaux, Lafitte et compagnie, avec autorisation de l'Empereur.

25 *mai*. — Décret ordonnant l'ouverture d'un canal de communication entre la ville de Caen et la mer.

9 *juin*. — Baptême à Notre-Dame du roi de Rome, fils de l'Empereur. Fête publique à Paris.

14 *juin*. — Victoire remportée sur le général espagnol Espoz-y-Mina, à Sanguésa, en Navarre, par le général Reille.

17 *juin*. — Ouverture du Corps législatif par l'Empereur.

18 *juin*. — Fête donnée par le préfet et les membres du conseil municipal de Paris aux maires des villes de l'empire et du royaume d'Italie à l'occasion du baptême du roi de Rome.

Même jour. — L'Empereur nomme son oncle le cardinal Fesch président du concile national convoqué à Paris.

Même jour. — Levée du siége de Badajoz par les Anglo-Portugais et les Espagnols.

20 *juin*. — Première assemblée générale du concile national. — Banquet donné le même jour par les maires et députés des villes de l'empire au ministre de l'intérieur, au préfet de Paris, etc.

23 *juin*. — Fête donnée à Saint-Cloud par l'Empereur aux principales autorités de l'empire.

Même jour. — Défaite d'une division anglaise par le général Latour-Maubourg au combat d'Elvas.

28 *juin*. — Prise d'assaut de la ville de Tarragone, après un siége de six semaines, par le corps d'armée aux ordres du général Suchet.

10 *juillet*. — L'Empereur confère au général Suchet la dignité de maréchal de l'empire.

14 *juillet*. — Prise du Mont-Serrat par le maréchal Suchet.

26 *juillet*. — Décret concernant la société de la charité maternelle.

29 *juillet*. — Décret qui ordonne le prélèvement d'un million, sous le titre de fonds spécial des embellissements de Rome.

23 *août*. — L'Empereur reçoit à Saint-Cloud les dames composant le comité central de la charité maternelle.

25 *août*. — Défaite de l'armée espagnole de Galice, sur l'Esla, par le général Dorsenne.

28 *août*. — Décret impérial réglant les conditions de l'entreprise des pompes funèbres.

3 *septembre*. — Décret qui proroge l'amnistie en faveur des Français qui ont porté les armes contre leur patrie.

7 *octobre*. — Arrivée de l'Empereur et de l'Impératrice à Anvers.

13 *octobre*. — Décret sur les feuilles périodiques, journaux, annonces qui pourront circuler dans les départements, et désignation des villes où ces papiers pourront être imprimés.

14 *octobre*. — Arrivée de Napoléon et de Marie-Louise à Amsterdam.

25 *octobre*. — Le général Blacke vient attaquer le maréchal Suchet sous les murs de Sagonte, assiégée par les Français. Les Espagnols, battus, se retirent sans avoir pu secourir la place.

26 *octobre*. — Sagonte se rend au maréchal Suchet.

2 *novembre*. — Décret qui crée dans les départements de la Hollande deux académies impériales. — Autre qui élève la ville de la Haye au rang des villes dont les maires ont le droit d'assister au couronnement.

7 *novembre*. — Décret concernant les mesures à prendre à l'égard des Français qui rentrent en France après avoir commis un crime sur le territoire d'une puissance étrangère. — Autre réglant les attributions du conseil du sceau des titres et de l'intendance générale du domaine extraordinaire, en ce qui concerne les majorats et dotations.

28 *novembre*. — Défaite des Espagnols au camp de Saint-Roch par le général Rey.

30 *novembre*. — Décret relatif aux bains et sources minérales d'Aix-la-Chapelle.

17 *décembre*. — Décret qui déclare la féodalité abolie dans les départements des Bouches-de-l'Elbe, des Bouches-du-Wéser et de l'Ems-supérieur.

21 *décembre.* — Sénatus-consulte qui met à la disposition du ministre de la guerre cent vingt mille hommes de la conscription de 1812 pour le recrutement de l'armée.

29 *décembre.* — Occupation de la ville de San-Philippe, en Aragon, par le général Delort.

1812.

2 *janvier.* — Décret impérial portant organisation du service des états-majors des places.

4 *janvier.* — Prise de la place de Tarifa, en Espagne, par le général Leval.

10 *janvier.* — Prise de la ville de Valence, capitale du royaume de ce nom, par le maréchal Suchet.

17 *janvier.* — Décret qui établit des écoles pour la fabrication du sucre.

22 *janvier.* — Défaite des Espagnols au combat d'Altafulla, en Espagne, par le général Decaen.

24 *janvier.* — Décret qui établit dans le royaume de Valence, conquis par le maréchal Suchet, un capital en biens-fonds de la valeur de deux cent millions, destinés à récompenser les services rendus par les officiers généraux, officiers et soldats de l'armée d'Aragon. Par le même décret Napoléon nomme le maréchal Suchet duc d'Albuféra, avec jouissance des titres et revenus attachés à ce duché.

Même jour. — Traité d'alliance offensive et défensive signé entre l'empereur Napoléon et le roi de Prusse.

1er *février.* — Siége et prise du fort de Péniscola, en Espagne, par le maréchal Suchet.

1er *mars.* — Une armée française, commandée par le maréchal Davoust, entre dans la Poméranie prussienne.

11 *mars.* — Ordre du jour du maréchal Davoust, daté du quartier général de Stettin, pour rappeler à tous les généraux et soldats que les Prussiens sont les amis des Français, et que, pendant le séjour de l'armée en Prusse, les troupes doivent observer la plus exacte discipline, etc., etc.

13 *mars.* — Sénatus-consulte relatif à l'organisation de la garde nationale divisée en trois bans.

14 *mars*. — Traité d'alliance entre Napoléon et l'Autriche, signé à Paris, avec des articles séparés, par lesquels Napoléon consent éventuellement à l'échange des provinces illyriennes contre une partie de la Gallicie.

17 *mars*. — Sénatus-consulte qui met à la disposition du ministre de la guerre soixante mille hommes du premier ban de la garde nationale, et ordonne la levée ordinaire de la conscription.

27 *mars*. — Décret impérial portant qu'il sera élevé sur la rive gauche de la Seine, entre le pont d'Iéna et celui de la Concorde, un édifice destiné à recevoir les archives de l'empire.

28 *mars*. — Capitulation militaire entre la France et la confédération helvétique.

Même jour. — L'un des corps de l'armée française, commandé par le duc de Reggio, fait son entrée à Berlin. Ce corps est passé en revue par le roi, le Prince royal et les autres princes de la cour de Prusse.

5 *mai*. — Décret relatif à la circulation des grains et farines.

8 *mai*. — Le roi de Westphalie, Jérôme, frère de Napoléon, établit son quartier général à Varsovie.

9 *mai*. — L'Empereur, accompagné de l'Impératrice, part de Paris pour aller inspecter la grande armée réunie sur la Vistule.

11 *mai*. — Arrivée de Napoléon et de Marie-Louise à Metz.

12 *mai*. — A Mayence.

13 *mai*. — A Francfort.

17 *mai*. — A Dresde. L'Empereur et l'Impératrice dînent chez le roi de Saxe. Cour de l'Empereur à Dresde. Napoléon entouré de princes, de souverains, etc., etc.

24 *mai*. — Napoléon nomme M. de Pradt, ancien archevêque de Malines, ministre en Pologne.

Même jour. — Lettre du prince royal de Suède Bernadotte à Napoléon.

25 *mai*. — L'Empereur permet au vieux roi d'Espagne Charles IV de quitter Marseille avec sa famille et de partir pour l'Italie, dont le climat est plus convenable pour sa santé.

2 *juin*. — Napoléon fait son entrée à Posen, dans le grand-duché de Varsovie.

5 *juin*. — Arrivée à Prague de Napoléon et de Marie-Louise.

14 *juin*. — Napoléon passe la revue du septième corps de la grande armée à Kœnigsberg.

17 *juin*. — Le roi de Westphalie établit son quartier général à Pulstuck, dans le grand-duché de Varsovie.

19 *juin*. — Quartier impérial de Napoléon à Gumbinen.

22 *juin*. — Quartier général à Wilkowiski. Proclamation de Napoléon à la grande armée. — Ouverture de la campagne contre la Russie.

23 *juin*. — Arrivée de l'Empereur à Kowno. — Passage du Niémen par l'armée française.

28 *juin*. — Prise de Wilna ; Napoléon y établit son quartier général. Il crée un gouvernement provisoire du royaume de Pologne.

30 *juin*. — Le roi de Westphalie fait son entrée à Grodno.

1er *juillet* — Napoléon établit un gouvernement provisoire dans la Lithuanie.

12 *juillet* — Le roi de Saxe, grand-duc de Varsovie, adhère à la confédération générale du royaume de Pologne.

13 *juillet*. — Passage de la Dwina par le maréchal Oudinot, près de Dunabourg.

16 *juillet*. — L'empereur Alexandre et le général Barclay de Tolly évacuent le camp retranché de la Drissa au moment où ce camp va être tourné par les corps de l'armée française.

19 *juillet*. — Combat de Sibesch entre le maréchal Oudinot et le général russe comte de Wittgenstein. — Quartier général de l'Empereur à Glubokoë.

18 *juillet*. — Retour de l'Impératrice à Paris.

21 *juillet*. — Bataille de Castalla. Le général Delort taille en pièces les troupes espagnoles du général O'Donnel.

22 *juillet*. — Bataille de Salamanque ou des Arapiles, entre l'armée anglo-espagnole de lord Wellington et l'armée française du maréchal duc de Raguse.

Même jour. — Le général de division Loison, nommé gouverneur général de la Prusse par l'empereur Napoléon, s'établit à Kœnigsberg.

23 *juillet*. — Bataille de Mohilow ; le prince Bagration,

commandant la seconde armée russe, est battu par le maréchal Davoust.

Même jour. — Passage de la Dwina, à Byszczykowice, par le corps d'armée aux ordres du prince vice-roi d'Italie Eugène Beauharnais.

25 juillet. — Défaite, à Ostrowno, du corps d'armée russe aux ordres du général Ostermann par le général Nansouty.

27 juillet. — Second combat d'Ostrowno, où les Russes sont battus par le prince vice-roi. — Retraite précipitée du général russe Barclay de Tolly. — Entrée des Français à Witepsk.

Même jour. — Quartier général du corps d'armée autrichien, allié de la France, aux ordres du prince de Schwartzenberg, à Nieuzwicz.

30 juillet. — Combat de Jakubowo : le général russe Koulniew est battu par le général Legrand.

1er août. — Bataille d'Oboiarzina, entre le duc de Reggio et le général comte de Wittgenstein ; la victoire, vivement disputée, reste au premier.

12 août. — Bataille de Gorodeczna : le prince de Schwartzenberg, commandant l'aile droite de la grande armée française, défait complétement l'armée commandée par le général Tormasow.

Même jour. — Prise de Madrid par l'armée anglo-portugaise.

Même jour. — Défaite d'un corps russe de l'armée du général Barclay de Tolly par le maréchal Ney, à Krasnoi.

Même jour. — Défaite du général Wittgenstein à Polotsk, par le maréchal Oudinot.

14 août. — Quartier général de l'Empereur à Basasna.

16 août. — Défaite de l'armée du général russe Tormasow au combat de Kobryn, par les généraux princes de Schwartzenberg et Regnier.

17 août. — Grande bataille de Smolensk, entre l'armée française commandée par Napoléon et les deux armées russes aux ordres du général Barclay de Tolly et du prince Bagration. L'ennemi, battu sur tous les points, est obligé de se retirer.

18 août. — Bataille de Polotsk : le général Gouvion Saint-

Cyr défait le général russe Wittgenstein. Le général Gouvion Saint-Cyr est nommé peu de temps après maréchal de l'Empire.

19 août. — Bataille de Volontina-Gora, entre les troupes du maréchal Ney et le corps d'arrière-garde aux ordres du général russe Korff, chargé de protéger la retraite de Barclay de Tolly. Les Russes sont battus.

22 août. — Le ministre de l'intérieur pose à Paris les premières pierres des palais de l'Université, des Beaux-Arts et des Archives.

30 août. — Quartier général de Napoléon à Wiasma.

7 septembre. — Bataille de la Moskowa, livrée par l'Empereur en personne. Le général russe Kutusow, nommé général en chef à la place des généraux Barclay de Tolly, Bagration, Wittgenstein, subit le même sort que ses prédécesseurs. Les Russes perdent soixante pièces de canon, trente mille hommes tués ou blessés, cinq mille prisonniers, un grand nombre de drapeaux, trente-cinq généraux mis hors de combat, deux tués, etc., etc.

14 septembre. — Entrée de l'armée française à Moscou. L'Empereur s'établit au Kremlin, ancien palais des czars de Russie.

16 septembre. — Incendie de Moscou.

5 octobre. — L'empereur Napoléon envoie le général Lauriston proposer la paix à l'empereur Alexandre; le général Kutusow retient M. de Lauriston à son quartier général, et l'empêche de communiquer avec Alexandre.

17 octobre. — Combat de Wenkowo entre les troupes du roi de Naples (Murat) et celles du général Orlow-Denisow; celles-ci sont obligées de se retirer.

Même jour. — Bataille de Polotsk, entre le maréchal Gouvion Saint-Cyr et le général Wittgenstein : elle dure trois jours; les Français éprouvent de grandes pertes.

18 octobre. — Défaite du général russe Thitchagow par le général Reynier, au combat d'Esen.

19 octobre. — L'Empereur se détermine à la retraite et sort de Moscou avec sa garde.

21 *octobre*. — Arrivée de Napoléon à Fomenskoi.

22 *octobre*. — Jonction des trois armées françaises en Espagne sous le commandement du maréchal Soult. — Levée du siége de Burgos par lord Wellington.

23 *octobre*. — Conspiration du général Mallet pour renverser le gouvernement impérial. Il est arrêté avec ceux qui se sont associés à ses projets.

Même jour. — Le maréchal Mortier, avant de quitter Moscou, fait sauter le Kremlin.

24 *octobre*. — Bataille de Maloiaroslawetz, entre le corps aux ordres du vice-roi et celui du général Doctorow. Défaite des Russes.

3 *novembre*. — Le prince vice-roi repousse encore une fois les Russes au combat de Wiasma. La retraite de l'armée devient très-difficile.

14 *novembre*. — L'Empereur évacue la ville de Smolensk.

16 *novembre*. — Le prince vice-roi renverse une partie de l'armée de Kutusow à Korytnea, et rejoint l'Empereur à Krasnoi.

17 *novembre*. — Prise par le général russe Tchitchagow de la ville de Minsk.

18 *novembre*. — Combat de Krasnoi. Beau mouvement rétrograde du maréchal Ney.

Même jour. — Reprise de Madrid par le maréchal Soult. L'armée anglo-portugaise est poursuivie jusqu'à Ciudad-Rodrigo, en Portugal.

21 *novembre*. — L'Empereur arrive à Trocha.

22 *novembre*. — A Tolotchin.

24 *novembre*. — L'armée française se concentre sur les bords de la Bérézina.

26 et 28 *novembre*. — Passage et bataille de la Bérézina.

29 *décembre*. — Quartier général de Napoléon à Kamen.

5 *décembre*. — Napoléon arrive à Smorgori; il remet le commandement de l'armée au roi de Naples, après avoir partagé jusque-là les privations des soldats.

9 *décembre*. — Arrivée de l'armée française à Wilna.

10 *décembre*. — Arrivée de l'Empereur à Varsovie.

Même jour. — L'armée évacue Wilna, laissant dans la

ville ses malades, lesquels sont massacrés par la populace russe.

14 *décembre*. — Le maréchal Ney, commandant l'arrière-garde, bat les troupes de l'hetmann Platow à Kowno.

Même jour. — L'Empereur arrive à Dresde.

18 *décembre.* — Retour de l'Empereur à Paris.

20 *décembre.* — Napoléon reçoit les corps constitués de l'Empire.

Même jour. — Les débris de l'armée française prennent position sur le Niémen.

21 *décembre.* — Message de l'Empereur au sénat pour demander une levée extraordinaire de trois cent cinquante mille hommes.

30 *décembre.* — Première défection de la Prusse : le général Yorck se rend avec tout son corps d'armée au général russe Diebitch.

1813.

1er *janvier.* — Le roi de Naples, lieutenant général de l'Empereur, fait évacuer Kœnigsberg.

3 *janvier.* — Quartier général à Elbing.

7 *janvier.* — A Marienbourg. — Proclamation du gouvernement provisoire établi en Pologne par Napoléon, qui appelle aux armes tous les Polonais en état de marcher.

11 *janvier.* — Sénatus-consulte qui met à la disposition du gouvernement une levée de trois cent cinquante mille hommes.

13 *janvier.* — Évacuation de Marienwerder par les Français.

18 *janvier.* — Le roi de Naples, laissant le commandement au prince Eugène, quitte l'armée pour se rendre dans ses États.

Même jour. — Adresses du corps municipal de Paris et des cohortes de la garde nationale à l'Empereur.

20 *janvier.* — Investissement de Dantzick par les armées coalisées.

21 *janvier.* — Arrivée à Berlin des premières colonnes envoyées de l'intérieur de la France pour reformer la grande armée.

23 *janvier.* — Le roi de Saxe abandonne sa capitale, en dé-

clarant par une proclamation, que, quels que soient les événements, il restera fidèle à l'alliance de l'empereur Napoléon.

24 *janvier*. — Concordat signé à Fontainebleau entre le pape et Napoléon.

30 *janvier*. — Le roi de Saxe appelle aux armes tous les Polonais du grand-duché de Varsovie.

2 *février*. — Sénatus-consulte rendu d'après la demande de Napoléon sur les cas prévus par la constitution, tels que la régence de l'Empire, le couronnement de l'Impératrice et celui du prince impérial, roi de Rome.

7 *février*. — L'armée française évacue la ligne de la Vistule.

12 *février*. — Le prince vice-roi fait évacuer Posen.

13 *février*. — Combat de Kalisch entre le général Reynier et le général Wintzingerode; celui-ci est repoussé.

14 *février*. — Ouverture de la session du Corps législatif par l'Empereur.

15 *février*. — Napoléon fait don à la ville d'Erfurt de son buste en bronze.

16 *février*. — Commencement du blocus de Stettin et des autres forteresses prussiennes occupées par les garnisons françaises.

18 *février*. — Quartier général du prince vice-roi à Francfort; l'armée française prend ses lignes sur l'Oder.

21 *février*. — Message de l'Empereur au sénat pour lui annoncer qu'il a érigé en principauté, sous le titre de principauté de la Moskowa, le château de Rivoli, département du Pô, et les terres qui en dépendent, en faveur du maréchal Ney, duc d'Elchingen, et de ses descendants.

22 *février*. — Quartier général du prince vice-roi à Kœpenick.

24 *février*. — Convention signée à Paris entre la Prusse et le gouvernement impérial relativement à la restitution des gages donnés par la première.

27 *février*. — Quartier général du prince vice-roi à Schœneberg, près Berlin.

4 *mars*. — Évacuation de Berlin par l'armée française.

6 *mars*. — L'Empereur ordonne la levée de la conscription de 1814 en Italie.

9 *mars*. — Quartier général du prince vice-roi à Leipsick.

10 *mars*. — Évacuation de Stralsund.

12 *mars*. — Les autorités françaises quittent Hambourg. — Le prince Schwerin, le premier parmi les princes allemands, renonce à la confédération du Rhin.

19 *mars*. — Le maréchal Davoust fait sauter le pont de Dresde, et se retire sur Leipsick, laissant le général Durutte avec le septième corps pour garder la ville.

21 *mars*. — Quartier général du prince vice-roi à Magdebourg. — Arrivée à Vienne du comte de Narbonne, ambassadeur de Napoléon.

22 *mars*. — Entrée des Russes et du général Blücher à Dresde.

23 *mars*. — Lettre du prince royal de Suède à Napoléon; il lui annonce que la Suède est décidée de faire cause commune avec les autres puissances contre la France.

24 *mars*. — L'Empereur reçoit une députation du Corps législatif.

26 *mars*. — Évacuation de la nouvelle ville de Dresde par le général Durutte.

30 *mars*. — Lettre patente de Napoléon qui confère la régence à l'impératrice Marie-Louise.

1er *avril*. — Déclaration de guerre de Napoléon contre la Prusse.

Même jour. — L'armée française du prince vice-roi se met en ligne derrière la Saale.

2 *avril*. — Combat de Lunebourg; le général Morand est blessé à mort, et sa troupe, environnée de toutes parts, obligée de capituler.

3 *avril*. — Sénatus-consulte qui met à la disposition du ministre de la guerre cent quatre-vingt mille hommes, dont dix mille gardes d'honneur, quatre-vingt mille par un nouvel appel sur le premier ban de la garde nationale et quatre-vingt-dix mille conscrits de 1814 destinés d'abord à la défense des côtes. — Autre sénatus-consulte qui suspend le régime constitutionnel dans la trente-deuxième division militaire (les villes anséatiques).

Même jour. — Grande reconnaissance ordonnée par le prince vice-roi en avant de Mockern; les troupes alliées sont culbutées sur tous les points; l'épouvante se répand jusqu'à Berlin, où l'on croit que les Français vont arriver.

4 *avril.* — Nouvel engagement entre les Français et les troupes des généraux russe et prussien Wittgenstein et Bulow; ceux-ci ont l'avantage.

6 *avril.* — Reprise de Lunebourg par le maréchal Davoust.

8 *avril.* — Décret impérial qui ordonne la réunion en société des donataires auxquels ont été affectées des portions du revenu des provinces illyriennes et la création de cent vingt actions de deux mille francs.

10 *avril.* — Quartier général du prince vice-roi à Aschersleben, au confluent de la Saale et de l'Elbe.

12 *avril.* — Prise de Villena, en Espagne, par le maréchal Suchet.

13 *avril.* — Combat de Castella; le maréchal Suchet bat les Anglais.

15 *avril.* — Napoléon quitte Saint-Cloud pour se mettre à la tête de l'armée.

16 *avril.* — Arrivée de l'Empereur à Mayence.

17 *avril.* — Défaite à Sprakenshel du général russe Doernberg par le général Sébastiani.

Même jour. — Capitulation de la forteresse de Thorn.

19 *avril.* — Arrivée de la grande armée russe à Dresde.

24 *avril.* — Capitulation de la forteresse de Spandau.

25 *avril.* — Capitulation de la forteresse de Czentoschau.

26 *avril.* — Arrivée de l'empereur Napoléon à Erfurt. — Quartier général du prince vice-roi à Naumbourg.

Même jour. — Combat de Weissenfels entre le maréchal Ney et le général Lanskoi; les Français s'emparent de Weissenfels.

27 *avril.* — Jonction des armées françaises de l'Elbe et du Mein près de Naumbourg.

29 *avril.* — Le prince vice-roi établit son quartier général à Mersebourg, après avoir chassé les troupes qui défendaient la ville.

1ᵉʳ *mai*. — Quartier général de Napoléon à Lutzen. — Deuxième combat de Weissenfels entre le maréchal Ney et le général Wintzingerode ; les Russes sont taillés en pièces et obligés de se retirer derrière le Flossgraben pour couvrir les défilés de Pagau et de Zwenkau. Mort du maréchal Bessières, duc d'Istrie, tué par un boulet.

2 *mai*. — Bataille de Lutzen ; l'armée alliée est mise en déroute. La perte des Russes et des Prussiens se monte à plus de vingt mille hommes, celle des Français à douze mille.

3 *mai*. — L'armée française poursuit l'ennemi sur la route de Dresde.

4 *mai*. — Elle passe la Pleiss.

4 *mai*. — La Mulda.

8 *mai*. — Elle arrive devant Dresde.

9 *mai*. — L'Empereur fait jeter un pont de bateaux à Priesnitz.

11 *mai*. — Reprise de Dresde par les Français. — L'Empereur écrit à la maréchale Bessières, duchesse d'Itrie, une lettre de condoléance sur la mort de son mari.

12 *mai*. — Le roi de Saxe rentre dans ses États, accompagné de l'Empereur.

14 *mai*. — Décret de l'Empereur daté de Dresde. « Voulant donner une preuve éclatante et signalée de notre satisfaction à notre bien-aimé fils le prince Eugène-Napoléon, vice-roi de notre royaume d'Italie, pour les constantes preuves d'attachement qu'il nous a données et les services qu'il nous a rendus, notre palais de Bologne et la terre de Galliera, appartenant à notre domaine privé, sont érigés en duché, et ledit duché de Galliera est donné en toute propriété à la princesse de Bologne Joséphine-Maximilienne-Eugène-Napoléonne, fille aînée du prince vice-roi, etc. »

16 *mai*. — L'Empereur, après la journée de Lutzen, propose la réunion d'un congrès à Prague pour la paix générale ; son offre est rejetée par les souverains alliés.

17 *mai*. — *Te Deum* chanté à Paris par ordre de l'Impératrice régente, en actions de grâces pour la victoire remportée à Lutzen.

18 *mai*. — Napoléon part de Dresde pour se mettre à la tête de son armée en Lusace.

Même jour. — Retour du prince vice-roi en Italie pour organiser les moyens de défense au delà des Alpes.

20 *mai*. — Bataille de Bautzen, perdue par les alliés.

21 *mai*. — Bataille de Wurtchen, perdue par les alliés.

Même jour. — Par un décret daté du champ de bataille de Wurtchen, Napoléon ordonne qu'un monument sera élevé sur le mont Cenis en mémoire du dévouement montré par la France en 1813. — Vingt-cinq millions sont consacrés à l'érection de ce monument, qui fera connaître à la postérité que douze cent mille Français se sont levés pour la défense de la patrie.

22 *mai*. — Combat de Reichenbach entre l'arrière-garde de l'armée russe, commandée par le général Miloradowitch, et le septième corps de l'armée française, aux ordres du général Reynier. Les Russes sont culbutés; les Français perdent le grand maréchal du palais Duroc, l'un des généraux les plus dévoués à l'Empereur.

23 *mai*. — Le général Reynier bat les Russes à Gorlitz.

26 *mai*. — Le général Maison est repoussé avec perte dans une attaque contre la ville d'Hanau.

28 *mai*. — Combat de Sprottau : le général Sébastiani s'empare d'un convoi considérable appartenant à l'ennemi.

Même jour. — Le maréchal Oudinot défait les alliés au combat de Hoyerswerda.

29 *mai*. — Le comte de Schouvalow, aide de camp de l'empereur de Russie, et le général prussien Kleist se rendent auprès de l'Empereur pour lui demander un armistice au nom de leurs souverains.

4 *juin*. — L'armistice demandé par l'empereur Alexandre et le roi de Prusse est accordé jusqu'au 20 juillet par Napoléon, qui renouvelle son offre d'un congrès à Prague pour traiter de la paix générale et propose de s'en rapporter à la médiation de son beau-père l'empereur d'Autriche.

7 *juin*. — Le maréchal Davoust impose une contribution extraordinaire de quarante-huit millions à la ville de Hambourg.

10 *juin*. — Retour de Napoléon à Dresde.

12 *juin*. — Le maréchal Suchet bat les Anglais sous les murs de Tarragone, et les force à lever le siége de la place.

13 *juin*. — L'Impératrice régente assiste au *Te Deum* chanté dans l'église Notre-Dame à l'occasion de la victoire remportée par l'armée française à Wurtchen.

Même jour. — L'armée anglo-espagnole, sous les ordres du général Élio, est défaite par le maréchal Suchet, au combat de Xucar.

14 *juin*. — L'armée française en Espagne, commandée par le roi Joseph, se retire sur l'Èbre.

18 *juin*. — Décret de Napoléon qui ordonne de former une liste des absents dans la trente-deuxième division militaire.

21 *juin*. — Bataille de Vittoria entre l'armée anglo-espagnole de lord Wellington et celle des Français, commandée par le maréchal Jourdan. Funeste issue de cette bataille, qui ouvre à l'ennemi le chemin de la France.

23 *juin*. — Retraite de l'armée française d'Espagne sur la France.

26 *juin*. — L'Empereur ordonne au maréchal Davoust d'imposer à la ville de Lubeck une contribution extraordinaire de six millions.

27 *juin*. — L'armée française d'Espagne, après avoir passé sans être inquiétée les gorges de Roncevaux et la vallée de Bastan, rentre en France.

Même jour. — Prise du fort de Requéna, en Espagne, par le général Harispe sur le général Élio.

30 *juin*. — Convention signée entre l'empereur Napoléon et l'empereur d'Autriche, par laquelle celui-ci s'engage à faire prolonger l'armistice accordé à l'empereur de Russie et au roi de Prusse jusqu'au 10 août.

1er *juillet*. — Sénatus-consulte qui ordonne que le décret du 3 avril 1813, portant suspension pendant trois mois du régime constitutionnel dans les départements de l'Ems-Supérieur, des Bouches du Wéser et des Bouches-de-l'Elbe, lesquels composent la trente-deuxième division militaire, est prorogé pendant trois mois, à partir du 15 juillet courant.

12 *juillet*. — Arrivée à Bayonne du maréchal Soult, duc de Dalmatie, avec le titre de lieutenant général de l'Empereur en Espagne.

20 *juillet*. — L'armée française d'Espagne reprend l'offensive.

25 *juillet*. — Combat très-vif sous les murs de Saint-Sébastien, entre les Anglais, qui assiégent cette ville sous les ordres du général Graham, et la garnison commandée par le général Rey. Les Anglais sont repoussés.

26 *juillet*. — Napoléon part de Dresde pour se rendre à Mayence.

27 *juillet*. — Bataille de Cubéry, entre le duc de Dalmatie et Wellington ; l'avantage reste aux Anglais.

28 *juillet*. — Arrivée de Napoléon à Mayence et du général Caulincourt, duc de Vicence, ministre plénipotentiaire à Prague.

29 *juillet*. — Note présentée par les plénipotentiaires de France, le duc de Vicence et le comte de Narbonne, tendant à ce que le congrès pour la paix soit ouvert immédiatement à Prague pour la réunion des ministres et la vérification des pouvoirs.

31 *juillet*. — Combat d'Irun entre Wellington et le duc de Dalmatie ; sans résultat.

6 *août*. — Retour de Napoléon à Dresde.

10 *août*. — Le cabinet autrichien se déclare. Après avoir gagné du temps en trompant les plénipotentiaires français par de fausses promesses, le comte de Metternich annonce au duc de Bassano que l'armistice est expiré et qu'on ne peut plus ouvrir de congrès.

12 *août*. — Le duc de Bassano reçoit du comte de Metternich la déclaration de guerre de l'empereur d'Autriche contre l'empereur Napoléon.

13 *août*. — Le prince Eugène, vice-roi d'Italie, prend le commandement de l'armée française en Italie.

14 *août*. — Arrivée du roi de Naples (Joachim Murat).

15 *août*. — Napoléon part de Dresde pour se mettre à la tête de son armée en Silésie.

17 août. — Reprise des hostilités en Allemagne et en Italie.

18 août. — Quartier général de l'Empereur à Gorlitz.

Même jour. — Le maréchal Suchet fait sauter les fortifications de Tarragone en Espagne.

19 août. — L'armée française pénètre en Bohême.

21 août. — Quartier général de l'Empereur à Lowender. — Combat de Trébine; le duc de Reggio culbute les avant-postes de l'armée du prince royal de Suède (Bernadotte).

22 août. — Plusieurs combats livrés par les divers corps de l'armée de Silésie, presque tous au désavantage des Français. — L'Empereur retourne avec sa garde à Dresde, menacée par la grande armée alliée.

23 août. — Combat de Golberg; le général Lauriston repousse les troupes du général Blücher.

Même jour. — Combat de Gross-Beeren entre le corps d'armée du duc de Reggio et les troupes de Bernadotte; victoire de l'ennemi, qui met Berlin à l'abri d'une attaque.

24 août. — Sénatus-consulte qui met à la disposition du ministre de la guerre trente mille hommes pris dans les classes de 1814, 1813, 1812 et antérieures, dans vingt-quatre départements du Midi.

25 août. — Quartier général de l'Empereur à Stolpen. Napoléon laisse le commandement de son armée de Lusace au maréchal Macdonald, et se rend à Dresde.

26 août. — Combat livré sous les murs de Dresde, et sous les yeux de Napoléon, entre les troupes alliées aux ordres du prince autrichien Schwartzenberg et celles commandées par le maréchal Gouvion Saint-Cyr; l'ennemi est repoussé avec une grande perte.

Même jour. — Bataille de la Katzbach entre le maréchal Blücher, commandant les troupes prussiennes, et l'armée de Silésie, laissée aux ordres du maréchal Macdonald par Napoléon; l'ennemi obtient l'avantage.

27 août. — Bataille de Dresde, livrée par l'Empereur à la grande armée alliée, commandée par l'empereur Alexandre et le prince de Schwartzenberg. L'ennemi est battu sur tous les points; il perd quarante mille hommes, dont dix-huit mille prisonniers, presque tous Autrichiens, vingt-six pièces de canon, cent trente caissons et dix-huit drapeaux. —Mort de Moreau atteint par un boulet au commencement de la journée.

30 *août*. — Bataille de Kulm ; l'armée du prince de Schwartzenberg, dans sa retraite après la bataille de Dresde, rencontre à Kulm le corps d'armée du général Vandamme, l'environne avec des forces quadruples et lui fait abandonner son artillerie. Le général Vandamme est obligé de se faire jour les armes à la main, après avoir essuyé une perte de plus de dix mille hommes.

31 *août*. — Évacuation de la ville de Saint-Sébastien, en Espagne, par les Français.

1er *septembre*. — Retraite du maréchal Soult et de son corps d'armée sur la Bidassoa.

3 *septembre*. — L'Empereur part de Dresde pour se rendre en Lusace.

6 *septembre*. — Bataille de Jutterbogk entre le prince royal de Suède et le maréchal Ney, appelé pour remplacer le duc de Reggio. La bataille est perdue par les Français.

9 *septembre*. — Napoléon retourne à Dresde.

14 *septembre*. — L'Empereur bat les alliés au combat de Geyersberg.

15 *septembre*. — Napoléon force le général Wittgenstein à se replier sur Kulm.

21 *septembre*. — Retour de l'Empereur à Dresde.

4 *octobre*. — Message de l'empereur Napoléon au sénat, annonçant qu'il est en guerre avec l'Autriche.

7 *octobre*. — Séance solennelle du sénat, présidée par l'Impératrice régente ; elle appelle la nation à la défense du territoire.

Même jour. — Napoléon se porte de Dresde à la rencontre des deux armées commandées par Blücher et le prince de Suède.

8 *octobre*. — L'armée française du maréchal Soult passe la Bidassoa.

9 *octobre*. — Capitulation de la citadelle de Saint-Sébastien.

12 *octobre*. — L'ennemi, qui s'était replié à l'approche de Napoléon, est battu à Dessau par le prince de la Moskowa.

14 *octobre*. — Combat de Wachau, où l'Empereur fait replier tous les postes du prince de Schwartzenberg.

Même jour. — Sénatus-consulte qui déclare que la France ne conclura aucun traité de paix avec la Suède sans qu'au préalable celle-ci ait renoncé à la possession de l'île française de la Guadeloupe.

16 *octobre*. — Bataille de Wachau, gagnée par Napoléon sur les troupes alliées, commandées par le prince de Schwartzenberg, général en chef des troupes coalisées.

17 et 18 *octobre*. — Bataille de Leipsick. Les Saxons passent à l'ennemi au milieu du combat. Cet événement empêche la victoire. Les Français n'obtiennent d'autre avantage que de rester sur le champ de bataille.

19 *octobre*. — Retraite de l'armée française.

20 *octobre*. — L'armée française arrive à Weissenfels.

21 *octobre*. — A Freybourg.

22 *octobre*. — A Ollendorf, où elle culbute les cosaques de Platow.

23 *octobre*. — Quartier général de l'Empereur à Erfurt.

25 *octobre*. — Décret de Napoléon au quartier impérial de Goeta, qui convoque le Corps législatif pour le 2 décembre prochain.

30 *octobre*. — Bataille de Hanau. L'armée française, poursuivie par les alliés et arrêtée dans sa marche par les troupes du roi de Bavière, qui vient de se déclarer contre la France, est obligée de livrer une nouvelle bataille. Les Bavarois, commandés par de Wrede, sont renversés. Ils perdent six mille hommes et quatre mille prisonniers. Nos soldats continuent leur marche en bon ordre.

31 *octobre*. — Le duc de Raguse, qui formait l'arrière-garde, attaque le général de Wrede à Hanau, le culbute encore et l'oblige à rétrograder.

1er *novembre*. — Le prince vice-roi, après s'être défendu contre les forces supérieures qui l'attaquaient en Italie, est obligé de repasser la Brenta et l'Adige.

2 *novembre*. — L'Empereur et l'armée française passent le Rhin à Francfort.

9 *novembre*. — Arrivée de l'Empereur à Paris.

11 *novembre*. — Le maréchal Gouvion Saint-Cyr capitule dans Dresde. Les alliés, en n'observant pas les conditions de la capitulation, rendent inutile pour la France une armée de près de trente mille hommes.

15 *novembre*. — L'armée d'Italie met en fuite la gauche des Autrichiens au combat de Caldiero.

Même jour. — Sénatus-consulte qui proroge les pouvoirs des députés du Corps législatif appartenant à la série qui devait sortir. — Autre qui donne à Napoléon le droit de nommer le président du Corps législatif.

16 *novembre*. — Sénatus-consulte qui met à la disposition du gouvernement les trois cent mille conscrits demandés par l'Impératrice, et qui devront être pris sur les classes de 1802, 1803 et années suivantes jusques et compris 1814.

18 *novembre*. — Les Autrichiens sont de nouveau battus au combat de San-Michele, en Italie.

Même jour. — Le maréchal Soult est repoussé dans ses lignes au camp de Sarre.

27 *novembre*. — Reprise de Ferrare par le prince vice-roi sur les Autrichiens.

5 *décembre*. — Capitulation de Stettin.

8 *décembre*. — Combat de Rovigo, en Italie : les Autrichiens sont battus par le général Marcognet.

11 *décembre*. — Traité signé à Valençay entre Napoléon et Ferdinand VII, par lequel celui-ci s'engage à faire évacuer l'Espagne par l'armée britannique et à ne persécuter aucun des Espagnols qui ont pris parti pour le roi Joseph.

13 *décembre*. — Bataille de Saint-Pierre d'Irube perdue par le maréchal Soult.

16 *décembre*. — Décret de Napoléon ordonnant la formation de trente cohortes de la garde nationale pour la garde des places fortes.

19 *décembre*. — Ouverture de la session du Corps législatif par l'Empereur.

22 *décembre*. — Décret communiqué au sénat et au Corps législatif, par lequel une commission extraordinaire est nom-

mée pour prendre connaissance de la négociation qui a eu lieu avec les puissances alliées.

25 *décembre*. — Commencement du siége d'Huningue par les alliés.

26 *décembre*. — Capitulation de Torgau.

27 *décembre*. — Décret impérial qui nomme vingt sénateurs commissaires extraordinaires dans les départements.

29 *décembre*. — Capitulation de la ville de Dantzick après deux mois de siége.

30 *décembre*. — L'Empereur reçoit dans la salle du trône une députation du sénat, qui lui présente une adresse de remercîments pour la communication du 22.

31 *décembre*. — Napoléon, irrité du rapport fait par les commissaires, interpelle vivement les auteurs de ce rapport et la commission qui l'a approuvé : il dissout le Corps législatif.

1814.

1er *janvier*. — Décret impérial qui ajourne la session législative.

2 *janvier*. — Réception solennelle, dans la salle du trône, du sénat, du Corps législatif et de toutes les autorités supérieures de l'État.

3 *janvier*. — Décret impérial en faveur des juifs de Paris.

6 *janvier*. — Les alliés, après avoir violé la neutralité de la Suisse, commencent à pénétrer en France.

9 *janvier*. — L'Empereur, par décret de ce jour appelle à un service actif la garde nationale de Paris, et s'en déclare le commandant.

14 *janvier*. — Le maréchal Augereau, commandant du corps d'armée française sur le Rhône, établit son quartier général à Lyon.

21 *janvier*. — Décret impérial pour la formation de douze régiments de voltigeurs et de tirailleurs de la jeune garde.

22 *janvier*. — Arrivée à Châtillon du duc de Vicence en qualité de ministre plénipotentiaire de l'Empereur.

24 *janvier*. — Lettres patentes et sénatus-consulte qui confèrent à l'impératrice Marie-Louise la régence de l'empire pendant l'absence de l'Empereur.

Même jour. — L'Empereur fait ses adieux à la garde nationale de Paris dans la personne de ses officiers, convoqués à cet effet au château des Tuileries, et recommande sa femme et son fils au courage et au dévouement des défenseurs de la capitale.

Même jour. — Le général Carnot écrit à l'Empereur pour lui demander du service.

25 *janvier*. — Napoléon part de Paris pour se mettre à la tête de son armée.

26 *janvier*. — Quartier général de l'Empereur à Vitry.

29 *janvier*. — Combat de Brienne entre l'armée française et celle des alliés, aux ordres du prince de Schwartzenberg; Napoléon remporte l'avantage.

1er *février*. — Bataille de la Rothière entre Napoléon et les deux armées alliées du prince de Schwartzenberg et du général Blücher; l'avantage reste aux alliés.

3 *février*. — Retraite de l'armée française sur Troyes.

7 *février*. — Retraite de l'armée française sur Nogent.

8 *février*. — Bataille du Mincio, en Italie, gagnée par le prince vice-roi sur le général autrichien Bellegarde.

9 *février*. — Organisation de la garde nationale sédentaire de Paris.

Même jour. — Napoléon concentre ses forces à Sézanne.

10 *février*. — Combat de Champ-Aubert entre deux divisions de l'armée française et le corps d'armée alliée aux ordres du général russe Alsusiew; celui-ci est battu et fait prisonnier.

11 *février*. — Bataille de Montmirail; le général Blücher est battu.

12 *février*. — Combat de Château-Thierry; les Français obtiennent l'avantage.

Même jour. — Combat de Vaux-Champ; le général Blücher est battu et obligé pour s'échapper d'abandonner une partie de ses équipages. L'armée de Silésie, qu'il commandait, repasse la Marne.

14 *février*. — Combat de Soissons. Le général russe Wintzingerode s'empare de la ville.

15 *février*. — Les maréchaux Macdonald, Victor et Oudinot concentrent leurs corps d'armée sur l'Hières, à cinq lieues de Paris.

16 *février*. — Napoléon, instruit des dangers que court la capitale, arrive à marche forcée sur Guignes, au secours des maréchaux menacés par le prince de Schwartzenberg.

Même jour. — Combats de Mormant et de Valzouan, perdus, le premier par les alliés, le second par le duc de Bellune.

18 *février*. — Bataille de Montereau, gagnée par l'Empereur sur la grande armée alliée.

22 *février*. — Combat de Méry-sur-Seine; avantage remporté par le duc de Reggio.

23 *février*. — Reprise de Troyes par l'armée française.

24 *février*. — Les souverains alliés font à Napoléon la demande d'un armistice, et consentent enfin à nommer des plénipotentiaires pour négocier de la paix au congrès de Châtillon.

26 *février*. — L'armée de Silésie, du maréchal Blücher, s'avance sur Paris par la vallée de la Marne.

27 *février*. — Combat de Meaux, gagné par le duc de Raguse.

Même jour. — Combats de Bar et de la Ferté, perdus par le maréchal Macdonald contre le prince de Schwartzenberg.

Même jour. — Bataille d'Orthez, perdue par le maréchal Soult.

28 *février*. — Combat de Gué-à-Trème. Blücher battu par les ducs de Trévise et de Raguse. Il est obligé de suspendre sa marche sur Paris.

1er *mars*. — Combat de Lizy. Blücher, repoussé de nouveau par les maréchaux Mortier et Marmont, est obligé de battre en retraite.

2 *mars*. — Napoléon poursuit le corps de Blücher.

Même jour. — Combat de Bar-sur-Seine, perdu par le maréchal Macdonald.

3 *mars*. — Combat de Neuilly-Saint-Front : Blücher, encore battu, précipite sa retraite.

4 *mars*. — Combat de Saint-Parre, perdu par le maréchal Macdonald.

15 *mars*. — Reprise de Reims sur les alliés par le général Corbineau.

Même jour. — Décret qui appelle à l'armée six mille gardes nationaux de l'Aisne et trois mille de la Marne.

6 et 7 *mars*. — Bataille de Craone, gagnée par l'Empereur sur le maréchal Blücher.

9 et 10 *mars*. — Bataille de Laon livrée par Napoléon malgré la disproportion des forces ; l'avantage reste aux alliés.

11 *mars*. — Retraite de l'armée française sur Soissons.

Même jour. — Rupture des conférences tenues à Lusigny pour traiter d'un armistice.

12 *mars*. — Combat de Reims.

Même jour. — Occupation de Bordeaux par les Anglo-Espagnols.

14 *mars*. — Poursuite des alliés sur Béry-au-Bac.

16 *mars*. — Retraite du maréchal Soult sur Tarbes.

17 *mars*. — L'Empereur part de Reims et fait avancer son armée sur l'Aube.

Même jour. — Retraite du maréchal Macdonald sur Provins.

19 *mars*. — Combat de Fère-Champenoise, gagné par l'Empereur.

Même jour. — Rupture du congrès de Châtillon.

20 *mars*. — Bataille d'Arcis-sur-Aube, gagnée par Napoléon.

Même jour. — Bataille de Limonest entre le maréchal Augereau et le prince de Hesse-Hombourg ; elle reste indécise.

21 *mars*. — Le maréchal Augereau évacue Lyon et se retire sur l'Isère.

23 *mars*. — L'Empereur, avec ses principales forces, marche sur Saint-Dizier.

25 *mars*. — Double combat de Fère-Champenoise ; les maréchaux ducs de Trévise et de Raguse sont battus.

26 *mars*. — Combat de Saint-Dizier ; le général Wintzengerode est battu par Napoléon.

Même jour. — Combats de Sézanne et de Chailly, perdus par les maréchaux Mortier et Marmont.

28 *mars*. — L'impératrice Marie-Louise et le roi de Rome, suivis des ministres, etc., quittent Paris et se retirent à Blois.

29 *mars*. — Passage de la Marne par les deux armées réunies du maréchal Blücher et du prince de Schwartzenberg.

Même jour. — L'Empereur part de Troyes et court en poste sur Paris.

30 *mars*. — Bataille de Paris.

31 *mars*. — Capitulation signée par le duc de Raguse.

Même jour. — L'Empereur apprend à la Cour-de-France la capitulation de Paris.

1er *avril*. — Occupation de Paris par les alliés.

3 *avril*. — Le sénat décrète la déchéance de Napoléon Bonaparte.

Même jour. — L'Empereur fait à Fontainebleau une première abdication en faveur de son fils sous la régence de l'impératrice Marie-Louise.

4 *avril*. — Sénatus-consulte qui délie le peuple français de son serment de fidélité envers Napoléon.

7 *avril*. — Constitution improvisée par le sénat.

10 *avril*. — Bataille de Toulouse entre le maréchal Soult et lord Wellington ; elle reste indécise.

11 *avril*. — Traité conclu à Paris entre les puissances alliées et l'empereur Napoléon. L'empereur aura la souveraineté de l'île d'Elbe, plus deux millions de revenu payables par la France.

19 *avril*. — Entrevue de l'impératrice Marie-Louise et de l'empereur d'Autriche, son père, au château du Petit-Trianon, à Versailles.

20 *avril*. — Napoléon part de Fontainebleau pour se rendre à l'île d'Elbe.

22 *avril*. — Il arrive à Beaune.

25 *avril*. — Napoléon arrive à Orange.

26 *avril*. — Il couche près de Luc dans la campagne de sa sœur Pauline Borghèse.

27 *avril*. — Il arrive à Fréjus.

28 *avril*. — Il s'embarque sur la frégate anglaise *l'Indomptée*.

3 *mai*. — Napoléon débarque à Porto-Ferrajo et prend possession de l'île d'Elbe.

1815.

26 *février*. — Napoléon donne à sa garde l'ordre de se tenir prête à quitter l'île d'Elbe. A huit heures du soir il s'embarque sur le brick *l'Inconstant* en s'écriant : *Le sort en est jeté!* L'ordre est donné de voguer vers la France.

27 *février*. — Napoléon révèle à sa garde le secret de l'expédition : *Grenadiers*, leur dit-il, *nous allons en France; nous allons à Paris.*

1ᵉʳ *mars*. — Napoléon et sa petite troupe débarquent au golfe Juan à cinq heures du soir. Proclamation adressée au peuple et à l'armée.

2 *mars*. — L'Empereur couche au village de Cerenon, après avoir traversé sans obstacle Cannes et Grasse, et fait, ainsi que sa garde, vingt lieues dans cette première journée.

3 *mars*. — Il arrive à Barême.

4 *mars*. — A Digne.

5 *mars*. — A Gap. Le général Cambronne, commandant l'avant-garde, s'empare de la forteresse de Sisteron.

Même jour. — La nouvelle du débarquement de Napoléon, transmise par le télégraphe, arrive à Paris.

6 *mars*. — L'Empereur couche à Gap.

Même jour. — Ordonnance du roi, qui met à prix la tête de Napoléon et ordonne de lui courir sus. — Autre ordonnance qui convoque extraordinairement la Chambre des pairs et celle des députés. — Monsieur, comte d'Artois, et le duc d'Orléans partent pour Lyon.

8 *mars*. — Napoléon arrive à Grenoble. Les soldats envoyés contre lui passent de son côté.

9 *mars*. — Napoléon couche à Bourgoin.

Même jour. — Ordonnance du roi, qui remet en activité tous les militaires en semestre, etc.

10 *mars*. — L'Empereur arrive à Lyon : enthousiasme du peuple à sa vue.

11 et 12 *mars*. — Napoléon séjourne à Lyon ; il y rend plusieurs décrets par lesquels il dissout les Chambres et la maison militaire du roi ; ordonne aux émigrés rentrés à la suite du

roi, de sortir de France dans un délai déterminé ; abolit la noblesse et les titres féodaux ; convoque les colléges électoraux en assemblée extraordinaire du champ de mai, etc., etc.

13 *mars*. — Napoléon couche à Mâcon.

Même jour. — Le prince de la Moskowa, maréchal Ney, prend le parti de l'Empereur à Lons-le-Saulnier.

Même jour. — Déclaration des souverains alliés à l'occasion du retour de Napoléon en France.

14 *mars*. — Napoléon couche à Châlons.

15 *mars*. — A Autun.

Même jour. — Le roi et la famille royale prêtent serment de fidélité à la charte en présence des deux Chambres convoquées extraordinairement.

16 *mars*. — L'Empereur couche à Avalon.

17 *mars*. — Il arrive à Auxerre.

19 *mars*. — Il quitte Auxerre pour se rendre à Fontainebleau.

Même jour. — Le roi et la famille royale quittent Paris au milieu de la nuit.

20 *mars*. — L'Empereur arrive le matin à Fontainebleau ; le soir, à neuf heures, il fait son entrée dans la capitale.

21 *mars*. — Napoléon passe en revue les troupes présentes à Paris, et les harangue.

Même jour. — Il nomme les différents ministres.

22 *mars*. — Il reçoit les diverses autorités.

24 *mars*. — Décret qui supprime la censure, les censeurs et la direction de la librairie.

Même jour. — Arrivée à Paris de Joseph Bonaparte, frère de l'Empereur.

25 *mars*. — Traité de Vienne, par lequel les puissances alliées s'engagent à ne point déposer les armes tant que Napoléon sera sur le trône de France.

Même jour. — Décret de Napoléon, qui ordonne aux ministres et officiers civils et militaires de la maison du roi et de celles des princes, ainsi qu'aux chefs des Chouans, des Vendéens et des volontaires royaux, de s'éloigner à trente lieues de Paris.

26 mars. — Grande réception aux Tuileries.

Même jour. — Déclaration du conseil d'État tendant à prouver la nullité de l'abdication de Fontainebleau.

27 mars. — Grande revue aux Tuileries. L'Empereur annonce lui-même aux troupes que le roi et la famille royale ont quitté le territoire français.

Même jour. — Adresse des ministres à l'Empereur.

29 mars. — Déclaration du conseil d'État en réponse à celle des puissances alliées du 13.

30 mars. — Circulaire du ministre des relations extérieures Caulaincourt, duc de Vicence, aux ambassadeurs, ministres et autres agents de la France à l'extérieur.

31 mars. — Joachim Murat, roi de Naples, se déclare pour son beau-frère Napoléon, et appelle les Italiens à l'indépendance.

1er *avril.* — Décret qui annule les ordonnances du roi relatives aux théâtres, au Conservatoire, à l'hôtel des Invalides, etc.

2 *avril.* — Décret portant abolition de la traite des Nègres. — Napoléon reçoit l'Institut aux Tuileries.

Même jour. — La duchesse d'Angoulême est obligée de quitter Bordeaux.

3 *avril.* — Le général Clausel prend possession de Bordeaux au nom de l'Empereur, et fait arborer le drapeau tricolore dans cette ville.

Même jour. — Lettre de l'Empereur aux souverains de l'Europe.

4 *avril.* — Lettre du ministre de la police générale aux préfets de l'Empire.

7 *avril.* — Décret impérial concernant la garde nationale. — Autre sur une nouvelle organisation de la police générale.

8 *avril.* — Convention signée au Pont Saint-Esprit entre le duc d'Angoulême et le général Grouchy. Le prince consent à être conduit à Cette pour s'y embarquer.

Même jour. — Décret impérial relatif à la famille des Bourbons.

10 *avril.* — Décret impérial qui élève à la dignité de maréchal d'Empire les généraux Grouchy, Bertrand, Drouot, d'Erlon, Belliard et Gérard.

11 *avril.* — Décret qui ordonne que tout fonctionnaire civil et militaire renouvellera le serment de fidélité à l'Empereur.

15 *avril.* — Rapport du ministre des relations extérieures à l'Empereur sur les dispositions hostiles des puissances, sur la rupture des communications entre elles et l'Empire français.

16 *avril.* — Rapport du ministre de la police générale à l'Empereur sur la situation intérieure de la France, et circulaire du même ministre aux préfets.

Même jour. — Décret portant que l'assemblée du champ de mai, convoquée pour le 26 du mois suivant, sera composée des membres de tous les colléges électoraux des départements et arrondissements de l'Empire et des députations nommées par tous les corps de l'armée de terre et de mer. — Autre décret pour l'organisation d'un ou plusieurs corps francs par département. — Autre qui augmente de douze membres la classe des beaux-arts (4ᵉ de l'Institut).

22 *avril.* — Promulgation de l'acte additionnel aux constitutions de l'Empire.

30 *avril.* — Décret sur le renouvellement des autorités municipales.

6 *mai.* — Lettre du ministre de la guerre aux préfets.

7 *mai.* — Nouveau rapport du ministre de la police générale sur la situation de l'Empire.

9 *mai.* — Décret de Napoléon sur le rapport ci-dessus.

10 *mai.* — Arrivée à Paris du prince Lucien Bonaparte, frère de l'Empereur.

24 *mai.* — Présentation des fédérés de Paris à l'Empereur.

28 *mai.* — Pacte fédératif des Parisiens.

1ᵉʳ *juin.* — Solennité du champ de mai. L'Empereur fait un discours et distribue les aigles impériales à l'armée et à la garde nationale. D'après le recensement des votes émis à Paris et dans les départements, l'acte additionnel du 22 avril est proclamé *constitution de l'État.*

3 *juin.* — Ouverture des deux chambres (des pairs et des représentants). M. Lanjuinais est nommé par l'Empereur président de la chambre des représentants.

4 *juin.* — Grandes fêtes et réjouissances publiques à Paris

pour célébrer l'acceptation de l'acte additionnel aux constitutions de l'Empire.

5 juin. — Le président de la Chambre des pairs, Cambacérès, donne communication à la chambre des représentants du décret de l'Empereur contenant la nomination des pairs de France.

7 juin. — Ouverture solennelle de la session législative par l'Empereur.

10 juin. — Déclaration par laquelle la Suisse annonce qu'elle se réunit aux puissances coalisées contre Napoléon.

11 juin. — L'Empereur reçoit les adresses des deux chambres des pairs et des représentants. Dans sa réponse il annonce son départ pour l'armée dans la nuit suivante.

12 juin. — Napoléon quitte Paris à trois heures du matin.

13 juin. — Il arrive à Avesnes.

14 juin. — Proclamation de l'Empereur à l'armée.

Même jour. — Rapport des deux chambres sur la situation de l'Empire, présenté par le ministre de l'intérieur Carnot.

15 juin. — Combat de Fleurus, gagné par l'armée française.

16 juin. — Bataille de Ligny ou des Quatre-Bras, gagnée par l'armée française. Les Prussiens perdent vingt-cinq mille hommes.

17 juin. — Quartier général de l'Empereur à la ferme du Caillou, près Planchenois.

18 juin. — Bataille du mont Saint-Jean ou de Waterloo, perdue par l'armée française.

21 juin. — Retour de l'Empereur à Paris. La Chambre des représentants se déclare en permanence, et se montre hostile à l'Empereur.

22 juin. — Seconde abdication de l'Empereur en faveur de son fils, Napoléon II.

23 juin. — Les deux chambres nomment une commission de gouvernement, composée de Fouché, duc d'Otrante, président, Carnot, Caulaincourt, Quinette et le général Grenier.

25 juin. — Napoléon se retire à la Malmaison, ancienne résidence de sa première femme, Joséphine. Il adresse de là une proclamation à l'armée devant Paris.

26 juin. — Fouché, président de la commission de gouvernement, sous prétexte de veiller à la sûreté de Napoléon, envoie à la Malmaison une garde commandée par le général Becker.

27 juin. — Napoléon, apprenant l'approche des armées prussienne et anglaise, écrit à la commission de gouvernement et demande à servir en qualité de général contre l'ennemi.

29 juin. — Napoléon quitte la Malmaison pour se rendre à Rochefort.

3 juillet. — Capitulation de Paris.

8 juillet. — Arrivée de Napoléon à Rochefort.

Même jour. — Rentrée de Louis XVIII à Paris.

13 juillet. — Napoléon écrit de Rochefort au prince-régent d'Angleterre pour lui annoncer que c'est à la nation anglaise qu'il vient demander un asile.

15 juillet. — Napoléon s'embarque sur le brick *l'Épervier*, pour se rendre sur le vaisseau anglais *le Bellérophon*.

16 juillet. — Il fait voile vers l'Angleterre.

4 août. — Protestation de Napoléon contre la conduite du gouvernement anglais à son égard.

8 août. — Lord Keith apporte à Napoléon l'ordre du gouvernement anglais de le transférer à Sainte-Hélène.

10 août. — Napoléon est embarqué sur *le Northumberland*.

11 août. — Il quitte le canal de la Manche, et voit pour la dernière fois les côtes de France.

18 octobre. — Il débarque à l'île Sainte-Hélène [1].

1816.

11 décembre. — Lettre de Napoléon au comte de Las-Cases au moment où celui-ci est forcé de quitter Sainte-Hélène.

1818.

25 juillet. — On le sépare de M. Barry E. O'Méara, médecin anglais qui avait mérité son affection.

---

[1] Avec le comte Bertrand, le général Gourgaud, les comtes Montholon et Las-Cases, la comtesse Montholon, la comtesse Bertrand et les enfants de ces deux dernières.

1821.

15 *mars*. — Napoléon tombe dangereusement malade.
31 *mars*. — Il est obligé de rester au lit.
15 *avril*. — Il fait mettre au pied de son lit le buste de son fils.
5 *mai*. — Mort de l'Empereur à sept heures du matin.
6 *mai*. — Les médecins anglais font l'ouverture du corps, et déclarent que Napoléon est mort d'un cancer à l'estomac.
8 *mai*. — Funérailles de Napoléon. Ses restes sont déposés dans une petite vallée de Sainte-Hélène, près d'une source, sous un saule au pied duquel il venait souvent se reposer.
26 *juillet*. — Les habitants du village de Kostheim, à une demi-lieue de Mayence, que Napoléon avait exemptés d'impositions pour quinze ans dans le temps de ses prospérités, font célébrer un service funèbre en son honneur.

FRAGMENTS HISTORIQUES.

FRAGMENTS HISTORIQUES.

QUESTION DES NEUTRES.

La question des neutres a été l'unique cause de la guerre entre la France et l'Angleterre depuis 1802 jusqu'à 1815. Il importe donc pour l'intelligence des événements qu'elle soit bien comprise. L'Empereur, dans ses Mémoires, l'a expliquée avec sa force et sa clarté accoutumées. On jugera, après avoir lu ce passage, si le devoir de l'Empereur n'était pas de combattre jusqu'à ce que l'Angleterre fût revenue à des principes plus équitables en ce qui concernait la liberté des mers, c'est-à-dire l'existence commerciale des autres peuples.

Du droit des gens observé par les puissances dans la guerre de terre et du droit des gens observé par elles dans la guerre de mer. — Des principes du droit maritime des puissances neutres. — De la neutralité armée de 1780, dont les principes, qui étaient ceux de la France, de l'Espagne, de la Hollande, de la Russie, de la Prusse, du Danemark et de la Suède, étaient en opposition avec les prétentions de l'Angleterre à cette époque. — Nouvelles prétentions de l'Angleterre mises en avant pour la première fois, et successivement, dans le cours de la guerre de la révolution, depuis 1793 jusqu'en 1800. L'Amérique reconnaît ces prétentions; discussions qui en résultent avec la France. — Opposition à ces prétentions de la part de la Russie, de la Suède, du Danemark, de la Prusse. Événements qui s'ensuivent. Convention de Copenhague, où, malgré la présence d'une flotte anglaise supérieure, le Danemark ne reconnaît aucune des prétentions de l'Angleterre. Leur discussion est ajournée. — Traité de Paris entre la république française et les États-Unis d'Amérique, qui termine les différends survenus entre les deux puissances par suite de l'adhésion des Américains aux prétentions des Anglais. — La France et l'Amérique proclament solennellement les principes du droit maritime des neutres. — Causes qui indisposent l'empereur Paul 1er contre l'Angleterre. La Russie, le Danemark, la Suède, la Prusse proclament les principes reconnus par le traité du 30 septembre entre la France et l'Amérique. Convention, dite neutralité armée, signée le 16 décembre 1800. — Guerre entre l'Angleterre d'un côté, la Russie, le Danemark, la Suède et la Prusse de l'autre, ce qui prouve qu'à cette époque ces puissances, non plus que la France, la Hollande, l'Amérique et l'Espagne, ne reconnaissaient aucune des prétentions de l'Angleterre. — Bataille de Copenhague, le 2 avril 1801. — Assassinat de l'empereur Paul 1er. — La Russie, la Suède, le Danemark se désistent des principes de la neutralité armée. Nouveaux principes des droits des neutres reconnus par ces puissances. Traité du 17 juin 1801, signé par lord Saint-Helens. Ces nouveaux droits n'engagent que les puissances qui les ont reconnus par ledit traité.

§ I_{er}.

Le droit des gens, dans les siècles de barbarie, était le même sur terre que sur mer. Les individus des nations ennemies étaient faits prisonniers, soit qu'ils eussent été pris les armes à la main, soit qu'ils fussent de simples habitants; ils ne sortaient d'esclavage qu'en payant une rançon. Les propriétés mobilières, et même foncières, étaient confisquées en tout ou en partie. La civilisation s'est fait sentir rapidement et a entièrement changé le droit des gens dans la guerre de terre sans avoir eu le même effet dans celle de mer. De sorte que, comme s'il y avait deux raisons et deux justices, les choses sont réglées par deux droits différents. Le droit des gens dans la guerre de terre n'entraîne plus le dépouillement des particuliers ni un changement dans l'état des personnes. La guerre n'a d'action que sur le gouvernement. Ainsi les propriétés ne changent pas de main, les magasins de marchandises restent intacts, les personnes restent libres. Sont seulement considérés comme prisonniers de guerre les individus pris les armes à la main et faisant partie de corps militaires. Ce changement a beaucoup diminué les maux de la guerre. Il a rendu la conquête d'une nation plus facile, la guerre moins sanglante et moins désastreuse. Une province conquise prête serment, et, si le vainqueur l'exige, donne des otages, rend les armes; les contributions se perçoivent au profit du vainqueur, qui, s'il le juge nécessaire, établit une contribution extraordinaire, soit pour pourvoir à l'entretien de son armée, soit pour s'indemniser lui-même des dépenses que lui a causées la guerre. Mais cette contribution n'a aucun rapport avec la valeur des marchandises en magasin; c'est seulement une augmentation proportionnelle plus ou moins forte de la contribution ordinaire. Rarement cette contribution équivaut à une année de celles que perçoit le prince; et elle est imposée sur l'universalité de l'État, de sorte qu'elle n'entraîne jamais la ruine d'aucun particulier.

Le droit des gens qui régit la guerre maritime est resté dans toute sa barbarie; les propriétés des particuliers sont confisquées; les individus non combattants sont faits prisonniers. Lorsque deux nations sont en guerre, tous les bâtiments de l'une ou de l'autre, naviguant sur les mers ou existant dans les ports, sont susceptibles d'être confisqués, et les individus à bord de ces bâtiments sont faits prisonniers de guerre. Ainsi, par une contradiction évidente, un bâtiment anglais (dans l'hypothèse d'une guerre entre la France et l'Angleterre) qui se trouvera dans le port de Nantes, par exemple, au moment de la déclaration de guerre sera confisqué; les hommes à bord seront prisonniers de guerre, quoique non combattants et simples citoyens, tandis qu'un magasin de marchandises anglaises appartenant à des Anglais existant dans la même ville ne sera ni séquestré ni confisqué, et que les négociants anglais voyageant en France ne seront point prisonniers de guerre, et recevront leur itinéraire et les passe-ports nécessaires pour quitter le territoire. Un bâtiment anglais naviguant et saisi par un vaisseau français sera confisqué, quoique sa cargaison appartienne à des particuliers; les individus trouvés à bord de ce bâtiment seront prisonniers de guerre, quoique non combattants, et un convoi de cent charrettes de marchandises appartenant à des Anglais et traversant la France au moment de la rupture entre les deux puissances ne sera pas saisi.

Dans la guerre de terre les propriétés même territoriales que possèdent des sujets étrangers ne sont point soumises à la confiscation; elles le sont tout au plus au séquestre. Les lois qui régissent la guerre de terre sont donc plus conformes à la civilisation et au bien-être des particuliers, et il est à désirer qu'un temps vienne où les mêmes idées libérales s'étendent sur la guerre de mer, et que les armées navales de deux puissances puissent se battre sans donner lieu à la confiscation des navires marchands et sans faire constituer prisonniers de guerre les simples matelots du commerce ou les passagers non militaires. Le commerce se ferait alors sur mer entre les nations belligérantes comme il se fait sur terre au milieu des batailles que se livrent les armées.

§ II.

La mer est le domaine de toutes les nations; elle s'étend sur les trois quarts du globe et établit un lien entre les divers peuples. Un bâtiment chargé de marchandises, naviguant sur les mers, est soumis aux lois civiles et criminelles de son souverain comme s'il était dans l'intérieur de ses États. Un bâtiment qui navigue peut être considéré comme une colonie flottante, dans ce sens que toutes les nations sont également souveraines sur les mers. Si les navires de commerce des puissances en guerre pouvaient naviguer librement, il n'y aurait, à plus forte raison, aucune enquête à exercer sur les neutres. Mais, comme il est passé en principe que les bâtiments de commerce des puissances belligérantes sont susceptibles d'être confisqués, il a dû en résulter le droit, pour tous les bâtiments de guerre belligérants, de s'assurer du pavillon du bâtiment neutre qu'ils rencontrent; car, s'il était ennemi, ils auraient le droit de le confisquer. De là le droit de visite, que toutes les puissances ont reconnu par les divers traités; de là pour les bâtiments belligérants celui d'envoyer leurs chaloupes à bord des bâtiments neutres de commerce, pour demander à voir leurs papiers et s'assurer ainsi de leur pavillon. Tous les traités ont voulu que ce droit s'exerçât avec tous les égards possibles, que le bâtiment armé se tînt hors de la portée de canon, et que deux ou trois hommes seulement pussent débarquer sur le navire visité, afin que rien n'eût l'air de la force et de la violence. Il a été reconnu qu'un bâtiment appartient à la puissance dont il porte le pavillon lorsqu'il est muni de passe-ports et d'expéditions en règle, et lorsque le capitaine et la moitié de l'équipage sont des nationaux. Toutes les puissances se sont engagées, par les divers traités, à défendre à leurs sujets neutres de faire avec les puissances en guerre le commerce de contrebande; et elles ont désigné sous ce nom le commerce des munitions de guerre, telles que poudre, boulets, bombes, fusils, selles, brides, cuirasses, etc. Tout bâtiment ayant de ces objets à bord est censé avoir transgressé les ordres de son souverain, puisque ce dernier s'est engagé à défendre ce commerce à ses sujets, et ces objets de contrebande sont confisqués.

La visite faite par les bâtiments croiseurs ne fut donc plus une simple visite pour s'assurer du pavillon; et le croiseur exerça, au nom même du souverain dont le pavillon couvrait le bâtiment visité, un nouveau droit de visite, pour s'assurer si ce bâtiment ne contenait pas des effets de contrebande. Les hommes de la nation ennemie, mais seulement les hommes de guerre, furent assimilés aux objets de contrebande. Ainsi cette inspection ne fut pas une dérogation au principe que le pavillon couvre la marchandise.

Bientôt il s'offrit un troisième cas. Des bâtiments neutres se présentèrent pour entrer dans des places assiégées et qui étaient bloquées par des escadres ennemies. Ces bâtiments neutres ne portaient pas de munitions de guerre, mais des vivres, des bois, des vins et d'autres marchandises qui pouvaient être utiles à la place assiégée et prolonger sa défense. Après de longues discussions entre les puissances, elles sont convenues, par divers traités, que dans le cas où une place serait réellement bloquée, de manière à ce qu'il y eût danger évident pour un bâtiment de tenter d'y entrer, le commandant du blocus pourrait interdire au bâtiment neutre l'entrée dans cette place et le confisquer si, malgré cette défense, il employait la force ou la ruse pour s'y introduire.

Ainsi les lois maritimes sont basées sur ces principes : 1° le pavillon couvre la marchandise; 2° un bâtiment neutre peut être visité par un bâtiment belligérant pour s'assurer de son pavillon et de son chargement, dans ce sens qu'il n'a pas de contrebande; 3° la contrebande est restreinte aux munitions de guerre; 4° des bâtiments neutres peuvent être empêchés d'entrer dans une place si elle est assiégée, pourvu que le blocus soit réel, et qu'il y ait danger évident en y entrant. Ces principes forment le droit maritime des neutres, parce que les différents gouvernements se sont librement, et par des traités, engagés à les observer et à les faire observer par leurs sujets.

Les diverses puissances maritimes, la Hollande, le Portugal, l'Espagne, la France, l'Angleterre, la Suède, le Danemark et la Russie ont, à plusieurs époques et successivement, contracté l'une avec l'autre ces engagements, qui ont été proclamés aux traités généraux de pacification, tels que ceux de Westphalie en 1646 et d'Utrecht en 1712.

§ III.

L'Angleterre, dans la guerre d'Amérique, en 1778, prétendit, 1° que les marchandises propres à construire les vaisseaux, telles que bois, chanvre, goudron, etc., étaient de contrebande; 2° qu'un bâtiment neutre avait bien le droit d'aller d'un port ami dans un port ennemi, mais qu'il ne pouvait pas trafiquer d'un port ennemi à un port ennemi; 3° que les bâtiments neutres ne pouvaient pas naviguer de la colonie à la métropole ennemie; 4° que les puissances neutres n'avaient pas le droit de faire convoyer par des bâtiments de guerre leurs bâtiments de commerce, ou que, dans ce cas, ils n'étaient pas affranchis de la visite.

Aucune puissance indépendante ne voulut reconnaître ces injustes prétentions. En effet, la mer étant le domaine de toutes les nations, aucune n'a le droit de régler la législation de ce qui s'y passe. Si les visites sont permises sur un bâtiment qui arbore un pavillon neutre, c'est parce que le souverain l'a permis lui-même par ses traités. Si les marchandises de guerre sont contrebande, c'est parce que les traités l'ont réglé ainsi. Si les puissances belligérantes peuvent les saisir, c'est parce que le souverain dont le pavillon est arboré sur le bâtiment neutre s'est lui-même engagé à ne point autoriser ce genre de commerce. Mais vous ne pouvez pas étendre la liste des objets de contrebande à votre volonté, disait-on aux Anglais; et aucune puissance neutre ne s'est engagée à défendre le commerce des munitions navales, telles que bois, chanvre, goudron, etc.

Quant à la deuxième prétention elle est contraire, ajoutait on, à l'usage reçu. Vous ne devez vous ingérer dans les opérations de commerce des neutres que pour vous assurer du pavillon et qu'il n'y a pas de contrebande. Vous n'avez pas le droit de savoir ce que fait un bâtiment neutre, puisqu'en pleine mer ce bâtiment est chez lui et, en droit, hors de votre puissance. Il n'est pas couvert par les batteries de son pays, mais il l'est par la puissance morale de son souverain.

La troisième prétention n'est pas plus fondée. L'état de guerre ne peut avoir aucune influence sur les neutres; ils doivent donc faire en guerre ce qu'ils peuvent faire pendant la paix. Or, dans l'état de paix vous n'avez pas le droit d'empêcher et vous ne trouveriez pas mauvais qu'ils fissent le commerce des colonies avec la métropole. Si les bâtiments étrangers sont empêchés de faire ce commerce, ils ne le sont pas d'après le droit des gens, mais par une loi municipale; et toutes les fois qu'une puissance a voulu permettre à des étrangers le commerce de ses colonies, personne n'a eu le droit de s'y opposer.

Quant à la quatrième prétention, on répondait que, comme le droit de visite n'existait que pour s'assurer du pavillon et de la contrebande, un bâtiment armé, commissionné par le souverain constatait bien mieux le pavillon et la cargaison des bâtiments marchands de son convoi, ainsi que les règlements relatifs à la contrebande arrêtés par son maître, que ne le faisait la visite des papiers d'un navire marchand; qu'il résulterait de la prétention dont il s'agit qu'un convoi escorté par une flotte de huit ou dix vaisseaux de 74, d'une puissance neutre, serait soumis à la visite d'un brick ou d'un corsaire d'une puissance belligérante.

Lors de la guerre d'Amérique (1778) M. de Castries, ministre de la marine de France, fit adopter un règlement relatif au commerce des neutres. Ce règlement fut dressé d'après l'esprit du traité d'Utrecht et des droits des neutres. On y proclama les quatre principes ci-dessus énoncés, et on y déclara qu'il aurait son exécution pendant six mois, après lesquels il cesserait d'avoir lieu envers les nations neutres qui n'auraient pas fait reconnaître leurs droits par l'Angleterre.

Cette conduite était juste et politique; elle satisfit toutes les puissances neutres, et jeta un nouveau jour sur cette question. Les Hollandais, qui faisaient alors le plus grand commerce, chicanés par les croiseurs anglais et les décisions de l'amirauté de Londres, firent escorter leurs convois par des bâtiments de guerre. L'Angleterre avança cet étrange principe que les neutres ne pouvaient escorter leurs convois marchands, ou que du moins cela ne pouvait les dispenser d'être visités. Un convoi escorté par plusieurs bâtiments de guerre hollandais fut attaqué, pris et conduit dans les ports anglais. Cet événement remplit la Hollande d'indignation; et peu de temps après elle se joignit à la France et à l'Espagne, et déclara la guerre à l'Angleterre.

Catherine, impératrice de Russie, prit fait et cause dans ces grandes questions. La dignité de son pavillon, l'intérêt de son empire, dont le commerce consistait principalement en marchandises propres à des constructions navales, lui firent prendre la résolution de se constituer, avec la Suède et le Danemark, en neutralité armée. Ces puissances déclarèrent qu'elles feraient la guerre à la puissance belligérante qui violerait ces principes : 1° que le pavillon couvre la marchandise (la contrebande exceptée); 2° que la visite d'un bâtiment neutre par un bâtiment de guerre doit se faire avec tous les égards possibles; 3° que les munitions de guerre, canons, poudre, boulets, etc., seulement sont objets de contrebande; 4° que chaque puissance a le droit de convoyer ses bâtiments marchands, et que, dans ce cas, la déclaration du commandant du bâtiment de guerre est suffisante pour justifier le pavillon et la cargaison des bâtiments convoyés; 5° enfin, qu'un port n'est bloqué par une escadre que lorsqu'il y a danger évident d'y entrer; mais qu'un bâtiment neutre ne pourrait être empêché d'entrer dans un port précédemment bloqué par une force qui ne serait plus présente devant le port au moment où le bâtiment se présenterait, quelle que fût la cause de l'éloignement de la force qui bloquait, soit qu'elle provînt des vents ou du besoin de se réapprovisionner.

Cette neutralité du Nord fut signifiée aux puissances belligérantes le 15 août 1780. La France et l'Espagne, dont elle consacrait les principes, s'empressèrent d'y adhérer. L'Angleterre seule témoigna son extrême déplaisir; mais, n'osant pas braver la nouvelle confédération, elle se contenta de se relâcher, dans l'exécution, de toutes ses prétentions, et ne donna lieu à aucune plainte de la part des puissances neutres confédérées. Ainsi, par cette non-mise à exécution de ses principes, elle y renonça réellement. Quinze mois après la paix de 1783 mit fin à la guerre maritime.

§ IV.

La guerre entre la France et l'Angleterre commença en 1793. L'Angleterre devint bientôt l'âme de la première coalition. Dans le temps que les armées autrichiennes, prussiennes, espagnoles et piémontaises envahissaient nos frontières, elle employait tous les moyens pour arriver à la ruine de nos colonies. La prise de Toulon, où notre escadre fut brûlée, le soulèvement des provinces de l'Ouest, où périt un si grand nombre de marins, anéantirent notre marine. L'Angleterre alors ne mit plus de bornes à son ambition. Désormais prépondérante sur mer et sans rivale, elle crut le moment arrivé où elle pourrait sans danger proclamer l'asservissement des mers. Elle reprit les prétentions auxquelles elle avait tacitement renoncé dans la guerre de 1780, savoir : 1° que les marchandises propres à la construction des vaisseaux sont de contrebande ; 2° que les neutres n'ont pas le droit de faire convoyer leurs bâtiments de commerce, ou du moins que la déclaration du commandant de l'escorte n'ôte pas le droit de visite ; 3° qu'une place est bloquée non-seulement par la présence d'une escadre, mais même lorsque l'escadre est éloignée de devant le port par les tempêtes ou par le besoin de faire de l'eau, etc. Elle alla plus loin et mit en avant ces trois nouvelles prétentions : 1° que le pavillon ne couvre pas la marchandise, que la marchandise et la propriété ennemies sont confiscables sur un bâtiment neutre ; 2° qu'un bâtiment neutre n'a pas le droit de faire le commerce de la colonie avec la métropole ; 3° qu'un bâtiment neutre peut bien entrer dans un port ennemi, mais non pas aller d'un port ennemi à un port ennemi.

Le gouvernement d'Amérique, voyant la puissance maritime de la France anéantie et craignant pour lui l'influence du parti français, qui se composait des hommes les plus exagérés, jugea nécessaire à sa conservation de se rapprocher de l'Angleterre, et reconnut tout ce que cette puissance voulut lui prescrire pour nuire et gêner le commerce français.

Les altercations entre la France et les États-Unis furent vives. Les envoyés de la république française, Genet, Adet, Fauchet, réclamèrent fortement l'exécution du traité de 1778; mais ils eurent peu de succès. En conséquence diverses mesures législatives, analogues à celles des Américains, furent prises en France; diverses affaires de mer eurent lieu, et les choses s'aigrirent à un tel point que la France était comme en guerre avec l'Amérique. Cependant la première de ces deux nations sortit enfin triomphante de la lutte qui menaçait son existence; l'ordre et un gouvernement régulier firent disparaître l'anarchie. Les Américains éprouvèrent alors le besoin de se rapprocher de la France. Le président lui-même sentait toute la raison qu'avait cette puissance de réclamer contre le traité qu'il avait conclu avec l'Angleterre; et, au fond de son cœur, il rougissait d'un acte que la force des circonstances l'avait seule porté à signer. MM. Prinkeney, Marschal et Gerry, chargés des pleins pouvoirs du gouvernement américain, arrivèrent à Paris à la fin de 1797. Tout faisait espérer un prompt rapprochement entre les deux républiques; mais la question restait tout entière indécise. Le traité de 1794 et l'abandon des droits des neutres lésaient essentiellement les intérêts de la France; et l'on ne pouvait espérer de faire revenir les États-Unis à l'exécution du traité de 1778, à ce qu'ils devaient à la France et à eux-mêmes qu'en opérant un changement dans leur organisation intérieure.

Par suite des événements de la révolution, le parti fédéraliste l'avait emporté dans ce pays, mais le parti démocratique était cependant le plus nombreux. Le Directoire pensa lui donner plus de force en refusant de recevoir deux des plénipotentiaires américains parce qu'ils tenaient au parti fédéraliste, et en ne reconnaissant que le troisième, qui était du parti opposé. Il déclara d'ailleurs ne pouvoir entrer dans aucune négociation tant que l'Amérique n'aurait pas fait réparation des griefs dont la république française avait à se plaindre. Le 18 janvier 1798 il sollicita une loi des Conseils, portant que la neutralité d'un bâtiment ne se déterminerait pas par son pavillon, mais par la nature de sa cargaison; et que tout bâtiment chargé en tout ou en partie de marchandises anglaises pourrait être confisqué. La loi était juste envers l'Amérique dans ce sens qu'elle n'était que la représaille du traité que cette puissance avait signé avec l'Angleterre en 1794; mais elle n'en était pas moins impolitique et déplacée; elle était subversive de tous les droits des neutres. C'était déclarer que le pavillon ne couvrait plus la marchandise, ou, autrement, proclamer que les mers appartenaient au plus fort. C'était agir dans le sens et conformément à l'intérêt de l'Angleterre, qui vit avec une secrète joie la France elle-même proclamer ses principes et autoriser son usurpation. Sans doute les Américains n'étaient plus que les facteurs de l'Angleterre; mais des lois municipales, réglementaires du commerce en France avec les Américains, auraient détruit un ordre de choses contraire aux intérêts de la France; la république aurait pu déclarer tout au plus que les marchandises anglaises seraient marchandises de contrebande pour les pavillons qui auraient reconnu les nouvelles prétentions de l'Angleterre. Le résultat de cette loi fut désastreux pour les Américains. Les corsaires français firent de nombreuses prises, et, aux termes de la loi, toutes étaient bonnes. Car il suffisait qu'un navire américain eût quelques tonneaux de marchandises anglaises à son bord pour que toute la cargaison fût confiscable. Dans le même temps, comme s'il n'y avait pas déjà assez de cause d'irritation et de désunion entre les deux pays, le Directoire fit demander aux envoyés américains un emprunt de quarante-huit millions de francs, se fondant sur celui que les États-Unis avaient fait autrefois à la France pour se soustraire au joug de l'Angleterre. Les agents d'intrigues dont le ministère des relations extérieures était rempli à cette époque insinuèrent qu'on se désisterait de l'emprunt pour une somme de douze cent mille francs, qui devait se partager entre le directeur B..... et le ministre T.........

Ces nouvelles arrivèrent en Amérique dans le mois de mars; le président en informa la chambre le 4 avril. Tous les esprits se rallièrent autour de lui; on crut même l'indépendance de l'Amérique menacée. Toutes les gazettes, toutes les nouvelles étaient pleines des préparatifs qui se faisaient en France pour l'expédition d'Égypte; et, soit que le gouvernement américain craignît réellement une invasion, soit qu'il feignît de le croire pour donner plus de mouvement aux esprits et renforcer le parti fédéraliste, il fit proposer le commandement de l'armée de défense au général Washington. Le 26 mai un acte du congrès autorisa le président à enjoindre aux commandants des vaisseaux de guerre américains de s'emparer de tout vaisseau qui serait trouvé près des côtes et dont l'intention serait de commettre des déprédations sur les navires appartenant à des citoyens des États-Unis, et de reprendre ceux de ces vaisseaux qui auraient été capturés. Le 9 juin un nouveau bill suspendit toutes les relations commerciales avec la France. Le 25 un troisième bill déclara nuls les traités de 1778 et la Convention consulaire du 4 novembre 1788, portant que les États-Unis sont *délivrés et exonérés des stipulations desdits traités*. Ce bill fut motivé, 1° sur ce que la république française avait itérativement violé les traités conclus avec les États-Unis, au grand détriment des citoyens de ce pays, en confisquant, par exemple, des marchandises ennemies à bord des bâtiments américains, tandis qu'il était convenu que le bâtiment sauverait la cargaison; en équipant des corsaires contre les droits de la neutralité dans les ports de l'Union; en traitant les matelots américains trouvés à bord des navires ennemis comme des pirates, etc.; 2° sur ce que la France, malgré le désir des États-Unis d'entamer une négociation amicale, et au lieu de réparer le dommage causé par tant d'injustices, osait, d'un ton hautain, demander un tribut en forme de prêt ou autrement. Vers la fin du mois de juillet le dernier plénipotentiaire américain, M. de Gerry, qui était resté jusqu'alors à Paris, partit pour l'Amérique.

La France venait d'être humiliée; la deuxième coalition s'était emparée de l'Italie, et avait attaqué la Hollande. Le gouvernement français fit faire quelques démarches par son ministre en Hollande, M. Pichon, près de l'envoyé américain auprès de cette puissance. Des ouvertures furent faites au président des

États-Unis, M. Adams. Celui-ci, annonçant, à l'ouverture du congrès, les tentatives faites par le gouvernement français pour rouvrir les négociations, disait que, bien que le désir du gouvernement des États-Unis fût de ne pas rompre entièrement avec la France, il était cependant impossible d'y envoyer de nouveaux plénipotentiaires sans dégrader la nation américaine, jusqu'à ce que le gouvernement français eût donné les assurances convenables que le droit sacré des ambassadeurs serait respecté. Il termina son discours en recommandant de faire de grands préparatifs pour la guerre. Mais la nation américaine était loin de partager les opinions de M. Adams sur la guerre avec la France. Le président céda à l'opinion générale, et le 25 février 1799 nomma ministres plénipotentiaires près la république française, pour terminer tous les différends entre les deux puissances, MM. Ellsworth, Henry et Murray. Ils débarquèrent en France au commencement de 1800.

La mort de Washington, qui eut lieu le 15 décembre 1799, fournit au premier Consul une occasion de faire connaître ses sentiments pour les États-Unis d'Amérique. Il porta le deuil de ce grand citoyen, et le fit porter à toute l'armée par l'ordre du jour suivant, en date du 9 février 1800 : *Washington est mort! Ce grand homme s'est battu contre la tyrannie ; il a consolidé la liberté de sa patrie. Sa mémoire sera toujours chère au peuple français, comme à tous les hommes libres des deux mondes, et spécialement aux soldats français qui, comme lui et les soldats américains, se battent pour l'égalité et la liberté.* Le premier Consul ordonna en outre que, pendant dix jours, des crêpes noirs seraient suspendus à tous les drapeaux et guidons de la république.

§ V.

Le 9 février une cérémonie eut lieu à Paris, au Champ de Mars. L'on y porta en grande pompe les trophées conquis par l'armée d'Orient ; on y rendit un nouvel hommage au héros américain, dont M. de Fontanes prononça l'oraison funèbre devant toutes les autorités civiles et militaires de la capitale. Ces circonstances ne laissèrent plus aucun doute dans l'esprit des envoyés des États-Unis sur le succès de leur négociation.

Le traité de 1794 entre l'Angleterre et l'Amérique avait été un vrai triomphe pour l'Angleterre, mais il avait été désapprouvé par les puissances neutres de l'Europe. En toute occasion le Danemark, la Suède, la Russie proclamaient avec affectation les principes de la neutralité armée de 1780.

Le 4 juillet 1798 la frégate suédoise *la Troya,* escortant un convoi, fut rencontrée par une escadre anglaise, qui l'obligea de se rendre à Margate avec les navires qu'elle accompagnait. Aussitôt que le roi de Suède en fut informé il donna ordre au commandant du convoi de se rendre à sa destination. Mais quelque temps après un deuxième convoi, sorti des ports de Suède sous l'escorte d'une frégate (*la Hulla Fersen*), commandée par M. de Cederstrom, éprouva le même sort que la première. Le roi de Suède fit traduire devant un conseil de guerre les deux officiers commandant les frégates d'escorte; M. de Cederstrom fut condamné à mort.

A la même époque un vaisseau anglais s'empara d'un navire suédois, et le conduisit à Elseneur; mais bientôt, bloqué dans ce port par plusieurs frégates danoises, il fut obligé de rendre sa prise. Pendant les deux années suivantes les esprits s'aigrirent encore. La destruction de l'escadre française à Aboukir, les malheurs de la France dans la campagne de 1799 accrurent la superbe anglaise. A la fin de décembre 1799 la frégate danoise *la Hanfenen,* capitaine Van Dockum, escortait des bâtiments marchands de cette nation et entrait dans le détroit lorsqu'elle fut rencontrée par plusieurs frégates anglaises. L'une d'elles envoya un canot pour faire connaître au capitaine danois qu'on allait visiter son convoi. Celui-ci répondit que ce convoi était de sa nation, qu'il était sous son escorte, qu'il en garantissait le pavillon et le chargement et qu'il ne souffrirait pas qu'on le visitât. Aussitôt un canot anglais se dirigea sur un navire du convoi pour le visiter. La frégate danoise fit feu, blessa un Anglais et s'empara du canot; mais le capitaine Van Dockum le relâcha sur la menace des Anglais de commencer aussitôt les hostilités. Le convoi fut conduit à Gibraltar.

Dans une note par laquelle M. Merry, envoyé anglais à Copenhague, demanda, le 10 avril 1800, le désaveu, l'excuse et la réparation qu'était en droit d'attendre le gouvernement britannique, il dit : « Le droit de visiter et d'examiner les vaisseaux marchands en pleine mer, de quelque nation qu'ils soient et quelle que soit leur cargaison ou destination, le gouvernement britannique le regarde, comme le droit incontestable de toute nation en guerre ; droit qui est fondé sur celui des gens et qui a été généralement admis et reconnu. »

A cette note M. Bernstorf, ministre de Danemark, répondit que le droit de faire visiter les bâtiments convoyés n'avait été reconnu par aucune puissance maritime indépendante et qu'elles ne pourraient le faire sans avilir leur propre pavillon ; que le droit conventionnel de visiter un bâtiment marchand neutre avait été attribué aux puissances belligérantes seulement pour s'assurer de la sincérité du pavillon ; que cette vérité était bien mieux constatée quand c'était un bâtiment de guerre de la nation neutre qui le certifiait ; que s'il en était autrement, il s'ensuivrait que les plus grandes escadres, escortant un convoi, seraient soumises à l'affront de le laisser visiter par un brick ou même par un corsaire. Il terminait en disant que le capitaine danois qui avait repoussé une violence à laquelle il ne devait pas s'attendre n'avait fait que son devoir.

La frégate danoise *la Freya*, escortant un convoi marchand, se trouva, le 25 juillet 1800, à l'entrée de la Manche, en présence de quatre frégates anglaises, sur les onze heures du matin. L'une d'elles envoya à bord de la danoise un officier pour demander où elle allait et prévenir qu'il allait visiter le convoi. Le capitaine Krapp répondit que son convoi était danois ; il montra à l'officier anglais les papiers et les certificats qui constataient sa mission, et fit connaître qu'il s'opposerait à toute visite. Alors une frégate anglaise se dirigea sur le convoi, qui reçut ordre de se rallier à *la Freya*. En même temps une autre frégate s'approcha de cette dernière, et tira sur un bâtiment marchand. Le danois répondit à son feu, mais de façon que le boulet passa par dessus la frégate anglaise. Sur les huit heures le commodore anglais arriva, avec son vaisseau, près de *la Freya* et réitéra la demande de visiter le convoi sans aucune opposition. Sur le refus du capitaine Krapp, une chaloupe anglaise se dirigea sur le marchand le plus voisin. Le danois donna ordre de tirer sur la chaloupe ; alors le commodore anglais, qui prenait en flanc *la Freya*, lui envoya toute sa bordée. Cette dernière riposta, se battit une heure contre les quatre frégates anglaises, et, perdant l'espoir de vaincre des forces si supérieures, amena son pavillon. Elle avait reçu trente boulets dans sa coque et un grand nombre dans ses mâts et agrès Elle fut conduite, avec le convoi, aux Dunes, où on la fit mouiller à côté du vaisseau amiral. Les Anglais firent hisser, à bord de *la Freya*, le pavillon danois, et y mirent une garde de soldats anglais sans armes.

Cependant les esprits étaient fort aigris. Le Danemark, la Suède, la Russie armaient leurs escadres, et annonçaient hautement l'intention de soutenir leurs droits par les armes. Lord Witworth fut envoyé à Copenhague, où il arriva le 11 juillet, avec les pouvoirs nécessaires pour aviser à un moyen d'accommodement. Ce négociateur fut appuyé par une flotte de vingt-cinq vaisseaux de ligne, sous les ordres de l'amiral Dikinson, qui parut, le 19 août, devant le Sund. Tout était en armes sur la côte de Danemark ; on s'attendait à chaque instant au commencement des hostilités. Mais les flottes alliées de la Suède et de la Russie n'étaient pas prêtes. Ces puissances avaient espéré que des menaces seraient suffisantes ; comme elles n'avaient pas prévu une attaque si subite, aucun traité n'avait été contracté entre elles à ce sujet. Après de longues conférences, lord Witworth et le comte de Bernstorf signèrent une convention le 31 août. Il y fut stipulé, 1° que le droit de visiter les bâtiments allant sans convoi était renvoyé à une discussion ultérieure ; 2° que Sa Majesté danoise, pour éviter les événements pareils à celui de la frégate *la Freya*, se dispenserait de convoyer aucun de ses bâtiments marchands jusqu'à ce que des explications ultérieures sur cet objet eussent pu effectuer une convention définitive ; 3° que *la Freya* et le convoi seraient relâchés ; que la frégate trouverait dans les ports de Sa Majesté britannique tout ce dont elle aurait besoin pour se réparer, et ce suivant l'usage entre les puissances amies et alliées.

On voit que l'Angleterre et le Danemark cherchaient également à gagner du temps. Par cette convention, faite sous le canon d'une flotte anglaise supérieure, le Danemark échappa au danger imminent qui le menaçait; il ne reconnut aucune des prétentions de l'Angleterre. Seulement il sacrifia son juste ressentiment et les réparations qu'il était en droit de demander pour les outrages faits à son pavillon.

Aussitôt que l'empereur de Russie Paul Ier fut informé de l'entrée d'une flotte anglaise dans la Baltique avec des intentions hostiles, il fit mettre le séquestre sur tous les bâtiments anglais qui se trouvaient dans ses ports; il y en avait plusieurs centaines. Il fit délivrer à tous les capitaines des navires qui partaient des ports russes une déclaration portant que la visite de tout bâtiment russe par un bâtiment anglais serait considérée comme une déclaration de guerre.

§ VI.

Le premier Consul nomma pour traiter avec les ministres des États-Unis les conseillers d'État Joseph Bonaparte, Rœderer et Fleuriou. Les conférences eurent lieu successivement à Paris et à Morfontaine; on éprouva beaucoup de difficultés. Les deux républiques avaient-elles été en guerre ou en paix? Ni l'une ni l'autre n'avait fait de déclaration de guerre; mais le gouvernement américain avait, par le bill du 7 juillet 1798, déclaré les États-Unis *exonérés* des droits que la France avait acquis par le traité du 6 février 1778. Les envoyés ne voulaient pas revenir sur ce bill; cependant on ne peut perdre des droits acquis par des traités que de deux manières, par son propre consentement ou par l'effet de la guerre. Les Américains demandaient à être indemnisés de toutes les pertes que leur avaient fait éprouver les corsaires français et, en dernier lieu, la loi du 18 janvier 1798. Ils convenaient que, de leur côté, ils dédommageraient le commerce français de celles qu'il avait essuyées. Mais la balance de ces indemnités était de beaucoup à l'avantage de l'Amérique. Les plénipotentiaires français firent aux ministres américains le dilemme suivant : « Nous sommes en « guerre ou en paix. Si nous sommes en paix et que notre état « actuel ne soit qu'un état de mésintelligence, la France doit li- « quider tout le tort que ses corsaires vous auront fait. Vous avez « évidemment perdu plus que nous; nous devons solder la dif- « férence. Mais alors les choses doivent être établies comme « elles étaient auparavant, et nous devons jouir de tous les « droits et priviléges dont nous jouissions en 1778. Si, au con- « traire, nous sommes en état de guerre, vous n'avez pas droit « d'exiger des indemnités pour vos pertes, tout comme nous « n'avons pas le droit d'exiger les priviléges des traités que la « guerre a rompus. »

Les ministres américains se trouvèrent fort embarrassés. Après de longues discussions, on adopta le mezzo-termine de déclarer qu'une convention ultérieure statuerait sur l'une ou l'autre de ces situations. Cette difficulté une fois écartée, il ne restait plus qu'à stipuler pour l'avenir, et l'on aborda franchement les principes du droit des neutres. L'aigreur qui existait entre les puissances du Nord et l'Angleterre, les divers combats qui avaient déjà eu lieu, plusieurs causes qui avaient influé sur le caractère de l'empereur Paul, la victoire de Marengo, qui avait changé la face de l'Europe, tout faisait sentir de quelle utilité pour les affaires générales serait une déclaration claire et libérale des principes du droit maritime. Il fut expressément reconnu dans le nouveau traité : 1° que le pavillon couvre la marchandise; 2° que les objets de contrebande ne doivent s'entendre que des munitions de guerre, canons, fusils, poudre, boulets, cuirasses, selles, etc.; 3° que la visite qui serait faite d'un navire neutre, pour s'assurer de son pavillon et des objets de contrebande, ne pourrait avoir lieu que hors de la portée de canon du bâtiment de guerre visitant; que deux ou trois hommes, au plus, monteraient à bord du neutre; que, dans aucun cas, on ne pourrait obliger le navire neutre d'envoyer à bord du bâtiment visitant; que chaque bâtiment serait porteur d'un certificat qui justifierait de son pavillon; que l'aspect seul de ce certificat serait suffisant; qu'un bâtiment qui porterait de la contrebande ne serait soumis qu'à la confiscation de cette contrebande; qu'aucun bâtiment convoyé ne serait soumis à la visite; que la déclaration du commandant de l'escorte du convoi suffirait; que le droit de blocus ne devait s'appliquer qu'aux places réellement bloquées où l'on ne peut entrer sans un danger évident, et non à celles censées bloquées par des croisières; que les propriétés ennemies qui étaient couvertes par le pavillon neutre, tout comme les marchandises neutres trouvées à bord de bâtiments ennemis, suivaient le sort de ces bâtiments, excepté toutefois pendant les deux premiers mois après la déclaration de guerre; que les vaisseaux et corsaires des deux nations seraient traités, dans les ports respectifs, comme ceux de la nation la plus favorisée.

Ce traité fut signé par les ministres plénipotentiaires des deux puissances à Paris le 30 septembre 1800. Le 3 octobre suivant M. Joseph Bonaparte, président de la commission chargée de la négociation, donna une fête, dans sa terre de Morfontaine, aux envoyés américains : le premier Consul y assista. Des emblèmes ingénieux, des inscriptions heureuses rappelaient les principaux événements de la guerre de l'indépendance américaine; partout on voyait réunies les armes des deux républiques. Pendant le dîner le premier Consul porta le toast suivant : *Aux mânes des Français et des Américains morts sur le champ de bataille pour l'indépendance du nouveau monde.* Celui-ci fut porté par le consul Cambacérès : *Au successeur de Washington.* Et le consul Lebrun porta le sien ainsi : *A l'union de l'Amérique avec les puissances du Nord, pour faire respecter la liberté des mers.* Le lendemain, 4 octobre, les ministres américains prirent congé du premier Consul. On remarqua dans leurs discours les phrases suivantes : qu'ils espéraient que la convention signée le 30 septembre serait la base d'une amitié durable entre la France et l'Amérique, et que les ministres américains n'omettraient rien pour concourir à ce but. Le premier Consul répondit que les différends qui avaient existé étaient terminés; qu'il n'en devait pas plus rester de trace que de démêlés de famille; que les principes libéraux, consacrés dans la convention du 30 septembre, sur l'article de la navigation, devaient être la base du rapprochement des deux républiques, comme ils l'étaient de leurs intérêts; et qu'il devenait, dans les circonstances présentes, plus important que jamais pour les deux nations d'y adhérer.

Le traité fut ratifié le 18 février 1801 par le président des États-Unis, qui en supprima l'article 2, ainsi conçu :

« Les ministres plénipotentiaires des deux parties ne pouvant,
« pour le présent, s'accorder relativement au traité d'alliance
« du 6 février 1778, au traité d'amitié et de commerce de la
« même date et à la convention en date du 4 novembre 1788,
« non plus que relativement aux indemnités mutuellement
« dues ou réclamées, les parties négocieront ultérieurement
« sur ces objets, dans un temps convenable, et jusqu'à ce
« qu'elles se soient accordées sur ces points lesdits traités et
« convention n'auront point d'effet, et les relations des deux
« nations seront réglées ainsi qu'il suit, etc. : »

La suppression de cet article faisait cesser à la fois les priviléges qu'avait la France par le traité de 1778, et annulait les justes réclamations que pouvait faire l'Amérique pour des torts éprouvés en temps de paix. C'était justement ce que le premier Consul s'était proposé en établissant ces deux objets l'un comme la balance de l'autre. Sans cela, il eût été impossible de satisfaire le commerce des États-Unis et de lui faire oublier les pertes qu'il avait éprouvées. La ratification que donna le premier Consul, le 31 juillet 1801, portait que, bien entendu, la suppression de l'article 2 annulait toute espèce de réclamation d'indemnités, etc.

Il n'est pas d'usage de faire des modifications aux ratifications. Rien n'est plus contraire au but de tout traité de paix, qui est de rétablir la bonne harmonie. Les ratifications doivent toujours êtres pures et simples; le traité doit y être transcrit sans qu'il y soit opéré de changements, afin d'éviter d'embrouiller les questions. Si cet événement avait pu être prévu, les plénipotentiaires auraient fait deux copies, l'une avec l'article 2, et l'autre sans cet article : tout alors aurait été suivant les règles.

§ VII.

L'empereur Paul avait succédé à l'impératrice Catherine II. Ennemi jusqu'au délire de la révolution française, ce que sa mère s'était contentée de promettre, il l'avait effectué; il avait pris part à la deuxième coalition. Le général Suwarow, à la tête de soixante mille Russes, s'avança en Italie, tandis qu'une autre armée russe entrait en Suisse et qu'un corps de quinze mille hommes était mis par le czar à la disposition du duc d'York pour conquérir la Hollande. C'était tout ce que l'empire russe avait de troupes disponibles. Vainqueur aux batailles de Cassano, de la Trebbia, de Novi, Suwarow avait perdu la moitié de son armée dans le Saint-Gothard et dans les différentes vallées de la Suisse, après la bataille de Zurich, où Korsakow avait été pris. Paul sentit alors toute l'imprudence de sa conduite; et, en 1800, Suwarow retourna en Russie, ramenant avec lui à peine le quart de son armée. L'empereur Paul se plaignait amèrement d'avoir perdu l'élite de ses troupes, qui n'avaient été secondées ni par les Autrichiens ni par les Anglais. Il reprochait au cabinet de Vienne de s'être refusé, après la conquête du Piémont, à remettre sur son trône le roi de Sardaigne; de n'être point animé d'idées grandes et généreuses; mais de se laisser entièrement dominer par des vues de calcul et d'intérêt. Il se plaignait aussi de ce que les Anglais, maîtres de Malte, au lieu de rétablir l'ordre de Saint-Jean, et de restituer cette île aux chevaliers, se l'étaient appropriée. Le premier Consul ne négligeait rien pour faire fructifier ces germes de mécontentement. Peu après la bataille de Marengo, il trouva le moyen de flatter l'imagination vive et impétueuse du czar en lui envoyant l'épée que le pape Léon X avait donnée à l'Ile-Adam, comme un témoignage de sa satisfaction pour avoir défendu Rhodes contre les infidèles. Huit à dix mille soldats russes avaient été faits prisonniers en Italie, à Zurich, en Hollande; le premier Consul proposa leur échange aux Anglais et aux Autrichiens. Les uns et les autres refusèrent : les Autrichiens, parce qu'ils avaient encore beaucoup de leurs prisonniers en France, et les Anglais, quoiqu'ils eussent un grand nombre de prisonniers français, parce que,

suivant eux, cette proposition était contraire à leurs principes. Quoi! disait-on au cabinet de Saint-James, vous refusez d'échanger même les Russes qui ont été pris en Hollande en combattant dans vos propres rangs sous le duc d'York? Comment! disait-on au cabinet de Vienne, vous ne voulez pas rendre à leur patrie ces hommes du Nord à qui vous devez les victoires de la Trebbia, de Novi, vos conquêtes en Italie, et qui ont laissé chez vous une foule de Français qu'ils ont faits prisonniers! Tant d'injustice m'indigne, dit le premier Consul. Eh bien! je les rendrai au czar sans échange; il verra l'estime que je fais des braves. Les officiers russes prisonniers reçurent sur-le-champ des épées, et les troupes de cette nation furent réunies à Aix-la-Chapelle, où bientôt elles furent habillées complétement à neuf et armées de belles armes de nos manufactures. Un général russe fut chargé de les organiser en bataillons, en régiments. Ce coup retentit à la fois à Londres et à Saint-Pétersbourg. Attaqué par tant de points différents, Paul s'exalta, et porta tout le feu de son imagination, toute l'ardeur de ses vœux vers la France. Il expédia un courrier au premier Consul avec une lettre où il disait : « Citoyen premier consul, je ne
« vous écris point pour entrer en discussion sur les droits de
« l'homme et du citoyen : chaque pays se gouverne comme il
« l'entend. Partout où je vois à la tête d'un pays un homme
« qui sait gouverner et se battre, mon cœur se porte vers lui.
« Je vous écris pour vous faire connaître le mécontentement
« que j'ai contre l'Angleterre, qui viole tous les droits des na-
« tions et qui n'est jamais guidée que par son égoïsme et son
« intérêt. Je veux m'unir avec vous pour mettre un terme aux
« injustices de ce gouvernement. »

Au commencement de décembre 1800, le général Sprengporten, finlandais qui avait passé au service de la Russie et qui de cœur était attaché à la France, arriva à Paris. Il portait des lettres de l'empereur Paul, et était chargé de prendre le commandement des prisonniers russes et de les ramener dans leur patrie. Tous les officiers de cette nation, qui retournaient en Russie, se louaient sans cesse des bons traitements et des égards qu'ils avaient reçus en France, surtout depuis l'arrivée du premier Consul. Bientôt la correspondance entre l'empereur Paul et ce dernier devint journalière; ils traitaient directement des plus grands intérêts et des moyens d'humilier la puissance anglaise. Le général Sprengporten n'était pas chargé de traiter de la paix ; il n'en avait pas les pouvoirs. Il n'était pas non plus ambassadeur ; la paix n'existait pas. C'était donc une mission extraordinaire, ce qui permit d'accorder, sans conséquence, à ce général toutes les distinctions propres à flatter le souverain qui l'avait envoyé.

§ VIII.

L'expédition de l'amiral Dikinson et la convention préalable de Copenhague, qui en avait été la suite, avaient déconcerté le projet des trois puissances maritimes du Nord d'opposer une ligue à la tyrannie des Anglais. Ceux-ci continuaient de violer tous les droits des neutres ; ils disaient que, puisqu'ils avaient pu attaquer, prendre et conduire en Angleterre la frégate *la Freya* avec son convoi, sans que, malgré cet événement, le Danemark eût cessé d'être allié et ami de l'Angleterre, la conduite de la croisière anglaise avait été légitime ; et que le Danemark avait, par cela même, reconnu le principe qu'il ne pouvait convoyer ses bâtiments. Néanmoins cette dernière puissance était loin d'approuver l'insolence des prétentions de l'Angleterre. Prise isolément et au dépourvu, elle avait cédé ; mais elle espérait qu'à la faveur des glaces qui allaient fermer le Sund et la Baltique elle pourrait, agissant de concert avec la Suède et la Russie, faire reconnaître les droits des puissances neutres. La Suède était indignée de la conduite du cabinet de Saint-James ; et quant à la Russie, nous avons déjà fait connaître ses motifs de haine contre les Anglais. Le traité du 30 septembre entre la France et l'Amérique venait de proclamer de nouveau les principes de l'indépendance des mers ; l'hiver était arrivé ; le czar se déclara ouvertement pour ces principes que, dès le 15 août, il avait proposé aux puissances du nord de reconnaître.

Le 17 novembre 1800 l'empereur Paul ordonna, par un

ukase, que tous les effets et marchandises anglaises qui étaient arrêtés dans ses états par suite de l'embargo qu'il avait mis sur les navires de cette nation fussent réunis en une masse, pour liquider tout ce qui serait dû aux Russes par les Anglais. Il nomma une commission de négociants qu'il chargea de cette opération. Les équipages des bâtiments furent considérés comme prisonniers de guerre et envoyés dans l'intérieur de l'empire. Enfin, le 16 décembre, une convention fut signée entre la Russie, la Suède et le Danemark, pour soutenir les droits de la neutralité. Peu après la Prusse y adhéra. Cette convention fut appelée la quadruple alliance. Ses principales dispositions sont : 1° le pavillon couvre la marchandise ; 2° tout bâtiment convoyé ne peut être visité ; 3° ne peuvent être considérés comme effets de contrebande que les munitions de guerre, telles que canons, etc.; 4° le droit de blocus ne peut être appliqué qu'à un port réellement bloqué ; 5° tout bâtiment neutre doit avoir son capitaine et la moitié de son équipage de la nation dont il porte le pavillon ; 6° les bâtiments de guerre de chacune des puissances contractantes protégeront et convoyeront les bâtiments de commerce des deux autres ; 7° une escadre combinée sera réunie dans la Baltique pour assurer l'exécution de cette convention.

Le 17 décembre le gouvernement anglais ordonna la course sur les bâtiments russes, et le 14 janvier 1801, en représailles de la convention du 16 décembre 1800, qu'il appelait attentatoire à ses droits, il ordonna un embargo général sur tous les bâtiments appartenant aux trois puissances qui avaient signé la convention.

Aussitôt qu'elle avait été ratifiée, l'empereur Paul avait expédié un officier au premier Consul pour la lui faire connaître. Cet officier lui fut présenté à la Malmaison le 20 janvier 1801, et lui remit les lettres de son souverain. Le même jour parut un arrêté des consuls qui défendit la course sur les bâtiments russes. Il n'y fut pas question des bâtiments danois et suédois, parce que la France était en paix avec ces puissances.

Le 12 février la cour de Berlin fait connaître au gouvernement anglais qu'elle accède à la convention des puissances du

Nord. Elle le somme de révoquer et de lever l'embargo mis en Angleterre sur les bâtiments danois et suédois en haine d'un principe général distinguant ce qui est relatif à ces deux puissances de ce qui est relatif à la Russie seule.

Le ministre de Suède en Angleterre remet, le 4 mars, au cabinet britannique une note dans laquelle il donne connaissance du traité du 16 décembre 1800. Il s'étonne de l'assertion de l'Angleterre que la Suède et les puissances du Nord veulent innover tandis qu'elles ne soutiennent que les droits établis et reconnus par toutes les puissances dans les traités antérieurs, et notamment par l'Angleterre elle-même dans ceux de 1780, 1783 et 1794. Une convention pareille lia la Suède et le Danemark. L'Angleterre ne protesta pas, et même resta spectatrice des préparatifs de guerre de ces puissances pour soutenir ce traité. Elle ne prétendit pas alors que ce traité et ces préparatifs fussent un acte d'hostilité. Aujourd'hui elle se conduit autrement; mais cette différence ne vient pas de ce que les puissances ont ajouté à leurs demandes; elle n'est que la suite d'un principe maritime que l'Angleterre a adopté et voudrait faire adopter dans la présente guerre. Ainsi une puissance qui s'est vantée d'avoir pris les armes pour la liberté de l'Europe médite aujourd'hui l'asservissement des mers.

S. M. suédoise récapitule les offenses impunies que les commandants des escadres anglaises se sont permises, même dans les ports de la Suède; les visites inquisitoriales que les croiseurs anglais ont fait subir aux navires suédois; l'arrestation des convois en 1798; l'outrage fait au pavillon suédois devant Barcelonne et le déni de justice dont se sont rendus coupables les tribunaux anglais. S. M. suédoise ne cherche pas à se venger; elle ne cherche qu'à assurer le respect dû à son pavillon. Cependant, en représailles de l'embargo mis par les Anglais, elle en a fait mettre un sur les navires de ceux-ci dans ses ports. Elle le lèvera lorsque le gouvernement anglais donnera satisfaction sur l'arrestation des convois en 1798, sur l'affaire devant Barcelonne et enfin sur l'embargo du 14 janvier 1801.

La teneur de la convention du 16 décembre fait assez voir qu'il n'est question, pour la Suède, que des droits des neutres, et qu'elle reste étrangère à toute autre querelle. Le ministre danois termine en demandant ses passe-ports.

Lord Hawkersbury répondit à cette note « que S. M. britannique avait proclamé plusieurs fois son droit invariable de défendre les principes maritimes qu'une expérience de plusieurs années avait fait connaître comme les meilleurs pour garantir les droits des puissances belligérantes. Rétablir les principes de 1780 est un acte d'hostilité dans ce temps-ci. L'embargo sur les bâtiments suédois sera maintenu tant que S. M. suédoise continuera à faire partie d'une confédération tendant à établir un système de droits incompatible avec la dignité, l'indépendance de la couronne d'Angleterre, les droits et l'intérêt de ses peuples. » L'on voit, par cette réponse de lord Hawkersbury, que le droit que réclame l'Angleterre est postérieur au traité de 1780. Il eût donc fallu qu'il citât les traités par lesquels, depuis cette époque, les puissances ont reconnu les nouveaux principes de la Grande-Bretagne sur les neutres.

§ IX.

La guerre se trouvait ainsi déclarée entre l'Angleterre d'une part, la Russie, la Suède, le Danemark de l'autre. Les glaces rendaient la Baltique impraticable; des expéditions anglaises furent envoyées pour s'emparer des colonies danoises et suédoises dans les Indes occidentales. Dans le courant de mars 1800 les îles de Sainte-Croix, Saint-Thomas, Saint-Bartholomé tombèrent sous la domination britannique.

Le 29 mars le prince de Hesse, commandant les troupes danoises, entra dans Hambourg, afin d'intercepter l'Elbe au commerce anglais. Dans la proclamation de ce général le Danemark se fonde sur la nécessité de prendre tous les moyens qui peuvent nuire à l'Angleterre et l'obliger à respecter enfin les droits des nations et surtout ceux des neutres.

De son côté, le cabinet de Berlin fit prendre possession du Hanovre, et ferma ainsi aux Anglais les bouches de l'Ems et du Wéser. Le général prussien, dans son manifeste, motive cette mesure sur les outrages dont les Anglais abreuvent constamment les nations neutres; sur les pertes qu'ils leur font supporter; enfin sur les nouveaux droits maritimes que l'Angleterre prétend faire reconnaître.

Une convention eut lieu, le 3 avril, entre la régence et les ministres prussiens, par laquelle l'armée hanovrienne fut licenciée et les places livrées aux troupes prussiennes. La régence s'engageait, de plus, à obéir aux autorités de cette nation. Non-seulement le roi d'Angleterre avait perdu ses états d'Hanovre; mais, ce qui était d'une plus grande conséquence pour lui, la Baltique, l'Elbe, le Wéser, l'Ems lui étaient fermés comme la Hollande, la France et l'Espagne. C'était un coup terrible porté au commerce des Anglais et dont les effets étaient tels que sa prorogation seule les eût obligés de renoncer à leur système.

Cependant les puissances maritimes du Nord armaient avec activité douze vaisseaux de ligne russes étaient mouillés à Revel; sept autres suédois étaient prêts à Carlscrona; ce qui, joint à un pareil nombre de vaisseaux danois, eût formé une flotte combinée de vingt-deux à vingt-quatre vaisseaux de ligne, qui aurait été successivement augmentée, les trois puissances pouvant la porter jusqu'à trente-six et quarante vaisseaux.

Quelque grandes que fussent les forces navales de l'Angleterre, une pareille flotte était respectable. L'Angleterre était obligée d'avoir une escadre dans la Méditerranée pour empêcher la France d'envoyer des forces en Égypte et pour protéger le commerce anglais. Le désastre d'Aboukir était en partie réparé, et il y avait en rade à Toulon une escadre de plusieurs vaisseaux. Les Anglais étaient également forcés d'avoir une escadre devant Cadix pour observer les vaisseaux espagnols et empêcher les divisions françaises de passer le détroit. Une flotte française et espagnole était dans Brest. Il leur fallait en outre une escadre devant le Texel. Mais au commencement d'avril les flottes russe, danoise et suédoise n'étaient pas encore réunies, quoiqu'elles eussent pu l'être au commencement de mars. C'est sur ce retard que le gouvernement anglais basa son plan d'opérations pour attaquer successivement les trois puissances maritimes de la Baltique, en portant d'abord tous ses efforts sur le Danemark et obligeant cette puissance à renoncer à la convention du 16 décembre 1800 et à recevoir les vaisseaux anglais dans ses ports.

§ X.

Une flotte anglaise forte de cinquante voiles, dont dix-sept vaisseaux de ligne, sous le commandement des amiraux Parker et Nelson, partit d'Yarmouth le 12 mars; elle avait mille hommes de troupes de débarquement. Le 15 elle essuya une violente tempête qui la dispersa. Un vaisseau de 74 (*l'Invincible*) fut jeté sur un banc, le Hammon-banc, et périt corps et biens. Le 20 mars elle fut signalée dans le Cattégat. Le même jour une frégate conduisit à Elseneur le commissaire Vansittart, chargé, conjointement avec M. Drumond, de remettre l'*ultimatum* du gouvernement anglais. Le 24 ils revinrent à bord de la flotte, et donnèrent des nouvelles de tout ce qui se passait à Copenhague et dans la Baltique. La flotte russe était encore à Revel et celle suédoise à Carlscrona. Les Anglais craignaient leur réunion. Le cabinet anglais avait donné pour instructions à l'amiral Parker de détacher le Danemark de l'alliance des deux puissances en agissant par la crainte ou par l'effet d'un bombardement. Le Danemark ainsi neutralisé, la flotte combinée se trouvait de beaucoup diminuée, et les Anglais avaient l'entrée libre de la Baltique. Il paraît que le conseil hésita sur la question de savoir s'il devait passer le Sund ou le grand Belt. Le Sund, entre Cronembourg et la côte suédoise, à deux mille trois cents toises; sa plus grande profondeur est à quinze cents toises des batteries d'Elseneur et à huit cents de la côte de Suède. Si donc les deux côtes avaient été également armées, les vaisseaux anglais auraient été obligés de passer à la distance de onze cents toises de ces batteries. A Elseneur et à Cronembourg on comptait plus de cent pièces ou mortiers en batterie. On conçoit les dommages qu'une escadre doit éprouver dans un pareil passage, tant par la perte des mâts, vergues que par les accidents des bombes. D'un autre côté, le passage par les Belts était très-difficile, et les officiers opposés à ce projet annonçaient que l'escadre danoise pouvait alors sortir de Copenhague, pour aller se joindre aux flottes française et hollandaise.

Cependant, l'amiral Parker se décida pour ce passage, et le 26 mai toute la flotte fit voile pour le grand Belt. Mais quelques bâtiments légers, qui éclairaient la flotte, ayant touché sur les roches, elle revint le même jour à son ancrage. L'amiral prit alors la résolution de passer par le Sund ; et, après s'être assuré des intentions qu'avait le commandant de Cronembourg de défendre le passage, la flotte, profitant d'un vent favorable, le 30, se dirigea dans le Sund. La flottille de bombardes s'approcha d'Elseneur pour faire diversion en bombardant la ville et le château ; mais bientôt la flotte, s'étant aperçue que les batteries de la Suède ne tiraient pas, appuya sur cette côte, et passa le détroit, hors de la portée des batteries danoises, qui firent pleuvoir une grêle de bombes et de boulets. Tous les projectiles tombèrent à plus de cent toises de la flotte, qui ne perdit pas un seul homme.

Les Suédois, pour se justifier de la déloyauté de leur conduite, ont allégué que, pendant l'hiver, il n'avait pas été possible d'élever des batteries ni même d'augmenter celle de six canons qui existait ; que d'ailleurs le Danemark n'avait pas paru le désirer, dans la crainte, probablement, que la Suède ne fît de nouveau valoir ses anciennes prétentions, en voulant prendre la moitié du droit que le Danemark perçoit sur tous les bâtiments qui passent le détroit. Leur nombre est annuellement de dix à douze mille, ce qui rapporte à cette puissance de deux millions cinq cents mille à trois millions. On voit combien ces raisons sont futiles. Il ne fallait que peu de jours pour placer une centaine de bouches à feu en batteries ; et les préparatifs que l'Angleterre faisait depuis plusieurs mois pour cette expédition et, en dernier lieu, la station de plusieurs de la flotte dans le Cattégat avaient donné à la Suède bien au-delà du temps qu'il lui fallait.

Le même jour, 30 mars, la flotte mouilla entre l'île de Huen et Copenhague. Aussitôt les amiraux anglais et les principaux officiers s'embarquèrent dans un schooner pour reconnaître la position des Danois.

Lorsque l'on a passé le Sund, on n'est pas encore dans la Baltique. A dix lieues d'Elseneur est Copenhague. Sur la droite de ce port se trouve l'île d'Amack, et à deux lieues de cette île en avant est le rocher de Saltholm. Il faut passer dans ce détroit entre Saltholm et Copenhague pour entrer dans la Baltique. Cette passe est encore divisée en deux canaux par un banc appelé le Middle-Ground, qui est situé vis-à-vis de Copenhague; le canal royal est celui qui passe sous les murs de cette ville. La passe entre l'île d'Amak et Saltholm n'est bonne que pour des vaisseaux de 74 ; ceux à trois ponts la franchissent difficilement, et sont même obligés de s'alléger d'une partie de leur artillerie. Les Danois avaient placé leur ligne d'embossage entre le banc et la ville, afin de s'opposer au mouillage des bombardes et chaloupes canonnières qui auraient pu passer au-dessus du banc. Les Danois croyaient ainsi mettre Copenhague à l'abri du bombardement.

La nuit du 30 fut employée par les Anglais à sonder le banc, et le 31 les amiraux montèrent sur une frégate avec les officiers d'artillerie afin de reconnaître de nouveau la ligne ennemie et l'emplacement pour le mouillage des bombardes. Il fut reconnu que, si l'on pouvait détruire la ligne d'embossage, des bombardes pourraient se placer pour bombarder le port et la ville ; mais que tant que la ligne d'embossage existerait cela serait impossible. La difficulté pour attaquer cette ligne était très-grande. On en était séparé par le banc de Middle-Ground, et le peu d'eau qui restait au-dessus de ce banc ne permettait pas aux vaisseaux de haut bord de le franchir. Il n'y avait donc de possibilité qu'en le doublant et venant ensuite, en le rasant par stribord, se placer entre lui et la ligne danoise, opération fort hasardeuse, 1° car, on ne connaissait pas bien le gisement et la longueur du banc, et l'on n'avait que des pilotes anglais qui n'avaient navigué dans ces mers qu'avec des bâtiments de commerce. On sait d'ailleurs que les pilotes les plus habiles ne peuvent se guider en pareilles circonstances que par les bouées ; mais les Danois, avec raison, les avaient ôtées ou mal placées exprès. 2° Les vaisseaux anglais, en doublant le banc, étaient exposés à tout le feu des Danois jusqu'à ce qu'ils eussent pris leur ligne de bataille. 3° Chaque vaisseau désemparé serait un vaisseau perdu, parce qu'il s'échouerait sur le banc, et cela sous le feu de la ligne et des batteries danoises

Les personnes les plus prudentes croyaient qu'il ne fallait pas entreprendre une attaque qui pouvait entraîner la ruine de la flotte. Nelson pensa différemment ; il fit adopter le projet d'attaquer la ligne d'embossage et de s'emparer des batteries de la couronne au moyen de neuf cents hommes de troupes. Appuyé à ces îles, le bombardement de Copenhague devenait facile, et le Danemark pouvait être considéré comme soumis. Le commandant en chef, ayant approuvé cette attaque, détacha, le 1er avril, Nelson avec douze vaisseaux de ligne et toutes les frégates et bombardes. Celui-ci mouilla le soir à Draco-Pointe, près du banc qui le séparait de la ligne ennemie et si près d'elle que les mortiers de l'île d'Amack, qui tirèrent quelques coups, envoyèrent leurs bombes au milieu de l'escadre mouillée. Le 2, les circonstances du temps étant favorables, l'escadre anglaise doubla le banc, et, le rangeant à stribord, vint prendre la ligne entre lui et les Danois. Un vaisseau anglais de soixante-quatorze toucha avant d'avoir doublé le banc, et deux autres s'échouèrent après l'avoir doublé. Ces trois vaisseaux, dans cette position, étaient exposés au feu de la ligne ennemie, qui leur envoya bon nombre de boulets.

La ligne d'embossage des Danois était appuyée à sa gauche *aux batteries de la couronne*, îles factices à six cents toises de Copenhague, armées de soixante-dix bouches à feu, et défendues par quinze cents hommes d'élite ; sa droite se prolongeait sur l'île d'Amack. Pour défendre l'entrée du port, sur la gauche des trois couronnes, on avait placé quatre vaisseaux de ligne, dont deux entièrement armés et équipés.

Le but de la ligne d'embossage était de garantir le port et la ville d'un bombardement, et de rester maître de toute la rade comprise entre le Middle-Ground et la ville ; cette ligne avait été placée le plus près possible du banc. Sa droite était très en avant de l'île d'Amack ; la ligne entière avait plus de trois mille toises d'étendue, et était formée par vingt bâtiments. C'étaient de vieux vaisseaux rasés, ne portant que la moitié de leur artillerie, ou des frégates et autres bâtiments installés en batteries flottantes, portant une douzaine de canons. Pour l'effet qu'elle devait produire, cette ligne était suffisamment forte et parfaitement placée ; aucune bombarde ou chaloupe canonnière ne pouvait l'approcher. Pour les raisons ci-dessus énoncées, les Danois ne craignaient pas d'être attaqués par les vaisseaux de haut bord. Lors donc qu'ils virent la manœuvre de Nelson et qu'ils prévirent ce qu'il allait entreprendre, leur étonnement fut grand. Ils comprirent que leur ligne n'était pas assez forte et qu'il aurait fallu la former non de carcasses de bâtiments, mais au contraire des meilleurs vaisseaux de leur escadre ; qu'elle avait trop d'étendue pour le nombre de bâtiments qui y étaient employés ; qu'enfin la droite n'était pas suffisamment appuyée ; que, s'ils eussent rapproché cette ligne de Copenhague, elle n'eût eu que quinze à dix-huit cents toises ; qu'alors la droite aurait pu être soutenue par de fortes batteries élevées sur l'île d'Amack, qui auraient battu en avant de la droite et flanqué toute la ligne. Il est probable que, dans ce cas, Nelson eût échoué dans son attaque ; car il lui aurait été impossible de passer entre la ligne et la terre, ainsi garnie de canons. Mais il était trop tard, ces réflexions étaient inutiles, et les Danois ne songèrent plus qu'à se défendre avec vigueur. Les premiers succès qu'ils obtinrent, en voyant échouer trois des plus forts vaisseaux ennemis, leur permettaient de concevoir les plus hautes espérances. Le manque de ces trois vaisseaux obligea Nelson, pour ne point trop disséminer ses forces, à dégarnir son extrême droite. Dès lors le principal objet de son attaque, qui était la prise des trois couronnes, se trouva abandonné. Aussitôt que Nelson eut doublé le banc, il s'approcha jusqu'à cent toises de la ligne d'embossage, et, se trouvant par quatre brasses d'eau, ses pilotes mouillèrent. La canonnade était engagée avec une extrême vigueur ; les Danois montrèrent la plus grande intrépidité ; mais les forces des Anglais étaient doubles en canons.

Une ligne d'embossage présente une force immobile contre une force mobile ; elle ne peut donc surmonter ce désavantage qu'en tirant à l'appui des batteries de terre, surtout pour les flancs. Mais, ainsi qu'on l'a dit plus haut, les Danois n'avaient pas flanqué leur droite. Les Anglais appuyèrent donc sur la droite et sur le centre, qui n'étaient pas flanqués, en éteignirent le feu et obligèrent cette partie de la ligne d'amener après une vive résistance de plus de quatre heures. La gauche de la ligne, étant bien soutenue par les batteries de la couronne, resta entière. Une division de frégates, espérant, à elle seule, remplacer les vaisseaux qui avaient dû attaquer ces batteries, osa s'engager avec elles, comme si elle était soutenue par le feu des vaisseaux. Mais elle souffrit considérablement et, malgré tous ses efforts, fut obligée de renoncer à cette entreprise et de s'éloigner.

L'amiral Parker, qui était resté avec l'autre partie de la flotte au dehors du banc, voyant la vive résistance des Danois, comprit que la plupart des bâtiments anglais seraient dégréés par suite d'un combat aussi opiniâtre ; qu'ils ne pourraient plus manœuvrer et s'échoueraient tous sur le banc, ce qui eut lieu en partie. Il fit le signal de cesser le combat et de prendre une position en arrière : mais cela même était très-difficile. Nelson aima mieux continuer l'action. Il ne tarda pas à être convaincu de la sagesse du signal de l'amiral, et il se décida enfin à lever l'ancre et à s'éloigner du combat. Mais, voyant qu'une partie de la ligne danoise était réduite, il eut l'idée, avant de prendre ce parti extrême, d'envoyer un parlementaire proposer un arrangement. Il écrivit, à cet effet, une lettre adressée aux braves frères des Anglais, les Danois, et conçue en ces termes : « Le vice-amiral Nelson a ordre de ménager le Danemark ; « ainsi il ne doit pas résister plus longtemps. La ligne de défense « qui couvrait ses rivages a amené au pavillon anglais. Cessez « donc le feu, qu'il puisse prendre possession de ses prises, ou « il les fera sauter en l'air avec leurs équipages, qui les ont si » noblement défendues. Les braves Danois sont les frères et ne « seront jamais les ennemis des Anglais. » Le prince de Danemark, qui était au bord de la mer, reçut ce billet, et, pour avoir des éclaircissements à ce sujet, il envoya l'adjudant-général Lindholm auprès de Nelson, avec qui il conclut une suspension d'armes. Le feu cessa bientôt partout, et les Danois blessés furent remis sur le rivage. Cette suspension avait à peine eu lieu que trois vaisseaux anglais, y compris celui que montait Nelson, s'échouèrent sur le banc. Ils furent en perdition, et ils n'auraient jamais pu s'en relever si les batteries avaient continué le feu. Ils durent donc leur salut à cet armistice.

Cet événement sauva l'escadre anglaise. Nelson se rendit, le 4 avril, à terre. Il traversa la ville au milieu des cris et des menaces de toute la populace; et, après plusieurs conférences avec le prince régent, on signa la convention suivante : « Il y aura un « armistice de trois mois et demi entre les Anglais et le Dane- « mark, mais uniquement pour la ville de Copenhague et le « Sund. L'escadre anglaise, maîtresse d'aller où elle voudra, « est obligée de se tenir à la distance d'une lieue des côtes du « Danemark, depuis sa capitale jusqu'au Sund. La rupture de « l'armistice devra être dénoncée quinze jours avant la reprise « des hostilités. Il y aura *statu quo* parfait sous tous les au- « tres rapports, en sorte que rien n'empêche l'escadre de l'a- « miral Parker de se porter vers quelque autre point des pos- « sessions danoises, vers les côtes du Jutland, vers celles de la « Norwége; que la flotte anglaise qui doit être entrée dans « l'Elbe peut attaquer la forteresse danoise de Glukstadt; que « le Danemark continue à occuper Hambourg et Lubeck, » etc.

Les Anglais perdirent, dans cette bataille, neuf cent quarante-trois hommes tués ou blessés Deux de leurs vaisseaux furent tellement maltraités qu'il ne fut plus possible de les réparer; l'amiral Parker fut obligé de les renvoyer en Angleterre. La perte des Danois fut évaluée un peu plus haut que celle des Anglais. La partie de la ligne d'embossage, qui tomba au pouvoir de ces derniers, fut brûlée, au grand déplaisir des officiers anglais, dont cela lésait les intérêts. Lors de la signature de l'armistice les bombardes et chaloupes canonnières étaient en position de prendre une ligne pour bombarder la ville.

§ XI

L'événement de Copenhague ne remplit pas entièrement les intentions du gouvernement britannique; il avait espéré détacher et soumettre le Danemark, et il n'était parvenu qu'à lui faire signer un armistice qui paralysait les forces danoises pendant quatorze semaines.

L'escadre suédoise et l'escadre russe s'armaient avec la plus grande activité et présentaient des forces considérables. Mais l'appareil militaire était désormais devenu inutile; la confédération des puissances du Nord se trouvait dissoute par la mort de l'empereur Paul, qui en était à la fois l'auteur, le chef et l'âme. Paul Ier avait été assassiné dans la nuit du 23 au 24 mars. La nouvelle de sa mort arriva à Copenhague au moment où l'armistice venait d'être signé !

Lord Withworth était ambassadeur à sa cour; il était fort lié avec le comte de P.... le général B......., les S.... les O.... et autres personnages authentiquement reconnus pour être les auteurs et acteurs de cet horrible parricide. Ce monarque avait indisposé contre lui, par un caractère irritable et très-susceptible, une partie de la noblesse russe. La haine de la révolution française avait été le caractère distinctif de son règne. Il considérait comme une des causes de cette révolution la familiarité du souverain et des princes français et la suppression de l'étiquette à la cour. Il établit donc à la sienne une étiquette très-sévère, et exigea des marques de respect peu conformes à nos mœurs et qui révoltaient généralement. Être habillé d'un frac, avoir un chapeau rond, ne point descendre de voiture quand le czar ou un des princes de sa maison passait dans les rues ou promenades; enfin, la moindre violation des moindres détails de son étiquette excitait toute son animadversion; et, par cela seul, on était jacobin. Depuis qu'il s'était rapproché du premier Consul il était revenu sur une partie de ces idées; et il est probable que, s'il eût vécu encore quelques années, il eût reconquis l'opinion et l'amour de sa cour, qu'il s'était aliénée. Les Anglais, mécontents et même extrêmement irrités du changement qui s'était opéré en lui depuis un an, n'oublièrent rien pour encourager ses ennemis intérieurs. Ils parvinrent à accréditer l'opinion qu'il était fou, ...
. . . .

La veille de sa mort Paul, étant à souper avec sa maîtresse et son favori, reçut une dépêche où on lui détaillait toute la trame de la conspiration; il la mit dans sa poche en ajournant la lecture au lendemain. Dans la nuit il périt.

L'exécution de cet attentat n'éprouva aucun obstacle : P...
avait tout crédit au palais; il passait pour le favori et le ministre
de confiance du souverain. Il se présente à deux heures du matin à la porte de l'appartement de l'empereur, accompagné de
B......., S.... et O..... Un Cosaque affidé, qui était à la
porte de sa chambre, fit des difficultés pour les laisser pénétrer chez lui; ils le massacrèrent aussitôt L'Empereur s'éveilla
au bruit, et se jeta sur son épée; mais les conjurés se précipitèrent sur lui, le renversèrent et l'étranglèrent. B....... fut
celui qui lui donna le dernier coup; il marcha sur son cadavre.
L'impératrice, femme de Paul, quoiqu'elle eût beaucoup à se
plaindre des galanteries de son mari, témoigna une vraie et
sincère affliction; et tous ceux qui avaient pris part à cet assassinat furent constamment dans sa disgrâce. . . . .
. . . .
Bien des années après le général B........ commandait en-
core. . . . .
Quoi qu'il en soit, cet horrible événement glaça d'horreur toute
l'Europe, qui fut surtout scandalisée de l'affreuse franchise
avec laquelle les Russes en donnaient des détails dans toutes les
cours. Il changea la position de l'Angleterre et les affaires du
monde. . . . .
. . . .
. . . .

Les embarras d'un nouveau règne donnèrent une autre direction
à la politique de la cour de Russie. Dès le 5 avril les matelots
anglais qui avaient été faits prisonniers de guerre par suite de
l'embargo et envoyés dans l'intérieur de l'empire furent rappelés. La commission qui avait été chargée de la liquidation des
sommes dues par le commerce anglais fut dissoute. Le comte
P....., qui continua à être le principal ministre, fit connaître
aux amiraux anglais, le 20 avril, que la Russie accédait à toutes
les demandes du cabinet anglais; que l'intention de son maître
était que, d'après la proposition du gouvernement britannique
de terminer le différend à l'amiable par une convention, on
cessât toute hostilité jusqu'à la réponse de Londres. Le désir
d'une prompte paix avec l'Angleterre fut hautement manifesté,

et tout annonça le triomphe de cette puissance. Après l'armistice de Copenhague l'amiral Parker s'était porté vers l'île de Moën, pour observer les flottes russe et suédoise. Mais la déclaration du comte de P..... le rassura à cet égard : il revint à son mouillage de Kioge après avoir fait connaître à la Suède qu'il laisserait passer librement ses bâtiments de commerce.

Le Danemark cependant continuait à se mettre en état de défense. Sa flotte restait tout entière, et n'avait éprouvé aucune perte ; elle consistait en seize vaisseaux de guerre. Les détails de cet armement et les travaux nécessaires pour mettre les batteries de la couronne et celles de l'île d'Amack dans le meilleur état de défense occupaient entièrement le prince royal. Mais, à Londres et à Berlin, les négociations se suivaient avec la plus grande activité, et lord Saint-Hélens était parti d'Angleterre, le 4 mai, pour Saint-Pétersbourg. Bientôt l'Elbe fut ouverte au commerce anglais. Le 20 mai Hambourg fut évacué par les Danois et le Hanovre par les Prussiens.

Nelson avait succédé à l'amiral Parker dans le commandement de l'escadre ; et, dès le 8 mai, il s'était porté vers la Suède et avait écrit à l'amiral suédois que, s'il sortait de Carlscrona avec la flotte, il l'attaquerait. Il s'était ensuite dirigé, avec une partie de l'escadre, sur Revel, où il arriva le 12. Il espérait y rencontrer l'escadre russe, mais elle avait quitté ce port dès le 9. Il n'est pas douteux que, si Nelson eût trouvé la flotte russe dans ce port, dont les batteries étaient en très-mauvais état, il ne l'eût attaquée et détruite. Le 16 Nelson quitta Revel, et se réunit à toute sa flotte, sur les côtes de Suède. Cette puissance ouvrit ses ports aux Anglais le 19 mai. L'embargo sur leurs bâtiments fut levé en Russie le 20 mai. La Prusse se trouvait déjà en communication avec l'Angleterre. Depuis le 16 cependant lord Saint-Hélens était arrivé à Saint-Pétersbourg. Le 29 mai et 17 juin il signa le fameux traité qui mit fin aux différends survenus entre les puissances maritimes du nord et l'Angleterre. Le 15 le comte de Bernstorf, ambassadeur extraordinaire de la cour de Copenhague, était arrivé à Londres, pour y traiter des intérêts de son souverain, et le 17 le Danemark leva l'embargo sur les navires anglais.

Ainsi, trois mois après la mort de Paul, la confédération du Nord fut dissoute et le triomphe de l'Angleterre assuré.

Le premier consul avait envoyé son aide de camp Duroc à Pétersbourg, où il était arrivé le 24 mai; il avait été parfaitement accueilli, et reçu avec toute espèce de protestation de bienveillance. Il avait cherché à faire comprendre la conséquence qui résulterait pour l'honneur et l'indépendance des nations et pour la prospérité future des puissances de la Baltique du moindre acte de faiblesse, acte que la circonstance ne pourrait justifier. L'Angleterre, disait-il, avait en Egypte la plus grande partie de ses forces de terre, et avait besoin de plusieurs escadres pour les couvrir et empêcher celles de Brest, de Cadix, de Toulon d'aller porter des secours à l'armée française d'Orient. Il fallait que l'Angleterre eût une escadre de quarante à cinquante vaisseaux pour observer Brest et plus de vingt-cinq vaisseaux dans la Méditerranée; en outre, elle devait tenir des forces considérables devant Cadix et le Texel. Il ajoutait que la Russie, la Suède et le Danemark pouvaient lui opposer plus de trente-six vaisseaux de haut bord bien armés; que le combat de Copenhague n'avait eu pour résultat que la destruction de quelques carcasses, mais n'avait en rien diminué la puissance des Danois; que même, loin de changer leurs dispositions, il n'avait fait que porter l'irritation au dernier point; que les glaces allaient obliger les Anglais à quitter la Baltique; que, pendant l'hiver, il serait possible d'arriver à une pacification générale; que, si la cour de Russie était décidée, comme il paraissait par les démarches déjà faites, à conclure la paix, il fallait au moins ne faire que des sacrifices temporaires, mais se garder d'altérer en rien les principes reconnus sur les droits des neutres et l'indépendance des mers; que déjà le Danemark, menacé par une escadre nombreuse et luttant seul contre elle, avait, au mois d'août de l'année dernière, consenti à ne point convoyer ses bâtiments jusqu'à ce que cette affaire eût été discutée; que la Russie pourrait suivre la même marche, gagner du temps en concluant des préliminaires et en renonçant au droit de convoyer jusqu'à ce qu'on eût trouvé des moyens définitifs de conciliation.

Ces raisonnements, exprimés dans plusieurs notes, avaient paru faire de l'effet sur le jeune empereur. Mais il était lui-même sous l'influence d'un parti qui avait commis un grand crime et qui, pour faire diversion, voulait, à quelque prix que ce fût, faire jouir la Baltique des bienfaits de la paix, afin de rendre plus odieuse la mémoire de leur victime et de donner le change à l'opinion.

L'Europe vit avec étonnement le traité ignominieux que signa la Russie et que, par contre, durent adopter le Danemark et la Suède. Il équivalait à une déclaration de l'esclavage des mers et à la proclamation de la souveraineté du parlement britannique. Ce traité fut tel que l'Angleterre n'avait rien à souhaiter de plus, et qu'une puissance du troisième ordre eût rougi de le signer. Il causa d'autant plus de surprise que l'Angleterre, dans l'embarras où elle se trouvait, se fût contentée de toute autre convention qui l'en eût tirée. Enfin la Russie eut la honte, qui lui sera éternellement reprochée, d'avoir consenti la première au déshonneur de son pavillon. Il y fut dit : 1° que le pavillon ne couvrait plus la marchandise ; que la propriété ennemie était confiscable sur un bâtiment neutre ; 2° que les bâtiments neutres convoyés seraient également soumis à la visite des croiseurs ennemis, hormis par les corsaires et les armateurs, ce qui, loin d'être une concession faite par l'Angleterre, était dans ses intérêts et demandé par elle, car les Français, étant inférieurs en force, ne parcouraient plus les mers qu'avec des corsaires.

Ainsi l'empereur Alexandre consentit à ce qu'une de ses escadres, de cinq à six vaisseaux de 74, escortant un convoi, fût détournée de sa route, perdît plusieurs heures et souffrît qu'un brick anglais lui enlevât une partie de ses bâtiments convoyés. Le droit de blocus se trouva seul bien défini ; les Anglais attachaient peu d'importance à empêcher les neutres d'entrer dans un port lorsqu'ils avaient le droit de les arrêter partout en déclarant que la cargaison appartenait en tout ou en partie à un négociant ennemi. La Russie voulut faire valoir, comme une concession en sa faveur, que les munitions navales n'étaient pas comprises parmi les objets de contrebande ! Mais il n'y a plus de contrebande lorsque tout peut le devenir par la suspicion du propriétaire, et tout est contrebande quand le pavillon ne couvre plus la marchandise.

Nous avons dit, dans ce chapitre, que les principes des droits des neutres sont : 1° que le pavillon couvre la marchandise ; 2° que le droit de visite ne consiste qu'à s'assurer du pavillon et qu'il n'y a point d'objet de contrebande ; 3° que les objets de contrebande sont les seules munitions de guerre ; 4° que tout bâtiment marchand convoyé par un bâtiment de guerre ne peut être visité ; 5° que le droit de blocus ne peut s'entendre que des ports réellement bloqués. Nous avons ajouté que ces principes avaient été défendus par tous les jurisconsultes et par toutes les puissances et reconnus dans tous les traités. Nous avons prouvé qu'ils étaient en vigueur en 1780, et qu'ils furent respectés par les Anglais ; qu'ils l'étaient encore en 1800, et furent l'objet de la quadruple alliance signée le 16 décembre de cette année. Aujourd'hui il est vrai de dire que la Russie, la Suède, le Danemark ont reconnu des principes différents.

Nous verrons, dans la guerre qui suivit la rupture du traité d'Amiens, que l'Angleterre alla plus loin, et que ce dernier principe qu'elle avait reconnu, elle le méconnaissait en établissant celui du blocus appelé blocus sur le papier.

La Russie, la Suède et le Danemark ont déclaré, par le traité du 17 janvier 1801, que les mers appartenaient à l'Angleterre ; et par là ils ont autorisé la France, partie belligérante, à ne reconnaître aucun principe de neutralité sur les mers. Ainsi, dans le temps même où les propriétés particulières et les hommes non combattants sont respectés dans les guerres de terre, on poursuit dans les guerres de mer les propriétés des particuliers, non-seulement sous le pavillon ennemi, mais encore sous le pavillon neutre, ce qui donne lieu de penser que, si l'Angleterre seule eût été législateur dans les guerres de terre, elle eût établi les mêmes lois qu'elle a établies dans les guerres de mer. L'Europe serait alors retombée dans la barbarie, et les propriétés particulières auraient été saisies comme les propriétés publiques.

HISTOIRE DE LA CORSE [1].

De la Corse jusqu'en 1729. — Guerre de l'Indépendance en 1729. — Pascal Paoli, 1755. — Traité de Paris de 1768. — Campagnes de 1768 et 1769. — Administration française. — Effets de la révolution de 1796. — Le roi d'Angleterre se fait roi de Corse. — Les Anglais sont chassés de l'île, 1789. — Description topographique de la Corse.

§ Ier.

L'histoire de Charlemagne est pleine d'obscurités que les critiques les plus instruits n'ont pu éclaircir. Il serait donc superflu de rechercher ce qui se passait en Corse dans le siècle de ce prince. Philippini, auteur de la plus ancienne chronique de cette île, vivait au quinzième siècle; il était archidiacre d'Aléria. Lampridi a écrit à Rome, à la fin du siècle dernier, une histoire très-volumineuse des révolutions de ce pays. C'était un homme d'esprit et un littérateur distingué. Dans le même temps il a paru plusieurs histoires en Toscane et dans d'autres parties de l'Italie. Nous avons, en France, un grand nombre d'écrits sur la Corse, sous les titres de Voyage, Mémoires, Révolutions, Histoire. La curiosité publique a été excitée par la lutte que ce peuple a soutenue pour se soustraire à l'oppression et faire reconnaître son indépendance.

Les Arabes d'Afrique régnèrent longtemps en Corse. Les armes de ce royaume sont encore aujourd'hui une tête de mort ayant un bandeau sur les yeux, et sur un fond blanc. Les Corses se distinguèrent à la bataille d'Ostie, où les Sarrasins furent battus et obligés de renoncer à leurs projets sur Rome. Il est des personnes qui pensent que ces enseignes leur furent alors données par le pape Léon II, en témoignage de leur bravoure.

La Corse est censée avoir fait partie de la donation de Constan-

[1] Extrait des Mémoires de l'Empereur.

tin et de celle de Charlemagne ; mais ce qui est plus certain, c'est qu'elle faisait partie de l'héritage de la comtesse Mathilde. Les Colones de Rome prétendent qu'au neuvième siècle un de leurs ancêtres a conquis la Corse sur les Sarrasins ; et en a été roi. Les Colones d'Itria et de Cinerca ont été reconnus par les Colones de Rome et par les généalogistes de Versailles ; mais le fait historique de la souveraineté d'une branche de la famille Colona en Corse n'en est pas moins un problème. Ce qui est constant toutefois, c'est que la Corse formait le douzième royaume reconnu en Europe, titre dont ces insulaires étaient glorieux et auquel ils ne voulurent jamais renoncer. C'est à ce titre que le doge de Gênes portait la couronne royale. Dans les moments où ils étaient le plus exaltés pour leur liberté, ils concilièrent ces idées opposées en déclarant la sainte Vierge leur reine. On en trouve des traces dans les délibérations de plusieurs consultes ; entre autres de celle tenue au couvent de la Vinsolasca.

Comme toute l'Italie, la Corse fut soumise au régime féodal : chaque village eut un seigneur ; mais l'affranchissement des communes y précéda de cinquante ans le mouvement général qui eut lieu en Italie dans le onzième siècle. On aperçoit encore, sur des rochers escarpés, des ruines de châteaux, que la tradition désigne comme le refuge des seigneurs pendant la guerre des Communes, dans les douzième, treizième, quatorzième et quinzième siècles. La partie dite du Liamone et spécialement la province de la Rocca exercèrent la principale influence dans les affaires de l'île. Mais, dans les seizième, dix-septième et dix-huitième siècles, les Pièves dites des terres des Communes, ou autrement de la Castagnichia, furent à leur tour prépondérantes dans les consultes ou assemblées de la nation.

Pise était la ville du continent la plus près de la Corse ; elle en fit d'abord le commerce, y établit des comptoirs, étendit insensiblement son influence, et soumit toute l'île à son gouvernement. Son administration fut douce, conforme aux vœux et aux opinions des insulaires, qui la servirent avec zèle dans ses guerres contre Florence. L'énorme puissance de Pise finit à la bataille de la Maloria. Sur ses débris s'éleva la puissance de Gênes, qui hérita de son commerce. Les Gênois s'établirent en

Corse. Ce fut l'époque des malheurs de ce pays, qui allèrent toujours en croissant. Le sénat de Gênes n'ayant pas su captiver l'affection des habitants, s'étudia à les affaiblir, à les diviser et à les tenir dans la pauvreté et l'ignorance.

Le tableau que les écrivains corses ont tracé des crimes de l'administration des oligarques de Gênes est un des plus hideux qu'offre l'histoire humaine : aussi est-il peu d'exemples d'une inimitié et d'une antipathie égales à celles qui animèrent ces insulaires contre les Génois.

La France, si près de la Corse, n'y eut jamais de prétention. On a dit que Charles Martel y avait envoyé un de ses lieutenants combattre les Sarrasins ; cela est fort apocryphe. Ce fut Henri II qui, le premier, envoya une armée sous les ordres du maréchal de Thermes, du fameux San-Pietro Ornano et d'un des Ursins ; mais ils n'y restèrent que peu d'années. Le vieux André Doria, quoique âgé de quatre-vingt-cinq ans, reconquit cette île à sa patrie.

L'Espagne, divisée en plusieurs royaumes, et uniquement occupée de sa guerre contre les Maures, n'eut de vues sur la Corse que fort tard ; mais elle en fut divertie par ses guerres en Sicile.

§ II.

Les Pièves de terres des communes, Rostino, Ampugnani, Orezza et la Penta, se soulevèrent les premières contre le gouvernement du sénat de Gênes ; les autres Pièves de la Castagnichia et insensiblement toutes les autres provinces de l'île, suivirent leur exemple. Cette guerre, qui commença en 1729, s'est terminée en 1769 par la réunion de la Corse à la monarchie française ; la lutte a duré quarante ans. Les Génois ont levé des armées suisses et ont eu plusieurs fois recours aux grandes puissances en prenant à leur solde des troupes auxiliaires. C'est ainsi que l'empereur d'Allemagne envoya d'abord en Corse le baron de Wachtendorf, et plus tard le prince de Wurtemberg, que Louis XV y envoya le comte de Boissieux et, depuis, le maréchal de Maillebois. Les armées génoises et suisses éprouvèrent des défaites. Wachtendorf et Boissieux furent battus ; le prince de Wurtemberg et Maillebois obtinrent des succès et soumirent tous deux le pays ; mais ils laissèrent le feu sous les cendres; et, aussitôt après leur départ, la guerre se renouvela avec plus de fureur. Le vieux Giafferi, le chanoine Orticone homme souple et éloquent, Hyacinthe Paoli, Cianaldi, Gaforio, furent successivement à la tête des affaires, qu'ils conduisirent avec plus ou moins de succès, mais toujours loyalement et animés des plus nobles sentiments. La souveraineté du pays résidait dans une consulte composée des députés des Pièves. Elle décidait de la guerre et de la paix, décrétait les impositions et les levées de milices. Il n'y avait aucune troupe soldée; mais tous les citoyens en état de porter les armes étaient inscrits sur trois rôles dans chaque commune; ils marchaient à l'ennemi à l'appel du chef. Les armes, les munitions, les vivres étaient au compte de chaque particulier.

On a peine à concevoir la politique de Gênes. Pourquoi tant d'opiniâtreté dans une lutte qui lui était si onéreuse? Elle devait ou renoncer à la Corse, ou en contenter les habitants. Si elle eût inscrit les principales familles sur le livre d'or; si elle eût adopté un système opposé à celui qui lui réussissait si mal et qu'elle n'avait pas la puissance de faire prévaloir, elle se fût attaché les Corses. On a souvent dit dans le sénat : « Les milices « de Corse sont plus en état de s'emparer de Gênes que vous « ne l'êtes de conquérir leurs montagnes. Attachez-vous ces in- « sulaires par un gouvernement juste; flattez leur ambition et « leur vanité; vous acquerrez une pépinière de bons soldats, utiles « pour la garde de votre capitale, et vous conserverez des comp- « toirs si avantageux à votre commerce. » L'orgueilleuse oligarchie répondait : « Nous ne pouvons pas traiter les Corses « plus favorablement que le peuple des deux rivières. Le livre « d'or sera donc rempli en majorité des noms des familles des « provinces. C'est une subversion totale de notre constitution : « c'est nous proposer d'abandonner l'héritage de nos pères. Les « Corses ne sont pas redoutables; c'est à nos fautes qu'ils doi- « vent tous leurs succès. Avec plus de sagesse il nous sera fa- « cile de soumettre cette poignée de rebelles sans artillerie, sans « discipline et sans ordre. »

Dans toutes les consultes, et il est des années où il s'en tint plusieurs, les Corses publièrent des manifestes dans lesquels ils détaillaient leurs griefs anciens et modernes contre leurs oppresseurs. Ils avaient pour but d'intéresser l'Europe à leur cause, et aussi d'exalter le patriotisme national. Plusieurs de ces manifestes, rédigés par Orticone, sont pleins d'énergie, de logique et des plus nobles sentiments.

On a de fausses idées sur le roi Théodore. Le baron de Neuhoff était Westphalien; il débarqua à la marine d'Aléria avec quatre bâtiments de transport chargés de fusils, de poudre, de souliers, etc. Les frais de cet armement étaient faits par des particuliers et des spéculateurs hollandais. Ce secours inattendu, au moment où les esprits étaient découragés, parut descendre du ciel. Les chefs proclamèrent roi le baron allemand, le représentèrent au peuple comme un grand prince de l'Europe, qui leur était un garant des secours puissants qu'ils recevraient. Cette machine eut l'effet qu'ils s'en proposaient; elle agit sur la multitude pendant dix-huit mois; elle s'usa, et alors le baron de Neuhoff retourna sur le continent. Il reparut plusieurs fois sur les plages de l'île avec des secours importants qu'il dut à la cour de Sardaigne et au bey de Tunis. C'est un épisode curieux de cette guerre mémorable, et qui indique les ressources de tous genres des meneurs du pays.

§ III.

En 1755 Pascal Paoli fut déclaré premier magistrat et général de la Corse. Fils d'Hyacinthe Paoli et élevé à Naples, il était capitaine au service du roi don Carlos. La Piève de Rostino le nomma son député à la consulte d'Alésani. Sa famille était très-populaire. Il était grand, jeune, bien fait, fort instruit, éloquent. La consulte se divisa en deux partis : l'un le proclama chef et général; c'était celui des plus chauds patriotes et les plus éloignés de tout accommodement. Les modérés lui opposèrent Matras, député de Fiumorbo. Les deux partis en vinrent aux mains; Paoli fut battu et obligé de s'enfermer dans le couvent même d'Alésani. Ses affaires paraissaient perdues; son rival le cernait. Mais aussitôt que la nouvelle en fut arrivée dans les Pièves des communes, tous les pitons des montagnes se couvrirent de feu; les cavernes et les forêts retentirent du son lugubre du cornet ; c'était le signal de la guerre. Matras voulut prévenir ces redoutables milices ; il donna l'assaut au couvent. D'un caractère impétueux, il marcha le premier, et tomba frappé à mort. Dès lors tous les partis reconnurent Paoli. Peu de mois après, la consulte d'Alésani fut reconnue par toutes les pièves. Paoli déploya du talent ; il concilia les esprits ; il gouverna par des principes fixes ; créa des écoles, une université ; se concilia l'amitié d'Alger et des Barbaresques ; créa une marine de bâtiments légers ; eut des intelligences dans les villes maritimes, et sut captiver l'opinion des bourgeois. Il fit une expédition maritime, s'empara de Capraja et en chassa les Génois, qui ne furent pas sans quelque crainte que les Corses ne débarquassent dans la Rivière. Il fit tout ce qu'il était possible de faire dans les circonstances et chez le peuple auquel il commandait. Il allait s'emparer des cinq ports de l'île lorsque le sénat de Gênes, alarmé, eut, pour la troisième fois, recours à la France. En 1764 six bataillons français prirent la garde des villes maritimes ; et, sous leur égide, ces places continuèrent à reconnaître l'autorité du sénat.

§ IV.

Ces garnisons françaises restèrent neutres et ne prirent aucune part à la guerre qui continua entre les Corses et Génois. Les officiers français manifestèrent hautement les sentiments les plus favorables aux insulaires et les plus contraires aux oligarques, ce qui acheva de leur aliéner tous les habitants des villes. En 1768 les troupes devaient retourner en France : ce moment était attendu avec impatience ; il ne fût plus resté aucun vestige de l'autorité de Gênes dans l'île, lorsque le duc de Choiseul conçut la pensée de réunir la Corse à la France. Cette acquisition lui parut importante comme une dépendance naturelle de la Provence ; comme propre à protéger le commerce du Levant et à favoriser des opérations futures en Italie. Après de longues hésitations, le sénat consentit ; et Spinola, son ambassadeur à Paris, signa un traité par lequel les deux puissances convinrent que le roi de France soumettrait et désarmerait les

Corses, et les gouvernerait jusqu'au moment où la république serait en mesure de lui rembourser les avances que lui aurait coûtées cette conquête. Or, il fallait plus de trente mille hommes pour soumettre l'île et la désarmer, et, pendant plusieurs années, il fallait y maintenir de nombreuses garnisons, ce qui devait nécessairement monter à des sommes que la république de Gênes ne pourrait ni ne voudrait rembourser.

Les deux parties contractantes le comprenaient bien ainsi; mais les oligarques croyaient, par cette stipulation, mettre à couvert leur honneur, et déguiser l'odieux qui rejaillissait sur eux, aux yeux de toute l'Italie, de leur voir céder de gaieté de cœur à une puissance étrangère une partie du territoire. Choiseul voyait dans cette tournure un moyen de faire prendre le change à l'Angleterre, et, s'il le fallait, de revenir sur ses pas, sans compromettre l'honneur de la France. Louis XV ne voulait pas de guerre avec l'Angleterre.

Le ministre français fit ouvrir une négociation avec Paoli. Il lui demandait qu'il portât son pays à se reconnaître sujet du roi, et, conformément au vœu que de plus anciennes consultes avaient quelquefois manifesté, qu'il se reconnût librement province du royaume. Pour prix de cette condescendance, on offrait à Paoli fortune, honneurs; et le caractère grand et généreux du ministre avec lequel il traitait ne pouvait lui laisser aucune inquiétude sur cet objet. Il rejeta toutes les offres avec dédain; il convoqua la consulte, et lui exposa l'état critique des affaires; il ne lui dissimula pas qu'il était impossible de résister aux forces de la France, et qu'il n'avait qu'une espérance vague, mais rien de positif sur l'intervention de l'Angleterre. Il n'y eut qu'un cri, *La liberté ou la mort!* Il insista pour qu'on ne s'engageât pas légèrement; que ce n'était pas sans réflexion et par enthousiasme qu'il fallait entreprendre une pareille lutte. Un jeune homme de vingt ans, député à la consulte, acheva d'influer sur les esprits par un discours plein de verve; il venait de Rome et de Pise, et était plein de l'enthousiasme qu'inspire la lecture des anciens et qui régnait dans ces écoles. « S'il suf« fisait, pour être libre, de le vouloir, tous les peuples de la « terre le seraient. Peu cependant ont pu arriver à jouir des

« bienfaits de la liberté, parce que peu ont eu l'énergie, le cou-
« rage et les vertus nécessaires. » D'autres ajoutaient que, nour-
ris depuis quarante ans dans les armes, ils avaient vu périr
leurs pères et leurs enfants pour obtenir l'indépendance de leur
patrie, bienfait qu'ils tenaient de la nature, qui les avait isolés
de tous les autres peuples. Tous paraissaient surtout indignés de
ce que la France, qui avait été souvent médiatrice dans leur
querelle avec Gênes et avait toujours protesté de son désinté-
ressement, se présentait aujourd'hui comme partie, et feignait
de croire que le gouvernement de Gênes pouvait vendre les
Corses comme un troupeau de bœufs et contre la teneur des
pacta conventa.

Mallebois, en 1738, avait levé le régiment royal Corse de
deux bataillons, composé entièrement de nationaux. On prati-
qua, par le moyen des officiers, des intelligences avec les principaux chefs. Beaucoup se montrèrent au-dessus de la corruption; mais quelque-uns cédèrent, et se firent un mérite de
courir au-devant d'une domination qui désormais était inévitable. Ils disaient, pour se justifier et faire des prosélytes : « Nos
« ancêtres ont combattu la tyrannie des oligarques de Gênes;
« nous en voilà enfin affranchis pour toujours. Si Giafferi,
« Hyacinthe Paoli, Gaforio, Orticone et tous ces grands
« hommes qui sont morts pour soutenir nos droits, voyaient
« aujourd'hui leur patrie devenue partie intégrante de la plus
« belle monarchie de l'Europe, ils se réjouiraient, et ne regret-
« teraient pas le sang qu'ils ont versé! Ouvrez vos annales :
« vous avez toujours été le jouet de Pise ou de Gênes, peuples
« en réalité moins puissants que vous. Tous les ports de la Pro-
« vence et du Languedoc vont vous être ouverts; vous serez
« un objet de jalousie pour la Toscane, la Sardaigne, pour Gê-
« nes même : Français, vous pouvez paraître avec orgueil sur
« tous les points de l'Europe. On dit qu'il faut que nous recon-
« naissions que Gênes avait le droit de nous vendre, cela n'est
« pas exact. Les traités conclus entre les puissances, dans le
« secret des cabinets, ne nous regardent pas. Réalisons le vœu
« de la consulte de Calca-Sana, et demandons au roi de France,
« par un mouvement spontané, qu'il nous admette au nombre

« de ses enfants ; il nous reconnaîtra à ce titre. Gardez-vous
« des illusions des passions ; vous ne pouvez pas, sans trahir les
« intérêts de vos compatriotes, vous engager dans une lutte
« aussi inégale. Si vous voulez que le roi de France vous con-
« quière, il vous conquerra ; mais alors vous ne pourrez plus
« stipuler pour vos priviléges ni réclamer vos droits. Vous
« serez des esclaves par le droit le plus incontestable et qui
« gouverne le monde, la force et la conquête. La France est
« une réunion de petits États ; la Provence n'est pas gouvernée
« comme le Languedoc, ni la Bretagne comme la Lorraine.
« Vous pouvez donc réunir tous les avantages de la liberté et
« de l'indépendance avec ceux attachés à l'union de la nation la
« plus éclairée de l'Europe et à la protection du roi le plus
« puissant. »

Les patriotes et la multitude ne lisaient pas ces écrits et n'entendaient pas ces discours de sang-froid. « Nous sommes invin-
« cibles dans nos montagnes ; nous les avons défendues contre
« les armées auxiliaires de Gênes, contre les armées impé-
« riales et contre celles de la France même. Soutenons le pre-
« mier choc, et l'Angleterre interviendra. On nous parle des
« avantages que nous obtiendrons en nous déclarant sujets du
« roi de France ; nous n'en voulons pas ; nous voulons être
« pauvres, mais maîtres chez nous, gouvernés par nous-
« mêmes, et non le jouet d'un commis de Versailles. On nous
« parle de stipuler nos priviléges ; mais la monarchie française
« est absolue ; elle est fondée sur le principe, *Si veut le roi, si
« veut la loi ;* nous ne pouvons donc y trouver aucune garantie
« contre la tyrannie d'un subalterne. *La liberté ou la mort!* »

Les prêtres, les moines étaient les plus exaltés. La masse de la population et surtout les montagnards n'avaient aucune idée de la puissance de la France. Accoutumés à se battre et à repousser souvent les faibles corps du comte de Boissieux et de Maillebois, rien de ce qu'ils avaient vu ne les effrayait. Ils croyaient que ces faibles détachements étaient les armées françaises. La consulte fut presque unanime pour la guerre ; la population partagea les mêmes sentiments.

§ V.

Le traité par lequel Gênes cédait la Corse au roi excita en France un sentiment de réprobation générale. Lorsque l'on connut par les résolutions de la consulte qu'il faudrait faire la guerre et mettre en mouvement une partie de la puissance française contre ce petit peuple, l'injustice et l'*ingénérosité* de cette guerre émurent tous les esprits. Le sang qui allait couler retombait tout entier sur Choiseul ; « car enfin de quelle néces-
« sité est pour nous la Corse ? d'aucune. Est-ce d'aujourd'hui
« qu'elle existe ? et pourquoi est-ce d'aujourd'hui seulement
« qu'on y pense ? Nous n'avons qu'un intérêt, c'est que l'An-
« gleterre ne s'y établisse pas. Le reste nous est indifférent.
« Mais si cette guerre n'est pas prescrite par la nécessité, elle
« est encore moins autorisée par la justice. Gênes elle-même
« n'a aucun droit ; si elle l'avait, elle ne pourrait pas le trans-
« mettre à une puissance étrangère. Lorsque François 1er, par
« le traité de Madrid, céda la Bourgogne à Charles-Quint,
« cette province tout entière se souleva, et déclara que le roi
« de France n'avait pas le droit de l'aliéner ; et cependant on était
« dans le seizième siècle. Quoi ! les hommes peuvent se vendre
« comme de vils troupeaux ! Intervenus dans les discussions de
« Gênes et des Corses, accordez à l'opprimé une protection
« digne de la grandeur du roi ; cela attachera ces peuples par la
« reconnaissance ; vous vous serez épargné une injustice, une
« guerre coûteuse et l'embarras, pendant de longues années, de
« garder un pays malintentionné, qui frémira sous la main qui
« l'aura opprimé. Nos finances sont-elles donc dans un trop
« bon état, ou les charges qui pèsent sur le peuple sont-elles
« donc trop légères ? »

Ces vains raisonnements n'arrêtèrent pas la marche du cabinet. Le lieutenant général Chauvelin débarqua à Bastia ; il eut sous ses ordres douze mille hommes. Il publia des proclamations, intima des ordres aux communes, et commença les hostilités ; mais ses troupes, battues au combat de Borgo, repoussées dans toutes leurs attaques, furent obligées, à la fin de la campagne de 1768, de se renfermer dans les places fortes, ne communiquant plus entre elles que par le secours de quelques frégates de croisière. Les Corses se crurent sauvés ; ils ne doutèrent pas que l'Angleterre n'intervînt ; Paoli partagea cette illusion ; mais le ministère anglais, inquiet de la fermentation qui se manifestait dans ses colonies d'Amérique, ne voulait pas la guerre. Il fit remettre à Versailles une note faible, et se contenta des explications, plus faibles encore, qui lui furent données. Des clubs de Londres envoyèrent des armes et de l'argent ; la cour de Sardaigne et quelques sociétés d'Italie donnèrent en secret des secours ; mais c'étaient de faibles ressources contre l'armement redoutable qui se préparait sur les côtes de la Provence. Les échecs qu'avait éprouvés Chauvelin furent un sujet de satisfaction dans toute l'Europe et spécialement en France. On avait le bon esprit de concevoir que la gloire nationale n'était en rien compromise dans une lutte contre une poignée de montagnards. Louis XV même montra quelques sentiments favorables aux Corses ; il était peu jaloux de mettre cette nouvelle couronne sur sa tête ; et pour le décider à ordonner les préparatifs d'une deuxième campagne il fallut lui parler de la joie qu'éprouveraient les philosophes de voir le grand roi battu par un peuple libre et obligé de reculer devant lui. L'influence en serait grande pour l'autorité royale. La liberté avait des fanatiques, qui verraient des miracles dans le succès d'une lutte si inégale. Il n'y eut plus à délibérer. Le maréchal de Vaux partit pour la Corse ; il eut sous ses ordres trente mille hommes ; les ports de cette île furent inondés de troupes. Les habitants se défendirent cependant pendant une partie de la campagne de 1769, mais sans espoir de succès. La population de la Corse était alors de cent cinquante mille habitants au plus ; trente mille étaient contenus par les forts et les garnisons françaises ; il restait vingt mille hommes en état de porter les armes, desquels il fallait ôter tous ceux qui appartenaient aux chefs qui avaient fait leur traité avec les agents du ministère français. Les Corses se battirent avec obstination au passage du Golo. N'ayant pas eu le temps de couper le pont, qui était en pierre, ils se servirent des cadavres de leurs morts pour en former un retranchement. Paoli, acculé au sud de l'île, s'embarqua sur un bâtiment anglais, à Porto-Vecchio, débarqua à Livourne, traversa le continent, et se rendit à Londres. Il fut accueilli partout, par les souverains et par le peuple, avec les plus grandes marques d'admiration.

§ VI.

Il n'était pas possible, sans doute, de résister à l'armée du maréchal de Vaux. Cependant il y eut un moment où il avait disséminé toutes ses troupes; il s'était fait illusion; il croyait le pays soumis et désarmé; mais, de fait, il n'était resté dans les villages que des vieillards, des femmes et des enfants, et il ne lui avait été donné au désarmement que de vieux fusils. Tous les braves, aguerris par quarante ans de guerres civiles, erraient dans les bois, les cavernes et sur les crêtes des montagnes. La Corse est un pays si difficile et si extraordinaire qu'un San-Pietro, dans une telle circonstance, eût pu tomber séparément sur tous les corps de l'armée française, les eût empêchés de se rallier et contraints de s'enfermer dans les places fortes, ce qui certainement eût obligé la cour de Versailles à changer de système. Mais Paoli n'avait ni le coup d'œil, ni la promptitude, ni la vigueur militaire qu'exigeait l'exécution d'un pareil plan. Son frère Clément, s'il eût eu plus d'esprit, en eût été capable par ses vertus guerrières. Quatre ou cinq cents patriotes suivirent Paoli et émigrèrent; un grand nombre d'autres abandonnèrent leurs villages et leurs maisons, et continuèrent plusieurs années à faire la petite guerre, coupant les chemins aux convois et à tous les soldats isolés. Les habitants les appelaient les patriotes, les Français les appelaient les bandits. Ils méritaient ce dernier titre par les cruautés qu'ils commettaient, quoique jamais contre les naturels.

En 1774, cinq ans après la soumission, quelques-uns des réfugiés retournèrent en Corse, soulevèrent le Niolo, pieve située sur la plus haute montagne. Le comte de Narbonne Fritzlar, lieutenant général, commandant dans l'île, marcha contre les montagnards avec la plus grande partie des garnisons. Il déshonora son caractère par les cruautés qu'il commit. Le maréchal de camp Sionville se rendit odieux aux naturels; il faisait brûler les maisons, couper les oliviers et les châtaigniers, arracher les vignes, non-seulement appartenant aux bandits, mais à leurs parents jusqu'au troisième degré. Le pays fut en proie à la terreur; mais les habitants nourrissaient en secret un mécontentement sourd.

Cependant les vues du cabinet de Versailles étaient bienfaisantes; il accorda aux Corses des états de province, composés de trois ordres, le clergé, la noblesse, le tiers état. Il rétablit la magistrature des douze nobles, que les Corses avaient toujours réclamée. C'était une institution pisane et une espèce de commission intermédiaire des états, qui administrait les impositions et le régime intérieur de la province. A chaque terme d'état, un évêque, un député de la noblesse et un du tiers état étaient reçus à la cour, portant directement au roi le cahier des plaintes du pays. Des encouragements furent donnés à l'agriculture; la compagnie d'Afrique de Marseille fut contrainte à reconnaître d'anciens usages favorables aux pêcheurs corses pour la pêche du corail. Des grandes routes furent percées, des marais desséchés. On essaya même de former des colonies de Lorrains, d'Alsaciens, pour mettre sous les yeux des insulaires des modèles de culture. Les impositions ne furent pas onéreuses; les écoles furent encouragées; les enfants des principales familles furent appelés en France pour y être élevés. C'est en Corse que les économistes firent l'essai de l'imposition en nature.

Dans les vingt années qui s'écoulèrent de 1769 à 1789 l'île gagna beaucoup. Mais tant de bienfaits ne touchèrent pas le cœur des habitants, qui, au moment de la Révolution, n'étaient rien moins que Français. Un lieutenant général d'infanterie, traversant les montagnes, discourait avec un berger sur l'ingratitude de ses compatriotes : il lui faisait l'énumération des bienfaits de l'administration française. « Du temps de votre « Paoli vous payiez le double. — Cela est vrai, monseigneur, « mais nous donnions alors, vous prenez aujourd'hui. » L'esprit naturel des insulaires se montrait dans toutes les circonstances. On pourrait en citer mille reparties. Nous en prendrons une au hasard : Plusieurs officiers titrés voyageant dans le

Niolo, disaient un soir à leur hôte, un des plus pauvres habitants de la piève : « Vois la différence qu'il y a de nous autres « Français à vous autres Corses, comme nous sommes tenus « et habillés. » Le paysan se relève, il les regarde avec attention, et demande à chacun leur nom. L'un était marquis, l'autre baron, le troisième chevalier. « Bah! dit-il alors, cela est « vrai, j'aimerais à être habillé comme vous ; mais est-ce qu'en « France tout le monde est marquis, baron ou chevalier? »

§ VII.

La Révolution a changé l'esprit de ces insulaires; ils sont devenus Français en 1790. Paoli quitta l'Angleterre, où il vivait d'une pension que lui avait faite le parlement et qu'il abandonna. Il fut accueilli par la constituante, par la garde nationale de Paris et même par Louis XVI. Son arrivée dans l'île produisit une joie générale; la population tout entière accourut à Bastia pour le voir. Sa mémoire était prodigieuse; il connaissait le nom de toutes les familles, et avait vécu avec leurs pères. En peu de jours il reprit une plus grande influence sur le peuple que jamais. Le conseil exécutif le nomma général de division, commandant les troupes de ligne dans l'île. Les gardes nationales lui avaient déféré leur commandement. L'assemblée électorale l'avait nommé président. Il réunit ainsi tous les pouvoirs. Cette conduite du conseil exécutif n'était pas politique; mais il faut se reporter à l'esprit qui régnait alors. Quoi qu'il en soit, Paoli servit fidèlement la Révolution jusqu'au 10 août. La mort de Louis XVI acheva de le dégoûter. Dénoncé par les sociétés populaires de Provence, la Convention, qu'aucune considération n'arrêtait jamais, l'appela à sa barre. Il avait près de quatre-vingts ans. C'était l'inviter à porter lui-même sa tête sur l'échafaud. Il n'eut d'autre ressource que d'en appeler à ses compatriotes; il insurgea toute l'île contre la Convention. Les représentants du peuple, commissaires chargés de mettre à exécution ce décret, arrivèrent dans ces circonstances; ils ne purent conserver, à l'aide de quelques bataillons, que les places de Bastia et de Calvi. Si la décision du parti que devait prendre la Corse avait dépendu d'une assemblée des principales familles,

Paoli n'aurait pas réussi. On blâmait généralement les excès qui se commettaient en France; mais on pensait qu'ils étaient passagers, qu'il était facile de s'en garantir dans l'île, et qu'il ne fallait pas pour obvier à l'inconvénient du moment se séparer d'une patrie qui pouvait seule assurer le bonheur et la tranquillité du pays. Paoli fut étonné du peu de crédit qu'il obtint dans des conférences privées. Plusieurs de ceux mêmes qui l'avaient accompagné en Angleterre et qui avaient passé vingt années à maudire la France furent les plus récalcitrants, entre autres le général Gentili. Cependant il n'y eut qu'un cri dans la masse entière de la population, à l'appel de son ancien chef. En un moment la tête de mort fut arborée sur tous les clochers, et la Corse cessa d'être française. Peu de mois après les Anglais s'emparèrent de Toulon. Lorsqu'ils en furent chassés, l'amiral Hood mouilla à Saint-Florent; il débarqua douze mille hommes, qu'il mit sous les ordres de Nelson; Paoli y joignit six mille hommes. Ils cernèrent Bastia. La Combe-Saint-Michel et Gentili défendirent la ville avec la plus grande intrépidité : elle ne capitula qu'après quatre mois de siége. Calvi résista quarante jours de tranchée ouverte. Le général Dundas, qui commandait un corps anglais de quatre mille hommes et était campé à Saint-Florent, se refusa à prendre part au siége de Bastia, ne voulant pas compromettre ses troupes sans l'ordre spécial de son gouvernement.

§ VIII.

L'on vit alors un spectacle bien étrange : le roi d'Angleterre posa sur sa tête la couronne du royaume de Corse, bien étonnée de se trouver à côté de la couronne de Fingal. En juin 1794 la consulte de Corse, présidée par Paoli, proclama que ses liens politiques avec la France étaient rompus à jamais et que la couronne de Corse serait offerte au roi d'Angleterre. Une députation, composée de Galeazzi, président, Filippi de Vescovato, Negroni de Bastia, Cesari-Rocca de la Rocca, se rendit à Londres, et le roi accepta la couronne. Il nomma pour vice-roi lord Gilbert Elliot. La consulte avait en même temps décrété une constitution qui assurait les libertés et les priviléges du pays. Elle était calquée sur celle de l'Angleterre. Lord Elliot était un homme de mérite ; il avait été vice-roi des Indes ; mais il ne tarda pas à se brouiller avec Paoli. Le vieillard s'était retiré au milieu des montagnes, et là il désapprouvait la conduite du vice-roi, qui était influencé par deux jeunes gens, Pozzo di Borgo et Colona, dont l'un servait auprès de lui en qualité de secrétaire et l'autre comme aide de camp. On reprochait à Paoli d'être d'un caractère inquiet, de ne savoir pas se résoudre à vivre en simple particulier, de vouloir toujours trancher du maître dans le pays. Cependant l'influence qu'il avait dans l'île, et qui n'était pas contestée, les services que, dans cette circonstance, il avait rendus à l'Angleterre, tout ce qu'avaient de respectable sa carrière et son caractère portaient le ministère anglais à de grands ménagements. Il eut plusieurs conférences avec le vice-roi et le secrétaire d'État. C'est dans une d'elles que, piqué par quelques observations, il leur dit : « Je suis ici dans mon royaume ; j'ai « deux ans fait la guerre au roi de France ; j'ai chassé les ré- « publicains. Si vous violez les priviléges et les droits du pays, « je puis plus facilement encore en chasser vos troupes. » Quelques mois après le roi d'Angleterre lui écrivit une lettre convenable à la circonstance, où il lui conseillait, par l'intérêt qu'il portait à sa tranquillité et à son bonheur, de venir finir ses jours dans un pays où il était considéré et où il avait été heureux. Le secrétaire d'État la lui porta à Ponte-Lechio. Paoli sentit que c'était un ordre ; il hésita ; mais rien n'annonçait alors que le règne de la Terreur dût se terminer en France : l'armée d'Italie était encore dans le comté de Nice. En déclarant la guerre aux Anglais, Paoli eût été en butte aux coups de deux grandes puissances belligérantes. Il se soumit au destin, et se rendit à Londres, où il mourut en 1807. Il faut lui rendre le témoignage que, dans toutes ses correspondances d'Angleterre, pendant les huit dernières années de sa vie, il recommandait à ses compatriotes de ne jamais se séparer de la France, et de s'associer au bonheur comme au malheur de cette grande nation. Il légua, par son testament, des sommes assez considérables pour établir une université à Corte.

Si les Anglais eussent voulu conserver leur influence sur la

Corse, ils auraient dû reconnaître son indépendance, consolider le pouvoir de Paoli, accorder quelques légers subsides, afin de se conserver une espèce de suprématie ainsi que des priviléges pour le mouillage de leurs escadres dans les principales rades, surtout celle de Saint-Florent. Ils auraient eu alors un point d'appui dans la Méditerranée, et auraient pu, en cas de besoin, lever un corps auxiliaire de cinq à six mille hommes de braves troupes pour être employé dans cette mer; les ports de Corse eussent été à leur discrétion. Les nombreux réfugiés qui étaient en France se seraient insensiblement ralliés à un gouvernement national; et la France elle-même eût facilement, à la paix, reconnu un état de choses que l'opinion avait conseillé à Choiseul.

§ IX.

Les Corses étaient extrêmement mécontents des gouverneurs anglais; ils n'entendaient rien à leur langue, à leur tristesse habituelle, à leur manière de vivre. Des hommes continuellement à table, presque toujours pris de vin, peu communicatifs contrastaient avec leurs mœurs. La différence de religion fut aussi un sujet de répugnance. C'était la première fois, depuis la naissance du christianisme, que leur territoire était profané par un culte hérétique; tout ce qu'ils voyaient les confirmait dans leurs préjugés contre la religion protestante. Ce culte sans cérémonies, ces temples si nus, si tristes ne pouvaient parler à des imaginations méridionales, que flattent si vivement la pompe du culte catholique, ses belles églises, ornées de peintures et de tableaux, et ses imposantes cérémonies. Les Anglais répandaient l'or à pleines mains; les habitants le recevaient sans que cela leur inspirât aucune reconnaissance.

Dans ce temps Napoléon entra dans Milan, s'empara de Livourne, y réunit, sous les ordres de Gentili, tous les réfugiés Corses. L'exaltation devint extrême dans toutes les montagnes. Dans une grande fête, à Ajaccio, on accusa le jeune Colona, aide de camp du vice-roi, d'avoir insulté un buste de Paoli. Ce jeune homme en était incapable. L'insurrection éclata; les habitants de Bogognano interceptèrent les communications de

Bastia à Ajaccio, cernèrent le vice-roi, qui avait marché contre eux avec un corps de troupes : il fut contraint d'abandonner ses deux favoris, de les chasser de son camp. Ceux-ci, déguisés, escortés de leurs parents, gagnèrent, par des chemins de traverse, Bastia, où ils arrivèrent avant le vice-roi. Elliot vit qu'il était impossible de songer à se maintenir en Corse ; il chercha un refuge et s'empara de Porto-Ferrajo. Gentili et tous les réfugiés débarquèrent, en octobre 1796, malgré les croisières anglaises. Ils intimèrent une marche générale de la population. Toutes les crêtes des montagnes se couvrirent, pendant la nuit, de feux ; le bruit rauque de la corne, signal de l'insurrection, se fit entendre dans toutes les vallées. Ils s'emparèrent de Bastia et de toutes les places. Les Anglais s'embarquèrent en hâte, abandonnèrent beaucoup de prisonniers. Le roi d'Angleterre ne porta que deux ans la couronne de Corse, qui ne servit qu'à dévoiler l'ambition de son cabinet et à lui donner un ridicule. Cette fantaisie coûta cinq millions sterling à la trésorerie de Londres. On ne pouvait pas employer plus mal les trésors de John-Bull.

La Corse forma la 23ᵉ division militaire de la République ; le général Vaubois en eut le commandement. Au commencement de 1798 des malveillants, sous un prétexte de religion, insurgèrent une partie du Fiumorbo ; voulant s'accréditer d'un grand nom, ils mirent à leur tête le général Giafferi. Le général Vaubois marcha à eux, les dispersa, et fit prisonnier leur général. Il était âgé de quatre-vingt-dix ans et dominé par son confesseur. Il avait été élevé à Naples, où il avait servi, et était parvenu au grade de général-major. Il jouissait, depuis huit ans, de sa retraite, et vivait tranquillement dans sa piève. Vaubois le fit traduire devant une commission militaire, qui le condamna à mort ; il fut fusillé. Cette catastrophe fit couler les larmes de tous les Corses ; c'était le fils du fameux Giafferi qui, pendant trente ans, les avait commandés dans la guerre de l'Indépendance ; son nom était éminemment national. C'eût été le cas de considérer ce vieillard comme en enfance et de se contenter de faire tomber la vindicte nationale sur le moine hypocrite qui le dirigeait.

§ X.

La Corse est située à vingt lieues des côtes de la Toscane, à quarante des côtes de la Provence et à soixante de celles d'Espagne. Géographiquement elle appartient à l'Italie; mais cette péninsule ne formant pas une puissance, elle est assez naturellement partie intégrante de la France. Sa surface est de cinq cents lieues carrées; elles a quatre villes maritimes, Bastia, Ajaccio, Calvi, Bonifacio; soixante-trois pièves ou vallées, quatre cent cinquante villages ou hameaux, trois grandes rades propres à contenir les plus grandes flottes, Saint-Florent, Ajaccio et Porto-Vecchio. L'île est montagneuse : elle est traversée du nord-ouest au sud-est par une haute chaîne granitique qui partage l'île en deux; ses pitons supérieurs sont constamment couverts de neige. Les trois plus grandes rivières sont le Golo, le Liamone et le Tavignano. Des hautes montagnes coulent des rivières, ou torrents, qui se jettent à la mer dans toutes les directions; à leur embouchure sont de petites plaines d'une ou deux lieues de circuit. La côte du côté de l'Italie, de Bastia à Aléria, est une plaine de vingt lieues de long sur trois à quatre de large.

L'île est boisée; les plaines ou les collines sont ou peuvent être couvertes d'oliviers, de mûriers, d'arbres fruitiers, d'orangers, de grenadiers, etc. Les revers des montagnes sont couverts de châtaigniers, au milieu desquels sont situés des villages qui, par leur position, se trouvent naturellement fortifiés. Sur les sommets des montagnes sont des forêts de pins, de sapins, de chênes verts; les oliviers sont aussi gros que dans le Levant; les châtaigniers sont énormes et de la plus grande espèce; les pins et les sapins ne le cèdent point à ceux de Russie pour l'élévation et la grosseur; mais, comme mâts de hune, ils ne peuvent servir que trois ou quatre ans; au bout de ce temps, ils se sont desséchés et sont devenus cassants, tandis que le pin de Russie conserve toujours son élasticité et sa souplesse. L'huile, le vin, la soie et le bois de construction sont quatre grandes branches d'exportation propres à enrichir cette île. La population est de moins de cent quatre-vingt mille âmes; elle pourrait être de cinq cent mille. Le pays fournirait les blés et les châtaignes et les troupeaux nécessaires pour les nourrir. Avant l'incursion des Sarrasins tous les bords de la mer étaient peuplés. Aléria et Mariana, deux colonies romaines, étaient deux grandes villes de soixante mille âmes; mais les incursions des Musslim, dans les septième et huitième siècles, et, depuis, celles des Barbaresques ont porté toute la population dans les montagnes; les plaines sont devenues inhabitées, et dès lors malsaines.

La Corse est un beau pays au mois de janvier et de février; mais dans la canicule la sécheresse se fait sentir; alors on manque d'eau, surtout dans les plaines, et les habitants éprouvent un grand agrément à habiter à mi-côte, d'où ils descendent aux marais dans l'hiver soit pour faire paître leurs troupeaux, soit pour cultiver les plaines.

Saint-Florent est désigné par la nature pour être la capitale de l'île, le point d'appui de sa défense, le centre de tous les magasins, de l'administration, parce que sa rade est la plus belle et la plus près de Toulon. Ce seul point doit être régulièrement fortifié; dans toutes les autres villes on ne doit laisser subsister que des batteries de côtes. L'air de Saint-Florent est aujourd'hui malsain, non dans la rade, mais dans le lieu où est située la petite ville; cependant il ne serait pas difficile de dessécher les marais. Une partie de la population de Bastia, qui n'est éloignée que de quelques de lieues, se rendrait naturellement dans cette nouvelle ville. Au défaut de Saint-Florent, Ajaccio doit être la capitale, le centre de l'administration et de la défense parce que c'est la deuxième rade placée du côté de Toulon, et la plus rapprochée après Saint-Florent. C'est dans un intérêt italien que Bastia a été choisie pour capitale, parce que c'est la ville la plus près de l'Italie. La communication directe avec la France y est difficile; les bâtiments sont obligés de doubler le cap Corse : cette ville d'ailleurs n'a pas de rade, et dans son port ne peut recevoir que des bâtiments marchands. Les fortifications de toute autre ville que Saint-Florent ou Ajaccio seraient inutiles, puisque l'on ne saurait les défendre contre un ennemi qui serait maître de la mer, et que les gardes nationales suffisent pour la défense de l'intérieur de l'île. En cas d'attaque, les troupes de ligne doivent se concentrer dans une seule place maritime pour pouvoir prolonger leur défense et attendre des secours.

Les besoins les plus urgents de la Corse sont : 1° un bon code rural qui protége l'agriculture contre l'incursion des bestiaux, et ordonne la destruction des chèvres; 2° le dessèchement des marais pour rappeler insensiblement la population sur les bords de la mer; 3° des primes pour encourager la plantation et la greffe des oliviers et des mûriers; elles doivent être doubles pour les plantations faites sur le bord de la mer; 4° une police juste, mais sévère; un désarmement général et absolu tant des grandes que des petites armes, telles que stylets, poignards; 5° deux cents places exclusivement réservées pour les jeunes Corses dans les lycées, les écoles militaires, les séminaires, les écoles vétérinaires, les écoles d'agriculture et des arts et métiers en France; 6° une exportation régulière, et au compte de la marine, des bois de construction; profitant de cette circonstance pour fonder des bourgs au bord de la mer, aux débouchés des forêts, car tous les soins de l'administration doivent tendre à attirer la population dans les plaines.

JOURNÉE DU 13 VENDÉMIAIRE [1].

Constitution de l'an III. — Lois additionnelles. — Résistance armée des sections de Paris. — Dispositions d'attaque et de défense des Tuileries. — Combat du 13 vendémiaire. — Napoléon commandant en chef l'armée de l'intérieur. — Barras. — La Reveillère-Lépeaux. — Rewbell. — Carnot. — Letourneur de la Manche.

§ Ier.

La chute de la municipalité du 31 mai, de Danton, de Robespierre amena la fin du gouvernement révolutionnaire. Depuis, la Convention fut successivement gouvernée par des factions qui ne surent acquérir aucune prépondérance ; ses principes varièrent chaque mois. Une épouvantable réaction affligea l'intérieur de la République ; les domaines cessèrent de se vendre, et le discrédit des assignats s'accrut chaque jour ; les armées se trouvèrent sans solde, les réquisitions et le maximum y avaient seuls maintenu l'abondance ; le pain même du soldat ne fut plus assuré : le recrutement, dont les lois avaient été exécutées avec la plus grande rigueur sous le gouvernement révolutionnaire, cessa ; les armées continuèrent d'obtenir de grands succès, parce que jamais elles n'avaient été plus nombreuses ; mais elles éprouvaient des pertes journalières qu'il n'y eut plus moyen de réparer.

Le parti de l'étranger, qui s'étayait du prétexte du rétablissement des Bourbons, acquérait chaque jour de nouvelles forces ; les communications étaient devenues plus faciles à l'extérieur ; la perte de la République se tramait publiquement ; la Révolution était vieille ; elle avait froissé bien des intérêts ; une main de fer avait pesé sur les individus ; bien des crimes avaient été com-

[1] Extrait des Mémoires de l'Empereur.

mis : ils furent tous rappelés avec acharnement pour exciter tous les jours davantage l'animadversion publique contre ceux qui avaient gouverné, administré ou participé d'une manière quelconque aux succès de la Révolution. Pichegru s'était vendu ; les prosélytes des ennemis de la République ne furent cependant pas nombreux dans l'armeé ; elle resta fidèle aux principes pour lesquels elle avait versé tant de sang et remporté tant de victoires. Tous les partis étaient fatigués de la Convention ; elle l'était d'elle-même ; elle vit enfin que le salut de la patrie, le sien propre exigeaient que, sans délai, elle remplît sa mission. Elle décréta, le 21 juin 1795, la constitution connue sous le nom de constitution de l'an III, qui confiait le gouvernement à cinq personnes, sous le nom de *Directoire;* la législature à deux conseils dits des *Cinq-Cents* et des *Anciens.* Cette constitution fut soumise à l'acceptation du peuple réuni en assemblées primaires.

§ II.

L'opinion était généralement répandue qu'il fallait attribuer le peu de durée de la constitution de 91 à la loi de la constituante qui avait exclu ses membres de la législature. La Convention ne tomba pas dans la même faute ; elle joignit à la constitution deux lois additionnelles, par lesquelles elle prescrivit que les deux tiers de la législation nouvelle seraient composés des membres de la Convention, et que les assemblées électorales des départements n'auraient à nommer, pour cette fois, qu'un tiers seulement des deux conseils. Ces deux lois additionnelles furent soumises à l'acceptation du peuple. Le mécontentement fut général ; le parti de l'étranger voyait tous ses projets déjoués : il s'était flatté que les deux conseils seraient composés en majorité d'hommes mal disposés pour la Révolution, ou même par ceux qui en avaient été victimes ; il se flattait d'arriver à la contre-révolution par l'influence même de la législature. Ce parti ne manquait pas de très-bonnes raisons pour déguiser les véritables motifs de son mécontentement. Il alléguait que les droits du peuple étaient méconnus, puisque la Convention, qui n'avait ou de mission que pour proposer une constitution, usurpait les pouvoirs d'un corps électoral. Quant à la constitution en elle-même, elle était préférable sans doute à ce qui existait, et, sur ce point, tous les partis étaient d'accord. Les uns, il est vrai, eussent voulu un président au lieu de cinq directeurs; les autres auraient désiré un conseil plus populaire; mais, en général, on vit cette nouvelle constitution avec plaisir. Les comités secrets, que dirigeait le parti de l'étranger, n'attachaient aucune importance à des formes de gouvernement qu'ils ne voulaient pas maintenir; ils n'étudiaient dans la constitution que les moyens d'en profiter pour opérer la contre-révolution, et tout ce qui tendait à ôter l'autorité des mains de la Convention et des conventionnels conduisait à ce but. Les quarante-huit sections de Paris se réunirent; ce furent quarante-huit tribunes qu'occupèrent les orateurs les plus virulents, La Harpe, Serizi, Lacretelle jeune, Vaublanc, Regnaud de Saint-Jean d'Angély. Il fallait peu de talent pour exciter les esprits contre la Convention, et plusieurs de ces orateurs en montrèrent beaucoup. La capitale fut mise en fermentation,

Après le 9 thermidor la ville de Paris avait organisé sa garde nationale; elle avait eu en vue d'en éloigner les jacobins; elle était tombée dans l'excès contraire, et les contre-révolutionnaires s'y trouvaient en assez grand nombre. Cette garde nationale était de quarante mille hommes armés et habillés; elle partagea toute l'exaspération des sections contre la Convention. Celles-ci, ayant rejeté les lois additionnelles, se succédaient à la barre de la Convention pour y déclarer hautement leur opinion. La Convention cependant croyait encore que toute cette agitation se calmerait aussitôt que les pouvoirs auraient manifesté leur opinion par l'acceptation de la constitution et des lois additionnelles; elle comparait à tort cette agitation de la capitale à ces commotions si communes à Londres et dont Rome avait si souvent donné l'exemple au temps des comices. Elle proclama, le 23 septembre, l'acceptation de la constitution et des lois additionnelles par la majorité des assemblées primaires de la République; mais, dès le lendemain, les sections de Paris, sans tenir compte de cette acceptation, nommèrent des députés pour former une assemblée centrale d'électeurs, qui se réunit à l'Odéon.

§ III.

Les sections de Paris avaient mesuré leurs forces ; elles méprisaient la faiblesse de la Convention. Cette assemblée de l'Odéon était un comité d'insurrection. La Convention se réveilla ; elle annulla l'assemblée de l'Odéon, la déclara illégale, et ordonna à ses comités de la dissoudre par la force. Le 10 vendémiaire la force armée se porta à l'Odéon, et exécuta cet ordre. Quelques hommes rassemblés sur la place de l'Odéon firent entendre des murmures, se permirent quelques injures, mais n'opposèrent aucune résistance. Cependant le décret qui fermait l'Odéon excita l'indignation des sections : celle *Lepelletier*, dont le chef-lieu était au couvent des filles Saint-Thomas, était la plus animée. Un décret de la Convention ordonna que le lieu de ses séances fût fermé, l'assemblée dissoute et la section désarmée. Le 12 vendémiaire (3 octobre), à sept ou huit heures du soir, le général Menou, accompagné de représentants du peuple, commissaires près de l'armée de l'intérieur, se rendit avec un corps nombreux de troupes au lieu des séances de la section Lepelletier pour y faire exécuter le décret de la Convention. Infanterie, cavalerie, artillerie, tout fut entassé dans la rue Vivienne, à l'extrémité de laquelle est le couvent des filles Saint-Thomas. Les sectionnaires occupaient les fenêtres des maisons de cette rue. Plusieurs de leurs bataillons se rangèrent en bataille dans la cour du couvent, et la force militaire que commandait le général Menou se trouva compromise. Le comité de la section s'était déclaré représentant du peuple souverain dans l'exercice de ses fonctions ; il refusa d'obéir aux ordres de la Convention, et, après une heure d'inutiles pourparlers, le général Menou et les commissaires de la Convention se retirèrent, par une espèce de capitulation, sans avoir désarmé ni dissous ce rassemblement. La section, demeurée victorieuse, se constitua en permanence, envoya des députations à toutes les autres sections, vanta ses succès, et pressa l'organisation qui pourrait assurer sa résistance. Elle prépara ainsi la journée du 13 vendémiaire.

Napoléon, attaché depuis quelques mois à la direction du mouvement des armées de la République, était au spectacle au théâtre Feydeau, lorsque, instruit de la scène singulière qui se passait si près de lui, il fut curieux d'en observer les circonstances. Voyant les troupes conventionnelles repoussées, il courut aux tribunes de la Convention pour juger de l'effet de cette nouvelle et suivre les développements et la couleur qu'on y donnerait. La Convention était dans la plus grande agitation. Les représentants auprès de l'armée, voulant se disculper, se hâtèrent d'accuser Menou ; ils attribuèrent à la trahison ce qui n'était dû qu'à la malhabileté ; Menou fut décrété d'arrestation : alors divers représentants se montrèrent successivement à la tribune ; ils peignirent l'étendue du danger. Les nouvelles qui à chaque instant arrivaient des sections ne faisaient que trop voir combien il était grand : chacun proposa le général qui avait sa confiance pour remplacer Menou ; les thermidoriens proposaient Barras, mais il était peu agréable aux autres partis. Ceux qui avaient été à Toulon, à l'armée d'Italie et les membres du comité de salut public, qui avaient des relations journalières avec Napoléon, le proposèrent comme plus capable que personne de les tirer de ce pas dangereux par la promptitude de son coup d'œil, l'énergie et la modération de son caractère. Mariette, qui était du parti des modérés et un des membres les plus influents du comité des Quarante, approuva ce choix. Napoléon, qui entendait tout du milieu de la foule où il se trouvait, délibéra près d'une demi-heure avec lui-même sur ce qu'il avait à faire. Il se décida enfin et se rendit au comité, auquel il peignit vivement l'impossibilité de pouvoir diriger une opération aussi importante avec trois représentants qui, dans le fait, exerçaient le pouvoir et gênaient toutes les opérations du général ; il ajouta qu'il avait été témoin de l'événement de la rue Vivienne, que les commissaires avaient été les plus coupables, et s'étaient pourtant montrés au sein de l'assemblée des accusateurs triomphants. Frappé de ces raisons, mais dans l'impossibilité de destituer les commissaires sans une longue discussion dans l'assemblée, le comité, pour tout concilier, car il n'avait pas de temps à perdre, prit le parti de proposer pour général en chef Barras, en donnant le commandement en second à Napoléon. Par là on se trouva débarrassé des trois commissaires sans qu'ils eussent à se plaindre. Aussitôt que Napoléon se vit chargé du commandement des forces qui devaient protéger l'assemblée, il se transporta dans un des cabinets des Tuileries, où était Menou, afin d'obtenir de lui les renseignements nécessaires sur les forces, la position des troupes et de l'artillerie. L'armée n'était que de cinq mille hommes de toutes armes. Le parc était de quarante pièces de canon, alors parquées aux Sablons sous la garde de vingt-cinq hommes. Il était une heure après minuit ; le général expédia aussitôt un chef d'escadron du 21e de chasseurs (Murat), avec trois cents chevaux, en toute diligence aux Sablons pour en ramener l'artillerie dans le jardin des Tuileries. Un moment plus tard il n'eût plus été temps. Cet officier arriva à trois heures aux Sablons ; il s'y rencontra avec la tête d'une colonne de la section Lepelletier, qui venait saisir le parc ; mais il était à cheval et en plaine ; les sectionnaires jugèrent toute résistance inutile ; ils se retirèrent ; et à cinq heures du matin les quarante pièces de canon entrèrent aux Tuileries.

§ IV.

De six heures à neuf heures Napoléon plaça son artillerie à la tête du pont Louis XVI, du Pont-Royal et de la rue de Rohan, au cul-de-sac Dauphin, dans la rue Saint-Honoré, au Pont-Tournant, etc., etc. : il en confia la garde à des officiers sûrs. La mèche était allumée, et la petite armée distribuée aux différents postes, ou en réserve au jardin et au Carrousel. La générale battait dans tous les quartiers. Dans ce temps les bataillons de garde nationale prenaient position aux débouchés des rues, cernant le palais et le jardin des Tuileries ; leurs tambours portaient l'audace jusqu'à venir battre la générale sur le Carrousel et sur la place Louis XV. Le danger était imminent ; quarante mille gardes nationaux bien armés, organisés depuis longtemps, étaient sous les armes, fort animés contre la Convention ; les troupes de ligne chargées de la défendre étaient peu nombreuses et pouvaient facilement être entraînées par le sentiment de la population qui les environnait. La Convention, pour accroître ses forces, donna des armes à quinze cents individus, dits les patriotes de 89. C'étaient des hommes qui, depuis le 9 thermidor, avaient perdu leurs emplois et quitté leurs départements, où ils étaient poursuivis par l'opinion; elle en forma trois bataillons sous les ordres du général Berruyer. Ces hommes se battirent avec la plus grande valeur; ils entraînèrent la troupe de ligne, et furent pour beaucoup dans le succès de la journée. Un comité de quarante membres, composé des comités de salut public et de sûreté générale, dirigeait toutes les affaires, discutait beaucoup et ne décidait rien pendant que le danger devenait à chaque instant plus pressant. Les uns voulaient qu'on posât les armes, et qu'on reçût les sectionnaires comme les sénateurs romains avaient reçu les Gaulois; d'autres voulaient qu'on se retirât sur les hauteurs de Saint-Cloud au camp de César, pour y être joints par l'armée des côtes de l'Océan; d'autres proposaient qu'on envoyât des députations aux quarante-huit sections pour leur faire diverses propositions. Pendant ces vaines discussions, un nommé Lafond déboucha sur le Pont-Neuf, venant de la section Lepelletier, à deux heures après midi, à la tête de trois ou quatre bataillons, dans le temps qu'une autre colonne de même force venait de l'Odéon à sa rencontre. Ces colonnes se réunirent sur la place Dauphine. Le général Cartaux, qui était placé au Pont-Neuf avec quatre cents hommes et quatre pièces de canon, ayant l'ordre de défendre les deux côtés du pont, quitta son poste et se replia sous les guichets du Louvre. En même temps un bataillon de garde nationale occupa le jardin des Infants. Il se disait fidèle à la Convention, et pourtant saisissait ce poste sans ordres. D'un autre côté, Saint-Roch, le Théâtre-Français et l'hôtel de Noailles étaient occupés en forces par les gardes nationales. Les postes conventionnels n'en étaient séparés que de douze à quinze pas. Les sectionnaires envoyaient des femmes pour corrompre les soldats; les chefs même se présentèrent plusieurs fois sans armes et les chapeaux en l'air, pour fraterniser, disaient-ils!

§ V.

Les affaires empiraient d'une manière étrange. Danican, général des sections, envoya un parlementaire sommer la Convention d'éloigner les troupes qui menaçaient le peuple et de désarmer les terroristes. Ce parlementaire traversa, à trois heures après midi, les postes, les yeux bandés, avec toutes les formes de la guerre. Il fut introduit ainsi au milieu du comité des Quarante, qu'il émut beaucoup par ses menaces; mais il n'obtint rien. La nuit approchait; les sectionnaires en auraient profité pour se faufiler de maison en maison jusqu'aux Tuileries, déjà étroitement bloquées : à peu près à la même heure Napoléon fit apporter dans la salle de la Convention huit cents fusils, des gibernes et des cartouches pour armer les conventionnels eux-mêmes et les bureaux, comme corps de réserve; cette mesure en alarma plusieurs, qui comprirent alors la grandeur du danger. Enfin, à quatre heures un quart des coups de fusil furent tirés de l'hôtel de Noailles ; des balles tombèrent sur le perron des Tuileries et blessèrent une femme qui entrait dans le jardin. Au moment même la colonne de Lafond déboucha par le quai Voltaire, marchant sur le Pont-Royal en battant la charge. Alors les batteries tirèrent : une pièce de 8 au cul-de-sac Dauphin commença le feu et servit de signal. Après plusieurs décharges, Saint-Roch fut enlevé. La colonne Lafond, prise en tête et en écharpe par l'artillerie, placée sur le quai à la hauteur du guichet du Louvre et à la tête du Pont-Royal, fut mise en déroute; la rue Saint-Honoré, la rue Saint-Florentin et les lieux adjacents furent balayés. Une centaine d'hommes essayèrent de résister au Théâtre de la République, quelques obus les délogèrent ; à six heures du soir tout était fini. Si l'on entendit de loin en loin quelques coups de canon pendant la nuit, ce fut pour empêcher les barricades que quelques habitants avaient cherché à établir avec des tonneaux. Il y eut environ deux cents tués ou blessés du côté des sectionnaires et presque autant du côté des conventionnels, la plus grande partie de ceux-ci aux portes de Saint-Roch. Trois représentants, Fréron, Louvet et Sièyes, montrèrent de la résolution. La section des Quinze-Vingts, faubourg Saint-Antoine, est la seule qui ait fourni deux cents cinquante hommes à la Convention, tant ses dernières oscillations politiques lui avaient indisposé le peuple. Toutefois, si les faubourgs ne se levèrent pas en sa faveur, ils n'agirent pas non plus contre elle. La force de l'armée de la Convention était de huit mille cinq cents hommes, en y comprenant les représentants eux-mêmes.

Il existait encore des rassemblements dans la section Lepelletier. Le 14 au matin des colonnes débouchèrent contre eux par les boulevards, la rue de Richelieu et le Palais-Royal; des canons avaient été placés aux principales avenues; les sectionnaires furent promptement délogés, et le reste de la journée fut employé à parcourir la ville, à visiter les chefs-lieux de section, à ramasser les armes et lire des proclamations; le soir tout était rentré dans l'ordre, et Paris se trouvait parfaitement tranquille. Lorsque après ce grand événement les officiers de l'armée de l'intérieur furent présentés en corps à la Convention, elle nomma par acclamation Napoléon général en chef de l'armée de l'intérieur, Barras ne pouvant cumuler plus longtemps le titre de représentant avec des fonctions militaires. Le général Menou fut traduit à un conseil de guerre; les comités voulaient sa mort. Le général en chef le sauva en disant aux juges que, si Menou méritait la mort, les trois représentants qui avaient dirigé les opérations et parlementé avec les sectionnaires la méritaient aussi; que la Convention n'avait qu'à mettre en jugement les trois députés, et qu'alors on condamnerait Menou. L'esprit de corps fut plus puissant que la voix des ennemis de ce général; il fut acquitté. La commission condamna plusieurs individus à mort par contumace, entre autres Vaublanc; Lafond fut seul exécuté. Ce jeune homme avait montré beaucoup de courage dans l'action; la tête de sa colonne sur le Pont-Royal se reforma trois fois sous la mitraille avant de se disperser tout à fait. C'était un émigré; il n'y eut pas moyen de le sauver, quelque désir qu'en eussent les officiers; l'imprudence de ses réponses déjoua constamment leurs bonnes intentions. Il est faux qu'on ait fait tirer à poudre au commencement de l'action; cela n'eût servi qu'à enhardir les sectionnaires et à compromettre les troupes; mais il est vrai que le combat une fois engagé, le succès n'étant plus douteux, alors, en effet, on ne tira plus qu'à poudre.

JOURNÉE DU 18 FRUCTIDOR [1].

Du Directoire exécutif. — Esprit public. — Affaires religieuses. — Nouveau système des poids et mesures. — Factions qui divisent la République. — Conjuration contre la République, à la tête de laquelle se trouve Pichegru. — Napoléon déjoue cette conjuration. — 18 fructidor. — Loi du 19 fructidor.

§ 1er.

L'opinion publique fut d'abord séduite par les avantages qui paraissaient attachés à la forme du gouvernement prescrite par la constitution de 1795. Un conseil de cinq magistrats, ayant des ministres responsables pour l'exécution de ses ordres, aurait tout le loisir de mûrir les affaires; le même esprit, les mêmes principes se transmettraient d'âge en âge sans interruption; plus de régence, plus de minorité à craindre. Mais ces illusions se dissipèrent bientôt. On éprouva à la fois tous les inconvénients, résultats inévitables de l'amalgame de cinq intérêts, de cinq passions, de cinq caractères divers : on sentit toute la différence qui existe entre un individu créé par la nature et un être factice qui n'a ni cœur ni âme, et n'inspire ni confiance, ni amour, ni illusion.

Les cinq directeurs se partagèrent le palais du Luxembourg et s'y établirent avec leurs familles, qu'ils mirent en évidence; cela forma cinq petites cours bourgeoises, placées à côté l'une de l'autre et agitées par les passions des femmes, des enfants et des valets: la suprême magistrature fut avilie; les hommes de 93, les classes élevées de la société furent également choqués. L'esprit de la constitution était violé. Un directeur n'était ni un ministre, ni un préfet, ni un général; il n'était qu'un cinquième d'un tout. Il ne devait paraître en évidence qu'en conseil. Sa

[1] Extrait des Mémoires de l'Empereur.

femme, ses enfants, ses domestiques auraient dû ignorer qu'il était membre du gouvernement ; le directeur devait rester simple citoyen. Mais le Directoire devait être environné des respects de l'étiquette et de la splendeur qui appartiennent à la magistrature suprême d'une grande nation. Cette splendeur devait être celle de la puissance et non celle de la cour. Le directeur sortant de fonction n'eût trouvé alors aucun changement dans son intérieur ; il n'eût éprouvé aucune privation. C'est dans cet esprit que la constitution lui avait alloué seulement la somme modique de cent mille francs d'appointements, et que les frais de représentation du Directoire étaient compris au budget pour cinq millions sous le titre de *Frais de maison*. Alors un traitement de cent mille francs était suffisant : mais il aurait dû être assuré pour la vie, ce qui aurait permis d'imposer au directeur sortant de charge l'obligation de ne plus occuper aucune fonction, et eût assuré son indépendance.

§ II.

La République était divisée. Un parti avait confiance dans la constitution de 1795 ; un autre aurait voulu un président à la tête du gouvernement ; un troisième regrettait la constitution de 1793. Enfin les émigrés, les restes des privilégiés appelaient de leurs vœux la contre-révolution ; mais ce dernier parti ne se composait que d'individus ; les émigrés mouraient de misère chez l'étranger ; les trois premiers partis comprenaient toute la population de France. Beaucoup de gens eussent voulu que le Directoire fût composé de magistrats n'ayant pas pris part aux affaires depuis le 10 août.

Les cinq directeurs avaient voté la mort du roi : on s'attendait qu'ils emploieraient tous ceux de leurs collègues à la Convention qui n'avaient pas été réélus aux conseils ; il en fut autrement. Le nom de conventionnel fut d'abord une cause de défaveur et peu après un titre de proscription. Ils furent, par mesure de haute police, chassés de Paris et contraints de se retirer dans le lieu de leur domicile. Les hommes de 93 s'étaient d'abord montrés disposés à s'attacher au char d'un gouvernement composé d'hommes qui tous avaient été chauds jacobins ; mais sa marche leur déplut ; ils n'y trouvèrent pas cette simplicité de manières qui flattait leurs passions ; ils s'effarouchèrent de cette apparence de cour : accoutumés à ne rien ménager, à ne connaître aucune nuance, ils se livrèrent à toute espèce de sarcasmes. Le Directoire en fut exaspéré, et sévit contre eux. Poussés à bout, ils conjurèrent pour s'affranchir du joug *des cinq sires du Luxembourg*. Ils se ressouvinrent alors que Rewbell avait fermé les jacobins ; que Barras avait marché contre eux au 9 thermidor ; que La Réveillère-Lepeaux était des soixante-treize : Carnot seul, à leurs yeux, était sans reproche.

Le parti qui désirait le gouvernement d'un président se serait sincèrement attaché au Directoire s'il lui eût montré de la confiance ; mais, loin de là, on le signala tout d'abord comme ennemi : ce parti s'aliéna, et s'il ne devint pas l'ennemi de la République, il le devint de l'administration.

Le Directoire s'attacha à se faire des partisans dans les classes privilégiées ; il n'y réussit pas. Elles ne montrèrent aucune considération pour des hommes sans naissance et n'ayant personnellement aucun genre d'illustration.

Les armées se rallièrent à un gouvernement fondé sur les principes pour lesquels elles combattaient depuis cinq ans et qui leur assurait plus de stabilité et de considération.

Ainsi les deux partis extrêmes se formèrent de nouveau : les hommes de 93 parce qu'on les persécuta, les classes privilégiées parce qu'on les caressa.

Peu après le Directoire adopta la politique funeste connue sous le nom de *bascule*. Elle était fondée sur le principe de comprimer également les deux partis, de sorte que lorsque l'un des deux s'était compromis et avait attiré sa sévérité, dans le même moment, et par le même acte, il frappait le parti opposé, quand bien même, dans cette circonstance, il aurait secondé ses intentions. Le sentiment de l'injustice, de la fausseté, de l'immoralité de ce système porta au plus haut degré l'exaspération et le dégoût dans tous les esprits. Les partis s'accrurent et s'aigrirent chaque jour davantage ; il s'opéra même entre eux une espèce de rapprochement. L'éclat que les victoires d'Italie répandaient sur le Directoire ne pouvait effacer l'*ingénérosité* de son administration ; son sceptre était de plomb ! ! !

§ III.

Les lois avaient proclamé la liberté des consciences ; elles protégeaient également l'exercice de tous les cultes ; mais, sous le gouvernement révolutionnaire, les prêtres de toutes les religions avaient été incarcérés, chassés du territoire et enfin déportés. Après le 9 thermidor cet état de choses s'était adouci. Depuis, le directeur La Réveillère-Lepeaux se fit le chef des théophilanthropes : il leur donna des temples ; la persécution contre les prêtres catholiques se renouvela, et, sous divers prétextes, on les gêna dans l'exercice de leur religion. Grand nombre de bons citoyens se trouvèrent de nouveau inquiétés et froissés dans ce que l'homme a de plus sacré.

Le calendrier républicain avait divisé l'année en douze mois égaux de trente jours et chaque mois en trois décades : il n'y avait plus de dimanche ; le décadi était marqué pour le jour de repos. Le Directoire alla au delà et défendit sous des peines correctionnelles que l'on travaillât le décadi et que l'on se reposât le dimanche : il employa les officiers de paix, les gendarmes, les commissaires de police à faire exécuter ces absurdes règlements. Le peuple fut gêné et exposé à des condamnations, à des vexations pour des faits étrangers à l'ordre et à l'intérêt général. La clameur publique invoqua inutilement les droits de l'homme, les dispositions des constitutions, les lois qui garantissaient la liberté des consciences et le droit de faire tout ce qui ne nuit ni à l'État ni à autrui. On se formerait difficilement une idée de l'aversion que cette conduite inspira contre l'administration qui tyrannisait ainsi les citoyens dans tous les détails de la vie, au nom de la liberté et des droits de l'homme.

§ IV.

Le besoin de l'uniformité des poids et mesures a été senti dans tous les siècles ; plusieurs fois les états généraux l'ont signalé. On attendait ce bienfait de la Révolution. La loi sur cette matière était si simple qu'elle pouvait être rédigée dans vingt-quatre heures, adoptée et pratiquée dans toute la France en moins d'une année. Il fallait rendre commune à toutes les provinces l'unité des poids et mesures de la ville de Paris. Le gouvernement, les artistes s'en servaient depuis plusieurs siècles. En envoyant des étalons dans toutes les communes, contraignant l'administration et les tribunaux à n'en point admettre d'autres, le bienfait eût été opéré sans efforts, sans gêne et sans lois coercitives. Les géomètres, les algébristes furent consultés dans une question qui n'était que du ressort de l'administration. Ils pensèrent que l'unité des poids et mesures devait être déduite d'un ordre naturel, afin qu'elle fût adoptée par toutes les nations. Ils crurent qu'il n'était pas suffisant de faire le bien de quarante millions d'hommes ; ils voulurent y faire participer l'univers. Ils trouvèrent que le mètre était une partie aliquote du méridien ; ils en firent la démonstration et le proclamèrent dans une assemblée composée de géomètres français, italiens, espagnols et hollandais. Dès ce moment on décréta une nouvelle unité des poids et mesures qui ne cadra ni avec les règlements de l'administration publique, ni avec les tables de dimension de tous les arts, ni avec celle d'aucune des machines existantes. Il n'y avait pas d'avantage à ce que ce système s'étendît à tout l'univers. Cela était d'ailleurs impossible : l'esprit national des Anglais et des Allemands s'y fût opposé. Si Grégoire VII en réformant le calendrier l'a rendu commun à toute l'Europe, c'est que cette réforme tenait à des idées religieuses, qu'elle n'a point été faite par une nation, mais par la puissance de l'Église. Cependant on sacrifiait à des abstractions et à de vaines espérances le bien des générations présentes ; car pour faire adopter à une nation vieille une nouvelle unité de poids et de mesures, il faut refaire tous les règlements d'administration publique, tous les calculs des arts ; c'est un travail qui effraye la raison. La nouvelle unité des poids et mesures, quelle qu'elle soit, a une échelle ascendante et descendante qui ne cadre plus en nombres simples avec l'échelle d'unité des poids et mesures qui sert, depuis des siècles, au gouvernement, aux savants et aux artistes. La traduction ne se peut faire de l'une à l'autre nomenclature, parce que ce qui est exprimé par le chiffre le plus simple dans l'ancienne se trouverait dans la nouvelle un chiffre composé. Il faudra donc augmenter ou diminuer de quelques fractions, afin que l'espèce ou le poids exprimé dans la nouvelle nomenclature le soit en chiffres simples. Ainsi, par exemple, la ration du soldat est exprimée par vingt-quatre onces dans l'ancienne nomenclature : c'est un nombre fort simple ; traduit dans la nouvelle, il donne sept cent trente quatre grammes deux cent cinquante-neuf millièmes. Il est donc évident qu'il faut l'augmenter ou la diminuer pour pouvoir arriver à sept cent trente-quatre ou sept cent trente-cinq grammes. Toutes les pièces et lignes qui composent l'architecture, tous les outils et pièces qui servent à l'horlogerie, à la bijouterie, à la librairie et à tous les arts, tous les instruments, toutes les machines ont été pensés et calculés dans l'ancienne nomenclature, et sont exprimés par des nombres simples que la traduction ne pourrait rendre qu'en nombres composés de cinq à six chiffres. Il faudra donc tout refaire.

Les savants conçurent une autre idée tout à fait étrangère au bienfait de l'unité de poids et de mesures ; ils y adaptèrent la numération décimale, en prenant le mètre pour unité ; ils supprimèrent tous les nombres complexes. Rien n'est plus contraire à l'organisation de l'esprit, de la mémoire et de l'imagination. Une toise, un pied, un pouce, une ligne, un point sont des portions d'étendue fixes que l'imagination conçoit indépendamment de leurs rapports entre eux : si donc on demande un tiers de pouce, l'esprit opère sur-le-champ : c'est l'étendue appelée pouce qu'il divise en trois. Par le nouveau système, au contraire, ce n'est pas l'opération de diviser un pouce en trois que doit faire l'esprit, c'est un mètre qu'il lui faut diviser en cent onze parties. L'expérience de tous les siècles avait tellement fait comprendre la difficulté de diviser un espace ou un poids au delà de douze qu'à chacune de ces divisions on avait créé un nouveau nom complexe. Si on demandait un douzième de pouce, l'opération était toute faite, c'était le nombre complexe appelé ligne. La numération décimale s'appliquait à tous les nombres complexes comme unité ; et si l'on avait besoin d'un centième de point, d'un centième de ligne, on écrivait un centième : par le nouveau système, si l'on veut exprimer un centième de ligne, il faut avoir recours à son rapport avec le mètre, ce qui jette dans un calcul infini. On avait préféré le diviseur 12 au diviseur 10, parce qu'on n'a que deux facteurs 2 et 5, et que 12 en a quatre, savoir : 2, 3, 4 et 6. Il est vrai que la numération décimale généralisée et exclusivement adaptée au mètre comme unité donne des facilités aux astronomes et aux calculateurs ; mais ces avantages sont loin de compenser l'inconvénient de rendre la pensée plus difficile. Le premier caractère de toute méthode doit être d'aider la conception et l'imagination, faciliter la mémoire, donner plus de puissance à la pensée. Les nombres complexes sont aussi anciens que l'homme, parce qu'ils sont dans la nature de son organisation, tout comme il est dans la nature de la numération décimale de s'adapter à chaque unité, à chaque nombre complexe, et non à une unité exclusivement.

Enfin ils se servirent de racines grecques, ce qui augmenta les difficultés ; ces dénominations, qui pouvaient être utiles pour les savants, n'étaient pas bonnes pour le peuple. Les poids et mesures furent une des plus grandes affaires du directoire. Au lieu de laisser agir le temps et de se contenter d'encourager le nouveau système par tous les moyens de l'exemple et de la mode, il fit des lois coercitives qu'il fit exécuter avec rigueur. Les marchands et les citoyens se trouvèrent vexés pour des affaires en elles-mêmes indifférentes, ce qui contribua encore à dépopulariser une administration qui se plaçait hors du besoin et de la portée du peuple, brisait avec violence ses usages, ses habitudes, ses coutumes, comme l'aurait pu faire un conquérant grec ou tartare qui, la verge levée, veut être obéi dans toutes ses volontés, qu'il règle sur ses préjugés et ses intérêts, abstraction faite de ceux du vaincu. Le nouveau système des poids et mesures sera un sujet d'embarras et de difficultés pour plusieurs générations ; et il est probable que la première commission savante chargée de vérifier la mesure du méridien trouvera quelques corrections à faire. C'est tourmenter le peuple pour des vétilles !!!

§ V.

Les élections au Corps législatif amenèrent aux affaires des hommes d'une opinion contraire au Directoire, effet naturel de sa fausse politique et de sa mauvaise administration. Le général Pichegru, député du Jura aux Cinq-Cents, fut nommé par acclamation président de ce conseil (on ignorait alors ses liaisons avec les étrangers); Barthélemy fut nommé au Directoire à la place de Letourneur. Ces deux choix étaient fort populaires; Pichegru était alors le général le plus renommé de la république : il avait conquis la Hollande; Barthélemy était le négociateur qui avait fait la paix avec le roi de Prusse et le roi d'Espagne.

Le Directoire se divisa en deux partis : Rewbell, Barras et La Réveillère formèrent la majorité; Carnot et Barthélemy, la minorité.

Le ministère fut changé. Bénezech, ministre de l'intérieur, et Cochon-Lapparent, ministre de la police, se trouvaient compromis dans les révélations de Duverne de Presle. Petiet et Truguet tenaient au parti modéré des conseils; ils avaient contribué à rendre à leur patrie grand nombre d'émigrés, dont la présence portait ombrage. Les services éminents que le ministre Petiet rendait à l'administration de la guerre, le mérite surtout d'être le premier, depuis la révolution, qui eût présenté un compte clair et précis des dépenses de son ministère ne le sauvèrent pas de la disgrâce des meneurs; cependant alors comme toujours, dans sa longue carrière administrative, il s'était fait remarquer par son intégrité. Il est mort sans fortune, ne laissant pour héritage à ses enfants que l'estime qui lui était si justement acquise. Ramel et Merlin furent les seuls ministres conservés. Trois partis se formèrent dans les conseils : les républicains prononcés, qui marchèrent avec la majorité du Directoire, abstraction faite de leurs affections particulières; les partisans des princes et de l'étranger, Pichegru, Villot, Imbert Colomès, Rovère et deux ou trois autres étaient seuls dans le secret de ce parti; les clubistes de Clichy, qui comptaient dans leurs rangs des hommes estimés, voulant le bien, mais ne sachant pas le faire, mécontents, ennemis des directeurs, des conventionnels et du gouvernement révolutionnaire.

Les clichiens se donnaient pour sages, modérés, bons Français. Étaient-ils républicains? Non. Étaient-ils royalistes? Non. Ils voulaient donc la constitution de 1791? Non. Celle de 1793? Beaucoup moins. Celle de 1795? Oui et non. Qu'étaient-ils donc? Ils n'en savaient rien. Ils auraient voulu telle chose avec des *si*, telle autre avec des *mais*. Ce qui les faisait agir, leur donnait du mouvement, c'étaient les applaudissements des salons, les louanges résultant des succès de la tribune. Ils votèrent avec le comité royaliste sans le savoir ; ils furent étonnés lorsqu'après leur catastrophe ils acquirent la conviction que Pichegru, Imbert Colomès, Willot, de La Haye, etc., étaient des conspirateurs ; que toutes ces belles harangues, ces beaux discours qu'ils avaient prononcés étaient des actes de conspiration qui secondaient la politique de Pitt et des princes. Rien n'était plus loin de leur pensée, ils n'eussent pas eu le courage de conspirer. Carnot et un grand nombre de membres de Clichy ont prouvé depuis, par leur conduite, qu'ils étaient bien loin d'avoir voulu tramer contre la république. Carnot était égaré par sa haine contre les thermidoriens ; son âme avait été brisée, depuis le 9 thermidor, par l'opinion qui accusait le comité de salut public de tout le sang versé sur les échafauds ; il avait besoin de la considération publique : il fut entraîné par ceux qui dominaient la tribune et les feuilles périodiques.

Les écrivains de ces feuilles, en grande majorité, étaient contraires au Directoire, à la Convention, à la révolution. Quelques-uns cherchaient ainsi à faire oublier les crimes commis par eux pendant le règne du gouvernement révolutionnaire, dont ils avaient été les agents ; plusieurs étaient à la solde de la trésorerie de Londres. Le Directoire n'a pas su opposer journaux à journaux, presses à presses, plumes à plumes, soit qu'il n'en sentît pas toute l'importance, soit qu'il n'ait pas pu ou voulu faire les sacrifices d'argent nécessaires. Il ne prit point conseil de la conduite du gouvernement anglais, qui non-seulement soldait et faisait distribuer avec profusion des journaux du matin, du soir, de la semaine, du mois et de l'année, mais encore leur faisait communiquer les extraits des dépêches dont la connaissance importait à la curiosité publique. Le cabinet de Saint-James trompe les étrangers lorsqu'il désavoue avec tant de dédain et couvre lui-même de mépris ces misérables folliculaires : ce mépris n'est que de commande : le fait est qu'il les solde, les dirige, et que ses archives leur sont ouvertes.

La tribune des Cinq-Cents, celle des Anciens, presque toutes les feuilles publiques retentirent de vociférations contre le gouvernement et la révolution ; contre les lois sur l'émigration, la vente des biens nationaux et le culte ; contre les dilapidations de l'administration et l'énormité des impôts. Les biens nationaux cessèrent de se vendre ; leurs acquéreurs furent inquiétés ; les émigrés rentrèrent ; les prêtres levèrent la tête. Le général Pichegru était l'âme de ce projet de contre-révolution. Le Directoire, au milieu de cette tempête, tenait une marche incertaine.

§ VI.

Pichegru, né en Franche-Comté, fut admis à l'âge de dix-huit ans à l'École militaire de Brienne en qualité de maître de quartier. Son projet était d'entrer à la maison professe de Vitri pour y faire son noviciat ; mais il en fut déconseillé et s'engagea dans le régiment de Metz, artillerie, en 1789 ; il y était sergent lorsque la société des jacobins de Besançon le fit nommer chef d'un bataillon de volontaires. En 1793 le représentant Saint-Just le nomma général en chef. Il dirigea avec succès la campagne de 1794, et conquit la Hollande. En 1795 il commanda l'armée du Rhin : c'est de là que date sa trahison. Il eut des relations criminelles avec les généraux ennemis, et concerta avec eux ses opérations. Les armées de Sambre-et-Meuse et du Rhin avaient ordre d'opérer un mouvement combiné pour se réunir sous Mayence ; il fit manquer cette opération en laissant la majorité de ses forces sur le haut Rhin. A quelque temps de là la ligne de contrevallation qu'il occupait sur la rive gauche du fleuve, devant Mayence, fut forcée par Clairfait, qui s'empara de toute son artillerie de campagne; il se retira avec ses débris dans les lignes de Weissembourg. Ces événements et d'autres circonstances firent soupçonner sa fidélité. Le gouvernement fut alarmé : au commencement de 1796 il lui retira le commandement de l'armée, et lui offrit l'ambassade de Suède. Pichegru refusa et se retira en Franche-Comté, où il continua ses relations avec l'ennemi. Nommé au conseil des Cinq-Cents par l'assemblée électorale du Jura, il se crut arrivé au moment de faire triompher le parti de l'étranger. Il était désigné dans les coteries comme le Monck de la France.

Dans le courant d'avril Duverne et l'abbé Brottier furent arrêtés, traduits devant les tribunaux et condamnés. Duverne de Presle fit des révélations importantes : un coin du voile qui couvrait la France fut levé. Dans ce temps le portefeuille de d'Entraigues arriva à Paris; toutes les pièces en avaient été cotées et paraphées par les généraux Clarke et Berthier. On y trouva des détails circonstanciés sur la conduite de Pichegru. Fauche-Borel, libraire de Neufchâtel, était le principal agent de cette trame. Dans les longues conversations que Napoléon eut avec le comte d'Entraigues, il pénétra le mystère des intrigues qui entretenaient et excitaient l'agitation en France, nourrissaient les espérances des puissances étrangères et paralysaient toutes les négociations avec l'Autriche.

§ VII.

Le mot était donné au parti : tous les journaux furent remplis de critique, de calomnies, de déclamations contre le général d'Italie; ils dépréciaient ses succès, noircissaient son caractère, calomniaient son administration, jetaient des soupçons sur sa fidélité à la république, accusaient son ambition. Des journaux, ces calomnies s'élevèrent à la tribune; il y fut dénoncé pour la guerre qu'il faisait à Venise; pour sa conduite politique envers Gênes; pour la sentence arbitrale qu'il avait rendue en faveur de la Valteline contre les ligues grises; on alla jusqu'à nier le massacre des Français dans les États vénitiens, celui de Vérone et même la violation de la neutralité envers l'aviso *le Libérateur d'Italie*, qui avait été canonné dans les eaux de Venise par la galère amirale et par les batteries du fort du Lido.

Bientôt les journaux de Paris devinrent l'objet de l'entretien des camps. « Quoi! dirent les soldats, ce sont ceux qui se disent
« nos représentants qui se font les panégyristes de nos ennemis!
« Les Vénitiens ont versé le sang français, et, au lieu de le ven-
« ger, c'est nous encore qu'on accuse non de l'avoir versé,
« mais d'avoir excité des vengeances! Ignorent-ils donc que
« nous sommes ici cent mille baïonnettes, autant de témoins ir-
« récusables? Ces ennemis de la république n'ont pu ni vaincre
« ni acheter notre général, ils le voudraient assassiner juridi-
« quement; mais ils ne réussiront pas : il faudrait avant tout,
« pour l'atteindre, qu'ils marchassent sur nos cadavres. »

Les artistes italiens publièrent des gravures où étaient représentés les députés de Clichy faisant cause commune avec des Esclavons. L'esprit des soldats s'exalta au point qu'ils frémissaient à la lecture des journaux de Paris.

A la fête du 14 juillet, avant de passer la revue, le général en chef avait dit à l'armée, par l'ordre du jour : « Soldats,
« c'est aujourd'hui l'anniversaire du 14 juillet. Vous voyez de-
« vant vous les noms de nos compagnons d'armes morts au
« champ d'honneur pour la liberté de la patrie; ils vous ont
« donné l'exemple; vous vous devez tout entiers à la république;
« vous vous devez tout entiers au bonheur de trente millions de
« Français; vous vous devez tout entiers à la gloire de ce
« nom, qui a reçu un nouvel éclat par vos victoires.

« Soldats, je sais que vous êtes profondément affectés des
« malheurs qui menacent la patrie. Mais la patrie ne peut cou-
« rir des dangers réels. Les mêmes hommes qui l'ont fait triom-
« pher de l'Europe coalisée sont là. Des montagnes nous sé-
« parent de la France. Vous les franchiriez avec la rapidité
« de l'aigle, s'il le fallait, pour maintenir la constitution, dé-
« fendre la liberté, protéger le gouvernement et les républi-
« cains. Soldats, le gouvernement veille sur le dépôt des lois
« qui lui est confié. Les royalistes, dès l'instant qu'ils se
« montreront, auront vécu. Soyez sans inquiétude; et jurons

« par les mânes des héros qui sont morts à côté de nous pour
« la liberté, jurons sur nos drapeaux guerre aux ennemis de
« la république et de la constitution de l'an III. »

Ce fut l'étincelle qui alluma l'incendie. Chaque division de cavalerie et d'infanterie rédigea son adresse ; les officiers, sous-officiers et soldats les votèrent et signèrent. Elles se ressentaient de la violente agitation des âmes. Le général Berthier les envoya au Directoire et aux conseils. Le peuple se rallia ; les armées de Sambre-et-Meuse et du Rhin partageaient les mêmes sentiments. Il se fit sur-le-champ un changement total dans l'esprit public. La majorité du Directoire paraissait perdue ; la république était en danger.

Hoche fit marcher une division de Sambre-et-Meuse sur Paris sous prétexte de l'expédition d'Irlande. Le conseil des Cinq-Cents s'indigna que les troupes eussent violé le cercle constitutionnel ; Hoche quitta la capitale, et ne trouva de refuge que dans son quartier général.

Dans ces circonstances critiques, un parti puissant engageait Napoléon à renverser le Directoire et à s'emparer des rênes du gouvernement. L'enthousiasme que la conquête de l'Italie avait excité en France et le dévouement de l'armée qu'il venait de couvrir de tant de lauriers semblaient aplanir tous les obstacles. Si l'ambition eût été le guide de sa vie, il n'eût point hésité : ce qu'il a fait au 18 brumaire, il l'eût fait au 18 fructidor ; mais alors, comme toujours, l'indépendance, la puissance et le bonheur de la France étaient sa première pensée. Vainqueur d'Arcole et de Rivoli, il ne croyait pas plus qu'il fût en son pouvoir dans ce moment de réaliser ce grand-œuvre qu'il ne l'a cru depuis à Paris, après ses désastres, du moment où les chambres législatives l'eurent abandonné. En 1797, comme en 1815, l'exaltation des idées révolutionnaires égarait les meneurs et l'imagination des masses ; les mêmes hommes qui avaient renversé le trône de Louis XVI dominaient l'opinion et se croyaient destinés à sauver la révolution. Napoléon se décida à soutenir le Directoire, et, à cet effet, il envoya le général Augereau à Paris ; mais si, contre son attente, les conjurés l'eussent emporté, tout était disposé pour qu'il fît son entrée dans Lyon à la tête de quinze mille hommes cinq jours après qu'il aurait appris leur victoire, et de là, marchant sur Paris et ralliant tous les républicains, tous les intérêts de la révolution, il eût, comme César, passé le Rubicon à la tête du parti populaire.

§ VIII.

A son arrivée, Augereau fut nommé par le Directoire au commandement de la 17ᵉ division militaire. Le 18 fructidor (4 septembre), à la pointe du jour, les officiers de paix se portèrent chez les directeurs Barthélemy et Carnot. Ils se saisirent du premier ; mais le second, qui avait été prévenu, se réfugia à Genève. Au même moment le Directoire faisait arrêter Pichegru, Willot, cinquante députés au conseil des Anciens ou des Cinq-Cents et cent cinquante autres individus, la plupart journalistes. Ce même jour il adressa à la législature un message par lequel il lui fit connaître la conspiration qui se tramait contre la république, et mit sous ses yeux les papiers trouvés dans le portefeuille de d'Entraigues et les déclarations de Duverne de Presle. La loi du 19 fructidor condamna à la déportation deux directeurs, cinquante députés et cent quarante-huit individus ; les élections de plusieurs départements furent cassées ; diverses lois furent rapportées ; plusieurs mesures de salut public furent décrétées ; la nomination de Carnot et de Barthélemy au Directoire fut révoquée ; Merlin et François de Neufchâteau les remplacèrent. Les projets des ennemis de la république se trouvèrent ainsi déjoués.

L'étonnement du public fut égal à son incrédulité. L'on supposa que les révélations de Duverne et les papiers de d'Entraigues étaient controuvés, mais toutes les incertitudes cessèrent quand on eut connaissance de la proclamation suivante du général Moreau à son armée, datée de son quartier général, à Strasbourg, le 23 fructidor (9 septembre 1797).

« Soldats, je reçois à l'instant la proclamation du Directoire
« exécutif, du 18 de ce mois (4 septembre), qui apprend à la
« France que Pichegru s'est rendu indigne de la confiance qu'il
« a longtemps inspirée à toute la république et surtout aux ar-

« mées. On m'a également instruit que plusieurs militaires,
« trop confiants dans le patriotisme de ce représentant, d'après
« les services qu'il a rendus, doutaient de cette assertion. Je
« dois à mes frères d'armes, à mes concitoyens de les instruire
« de la vérité. Il n'est que trop vrai que Pichegru a trahi la con-
« fiance de la France entière; j'ai instruit un des membres du
« directoire, le 17 de ce mois (3 septembre), qu'il m'était tombé
« entre les mains une correspondance avec Condé et d'autres
« agents du prétendant, qui ne me laissent aucun doute sur cette
« trahison. Le Directoire vient de m'appeler à Paris et désire sû-
« rement des renseignements plus étendus sur cette correspon-
« dance. Soldats, soyez calmes et sans inquiétude sur les événe-
« ments de l'intérieur; croyez que le gouvernement, en com-
« primant les royalistes, veillera au maintien de la constitution
« républicaine que vous avez juré de défendre. »

Le 24 fructidor (10 septembre) Moreau écrivait au Directoire :
« Je n'ai reçu que le 22, très-tard et à dix lieues de Strasbourg,
« votre ordre de me rendre à Paris. Il m'a fallu quelques heures
« pour préparer mon départ, assurer la tranquillité de l'armée
« et faire arrêter quelques hommes compromis dans une cor-
« respondance intéressante, que je vous remettrai moi-même.
« Je vous envoie ci-joint une proclamation que j'ai faite, et dont
« l'effet a été de convertir beaucoup d'incrédules; et je vous
« avoue qu'il était difficile de croire que l'homme qui avait rendu
« de si grands services à son pays et qui n'avait nul intérêt à
« le trahir pût se porter à une telle infamie. On me croyait
« l'ami de Pichegru, et dès longtemps je ne l'estime plus. Vous
« verrez que personne n'a été plus compromis que moi; que
« tous les projets étaient fondés sur les revers de l'armée que je
« commandais : son courage a sauvé la république. »

Enfin, dans sa lettre à Barthélemy, du 19 fructidor (5 septembre), Moreau disait :

« Citoyen Directeur, vous vous rappellerez sûrement qu'à
« mon dernier voyage à Bâle je vous instruisis qu'au passage
« du Rhin nous avions pris un fourgon au général Klinglin,
« contenant deux ou trois cents lettres de sa correspondance;
« celles de Wittersbach en faisaient partie, mais c'étaient les

« moins importantes. Beaucoup de lettres sont en chiffres, mais
« nous avons trouvé la clef. L'on s'occupe à tout déchiffrer, ce
« ce qui est très-long. Personne n'y porte son vrai nom, de sorte
« que beaucoup de Français qui correspondent avec Klinglin,
« Condé, Wickam, d'Enghien et autres sont difficiles à découvrir. Cependant nous avons de telles indications que plusieurs
« sont déjà connus. J'étais décidé à ne donner aucune publicité
« à cette correspondance, puisque, la paix étant présumable, il
« n'y avait plus de dangers pour la république, d'autant que
« cela ne ferait preuve que contre peu de monde, personne
« n'étant nommé. Mais, voyant à la tête des partis qui font
« actuellement tant de mal à notre pays et jouissant dans une
« place éminente de la plus haute confiance un homme très-
« compromis dans cette correspondance et destiné à jouer un
« grand rôle dans le rappel du prétendant, qu'elle avait pour but,
« j'ai cru devoir vous en instruire, pour que vous ne soyez pas
« dupe de son feint républicanisme, que vous puissiez faire
« éclairer ses démarches et vous opposer aux coups funestes
« qu'il peut porter à notre pays, puisque la guerre civile ne peut
« qu'être le but de ses projets.

« Je vous avoue, citoyen Directeur, qu'il m'en coûte infiniment
« de vous instruire d'une telle trahison, d'autant plus que celui
« que je vous fais connaître a été mon ami et le serait sûrement
« encore s'il ne m'était connu : je veux parler du représentant
« du peuple Pichegru. Il a été assez prudent pour ne rien écrire ;
« il ne communiquait que verbalement avec ceux qui étaient
« chargés de la correspondance, qui faisaient part de ses projets et recevaient ses réponses. Il y est désigné sous plusieurs
« noms, entre autres sous celui de *Baptiste*. Un chef de brigade
« nommé *Badouville* lui était attaché et désigné sous le nom
« de *Coco*. Il était un des courriers dont il se servait, ainsi
« que les autres correspondants. Vous devez l'avoir vu assez
« fréquemment à Bâle. Leur grand mouvement devait s'opérer
« au commencement de la campagne de l'an IV. On comptait
« sur des revers à mon arrivée à l'armée qui, mécontente d'être
« battue, devait redemander son ancien chef, qui alors aurait
« agi d'après les instructions qu'il aurait reçues. Il a dû recevoir

« neuf cents louis pour le voyage qu'il fit à Paris à l'époque de
« sa démission ; de là vint naturellement son refus de l'ambas-
« sade de Suède. Je soupçonne la famille Lajolais d'être dans
« cette intrigue.

« Il n'y a que la grande confiance que j'ai en votre patrio-
« tisme et en votre sagesse qui m'a déterminé à vous donner
« cet avis. Les preuves en sont plus claires que le jour ; mais je
« doute qu'elles puissent être judiciaires.

« Je vous prie, citoyen Directeur, de vouloir bien m'éclairer
« de vos avis sur une affaire aussi épineuse ; vous me connais-
« sez assez pour croire combien a dû me coûter cette confidence ;
« il n'en a pas moins fallu que les dangers que court mon pays
« pour vous la faire. Ce secret est entre cinq personnes : les
« généraux Desaix, Régnier, un de mes aides de camp et un
« officier chargé de la partie secrète de l'armée, qui suit conti-
« nuellement les renseignements que donnent les lettres qu'on
« déchiffre. »

Peu de temps après, on publia les papiers trouvés dans le fourgon de Klinglin, en avril 1797, et dont Moreau, Desaix et Régnier avaient eu seuls connaissance. Bientôt les preuves de la trahison de Pichegru arrivèrent de toutes parts ; il devint l'objet de l'exécration publique. Les déportés furent embarqués à Rochefort et transportés à la Guiane.

§ IX.

Lorsque Napoléon eut connaissance de la loi du 19 fructidor, il fut profondément affligé et témoigna hautement son mécontentement. Il reprocha aux trois directeurs de n'avoir pas su vaincre avec modération. Il approuvait que Carnot, Barthélemy et les cinquante députés fussent destitués de leurs fonctions par mesure de salut public et mis en surveillance dans une des villes de l'intérieur de la république. Il désirait que Pichegru, Willot, Imbert Colomès et deux ou trois autres seulement fussent mis en accusation et expiassent sur l'échafaud le crime de trahison dont ils s'étaient rendus coupables et dont on avait les preuves ;

mais il voulait qu'on en restât là. Il gémissait de voir des personnes d'un grand talent, comme Portalis, Tronson-Ducoudray, Fontanes; des patriotes comme Boissy d'Anglas, Dumolard, Muraire, les suprêmes magistrats Carnot, Barthélemy condamnés, sans acte d'accusation, sans jugement, à périr dans les marais de Sinamari. Quoi! punir de la déportation un grand nombre de folliculaires qui ne méritaient que le mépris et la flétrissure de quelques peines correctionnelles! c'était renouveler les proscriptions des triumvirs de Rome; c'était se montrer plus cruel, plus arbitraire que le tribunal de Fouquier-Tinville, puisqu'au moins il entendait les accusés et ne les condamnait qu'à mort! Toutes les armées, le peuple tout entier étaient pour la république. Le salut public eût pu seul justifier une injustice aussi révoltante et une telle violation des droits et des lois.

Les conjurés voulaient opérer la destruction de la république par le corps législatif; dépopulariser le Directoire par le moyen si puissant de la tribune nationale; entraver sa marche par l'autorité de la législature; composer un Directoire d'hommes ou faibles ou dévoués au parti; et enfin, proclamer la contre-révolution comme le seul remède aux maux qui déchiraient la patrie.

Les trois directeurs, enivrés de leur victoire, ne virent que leur triomphe dans celui de la république. Les conseils nommèrent Merlin et François de Neufchâteau pour remplacer Carnot et Barthélemy : ils ne convoquèrent pas les assemblées électorales pour se compléter; ils restèrent ainsi mutilés, sans considération et sans indépendance. Il était difficile de pénétrer ce qu'ils espéraient d'un semblable attentat contre la constitution, d'un tel mépris de l'opinion publique. Trois hommes, sans l'illusion d'antiques souvenirs, sans même l'illustration de la victoire, prétendaient-ils donc se faire les rois de la France, gouverner pour leur compte, sans la loi et sans le concours du corps législatif? les actes du 22 floréal de l'année suivante, ceux du 30 prairial, deux ans après, furent les suites de cette conduite illégale et impolitique. En fructidor le gouvernement attenta à la législature; au 22 floréal la législature et le gouvernement attentèrent à la souveraineté du peuple en refusant de recevoir comme membres des conseils les députés nommés par des assemblées électorales déclarées légales. Enfin, au 30 prairial, les conseils attentèrent aux droits, aux prérogatives et à la liberté du gouvernement. Ces trois journées portèrent un coup aux idées des républicains, et anéantirent la constitution de 1795.

Dès le mois d'octobre 1796 le cabinet de Saint-James, effrayé des sacrifices pécuniaires qu'il lui fallait imposer à l'Angleterre pour soutenir la guerre contre la France, s'était résolu à la paix. Lord Malmesbury avait échangé à Paris ses pouvoirs, comme négociateur, avec Charles Lacroix, ministre des relations extérieures; mais après quelques conférences, ce plénipotentiaire ayant donné connaissance de son ultimatum, qui exigeait la rétrocession de la Belgique à l'empereur, les négociations furent rompues. Les préliminaires de Léoben décidèrent l'Angleterre à renouer la négociation. L'Autriche elle-même avait renoncé à la Belgique; la possession de cette province ne pouvait plus faire l'objet d'une difficulté: Lord Malmesbury se rendit à Lille. La paix était d'autant plus nécessaire à Pitt que ses plans de finance venaient d'échouer. Le Directoire nomma pour ses plénipotentiaires Letourneur, Pleville-le-Peley et Maret, depuis duc de Bassano. Le choix de ce dernier plut à Londres. Pitt connaissait ses dispositions pacifiques; il estimait son caractère parce qu'il avait traité avec lui, en 1792, pour le salut de Louis XVI et le maintien de la paix. De son côté, lord Malmesbury voulait faire oublier l'échec qu'il avait eu à Paris l'année précédente, et couronner sa longue carrière politique par un nouveau succès. Les plénipotentiaires agissaient de part et d'autre de bonne foi, et tout faisait espérer une issue favorable. Ces grandes négociations, qui se suivaient à la fois dans le nord de la France et de l'Italie, ne pouvaient être étrangères l'une à l'autre; Clarke était chargé de correspondre avec Maret. La paix conclue avec l'Angleterre aurait levé bien des difficultés à Campo-Formio, et elle allait être signée à Lille, à des conditions plus avantageuses pour la France et ses alliés que celles du traité d'Amiens, lorsque arriva le 18 fructidor. Maret fut rappelé. Treilhard et Bonnier, nouveaux négociateurs, demandèrent au plénipotentiaire de consentir à la restitution, par l'Angleterre, de toutes ses conquêtes sur la France, l'Espagne et la Hollande. Lord Malmesbury, étonné d'une si singulière interpellation, répondit qu'il avait l'ordre de négocier sur la base des compensations réciproques. Les ministres français lui donnèrent vingt-quatre heures pour accéder à leur demande, et lui intimèrent, dans le cas où il persisterait à ne point s'expliquer, de se rendre lui-même à Londres pour y chercher de nouvelles instructions et des pouvoirs plus étendus. Le 17 septembre il quitta Lille. Les plénipotentiaires français portèrent l'ironie jusqu'à feindre de croire à son retour à Lille, et à l'y attendre. Le 5 octobre lord Malmesbury leur notifia, de Londres, que l'Angleterre n'enverrait plus de plénipotentiaires en France si, au préalable, son négociateur n'était muni d'une garantie qui lui assurât son indépendance et le respect dû à son caractère. Autant le Directoire avait raison dans la première négociation, autant il eut tort dans la seconde, par le fond comme par la forme ; il était juste, quand la France gardait une partie de ses conquêtes sur le continent, que l'Angleterre conservât aussi une partie des siennes. Le Directoire, en manquant au respect dû au caractère d'un ambassadeur, se manquait à lui-même.

Quelque temps après le 18 fructidor une loi sur la dette publique ordonna que le tiers du capital serait inscrit sur un nouveau livre, et les intérêts payés à cinq pour cent ; que les deux autres tiers seraient remboursés en *bons de deux tiers,* et que des domaines seraient affectés à leur amortissement ; mais chaque année les lois du budget retirèrent l'hypothèque, et prolongèrent ainsi l'immoralité et l'agonie de cette banqueroute. Enfin, les bons de deux tiers furent réduits à deux pour cent. Il eût été moins odieux de ne pas toucher au capital, et de réduire seulement l'intérêt.

L'opinion de Napoléon était qu'il fallait, avant tout, être fidèle à la foi publique ; qu'il convenait d'éteindre la dette en y affectant tous les domaines nationaux quelconques, même ceux sous séquestre, et donner une telle activité à cette mesure qu'elle se trouvât consommée en trois ans. Il pensait qu'il fallait consacrer en même temps comme loi constitutionnelle, en la soumettant à la sanction du peuple, le principe qu'une génération ne peut être engagée par une autre génération, et que les intérêts d'un emprunt ne pouvaient être exigés que pendant les quinze premières années. Ce qui eût préservé de l'abus qu'on peut faire de cette ressource et protégé les générations à venir contre la cupidité de la génération présente.

A l'époque du 18 fructidor l'aide de camp Lavalette était à Paris depuis plusieurs mois, comme intermédiaire entre le général d'Italie, la majorité, la minorité du Directoire et les différents partis qui divisaient les conseils et la capitale. Quinze jours après la journée du 19 fructidor il fut inquiété par le gouvernement : c'était un homme d'un caractère doux, d'opinions modérées ; il se sauva en toute hâte à Milan, pour se réfugier près de son général.

Un des premiers soins de Napoléon, en arrivant au consulat, fut d'annuler la loi du 19 fructidor; de rappeler dans leur patrie un grand nombre d'hommes respectables par leurs talents, les services qu'ils avaient rendus, et qui se trouvaient, par le seul effet de quelques imprudences, persécutés et compris dans la proscription de fructidor. Pichegru, Willot, Imbert-Colomès et quelques autres de cette trempe furent seuls exceptés. Carnot, Portalis, Barbé-Marbois, Bénezech furent depuis ses ministres, et il leur confia des portefeuilles. Barthélemy, Lapparent, Pastoret, Boissy-d'Anglas, Fontanes furent sénateurs ; ce dernier devint même président du Corps législatif et grand-maître de l'université. Siméon, Muraire, Gau, Villaret-Joyeuse, Dumas, Laumont furent appelés au conseil d'État ; Vaublanc, Duplantier, etc., furent préfets.

L'esprit public s'aliénait tous les jours davantage. Le conseil des Cinq-Cents, effrayé du malaise général, aigrissait le mal au lieu de le guérir. Il ne voyait de salut que dans les mesures révolutionnaires ; il s'égara jusqu'au point d'ordonner le renvoi de France de tous les nobles ; le nombre en était encore très-grand, non-seulement dans les autorités constituées, mais encore dans les armées. Ce fut en partie pour donner des conseils à la France que Napoléon écrivit, le 11 novembre, au gouvernement provisoire de Gênes cette lettre remarquable, d'un si grand effet à Paris, dans laquelle il disait : « *Exclure les nobles de toute « fonction publique serait une injustice révoltante : vous « feriez ce qu'ils ont fait.* »

DIX-HUIT BRUMAIRE [1].

Arrivée de Napoléon en France. — Sensation qu'elle produit. — Napoléon à Paris. — Les directeurs Roger-Ducos, Moulins, Gohier, Sieyès. — Conduite de Napoléon. Rœderer, Lucien et Joseph, Talleyrand, Fouché, Réal. — État des partis. Ils s'adressent tous à Napoléon. — Barras. — Napoléon d'accord avec Sieyès. — Esprit des troupes de la capitale. — Dispositions adoptées pour le 18. — Journée du 18 brumaire. Décret du conseil des anciens, qui transfère à Saint-Cloud le siége du corps législatif. — Napoléon aux anciens. — Séance orageuse à Saint-Cloud. — Ajournement des conseils, à trois mois.

Lorsqu'une déplorable faiblesse et une versatilité sans fin se manifestent dans les conseils du pouvoir ; lorsque, cédant tour à tour à l'influence de partis contraires et vivant au jour le jour, sans plan fixe, sans marche assurée, il a donné la mesure de son insuffisance, et que les citoyens les plus modérés sont forcés de convenir que l'État n'est plus gouverné ; lorsqu'enfin à sa nullité au dedans l'administration joint le tort le plus grave qu'elle puisse avoir aux yeux d'un peuple fier, je veux dire l'avilissement au dehors, alors une inquiétude vague se répand dans la société ; le besoin de sa conservation l'agite, et, promenant sur elle-même ses regards, elle semble chercher un homme qui puisse la sauver.

Ce génie tutélaire, une nation nombreuse le renferme toujours dans son sein ; mais quelquefois il tarde à paraître. En effet il ne suffit pas qu'il existe, il faut qu'il soit connu ; il faut qu'il se connaisse lui-même. Jusque-là toutes les tentatives sont vaines, toutes les menées impuissantes ; l'inertie du grand nombre protége le gouvernement nominal, et, malgré son impéritie et sa faiblesse, les efforts de ses ennemis ne prévalent point contre

[1] Extrait des Mémoires de l'Empereur.

lui. Mais que ce sauveur, impatiemment attendu, donne tout à coup un signe d'existence, l'instinct national le devine et l'appelle, les obstacles s'aplanissent devant lui, et tout un grand peuple, volant sur son passage, semble dire : Le voilà !

§ Ier.

Telle était la situation des esprits en France, en l'année 1799, lorsque le 9 octobre (16 vendémiaire an VIII), les frégates *la Muiron*, *la Carrère*, les chebecks *la Revanche* et *la Fortune* vinrent à la pointe du jour mouiller dans le golfe de Fréjus.

Dès qu'on eut reconnu des frégates françaises, on soupçonna qu'elles venaient d'Égypte. Le désir d'avoir des nouvelles de l'armée fit accourir en foule les citoyens sur le rivage. Bientôt la nouvelle se répandit que Napoléon était à bord. L'enthousiasme fut tel que même les soldats blessés sortirent des hôpitaux malgré les gardes, pour se rendre au rivage. Tout le monde pleurait de joie. En un moment la mer fut couverte de canots. Les officiers des batteries, les douaniers, les équipages des bâtiments mouillés dans la rade, enfin tout le peuple assaillirent les frégates. Le général Perçymont, qui commandait sur la côte, aborda le premier. C'est ainsi qu'elles eurent l'entrée ; avant l'arrivée des préposés de la santé la communication avait eu lieu avec toute la côte.

L'Italie venait d'être perdue, la guerre allait être reportée sur le Var, et dès lors Fréjus craignait une invasion. Le besoin d'avoir un chef à la tête des affaires était trop impérieux ; l'impression de l'apparition soudaine de Napoléon agitait trop vivement tous les esprits pour laisser place à aucune des considérations ordinaires ; les préposés de la santé déclarèrent qu'il n'y avait pas lieu à la quarantaine, motivant leur procès-verbal *sur ce que la pratique avait eu lieu à Ajaccio*. Cependant cette raison n'était pas valable, c'était seulement un motif pour mettre la Corse en quarantaine. L'administration de Marseille en fit quinze jours après l'observation avec raison. Il est vrai que depuis cinquante jours que les bâtiments avaient quitté l'Égypte, aucune maladie ne s'était déclarée à bord, et qu'avant leur départ la peste avait cessé depuis trois mois.

Sur les six heures du soir, Napoléon, accompagné de Berthier, monta en voiture pour se rendre à Paris.

§ II.

Les fatigues de la traversée et les effets de la transition d'un climat sec à une température humide décidèrent Napoléon à s'arrêter six heures à Aix. Tous les habitants de la ville et des villages voisins accouraient en foule et témoignaient le bonheur qu'ils éprouvaient de le revoir. Partout la joie était extrême : ceux qui, des campagnes, n'avaient pas le temps d'arriver sur la route sonnaient les cloches et plaçaient des drapeaux sur les clochers. La nuit ils les couvraient de feux. Ce n'était pas un citoyen qui rentrait dans sa patrie, ce n'était pas un général qui revenait d'une armée victorieuse ; c'était déjà un souverain qui retournait dans ses États. L'enthousiasme d'Avignon, Montélimart, Valence, Vienne ne fut surpassé que par les élans de Lyon.

Cette ville, où Napoléon séjourna douze heures, fut dans un délire universel. De tout temps les Lyonnais ont montré une grande affection à Napoléon, soit que cela tienne à cette générosité de caractère qui est propre aux Lyonnais ; soit que, Lyon se considérant comme la métropole du Midi, tout ce qui était relatif à la sûreté des frontières du côté de l'Italie touchât vivement ses habitants ; soit enfin que cette ville, composée en grande partie de Bourguignons et de Dauphinois, partageât les sentiments plus fortement existants dans ces deux provinces. Toutes les imaginations étaient encore exaltées par la nouvelle qui circulait depuis huit jours de la bataille d'Aboukir et des brillants succès des Français en Égypte, qui contrastaient tant avec les défaites de nos armées d'Allemagne et d'Italie. De toute part le peuple semblait dire : « Nous sommes nombreux, nous « sommes braves, et cependant nous sommes vaincus : il nous « manque un chef pour nous diriger ; il arrive, nos jours de « gloire vont revenir ! »

Cependant la nouvelle du retour de Napoléon était parvenue à Paris : on l'annonça sur tous les théâtres ; elle produisit une sensation extrême, une ivresse générale. Les membres du Directoire durent la partager. Quelques membres de la société du Manége en pâlirent ; mais, ainsi que les partisans de l'étranger, ils dissimulèrent et se livrèrent au torrent de la joie générale. Baudin, député des Ardennes, homme de bien, vivement tourmenté de la fâcheuse direction qu'avaient prise les affaires de la république, mourut de joie en apprenant le retour de Napoléon.

Napoléon avait déjà passé Lyon lorsque son débarquement fut annoncé à Paris. Par une précaution bien convenable à sa situation, il avait indiqué à ses courriers une route différente de celle qu'il prit ; de sorte que sa femme, sa famille, ses amis se trompèrent en voulant aller à sa rencontre, ce qui retarda de plusieurs jours le moment où il put les revoir. Arrivé ainsi à Paris, tout à fait inattendu, il était dans sa maison, rue Chantereine, qu'on ignorait encore son arrivée dans la capitale. Deux heures après il se présenta au Directoire : reconnu par des soldats de garde, des cris d'allégresse l'annoncèrent. Chacun des membres du Directoire semblait partager la joie publique ; il n'eut qu'à se louer de l'accueil qu'il reçut.

La nature des événements passés l'instruisait de la situation de la France, et les renseignements qu'il s'était procurés sur la route l'avaient mis au fait de tout. Sa résolution était prise. Ce qu'il n'avait pas voulu tenter à son retour d'Italie, il était déterminé à le faire aujourd'hui. Son mépris pour le gouvernement du Directoire et pour les meneurs des conseils était extrême.

Résolu de s'emparer de l'autorité, de rendre à la France ses jours de gloire en donnant une direction forte aux affaires publiques, c'était pour l'exécution de ce projet qu'il était parti d'Égypte ; et tout ce qu'il venait de voir dans l'intérieur de la France avait accru ce sentiment et fortifié sa résolution.

§ III.

De l'ancien Directoire il ne restait que Barras : les autres membres étaient Roger-Ducos, Moulins, Gohier et Sieyès.

— Ducos était un homme d'un caractère borné et facile.

— Moulins, général de division, n'avait pas fait la guerre ; il sortait des gardes-françaises, et avait reçu son avancement dans l'armée de l'intérieur. C'était un honnête homme, patriote chaud et droit.

— Gohier était un avocat de réputation, d'un patriotisme exalté, jurisconsulte distingué, homme intègre et franc.

— Sieyès était depuis longtemps connu de Napoléon. Né à Fréjus, en Provence, il avait commencé sa réputation avec la révolution; il avait été nommé à l'assemblée constituante par les électeurs du tiers état de Paris, après avoir été repoussé par l'assemblée du clergé qui se tint à Chartres. C'est lui qui fit la brochure *Qu'est-ce que le tiers?* qui eut une si grande vogue. Il n'est pas homme d'exécution : connaissant peu les hommes, il ne sait pas les faire agir. Ses études ayant toutes été dirigées vers la métaphysique, il a les défauts des mataphysiciens, et dédaigne trop souvent les notions positives ; mais il est capable de donner des avis utiles et lumineux dans les circonstances et dans les crises les plus sérieuses. C'est à lui que l'on doit la division de la France en départements, qui a détruit l'esprit de province. Quoiqu'il n'ait jamais occupé la tribune avec éclat, il a été utile au succès de la révolution par ses conseils dans les comités.

Il avait été nommé directeur lors de la création du Directoire; mais, ayant refusé alors, La Réveillère le remplaça. Envoyé depuis en ambassade à Berlin, il puisa dans cette mission une grande défiance de la politique de la Prusse.

Il siégeait depuis peu au Directoire, mais il avait déjà rendu de grands services en s'opposant aux succès de la société du Manége, qu'il voyait prête à saisir le timon de l'État. Il était en horreur à cette faction ; et, sans craindre de s'attirer l'inimitié de ce puissant parti, il combattait avec courage les menées de ces hommes de sang, pour sauver la république du désastre dont elle était menacée.

A l'époque du 13 vendémiaire le trait suivant avait mis Napoléon à même de le bien juger. Dans le moment le plus critique de cette journée, lorsque le comité des quarante avait perdu la tête, Sieyès s'approcha de Napoléon, l'emmena dans une embrasure de croisée pendant que le comité délibérait sur la réponse à faire à la sommation des sections. « Vous les entendez,

« général ; ils parlent quand il faudrait agir : les corps ne valent
« rien pour diriger les armées, car ils ne connaissent pas le
« prix du temps et de l'occasion. Vous n'avez rien à faire ici :
« allez, général, prenez conseil de votre génie et de la posi-
« tion de la patrie ; l'espérance de la république n'est qu'en
« vous. »

§ IV.

Napoléon accepta un dîner chez chaque directeur sous la condition que ce serait en famille et sans aucun étranger. Un repas d'apparat lui fut donné par le Directoire. Le Corps législatif voulut suivre cet exemple : lorsque la proposition en fut faite au comité général, il s'éleva une vive opposition, la minorité ne voulant rendre aucun hommage au général Moreau, que l'on proposait d'y associer ; elle l'accusait de s'être mal conduit au 18 fructidor. La majorité eut recours, pour lever toute difficulté, à l'expédient d'ouvrir une souscription. Le festin fut donné dans l'église Saint-Sulpice ; la table était de sept cents couverts. Napoléon y resta peu, y parut inquiet et préoccupé. Chaque ministre voulait lui donner une fête ; il n'accepta qu'un dîner chez celui de la justice, qu'il estimait beaucoup : il désira que les principaux jurisconsultes de la république s'y trouvassent ; il y fut fort gai, disserta longuement sur le code civil et criminel, au grand étonnement de Tronchet, de Treilhard, de Merlin, de Target, et exprima le désir qu'un code simple et approprié aux lumières du siècle régît les personnes et les propriétés de la république.

Constant dans son système, il goûta peu ces fêtes publiques, et adopta le même plan de conduite qu'il avait suivi à son premier retour d'Italie. Toujours vêtu de l'uniforme de membre de l'Institut, il ne se montrait en public qu'avec cette société : il n'admettait dans sa maison que les savants, les généraux de sa suite et quelques amis : Regnault de Saint-Jean d'Angély, qu'il avait employé en Italie en 1797 et que depuis il avait placé à Malte ; Volney, auteur d'un très-bon *Voyage en Égypte*; Rœderer, dont il estimait les nobles sentiments et la probité ; Lucien Bonaparte, un des orateurs les plus influents du conseil des Cinq-Cents : il avait soustrait la république au régime révolutionnaire en s'opposant à la déclaration de la patrie en danger; Joseph Bonaparte, qui tenait une grande maison et était fort accrédité.

Il fréquentait l'Institut; mais il ne se rendait aux théâtres qu'aux moments où il n'y était pas attendu, et toujours dans des loges grillées.

Cependant toute l'Europe retentissait de l'arrivée de Napoléon; toutes les troupes, les amis de la république, l'Italie même se livraient aux plus hautes espérances : l'Angleterre et l'Autriche frémirent. La rage des Anglais se tourna contre Sidney-Smith et Nelson, qui commandaient les forces navales anglaises dans la Méditerranée. Un grand nombre de caricatures sur ce sujet tapissèrent les rues de Londres (1).

— Talleyrand craignait d'être mal reçu de Napoléon. Il avait été convenu avec le Directoire et avec Talleyrand qu'aussitôt après le départ de l'expédition d'Égypte des négociations seraient ouvertes sur son objet avec la Porte. Talleyrand devait même être le négociateur, et partir pour Constantinople vingt-quatre heures après que l'expédition d'Égypte aurait quitté le port de Toulon.

Cet engagement, formellement exigé et positivement consenti, avait été mis en oubli : non-seulement Talleyrand était resté à Paris, mais aucune négociation n'avait eu lieu. Talleyrand ne supposait pas que Napoléon en eût perdu le souvenir; mais l'influence de la société du Manége avait fait renvoyer ce ministre : sa position était une garantie; Napoléon ne le repoussa point. Talleyrand d'ailleurs employa toutes les ressources d'un esprit souple et insinuant pour se concilier un suffrage qu'il lui importait de captiver.

— Fouché était ministre de la police depuis plusieurs mois : il avait eu, après le 13 vendémiaire, quelques relations avec Napoléon, qui connaissait son immoralité et la versatilité de son

---

(1) Dans l'une on représentait Nelson s'amusant à draper lady Hamilton, pendant que la frégate *la Muiron* passait entre les jambes de l'amiral.

esprit. Sieyès avait fait fermer le Manége sans sa participation. Napoléon fit le 18 brumaire sans mettre Fouché dans le secret.

— Réal, commissaire du Directoire près le département de Paris, inspirait plus de confiance à Napoléon. Zélé pour la révolution, il avait été, dans un temps d'orages de troubles, substitut du procureur de la commune de Paris. Son cœur était ardent, mais pénétré de sentiments nobles et généreux.

§ V.

Toutes les classes de citoyens, toutes les contrées de la France attendaient avec une grande impatience ce que ferait Napoléon. De toutes parts on lui offrait des bras et une soumission entière à ses volontés.

Napoléon passait son temps à écouter les propositions qui lui étaient faites, à observer tous les partis, et enfin à se bien pénétrer de la vraie situation des affaires. Tous les partis voulaient un changement, et tous le voulaient faire avec lui, même les coryphées du Manége.

Bernadotte, Augereau, Jourdan, Marbot, etc., qui étaient à la tête des meneurs de cette société, offrirent à Napoléon une dictature militaire, lui proposèrent de le reconnaître pour chef et de lui confier les destinées de la république pourvu qu'il secondât les principes de la société du Manége.

Sieyès, qui disposait au Directoire de la voix de Roger-Ducos et de la majorité du conseil des Anciens et seulement d'une petite minorité dans celui des Cinq-Cents, lui proposait de le placer à la tête du gouvernement, en changeant la constitution de l'an III, qu'il jugeait mauvaise, et d'adopter les institutions et la constitution qu'il avait méditées et qui étaient encore dans son portefeuille.

Régnier, Boulay, un parti nombreux du conseil des Anciens et beaucoup de membres de celui des Cinq-Cents voulaient aussi remettre entre ses mains le sort de la république.

Ce parti était celui des modérés et des hommes les plus sages de la législature; c'est celui qui s'était opposé avec Lucien Bonaparte à la déclaration de la patrie en danger.

Les directeurs Barras, Moulins, Gohier lui insinuaient de reprendre le commandement de l'armée d'Italie, de rétablir la république cisalpine et la gloire des armes françaises. Moulins et Gohier n'avaient point d'arrière-pensée : ils étaient de bonne foi dans le système du moment; ils croyaient que tout irait bien dès l'instant que Napoléon aurait donné de nouveaux succès à nos armées.

Barras était loin de partager cette sécurité : il savait que tout allait mal, que la république périssait; mais soit qu'il eût contracté des engagements avec le prétendant, comme on l'a dit dans le temps (1), soit que s'abusant sur sa situation personnelle, car de quelle erreur ne sont pas capables la vanité et l'amour-propre d'un homme ignorant, il crût pouvoir se maintenir à la tête des affaires, Barras fit les mêmes propositions que Moulins et Gohier.

Cependant toutes les factions étaient en mouvement. Celle des fructidorisés paraissait persuadée de son influence; mais elle n'avait aucun partisan dans les autorités existantes. Napoléon pouvait choisir entre plusieurs partis à prendre.

---

(1) On sait aujourd'hui que Barras avait alors des entrevues avec des agents de la maison de Bourbon. Ce fut David Monnier qui servit d'intermédiaire à Barras dans la négociation qui fut entamée à cette époque. Barras l'avait envoyé en Allemagne; mais, comme il n'osait espérer que le roi lui pardonnerait sa conduite révolutionnaire, il n'avait pu donner à cet émissaire aucune espèce d'instruction positive. Monnier négocia donc en faveur de Barras sans que celui-ci eût connaissance d'aucune des clauses de la négociation; et ce fut ainsi que Monnier stipula que Barras consentait à rétablir la monarchie en France, à la condition que le roi Louis XVIII lui accorderait sûreté et indemnité : « Sûreté, c'est-à-dire l'entier oubli de sa con-
« duite révolutionnaire; l'engagement sacré du roi d'annuler, par son pou-
« voir souverain, toutes recherches à cet égard; indemnité, c'est-à-dire
« une somme au moins équivalente à celle que pourraient lui valoir deux
« années qu'il devait passer au Directoire, somme qu'il évaluait à douze
« millions de livres tournois, y compris les deux millions qu'il devait dis-
« tribuer entre ses coopérateurs. » Sa Majesté voulut bien, en cette occasion, accorder des lettres patentes, qui furent transmises à Barras par le chevalier Tropès de Guérin et changées contre l'engagement souscrit par ce

Consolider la constitution existante et donner son appui au Directoire en se faisant nommer directeur. Mais cette constitution était tombée dans le mépris, et une magistrature partagée ne pouvait conduire à aucun résultat satisfaisant; c'eût été s'associer aux préjugés révolutionnaires, aux passions de Barras et de Sièyes, et, par contre-coup, se mettre en butte à la haine de leurs ennemis.

Changer la constitution et parvenir au pouvoir par le moyen de la société du Manége; elle renfermait un grand nombre des plus chauds jacobins; ils avaient la majorité dans le conseil des Cinq-Cents et une minorité énergique dans celui des Anciens. En se servant de ces hommes la victoire était assurée; on n'éprouverait aucune résistance. C'était la voie la plus sûre pour culbuter ce qui existait; mais les jacobins ne s'affectionnent à aucun chef; ils sont exclusifs, extrêmes dans leurs passions. Il faudrait donc, après être arrivé par eux, s'en défaire et les persécuter. Cette trahison était indigne d'un homme généreux.

— Barras offrait l'appui de ses amis; mais c'étaient des hommes de mœurs suspectes et publiquement accusés de dilapider la fortune publique : comment gouverner avec de pareilles gens? car sans une probité rigide il était impossible de rétablir les finances et de faire rien de bien.

A Sieyès s'attachaient un grand nombre d'hommes instruits, probes et républicains par principes, ayant en général peu d'énergie et fort intimidés de la faction du Manége et des mouvements populaires, mais qui pouvaient être conservés après la victoire et être employés avec succès dans un gouvernement régulier. Le caractère de Sieyès ne donnait aucun om-

---

directeur pour le rétablissement de la monarchie. Barras prit alors des mesures pour rappeler en France les Bourbons. Le 29 vendémiaire, dix-neuf jours avant le 18 brumaire, il se croyait assuré de succès; mais ce grand dessein échoua et par le trop de confiance de Barras et par les lenteurs qu'occasionna, dans l'exécution, un des agents du roi, qui, afin de se rendre nécessaire, éleva des contestations sur les pouvoirs que Sa Majesté avait donnés au duc de Fleury pour négocier cette affaire, etc. (*Biographie des hommes vivants;* Michaud, 1816, tom. 1er, page 214.)

brage; dans aucun cas ce ne pouvait être un rival dangereux. Mais, en prenant ce parti, c'était se déclarer contre Barras et contre le Manége, qui avaient Sieyès en horreur.

— Le 8 brumaire (30 octobre) Napoléon dîna chez Barras : il y avait peu de monde. Une conversation eut lieu après le dîner : « La république périt, dit le directeur : rien ne peut plus aller ; le « gouvernement est sans force ; il faut faire un changement, et « nommer Hédouville président de la république. Quant à « vous, général, votre intention est de vous rendre à l'armée ; « et moi, malade, dépopularisé, usé, je ne suis bon qu'à ren- « trer dans une classe privée. »
Napoléon le regarda fixement sans lui rien répondre. Barras baissa les yeux et demeura interdit. La conversation finit là. Le général Hédouville était un homme d'une excessive médiocrité. Barras ne disait pas sa pensée ; sa contenance trahissait son secret.

§ VI.

Cette conversation fut décisive. Peu d'instants après Napoléon descendit chez Sieyès : il lui fit connaître que depuis dix jours tous les partis s'adressaient à lui ; qu'il était résolu de marcher avec lui Sieyès et la majorité du conseil des Anciens, et qu'il venait lui en donner l'assurance positive. On convint que, du 15 au 20 brumaire, le changement pourrait se faire.

Rentré chez lui, Napoléon y trouva Talleyrand, Fouché, Rœderer et Réal. Il leur raconta naïvement, avec simplicité et sans aucun mouvement de physionomie qui pût faire préjuger son opinion ce que Barras venait de lui dire. Réal et Fouché, qui étaient attachés à ce directeur, sentirent tout ce qu'avait d'intempestif sa dissimulation. Ils se rendirent chez lui pour lui en faire des reproches. Le lendemain Barras vint à huit heures chez Napoléon, qui était encore au lit : il voulut absolument le voir, entra et lui dit qu'il craignait de s'être mal expliqué la veille ; que Napoléon seul pouvait sauver la république ; qu'il venait se mettre à sa disposition, faire tout ce qu'il voudrait et prendre tel rôle qu'il lui donnerait. Il le pria de lui donner l'assurance que, s'il méditait quelque projet, il compterait sur Barras.

Mais Napoléon avait déjà pris son parti : il répondit qu'il ne voulait rien ; qu'il était fatigué, indisposé ; qu'il ne pouvait s'accoutumer à l'humidité de l'atmosphère de la capitale, sortant du climat sec des sables de l'Arabie ; et il termina l'entretien par de semblables lieux communs.

Cependant Moulins se rendait tous les matins entre huit et neuf heures chez Napoléon pour lui demander conseil sur les affaires du jour. C'étaient des nouvelles militaires ou des affaires civiles sur lesquelles il désirait avoir une direction. Sur ce qui avait rapport au militaire Napoléon répondait d'après son opinion ; mais sur les affaires civiles, ne croyant pas devoir lui faire connaître toute sa pensée, il ne lui répondait que des choses vagues.

Gohier venait aussi de temps à autre faire visite à Napoléon, lui faire des propositions et demander des conseils.

§ VII.

Le corps des officiers de la garnison, ayant à sa tête le général Morand, commandant la place de Paris, demanda à être présenté à Napoléon. Il ne put l'être : remis de jour en jour, les officiers commençaient à se plaindre du peu d'empressement qu'il montrait à revoir ses anciens camarades.

Les quarante adjudants de la garde nationale de Paris, qui avaient été nommés par Napoléon lorsqu'il commandait l'armée de l'intérieur, avaient sollicité la faveur de le voir. Il les connaissait presque tous ; mais, pour cacher ses desseins, il différa l'instant de les recevoir.

Les huitième et neuvième régiments de dragons, qui étaient en garnison dans Paris, étaient de vieux régiments de l'armée d'Italie ; ils ambitionnaient de défiler devant leur ancien général. Napoléon accepta cette offre, et leur fit dire qu'il leur indiquerait le jour.

Le vingt-unième des chasseurs à cheval, qui avait contribué au succès de la journée du 13 vendémiaire, était aussi à Paris.

Murat sortait de ce corps, et tous les officiers allaient sans cesse chez lui pour lui demander quel jour Napoléon verrait le régiment. Ils n'obtenaient pas davantage que les autres.

Les citoyens de Paris se plaignaient de l'incognito du général; ils allaient aux théâtres, aux revues où il était annoncé, et il n'y venait pas. Personne ne pouvait concevoir cette conduite; l'impatience gagnait tout le monde. On murmurait contre Napoléon : « Voilà quinze jours qu'il est arrivé, disait-on, et il « n'a encore rien fait. Prétend-il agir comme à son retour d'I- « talie, et laisser périr la république dans l'agonie des factions « qui la déchirent? »

Le moment décisif approchait.

§ VIII.

Le 15 brumaire Sieyès et Napoléon eurent une entrevue, dans laquelle ils arrêtèrent toutes les dispositions pour la journée du 18. Il fut convenu que le conseil des Anciens, profitant de l'article 102 de la constitution, décréterait la translation du Corps législatif à Saint-Cloud, et nommerait Napoléon commandant en chef de la garde du Corps législatif, des troupes de la division militaire de Paris et de la garde nationale.

Ce décret devait passer le 18, à sept heures du matin; à huit heures Napoléon devait se rendre aux Tuilleries, où les troupes seraient réunies, et prendre là le commandement de la capitale.

Le 17 Napoléon fit prévenir les officiers qu'il les recevrait le lendemain à six heures du matin. Comme cette heure pouvait paraître indue, il prétexta un voyage; il fit donner la même invitation aux quarante adjudants de la garde nationale; et fit dire aux trois régiments de cavalerie qu'il les passerait en revue aux Champs-Élysées le même jour 18, à sept heures du matin. Il prévint en même temps les généraux qui étaient revenus d'Égypte avec lui et tous ceux dont il connaissait les sentiments qu'il serait bien aise de les voir à cette heure-là. Chacun d'eux crut que l'invitation était pour lui seul et supposait que Napoléon avait des ordres à lui donner; car on savait que le ministre de la guerre Dubois-Crancé avait porté chez lui les états de l'armée, et prenait ses conseils sur tout ce qu'il fallait faire tant sur les frontières du Rhin qu'en Italie.

— Moreau, qui avait été du dîner du conseil législatif et que Napoléon avait vu là pour la première fois, ayant appris par le bruit public qu'il se préparait un changement, déclara à Napoléon qu'il se mettait à sa disposition, qu'il n'avait pas besoin d'être mis dans aucun secret et qu'il ne fallait que le prévenir une heure d'avance.

— Macdonald, qui se trouvait aussi à Paris, avait fait les mêmes offres de service.

A deux heures du matin Napoléon leur fit dire qu'il désirait les voir à sept heures chez lui et à cheval. Il ne prévint ni Augereau ni Bernadotte; cependant Joseph amena ce dernier (1).

— Le général Lefèvre commandait la division militaire; il était tout dévoué au Directoire. Napoléon lui envoya, à minuit, un aide de camp, pour lui dire de venir chez lui à six heures.

§ IX.

Tout se passa comme il avait été convenu. Sur les sept heures du matin le conseil des Anciens s'assembla sous la présidence de Lemercier. Cornudet, Lebrun, Fargues peignirent vivement les malheurs de la république, les dangers dont elle était environnée, et la conspiration permanente des coryphées du Manége pour rétablir le règne de la terreur. Régnier, député de la Meurthe, demanda, par motion d'ordre, qu'en conséquence de l'article 102 de la constitution le siége des séances du Corps législatif fût transféré à Saint-Cloud, et que Napoléon fût investi du commandement en chef des troupes de la 17ᵉ division militaire et chargé de faire exécuter cette translation. Il développa alors sa motion : « La république est menacée, dit-il, par les « anarchistes et le parti de l'étranger : il faut prendre des me- « sures de salut public; on est assuré de l'appui du général Bo-

---

(1) Lorsque Napoléon se rendait au conseil des Anciens, Bernadotte, au lieu de suivre le cortége, s'esquiva et fut se joindre à la faction du Manége. (Note de l'Empereur.)

« naparte ; ce sera à l'ombre de son bras protecteur que les
« conseils pourront délibérer sur les changements que nécessite
« l'intérêt public. » Aussitôt que la majorité du conseil se fut assurée que cela était d'accord avec Napoléon, le décret passa, mais non sans une forte opposition. Il était conçu en ces termes :

Décret du conseil des Anciens.

Le conseil des Anciens, en vertu des articles 102, 103 et 104 de la constitution, décrète ce qui suit :

Art. 1er. Le corps législatif est transféré à Saint-Cloud ; les deux conseils y siégeront dans les deux ailes du palais.

2. Ils y seront rendus demain, 19 brumaire, à midi ; toute continuation de fonctions, de délibérations est interdite ailleurs et avant ce terme.

3. Le général Bonaparte est chargé de l'exécution du présent décret. Il prendra toutes les mesures nécessaires pour la sûreté de la représentation nationale. Le général commandant la 17e division militaire, les gardes du Corps législatif, les gardes nationales sédentaires, les troupes de ligne qui se trouvent dans la commune de Paris et dans toute l'étendue de la 17e division militaire sont mis immédiatement sous ses ordres et tenus de le reconnaître en cette qualité ; tous les citoyens lui prêteront main-forte à sa première réquisition.

4. Le général Bonaparte est appelé dans le sein du conseil pour y recevoir une expédition du présent décret et prêter serment ; il se concertera avec les commissions des inspecteurs des deux conseils.

5. Le présent décret sera de suite transmis par un messager au conseil des Cinq-Cents et au Directoire exécutif ; il sera imprimé, affiché, promulgué et envoyé dans toutes les communes de la république par des courriers extraordinaires.

Ce décret fut rendu à huit heures, et à huit heures et demie le messager d'État qui en était porteur arriva au logement de Napoléon. Il trouva les avenues remplies d'officiers de la garnison, d'adjudants de la garde nationale, de généraux et des trois régiments de cavalerie. Napoléon fit ouvrir les battants des portes, et sa maison, étant trop petite pour contenir tant de personnes, il s'avança sur le perron, reçut les compliments des officiers, les harangua et leur dit qu'il comptait sur eux tous pour sauver la France. En même temps il leur fit connaître que le conseil des Anciens, autorisé par la constitution, venait de le revêtir du commandement de toutes les troupes; qu'il s'agissait de prendre de grandes mesures pour tirer la patrie de la position affreuse où elle se trouvait; qu'il comptait sur leurs bras et leur volonté; qu'il allait monter à cheval pour se rendre aux Tuileries. L'enthousiasme fut extrême : tous les officiers tirèrent leurs épées et promirent assistance et fidélité. Alors Napoléon se tourna vers Lefèvre, lui demandant s'il voulait rester près de lui ou retourner près du Directoire. Lefèvre, fortement ému, ne balança pas. Napoléon monta aussitôt à cheval, et se mit à la tête des généraux et officiers et des quinze cents chevaux auxquels il avait fait faire halte sur le boulevard, au coin de la rue du Mont-Blanc. Il donna ordre aux adjudants de la garde nationale de retourner dans leurs quartiers, d'y faire battre la générale, de faire connaître le décret qu'ils venaient d'entendre et d'annoncer qu'on ne devait plus reconnaître que les ordres émanés de lui.

§ X.

Il se rendit à la barre du conseil des Anciens, environné de ce brillant cortége. Il dit : « Vous êtes la sagesse de la nation : « c'est à vous d'indiquer dans cette circonstance les mesures « qui peuvent sauver la patrie : je viens, environné de tous les « généraux, vous promettre l'appui de leurs bras. Je nomme « le général Lefèvre mon lieutenant.

« Je remplirai fidèlement la mission que vous m'avez confiée : « qu'on ne cherche pas dans le passé des exemples sur ce qui « se passe. Rien dans l'histoire ne ressemble à la fin du dix-hui- « tième siècle; rien dans le dix-huitième siècle ne ressemble au « moment actuel. »

Toutes les troupes étaient réunies aux Tuileries; il en passa la revue aux acclamations unanimes des citoyens et des soldats. Il donna le commandement des troupes chargées de la garde du Corps législatif au général Lannes, et au général Murat le commandement de celles envoyées à Saint-Cloud.

Il chargea le général Moreau de garder le Luxembourg; et, pour cet effet, il mit sous ses ordres cinq cents hommes du 86ᵉ régiment. Mais au moment de partir ces troupes refusèrent d'obéir; elles n'avaient pas de confiance en Moreau, qui, disaient-elles, n'était pas patriote. Napoléon fut obligé de les haranguer, en les assurant que Moreau marcherait. Moreau avait acquis cette réputation depuis sa conduite en fructidor.

Le bruit se répandit bientôt dans toute la capitale que Napoléon était aux Tuileries et que ce n'était qu'à lui seul qu'il fallait obéir. Le peuple y courut en foule, les uns mus par la simple curiosité de voir un général si renommé, les autres par élan patriotique et par zèle, pour lui offrir leur assistance. La proclamation suivante fut affichée partout.

« Citoyens, le conseil des Anciens, dépositaire de la sagesse
« nationale, vient de rendre un décret; il y est autorisé par les
« articles 102 et 103 de l'acte constitutionnel : il me charge de
« prendre des mesures pour la sûreté de la représentation na-
« tionale. Sa translation est nécessaire et momentanée. Le Corps
« législatif se trouvera à même de tirer la république du danger
« imminent où la désorganisation de toutes les parties de l'admi-
« nistration nous conduit. Il a besoin, dans cette circonstance
« essentielle, de l'union et de la confiance. Ralliez-vous autour
« de lui; c'est le seul moyen d'asseoir la république sur les
« bases de la liberté civile, du bonheur intérieur, de la victoire
« et de la paix. »

Il dit aux soldats :

« Soldats, le décret extraordinaire du conseil des Anciens
« est conforme aux articles 102 et 103 de l'acte constitutionnel.
« Il m'a remis le commandement de la ville et de l'armée. Je
« l'ai accepté pour seconder les mesures qu'il va prendre et qui
« sont tout entières en faveur du peuple. La république est
« mal gouvernée depuis deux ans; vous avez espéré que mon
« retour mettrait un terme à tant de maux. Vous l'avez célé-
« bré avec une union qui m'impose des obligations que je rem-

« plis; vous remplirez les vôtres, et vous seconderez votre gé-
« néral avec l'énergie, la fermeté et la confiance que j'ai toujours
« eue en vous. La liberté, la victoire et la paix replaceront la
« république française au rang qu'elle occupait en Europe et
« que l'ineptie et la trahison ont pu seules lui faire perdre. »

En ce moment Napoléon envoya un aide de camp à la garde du Directoire, pour lui communiquer le décret et lui prescrire de ne recevoir d'ordre que de lui. La garde sonna à cheval; le chef consulta ses soldats; ils répondirent par des cris de joie. A l'instant même venait d'arriver un ordre du Directoire contraire à celui de Napoléon; mais les soldats, n'obéissant qu'au sien, se mirent en marche pour le joindre. Sieyès et Roger-Ducos s'étaient déjà rendus dès le matin aux Tuileries. On dit que Barras, en voyant Sieyès monter à cheval, se moqua de la gaucherie du nouvel écuyer. Il était loin de se douter où ils allaient. Peu après, instruit du décret, il se réunit avec Gohier et Moulins; ils apprirent alors que toutes les troupes environnaient Napoléon; ils virent même leur garde les abandonner. Dès lors Moulins se rendit aux Tuileries, et donna sa démission comme l'avaient déjà fait Sieyès et Roger-Ducos. Bottot, secrétaire de Barras, se rendit près de Napoléon, qui lui témoigna toute son indignation sur les dilapidations qui avaient perdu la république et insista pour que Barras donnât sa démission. Talleyrand fut chez ce directeur, et la rapporta. Barras se rendit à Gros-Bois, accompagné d'une garde d'honneur de dragons. Dès ce moment le Directoire se trouva dissous, et Napoléon seul chargé du pouvoir exécutif de la république.

Cependant le conseil des Cinq-Cents s'était assemblé sous la présidence de Lucien. La constitution était précise; le décret du conseil des Anciens était dans ses attributions : il n'y avait rien à objecter. Les membres du conseil, en traversant les rues de Paris et les Tuileries, avaient appris les événements qui se passaient; ils avaient été témoins de l'enthousiasme public. Ils étaient dans l'étonnement et la stupeur de tout le mouvement qu'ils voyaient. Ils se conformèrent à la nécessité, et ajournèrent la séance pour le lendemain 19, à Saint-Cloud.

— Bernadotte avait épousé la belle-sœur de Joseph Bonaparte.

Il avait été deux mois au ministère de la guerre, et ensuite renvoyé par Sieyès : il n'y faisait que des fautes.

C'était un des membres les plus chauds de la société du manége, dont les opinions politiques étaient alors fort exaltées et réprouvées par tous les gens de bien. Joseph l'avait mené le matin chez Napoléon ; mais, lorsqu'il vit ce dont il s'agissait, il s'esquiva, et alla instruire ses amis du manége de ce qui se passait.

Jourdan et Augereau vinrent trouver Napoléon aux Tuileries lorsqu'il passait la revue des troupes : il leur conseilla de ne pas retourner à Saint-Cloud à la séance du lendemain, de rester tranquilles, de ne pas compromettre les services qu'ils avaient rendus à la patrie ; car aucun effort ne pouvait s'opposer au mouvement qui était commencé. Augereau l'assura de son dévouement et du désir qu'il avait de marcher sous ses ordres. Il ajouta même : « Eh quoi ! général, est-ce que vous ne comptez pas toujours « sur votre petit Augereau ? »

Cambacérès, ministre de la justice ; Fouché, ministre de la police, et tous les autres ministres furent aux Tuileries et reconnurent la nouvelle autorité. Fouché fit de grandes protestations d'attachement et de dévouement : extrêmement opposé à Sieyès, il n'avait pas été dans le secret de la journée. Il avait ordonné de fermer les barrières, d'arrêter le départ des courriers et des diligences : « Eh, bon Dieu ! lui dit le général, pourquoi toutes ces « précautions ? Nous marchons avec la nation et par sa seule force ; « qu'aucun citoyen ne soit inquiété, et que le triomphe de l'opi- « nion n'ait rien de commun avec ces journées faites par une « minorité factieuse. »

Les membres de la majorité des Cinq-Cents, de la minorité des Anciens et les coryphées du manége passèrent toute la journée et la nuit en conciliabules.

A sept heures du soir Napoléon tint un conseil aux Tuileries. Sieyès proposait d'arrêter les quarante principaux meneurs opposants. Cet avis était sage ; mais Napoléon croyait avoir trop de force pour employer tant de prudence. « J'ai juré ce matin, « dit-il, de protéger la représentation nationale ; je ne veux « point ce soir violer mon serment : je ne crains pas de si faibles

40.

« ennemis. » Tout le monde se rangea au conseil de Sieyès ; mais rien ne put vaincre cette obstination ou cette délicatesse du général. On verra bientôt qu'il eut tort.

C'est dans cette réunion que l'on convint de l'établissement de trois consuls provisoires, qui seraient Sieyès, Roger-Ducos et Napoléon, et de l'ajournement des conseils à trois mois. Les meneurs des deux conseils s'entendirent sur la manière dont ils devaient se conduire dans la séance de Saint-Cloud. Lucien, Boulay, Émile Gaudin, Chazal, Cabanis étaient les meneurs du conseil des Cinq-Cents ; Régnier, Lemercier, Cornudet, Fargues l'étaient des Anciens.

Le général Murat, ainsi qu'on l'a dit, commandait la force publique à Saint-Cloud ; Ponsard commandait le bataillon de la garde du Corps législatif ; le général Serrurier avait sous ses ordres une réserve placée au Point-du-Jour.

On travaillait avec activité pour préparer les salles du palais de Saint-Cloud. L'Orangerie fut destinée au conseil des Cinq-Cents et la galerie de Mars à celui des Anciens. Les appartements, devenus depuis le salon des princes et le cabinet de l'Empereur, furent préparés pour Napoléon et son état-major. Les inspecteurs de la salle occupèrent les appartements de l'Impératrice. Il était deux heures après midi, et le local destiné au conseil des Cinq-Cents n'était pas encore prêt. Ce retard de quelques heures devint funeste. Les députés, arrivés depuis midi, se formèrent en groupes dans le jardin : les esprits s'échauffèrent ; ils se sondèrent réciproquement, se communiquèrent et organisèrent leur opposition. Ils demandaient au conseil des Anciens ce qu'il voulait, pourquoi il les avait fait venir à Saint-Cloud. Était-ce pour changer le Directoire ? Ils convenaient généralement que Barras était corrompu, Moulins sans considération ; ils nommèrent sans difficulté Napoléon et deux autres citoyens pour compléter le gouvernement. Le petit nombre d'individus qui étaient dans le secret laissaient alors percer que l'on voulait régénérer l'État en améliorant la constitution et ajourner les conseils. Ces insinuations ne réussissant pas, une hésitation se manifesta parmi les membres sur lesquels on comptait le plus.

§ XI.

La séance s'ouvrit enfin. Émile Gaudin monta à la tribune, peignit vivement les dangers de la patrie, et proposa de remercier le conseil des Anciens des mesures de salut public dont il avait pris l'initiative et de lui demander, par un message, qu'il fît connaître sa pensée tout entière. En même temps il proposa de nommer une commission de sept personnes pour faire un rapport sur la situation de la république.

Les vents renfermés dans les outres d'Éole, s'en échappant avec furie, n'excitèrent jamais une plus grande tempête. L'orateur fut précipité avec fureur en bas de la tribune. L'agitation devint extrême.

Delbrel demanda que les membres prêtassent de nouveau serment à la constitution de l'an III. Lucien, Boulay et leurs amis pâlirent. L'appel nominal eut lieu.

Pendant cet appel nominal, qui dura plus de deux heures, les nouvelles de ce qui se passait circulèrent dans la capitale. Les meneurs de l'assemblée du manége, les tricoteuses, etc., accoururent. Jourdan et Augereau se tenaient à l'écart; croyant Napoléon perdu, ils s'empressèrent d'arriver. Augereau s'approcha de Napoléon, et il lui dit : « *Eh bien! vous voici dans une jolie position!* » — « Augereau, reprit Napoléon, souviens-toi d'Arcole : les affaires paraissaient bien plus désespérées. Crois-moi, reste tranquille, si tu ne veux pas en être la victime. Dans une demi-heure tu verras comme les choses tourneront. »

L'assemblée paraissait se prononcer avec tant d'unanimité qu'aucun député n'osa refuser de prêter serment à la constitution : Lucien lui-même y fut contraint. Des hurlements, des bravos se faisaient entendre dans toute la salle. Le moment était pressant. Beaucoup de membres, en prononçant ce serment, y ajoutèrent des développements, et l'influence de tels discours pouvait se faire sentir sur les troupes. Tous les esprits étaient en suspens : les zélés devenaient neutres; les timides avaient déjà changé de bannière. Il n'y avait pas un instant à perdre. Napoléon traversa le salon de Mars, entra au conseil des Anciens, et se plaça vis-à-vis du président. (C'était la barre.)

« Vous êtes sur un volcan, leur dit-il : la république n'a plus
« de gouvernement ; le Directoire est dissous ; les factions s'agi-
« tent ; l'heure de prendre un parti est arrivée. Vous avez ap-
« pelé mon bras et celui de mes compagnons d'armes au secours
« de votre sagesse : mais les instants sont précieux ; il faut se
« prononcer. Je sais que l'on parle de César, de Cromwell, comme
« si l'époque actuelle pouvait se comparer aux temps passés.
« Non, je ne veux que le salut de la république et appuyer les
« décisions que vous allez prendre... Et vous, grenadiers, dont
« j'aperçois les bonnets aux portes de cette salle, dites-le, vous
« ai-je jamais trompés ? Ai-je jamais trahi mes promesses
« lorsque, dans les camps, au milieu des privations, je vous
« promettais la victoire, l'abondance et lorsqu'à votre tête je
« vous conduisais de succès en succès ? Dites-le maintenant,
« était-ce pour mes intérêts ou pour ceux de la républi-
« que ? »

Le général parlait avec véhémence. Les grenadiers furent comme électrisés ; et, agitant en l'air leurs bonnets, leurs armes, ils semblaient tous dire : Oui, c'est vrai ! il a toujours tenu parole !

Alors un membre (Linglet) se leva, et d'une voix forte dit :
« Général, nous applaudissons à ce que vous dites : jurez donc
« avec nous obéissance à la constitution de l'an III, qui peut
« seule maintenir la république. »

L'étonnement que causèrent ces paroles produisit le plus grand silence.

Napoléon se recueillit un moment ; après quoi, il reprit avec force : « La constitution de l'an III, vous n'en avez plus :
« vous l'avez violée au 18 fructidor, quand le gouvernement a
« attenté à l'indépendance du Corps législatif ; vous l'avez violée
« au 30 prairial an VII, quand le Corps législatif a attenté
« à l'indépendance du gouvernement ; vous l'avez violée au
« 22 floréal, quand, par un décret sacrilège, le gouvernement
« et le Corps législatif ont attenté à la souveraineté du peuple
« en cassant les élections faites par lui. La constitution violée,
« il faut un nouveau pacte, de nouvelles garanties. »

La force de ce discours, l'énergie du général entraînèrent les trois quarts des membres du conseil, qui se levèrent en signe d'approbation. Cornudet et Régnier parlèrent avec force dans le même sens : un membre s'éleva contre ; il dénonça le général comme le seul conspirateur qui voulait attenter à la liberté publique. Napoléon interrompit l'orateur, déclara qu'il avait le secret de tous les partis ; que tous méprisaient la constitution de l'an III ; que la seule différence qui existait entre eux était que les uns voulaient une république modérée, où tous les intérêts nationaux, toutes les propriétés fussent garantis, tandis que les autres voulaient un gouvernement révolutionnaire, motivé sur les dangers de la patrie. En ce moment on vint prévenir Napoléon que, dans le conseil des Cinq-cents, l'appel nominal était terminé et que l'on voulait forcer le président Lucien à mettre aux voix la mise hors la loi de son frère. Napoléon se rend aussitôt aux Cinq-Cents, entre dans la salle, le chapeau bas, ordonne aux officiers et soldats qui l'accompagnent de rester aux portes ; il voulait se présenter à la barre pour rallier son parti, qui était nombreux, mais qui avait perdu tout ralliement et toute audace. Mais pour arriver à la barre il fallait traverser la moitié de la salle, parce que le président siégeait sur un des côtés latéraux. Lorsque Napoléon se fut avancé seul au tiers de l'Orangerie, deux ou trois cents membres se levèrent subitement en s'écriant : Mort au tyran ! à bas le dictateur !

Deux grenadiers que l'ordre du général avait retenus à la porte et qui n'avaient obéi qu'à regret et en lui disant : « Vous « ne les connaissez pas, ils sont capables de tout, » culbutèrent, le sabre à la main, ce qui s'opposait à leur passage pour rejoindre leur général, l'investir et le couvrir de leurs corps. Tous les autres grenadiers suivirent cet exemple et entraînèrent Napoléon en dehors de la salle. Dans ce tumulte, l'un d'eux, nommé Thomé, fut légèrement blessé d'un coup de poignard ; un autre reçut plusieurs coups dans ses habits.

Le général descendit dans la cour du chateau, fit battre au cercle, monta à cheval et harangua les troupes : « J'allais, dit-il, « leur faire connaître les moyens de sauver la république et « de nous rendre notre gloire. Ils m'ont répondu à coups de

« poignard. Ils voulaient ainsi réaliser le désir des rois coalisés.
« Qu'aurait pu faire de plus l'Angleterre ?
« Soldats, puis-je compter sur vous ? »

Des acclamations unanimes répondirent à ce discours. Napoléon aussitôt ordonna à un capitaine d'entrer avec dix hommes dans la salle des Cinq-Cents ; et de délivrer le président.

Lucien venait de déposer sa toge. « Misérables! s'écriait-il, « vous exigez que je mette hors la loi mon frère, le sauveur « de la patrie, celui dont le nom seul fait trembler les rois ! Je « dépose les marques de la magistrature populaire ; je me pré- « sente à cette tribune comme défenseur de celui que vous « m'ordonnez d'immoler sans l'entendre. »

En disant ces mots il quitte le fauteuil et s'élance à la tribune. L'officier de grenadiers se présente alors à la porte de la salle en criant : Vive la république ! On croit que les troupes envoient une députation pour exprimer leur dévouement aux conseils. Ce capitaine est accueilli par un mouvement d'allégresse. Il profite de cette erreur, s'approche de la tribune, s'empare du président en lui disant à voix basse : *C'est l'ordre de votre frère.* Les grenadiers crient en même temps : A bas les assassins !

A ces cris, la joie se change en tristesse ; un morne silence témoigne l'abattement de toute l'assemblée. On ne met aucun obstacle au départ du président, qui sort de la salle, se rend dans la cour, monte à cheval et s'écrie de sa voix de Stentor :
« Général, et vous soldats, le président du conseil des Cinq-Cents
« vous déclare que des factieux, le poignard à la main, en ont
« violé les délibérations. Il vous requiert d'employer la force
« contre ces factieux. Le conseil des Cinq-Cents est dis-
« sous. »

« Président, répondit le général, cela sera fait. »

Il ordonne en même temps à Murat de se porter dans la salle en colonne serrée. En cet instant le général B*** osa lui demander cinquante hommes pour se placer en embuscade sur la route et fusiller les fuyards. Napoléon ne répondit à sa demande qu'en recommandant aux grenadiers de ne pas commettre d'excès.
« Je ne veux pas, leur dit-il, qu'il y ait une goutte de sang
« versée. »

Murat se présente à la porte, et somme le conseil de se séparer. Les cris, les vociférations continuent. Le colonel Moulins, aide de camp de Brune, qui venait d'arriver de Hollande, fait battre la charge. Le tambour mit fin à ces clameurs. Les soldats entrent dans la salle, la baïonnette en avant. Les députés sautent par les fenêtres, et se dispersent en abandonnant les toges, les toques, etc. : en un instant la salle fut vide. Les membres de ce conseil qui s'étaient le plus prononcés s'enfuient en toute hâte jusqu'à Paris.

Une centaine de députés des Cinq-Cents se rallièrent au bureau et aux inspecteurs de la salle. Ils se rendirent en corps au conseil des Anciens. Lucien fit connaître que, les Cinq-Cents avaient été dissous sur son réquisitoire ; que chargé de maintenir l'ordre dans l'assemblée, il avait été environné de poignards ; qu'il avait envoyé des huissiers pour réunir de nouveau le conseil ; que rien n'était contraire aux formes, et que les troupes n'avaient fait qu'obéir à sa réquisition. Le conseil des Anciens, qui voyait avec inquiétude ce coup d'autorité du pouvoir militaire, fut satisfait de cette explication. A onze heures du soir les deux conseils se réunirent de nouveau ; ils étaient en très-grande majorité. Deux commissions furent chargées de faire leur rapport sur la situation de la république. On décréta, sur le rapport de Béranger, des remercîments à Napoléon et aux troupes. Boulay de la Meurthe aux Cinq-Cents, Villetard aux Anciens exposèrent la situation de la république et les mesures à prendre. La loi du 19 brumaire fut décrétée ; elle ajournait les conseils au 1er ventôse suivant ; elle créait deux commissions de vingt-cinq membres chacune pour les remplacer provisoirement. Elles devaient aussi préparer un code civil. Une commission consulaire provisoire, composée de Siéyès, Roger-Ducos et Napoléon, fut chargée du pouvoir exécutif.

Cette loi mit fin à la constitution de l'an III.

Les consuls provisoires se rendirent le 20, à deux heures du matin, dans la salle de l'Orangerie où s'étaient réunis les deux conseils. Lucien, président, leur adressa la parole en ces termes :

Citoyens consuls,

« Le plus grand peuple de la terre vous confie ses destinées.

Sous trois mois l'opinion vous attend. Le bonheur de trente millions d'hommes, la tranquillité intérieure, les besoins des armées, la paix, tel est le mandat qui vous est donné. Il faut sans doute du courage et du dévouement pour se charger d'aussi importantes fonctions ; mais la confiance du peuple et des guerriers vous environne, et le Corps législatif sait que vos âmes sont tout entières à la patrie. Citoyens consuls, nous venons, avant de nous ajourner, de prêter le serment que vous allez répéter au milieu de nous, le serment sacré de « fidélité inviolable à la « souveraineté du peuple, à la république française une et in- « divisible, à la liberté, à l'égalité et au système représentatif. »

L'assemblée se sépara, et les consuls se rendirent à Paris au palais du Luxembourg.

La révolution du 18 brumaire fut ainsi consommée.

Sieyès, pendant le moment le plus critique, était resté dans sa voiture à la grille de Saint-Cloud, afin de pouvoir suivre la marche des troupes. Sa conduite dans le danger fut convenable ; il fit preuve de fermeté, de résolution et de sang-froid.

FIN DU TROISIÈME ET DERNIER VOLUME.

TABLE

DU TROISIÈME VOLUME.

DIXIÈME ÉPOQUE.

CAMPAGNE DE 1813.

	Pages.
Notice..	1
Discours de l'Empereur au Corps législatif (14 février 1813).— Exposé des événements de la campagne de Russie.— Comment les désastres ont succédé aux victoires.— Situation de la France.— De grands sacrifices seront nécessaires.— L'Empereur ne doute pas de l'énergie et du patriotisme du peuple français....	2
Bulletin (24 avril 1813).— L'Empereur parti de Paris le 15 avril.— A passé le Rhin avec la vieille garde le 22 avril.— Bruits faux répandus sur un échec qu'aurait éprouvé le général Sébastiani.— C'est lui, au contraire, qui a battu l'ennemi......	4
Bulletin (25 avril 1813).— Capitulation de Thorn.— Position des armées ennemies.— L'Empereur arrivé le 25 à Erfurt.......	5
Bulletin (28 avril 1813).— Position et mouvements de l'armée française.— Avantage obtenu sur un corps commandé par le général Czernicheff..	7
Bulletin (30 avril 1813).— Quartier général de l'Empereur à Hambourg.— combat de Weissenfeld; l'ennemi repoussé avec perte.— Avantage remporté par les Français à Marsebourg.— L'ennemi chassé de toutes ses positions sur la rive gauche de la Saale..	7
Bulletin (1er mai 1813).— Nouveaux détails sur les combats de Weissenfeld et de Marsebourg............................	9
Bulletin (1er mai 1813).— Combat de Lutzen un peu avant la grande bataille..	10
Bulletin (2 mai 1813).— Bataille de Lutzen................	13
Bulletin (3 mai 1813).— Nouveaux détails sur la bataille de Lutzen...	17

TABLE.

Pages.

Bulletin (5 mai 1813). — Lettre adressée par l'Empereur à la duchesse d'Istrie à l'occasion de la mort de son mari, tué à Lutzen (11 mai 1813).................................. 21

Bulletin. — Situation de l'armée le 6 mai 1813. — Combat d'Ertzdorf. — L'ennemi battu.................................. 21

Bulletin. — Situation de l'armée le 9 mai 1813. — Toute la rive de l'Elbe libre d'ennemis. — Arrivée de l'Empereur à Dresde le 8. — Mort de Kutusow.................................. 22

Bulletin. — Revue passée par l'Empereur et le roi de Saxe à Dresde le 12 mai 1813.................................. 23

Proclamation de l'Empereur à l'armée.................. 23

Bulletin (19 mai 1813). — Capitulation de Spandau. — Le général qui commandait sera traduit devant un conseil de guerre. — Fausse nouvelle apportée à Tœplitz de la défaite de Napoléon à Lutzen. — La vérité bientôt connue. — Effroi succédant à la joie qu'on avait d'abord éprouvée. — Incidents ridicules.................................. 24

Bulletin (18 mai 1813). — L'Empereur à Dresde. — Mouvements de l'armée. — Proclamation du gouvernement prussien relative au Landsturm. — Effet de cette proclamation. — L'Empereur propose la réunion d'un congrès à Prague pour la paix générale.................................. 26

Bulletin (23 mai 1813). — Batailles de Bautzen, de Wurtchen le 19, 20, 21. — Le grand maréchal Duroc atteint par un boulet. — Rapporté expirant dans sa tente. — Ses dernières paroles à l'Empereur, qui s'est rendu auprès de lui. — Douleur de l'Empereur.................................. 27

Bulletin (27 mai 1813). — Nouveaux détails sur les journées précédentes.................................. 36

Bulletin (30 mai 1813). — Mouvements de l'armée.......... 37

Bulletin (31 mai 1813). — Entrevue du duc de Vicence, du comte Schouwalof et du général Kleist, relative à un armistice. — Mouvements de l'armée.................................. 38

Bulletin (2 juin 1813). — Mouvements de l'armée. — Négociation de l'armistice.................................. 39

Bulletin (4 juin 1813). L'armistice signé le jour même....... 40

Bulletin (7 juin 1813). — La ville de Hambourg reprise le 30 avril. — Le Danemark a annoncé qu'il faisait cause commune avec la France. — Depuis le commencement de la campagne l'armée française à délivré la Saxe et conquis la Silésie.. 40

Bulletin (10, 13 et 14 juin 1813). — L'Empereur revenu à

TABLE. 483

Pages.

Dresde le 10. — Entrevue avec le roi de Saxe. — Toutes les troupes entrent en cantonnement. — Revue passée par l'Empereur. 42

Bulletin (14 juin 1813). — Attitude du Danemark et de la Suède pendant les derniers événements. — Le Danemark resté fidèle à l'alliance de la France. — La Suède, au contraire, s'est réunie à la coalition. — Ses efforts pour y entraîner le roi de Danemark. — Par quels motifs elle a essayé de justifier sa défection. — Exposé des négociations suivies entre elle et le Danemark. — Comment elle a voulu abuser de la loyauté du roi de Danemark. 42

Bulletin (21, 24 juin 1813). — Travaux pendant l'armistice. — Nouvelle du siége de Dantzick, défendu par le général Rapp; moyen imaginé par le gouvernement anglais pour subvenir, malgré l'épuisement de ses finances, aux frais de la coalition.. 48

Bulletin (20 août 1813). — Rupture de l'armistice le 11 à midi. — Situation des armées ennemies. — Mouvements de l'armée française. — Combats. — Avantages obtenus............... 52

Bulletin (28 août, 1813). — Bataille de Dresde le 26 août..... 55

Bulletin (30 août, 1er septembre 1813). — L'ennemi poursuivi après la bataille. — Nouveaux avantages. — Le général Vandamme s'est lancé trop avant. — Repoussé et enveloppé à Kulm par un corps très-supérieur au sien. — Disparu pendant le combat. — On le croit tué........................... 57

Bulletin adressé à l'Impératrice régente (2 septembre 1813). — Succès obtenus par l'armée française depuis huit jours. — L'armée ennemie, forte de plus de deux cent mille hommes, en a perdu plus de quatre-vingt mille tués ou blessés, faits prisonniers; plus de cent pièces de canon, etc.; quinze cents charrettes de munitions, trois mille voitures de bagages, quarante drapeaux.. 60

Bulletin (6 septembre 1813). — Nouveaux avantages......... 61

Bulletin adressé à l'Impératrice régente (26 septembre 1813). 62

Discours de l'Impératrice au sénat (7 octobre 1813). — L'Impératrice appelle la nation à la défense de la patrie........... 63

Défection des Bavarois. — L'Empereur obligé d'arrêter sa marche et de concentrer ses troupes à Leipsick................... 64

Bulletin (16 octobre 1813). — Bataille de Wachau, gagnée par les Français. 65

Bulletin adressé à l'Impératrice (24 octobre 1813). — Bataille de Leipsick le 18 octobre............................ 68

Bulletin adressé à l'Impératrice (31 octobre 1813). — Mouvement rétrograde de l'armée après la bataille de Leipsick. — Bataille d'Hanau.. 74

Bulletin adressé à l'Impératrice (1er novembre 1813). — Drapeaux envoyés à l'Impératrice........................... 77

Bulletin adressé à l'Impératrice (3 novembre 1813). — Combats de Bruckœbel et de Nieder-Issengheim. — Avantage obtenu par les Français... 78

L'Empereur arrivé à Saint-Cloud (9 novembre 1813)........ 79

Réponse de l'Empereur à une députation du Sénat. — Appel à l'énergie et au patriotisme de la nation (14 novembre 1813)... 79

Discours de l'Empereur à l'ouverture du Corps législatif (19 décembre 1813). — Situation de la France attaquée de toutes parts ; de grands sacrifices seront nécessaires. — Pourquoi les négociations relatives à la paix n'ont pas réussi. — Les pièces seront communiquées au Corps législatif.......... 79

Lettre de l'Empereur au président du Corps législatif (23 décembre 1813). — L'Empereur invite la commission du Corps législatif à se rendre auprès du prince archichancelier de l'Empire pour prendre connaissance des pièces relatives aux négociations avec les puissances étrangères..................... 81

Réponse de l'Empereur à une députation du Sénat (30 décembre 1813). — L'Empereur remercie le Sénat des sentiments qu'il a exprimés. On a vu par les pièces qui ont été communiquées de quel côté viennent les obstacles apportés à la paix. Mais on ne peut la faire avec honneur et sûreté que quand le territoire aura été délivré.. 82

Réponse de l'Empereur à une députation du Corps législatif (31 décembre 1813). — L'Empereur exprime son indignation de ce qu'au lieu de prendre des moyens pour repousser l'ennemi on est venu lui demander un changement de constitution; comme si c'était le moment ! — La commission du Corps législatif est composée de factieux. — L'adresse qui lui a été présentée ne sera pas imprimée. — Lui seul est le représentant de la nation, et non les membres du Corps législatif. Ce ne sont pas eux qui repousseront l'ennemi. — Le trône, après tout, n'est que du bois recouvert de velours. — Le Corps législatif n'avait pas le droit de parler comme il l'a fait ; il n'est pas à lui seul tout l'État, et sera-t-il permis à l'Empereur, parce que c'est lui surtout qui est l'objet de la haine des ennemis, de consentir au démembrement de la France............................. 82

TABLE.

Lettres patentes conférant à l'Impératrice le titre de régente (23 janvier 1814).................................... 84
Départ de l'Empereur pour l'armée (25 janvier 1814)....... 85

ONZIÈME ÉPOQUE.

CAMPAGNE DE FRANCE.

Bulletin adressé à l'Impératrice régente (23 janvier 1814). — Arrivée de l'Empereur à Saint-Dizier. — Excès commis par les troupes alliées partout où elles ont passé................. 87
Bulletin adressé à l'Impératrice régente (31 janvier 1814). — Victoire remportée sur les Prussiens à Brienne......... 88
Bulletin adressé à l'Impératrice régente (3 février 1814). — L'ennemi battu à Bar-sur-Aube. — Arrivée des plénipotentiaires étrangers et du duc de Vicence à Châtillon-sur-Seine..... 89
Bulletin adressé à l'Impératrice régente. — Batailles de Champ-Aubert et de Montmirail........................ 92
Bulletin à l'Impératrice régente. — Combat de Château-Thierry. 93
Bulletin à l'Impératrice régente (7 février 1814). — L'Empereur arrivé à Troyes. — Combats sous les murs de la ville et dans les environs...................................... 93
Bulletin à l'Impératrice régente (12, 15 février 1814). — Nouveaux détails sur les journées de Champ-Aubert et de Montmirail.. 95
Bulletin à l'Impératrice régente (18 février 1814). — Combats de Nogent et de Vauchamps............................ 103
Bulletin à l'Impératrice régente (19 février 1814). — Combats de Nangis, de Mormant, etc. — Bataille de Montmirail...... 105
Bulletin à l'Impératrice régente (21 février 1814). — Soissons repris par les Français. — Congrès de Châtillon. — Les ennemis empêchent nos courriers d'arriver jusqu'à la ville........ 110
Bulletin à l'Impératrice régente (24 février 1814). — Combat de Méry-sur-Seine. — L'ennemi battu. — Rentrée des Français à Troyes. — L'empereur d'Autriche fait proposer une suspension d'armes... 112
Bulletin à l'Impératrice régente (27 février 1814). — Position de l'armée. — Bar-sur-Aube enlevé à la baïonnette par nos troupes... 115
Bulletin à l'Impératrice régente (5, 7 et 9 mars 1814). — Com-

bats de Lisy-sur-Ourcq et de May. — Bataille de Craonne... 116
Bulletin à l'Impératrice régente (12 mars 1814). — Combat d'Étaurelle. — Bataille au-dessous de Laon. — Plan de l'ennemi du côté de la Belgique. — Situation de nos armées sur la frontière d'Italie. — Conférence de Lusigny pour la suspension d'armes rompue... 120
Bulletin à l'Impératrice régente (14 mars 1814). — Tentative de l'ennemi sur la ville de Reims. — Il est battu............ 124
Bulletin à l'Impératrice régente (20, 25, 29, 31 mars 1814). Position des armées. — Arrivée de l'Empereur à Arcis-sur-Aube. — Combat de Saint-Dizier. — Belle conduite des habitants de la Champagne (1er avril 1814)............................. 125
L'Empereur a appris que Paris était au pouvoir de l'ennemi. — Proclamation annonçant que les membres du gouvernement se retirent sur la Loire... 128
Proclamation de l'Impératrice régente annonçant que le siége du gouvernement sera établi à Blois jusqu'à ce que la capitale soit délivrée (3 avril 1814)................................. 130
Discours de l'Empereur à sa garde. — L'ennemi est à Paris; il a refusé toutes les propositions de paix. — L'Empereur va marcher sur Paris; peut-il compter sur sa garde? Oui!! Oui!!.. 130
Ordre du jour à Fontainebleau (4 avril 1814). — Le duc de Raguse a passé aux alliés. — Le Sénat a disposé du gouvernement. — On dit que l'Empereur est le seul obstacle à la paix. — Il est prêt à faire le sacrifice de sa couronne si ce sacrifice doit rendre le repos à la France. Il a envoyé le prince de la Moskwa, les ducs de Vicence et de Tarente à Paris pour traiter avec les souverains.......................... 131
Acte d'abdication de l'Empereur à Fontainebleau (11 avril 1814):.. 132
Adieux de l'Empereur à sa garde............................ 133

DOUZIÈME ÉPOQUE.

CAMPAGNE DE 1815.

Notice.. 135
Premier bulletin (22 mars 1815). — Pourquoi l'Empereur a quitté l'île d'Elbe; récit des événements qui ont marqué son

TABLE.

	Pages.
retour depuis le golfe Juan jusqu'à Paris..................	135

Proclamation de l'Empereur à l'armée, datée du golfe Juan le 1ᵉʳ mars 1815. — La France a été trahie, elle n'a pas été vaincue. — L'Empereur n'a pu supporter le spectacle de son humiliation. — Il revoit ses soldats, qui accourent à sa voix. — Ils relèveront le drapeau de la patrie. — L'aigle avec les couleurs nationales volera de clocher en clocher jusqu'aux tours de Notre-Dame.. 147

Proclamation de l'Empereur aux habitants des départements des Hautes et Basses-Alpes et de l'Isère (de Lyon, 9, 13, 16 mars 1815). — Il les remercie des sentiments qu'ils lui ont exprimés. — Ils ont raison de l'appeler leur père. — Son retour doit dissiper toutes les inquiétudes ; il garantit à chacun la conservation des droits conquis par la révolution ; il mettra un terme aux maux de la France................................ 148

Décret daté de Lyon qui dissout la Chambre des pairs, et convoque les électeurs de tous les départements de la France à Paris pour le mois de mai prochain. — Assemblée extraordinaire du Champ-de-Mai (13 mars 1815)........................ 150

Réponse de Napoléon à une adresse de ses ministres (26 mars 1815). — Il les remercie. — Tout pour la nation, tout pour la France, tels sont ses sentiments et ceux de sa famille........ 151

Réponse à une adresse du Conseil d'État..................... 151

Réponse à une adresse de la Cour de Cassation.............. 151

Réponse aux adresses de la Cour des Comptes, de la Cour impériale de Paris, du Conseil municipal.................. 152

Décret relatif aux biens des émigrés (25 mars 1815). — Les biens qui leur ont été rendus depuis le 1ᵉʳ avril 1814 et qu'ils auraient aliénés ne seront pas compris dans les décrets de séquestre rendus le 13 mars courant..................... 153

Lettre de l'Empereur au général Grouchy (11 avril 1815). — L'intention de l'Empereur est qu'il ne soit fait aucun mal au duc d'Angoulême, bien qu'autorisé à le traiter comme l'ordonnance royale rendue le 6 mars voulait qu'on le traitât lui-même. 154

Acte additionnel aux constitutions de l'Empire (22 avril 1815.) 154

Décret ordonnant que l'acte additionnel aux constitutions de l'Empire sera soumis sous quatre jours à l'acceptation des électeurs réunis aux chefs-lieux de départements et d'arrondissements (30 avril 1815)...................................... 163

Réponse de l'Empereur à une députation des fédérés de Paris

(24 mai 1815). — Il accepte leurs services et compte sur leur dévouement. — Il leur donnera des armes............... 165
Discours de l'Empereur au Champ-de-Mai (1ᵉʳ juin 1815)... 165
Discours à l'ouverture de la Chambre des Députés (7 juin 1815). — Un projet de constitution définitive sera présenté incessamment aux Chambres. — En ce moment il faut combattre et sauver l'indépendance du pays. — L'Empereur compte sur le dévouement et le patriotisme des représentants........ 167
Réponse à une députation de la Chambre des Pairs (11 juin 1815). — L'Empereur compte également sur la Chambre des Pairs..................... 168
Réponse à une députation de la Chambre des Représentants (11 juin 1815). — L'Empereur partirera cette nuit pour se mettre à la tête de l'armée....................... 169
Bulletin (15 juin 1815). — Premiers avantages obtenus. — L'armée a forcé la Sambre, fait quinze cents prisonniers et pris six pièces de canon. — Le général Letort tué. — Proclamation de l'Empereur aux soldats...................... 170
Bulletin (15 juin au soir). — Situation de l'armée. — Victoire de Fleurus..................... 172
Bulletin (19 juin 1815). — Bataille du mont Saint-Jean ou de Waterloo..................... 174
Extrait d'une lettre de l'Empereur à son frère Joseph. — Tout n'est pas perdu. — Par quels moyens l'Empereur compte réparer le désastre de Waterloo...................... 179
Fragments d'un discours de l'Empereur dans une séance du Conseil d'État, à l'Élysée (20 juin 1815). — On pourrait tout réparer avec de l'union. — Si la nation se lève, l'ennemi sera écrasé. — Mais, si on perd le temps en discussions au lieu de s'entendre, on aura le sort du Bas-Empire............. 179
Déclaration au peuple français (22 juin 1815). — L'Empereur abdique et proclame son fils sous le nom de Napoléon II...... 180
Réponse de l'Empereur à une députation de la Chambre des Représentants, envoyée pour le féliciter sur sa seconde abdication (22 juin 1815)............................ 181
Discours de Napoléon aux Ministres en apprenant que la Chambre des Représentants vient de nommer une commission de gouvernement composée de cinq membres (23 juin 1815). — Il n'a point abdiqué en faveur d'un nouveau directoire; il a abdiqué en faveur de son fils. — Si on ne le proclame pas, l'abdi-

dication est nulle. — Ce n'est point en se présentant devant les étrangers le genou en terre qu'on les forcera à reconnaître l'indépendance nationale.................................... 181

Proclamation aux soldats de l'armée de Paris (23 juin 1815). — Il leur fait ses adieux........................... 182

Il demande à se mettre à la tête de l'armée comme simple général pour défendre Paris (27 juin 1815)............ 183

Plaintes de Napoléon à ses amis en apprenant que le gouvernement provisoire a refusé son offre.................. 183

Lettre de Napoléon au prince régent d'Angleterre. — Rochefort (13 juillet 1815). — Il lui annonce que c'est à l'Angleterre même qu'il demande un asile........................... 184

Pièces justificatives. — Traduction de trois lettres de M. Cobden sur les causes de la guerre entre la France et l'Angleterre. — Notice.. 186

1re *Lettre*.. 192
2e *Lettre*.. 200
3e *Lettre*.. 234

Précis chronologique et historique de la vie de l'empereur Napoléon. 267

Fragments historiques. — Question des Neutres.............. 363
Histoire de la Corse...................................... 403
Journée du 13 vendémiaire................................. 424
Journée du 18 fructidor................................... 433
Journée du 18 brumaire.................................... 455

FIN DE LA TABLE DU TROISIÈME VOLUME.

www.ingramcontent.com/pod-product-compliance
Lightning Source LLC
Chambersburg PA
CBHW070602230426
43670CB00010B/1378